全国高等教育自学考试指定教材
行政管理学专业（独立本科段）

行政组织理论

Xingzheng Zuzhi Lilun

（含：行政组织理论自学考试大纲）

（2019年版）

全国高等教育自学考试指导委员会　组编
主　编　倪　星
副主编　高　娟
编　者　（按姓氏笔画排列）
付景涛　余　琴
黄小霞　曾　莉

高等教育出版社·北京

图书在版编目(CIP)数据

行政组织理论 / 全国高等教育自学考试指导委员会组编 ; 倪星主编. -- 北京:高等教育出版社,2019.12 (2024.8重印)
ISBN 978-7-04-053047-6

Ⅰ.①行… Ⅱ.①全… ②倪… Ⅲ.①行政管理-组织管理学-高等教育-自学考试-教材 Ⅳ.①D035

中国版本图书馆 CIP 数据核字(2019)第 253741 号

策划编辑 雷旭波　　责任编辑 孙 杰　　版式设计 于 婕　　责任校对 陈 杨
责任印制 刘弘远

出版发行 高等教育出版社
社　　址 北京市西城区德外大街 4 号
邮政编码 100120
印　　刷 大厂益利印刷有限公司
开　　本 787mm×1092mm 1/16
印　　张 18.75
字　　数 440 千字
购书热线 010-58581118
咨询电话 400-810-0598

网　　址 http://www.hep.edu.cn
　　　　 http://www.hep.com.cn
网上订购 http://www.hepmall.com.cn
　　　　 http://www.hepmall.com
　　　　 http://www.hepmall.cn

版　　次 2019年12月第1版
印　　次 2024年8月第5次印刷
定　　价 40.00 元

物料号 53047-00

组编前言

21世纪是一个变幻难测的世纪，是一个催人奋进的时代。科学技术飞速发展，知识更替日新月异。希望、困惑、机遇、挑战，随时随地都有可能出现在每一个社会成员的生活之中。抓住机遇，寻求发展，迎接挑战，适应变化的制胜法宝就是学习——依靠自己学习、终身学习。

作为我国高等教育组成部分的自学考试，其职责就是在高等教育这个水平上倡导自学、鼓励自学、帮助自学、推动自学，为每一个自学者铺就成才之路。组织编写供读者学习的教材是履行这个职责的重要环节。毫无疑问，这种教材应当适合自学，应当有利于学习者掌握、了解新知识、新信息，有利于学习者增强创新意识、培养实践能力、形成自学能力，也有利于学习者学以致用、解决实际工作中所遇到的问题。具有如此特点的书，我们虽然沿用了“教材”这个概念，但它与那种以“教”为中心（教师讲、学生听，教师不讲、学生不懂）的教科书相比，在内容安排、编写体例、行文风格等方面已大不相同了。希望读者对此有所了解，以便从一开始就树立起依靠自己学习的坚定信念，不断探索适合自己的学习方法，充分利用自己已有的知识基础和实际工作经验，最大限度地发挥自己的潜能，达到学习的目标。

欢迎读者提出意见和建议。祝每一位读者自学成功。

全国高等教育自学考试指导委员会

2018年7月

目　录

行政组织理论自学考试大纲

行政组织理论

全国高等教育自学考试
行政管理学专业(独立本科段)

行政组织理论自学考试大纲

全国高等教育自学考试指导委员会　制定

大纲前言

为了适应社会主义现代化建设事业的需要，鼓励自学成才，我国在20世纪80年代初建立了高等教育自学考试制度。高等教育自学考试是个人自学、社会助学和国家考试相结合的一种高等教育形式。应考者通过规定的专业考试课程并经思想品德鉴定达到毕业要求的，可获得毕业证书；国家承认学历并按照规定享有与普通高等学校毕业生同等的有关待遇。经过30多年发展，高等教育自学考试为国家培养造就了大批专门人才。

课程自学考试大纲是国家规范自学者学习范围、要求和考试标准的文件。它是按照专业考试计划的要求，具体指导个人自学、社会助学、国家考试、编写教材、编写自学辅导书的依据。

随着经济社会的快速发展，新的法律法规不断出台，科技成果不断涌现，原课程自学考试大纲中有些内容过时、部分知识陈旧。为更新教育观念，深化教学内容和方式、考试制度、质量评价制度改革，使自学考试更好地提高人才培养的质量，各专业委员会按照专业考试计划的要求，对原课程自学考试大纲组织了修订或重编。

修订后的大纲，在层次上，本科参照一般普通高校本科水平，专科参照一般普通高校专科或高职院校的水平；在内容上，力图反映学科的发展变化，增补了自然科学和社会科学近年来研究的成果，对明显陈旧的内容进行了删减。

全国高等教育自学考试指导委员会公共管理类专业委员会组织制定了《行政组织理论自学考试大纲》，经教育部批准，现颁发施行。各地教育部门、考试机构应认真贯彻执行。

全国高等教育自学考试指导委员会
2019年7月

Ⅰ. 课程性质与课程目标

一、课程性质和特点

“行政组织理论”课程是全国高等教育自学考试行政管理专业必考的专业课。

行政组织理论是一门富有中国特色的行政管理学科门类，它以马克思主义为指导，以研究中国行政组织为背景，主要研究行政组织的建立、运行、发展的规律和管理方法。其内容具有客观性、综合性、应用性的特点。主要内容包括行政组织的历史演变，理论发展，静态的组织实体，动态的组织管理与变革等。

二、课程目标

使自学应考者比较全面系统地掌握行政组织理论的基本知识、基本方法，认识行政组织建立、运行与发展的基本规律，培养学员正确分析和解决我国行政组织管理问题的能力，以便毕业后能较好适应行政管理工作的需要。

三、与相关课程的联系与区别

相关课程包括《政治学概论》《行政管理学》《当代中国政治制度》《西方政治制度》《机关管理》《公务员制度》等。其中，《政治学概论》《行政管理学》是本课程的理论基础，《当代中国政治制度》《西方政治制度》是本课程的基本原理在不同国家的具体实践，《机关管理》侧重于行政组织的内部管理活动，《公务员制度》侧重于行政组织中的工作人员行为。这些课程与行政组织理论相互联系、相互支撑，构成了行政管理专业的整体学科体系和知识结构。

四、课程的重点和难点

本课程的重点章节有：第三章、第四章、第五章、第七章、第八章、第十章、第十一章、第十三章；难点章节有：第二章、第十章、第十二章。

Ⅱ. 考核目标

本课程在考核目标中，按照识记、领会、简单应用和综合应用四个层次规定其应达到的能力层次要求。四个能力层次是递进关系，各能力层次的含义是：

识记（Ⅰ）：要求考生能够识别和记忆行政组织理论的主要内容，如名词、定义、专业术语、特点、原则、规律、原理等，并能作出正确的表述、判断和选择。

领会（Ⅱ）：要求考生能够全面领悟和理解行政组织理论基本概念和基本原理的内涵和外延，能掌握和分析有关概念和原理的区别与联系，并能根据考核的不同要求，对行政组织理论的基本问题作出正确的判断、解释和说明。

简单应用（Ⅲ）：要求考生能够根据已掌握的行政组织理论知识，分析行政组织的基本问题，得出正确的判断或结论，并能正确地把分析过程表述出来。能够运用本课程的个别知识点，简要分析和解决中国行政组织管理中的一些基本问题。

综合应用（Ⅳ）：要求考生能够综合运用行政组织理论的基本概念和基本原理，分析和解决中国行政组织管理和运行中存在的一些比较复杂的理论和实践问题。能够综合运用本课程的多个知识点，综合分析和解决比较复杂的问题。

Ⅲ. 课程内容与考核要求

第一章　绪　　论

一、学习目的和要求

通过本章学习,了解行政组织的含义、特征和作用,理解行政组织理论研究的内容和意义,掌握研究行政组织理论的基本方法。

二、课程内容

第一节　组织与行政组织

(一) 组织与行政组织概述

组织的含义。行政组织的含义。行政组织的基本要素。

(二) 行政组织的性质

行政组织的一般性质。行政组织的特殊性质。行政组织与其他社会组织的区别。

(三) 行政组织在行政管理中的作用

行政组织是行政管理的主体。行政组织是行政人员发挥作用的物质基础。

(四) 行政组织的功能

行政组织功能的含义。行政组织功能的内容。行政组织功能的特点。

第二节　行政组织理论的研究内容和学科性质

(一) 行政组织理论的研究内容

行政组织的综合性研究。行政组织的静态研究。行政组织的动态研究。

(二) 行政组织理论的学科性质

特殊的政治性。一般的社会性。

(三) 行政组织理论与相关学科的关系

行政组织理论是一门综合性的应用学科,它与政治学、管理学、行政管理学和心理学有着密切的关系。

第三节　行政组织理论的研究方法和意义

(一) 行政组织理论的研究方法

阶级分析、系统分析、理论联系实际、静态与动态相结合、纵向与横向相结合。

(二) 行政组织理论的研究意义

实现行政组织科学化、法治化和现代化的需要。行政组织改革实践的需要。优化行政工作人员的业务素质的需要。

三、考核知识点与考核要求

（一）组织

1. 识记：组织的含义。
2. 领会：组织在人类社会中的作用。

（二）行政组织

1. 识记：(1) 广义的行政组织含义；(2) 狭义的行政组织含义。
2. 领会：行政组织在社会生活中的重要意义。

（三）行政组织的基本要素

1. 识记：(1) 行政组织物质要素的内容；(2) 行政组织精神要素的内容。
2. 领会：(1) 行政组织中不同物质要素的地位；(2) 行政组织中不同精神要素的地位。
3. 简单应用：分析我国行政组织的基本要素。

（四）行政组织的性质

1. 识记：(1) 行政组织的一般性质；(2) 行政组织的特殊性质。
2. 领会：行政组织与其他社会组织的区别。
3. 综合应用：比较行政组织与企业组织的区别。

（五）行政组织的功能

1. 识记：(1) 行政组织功能的含义；(2) 行政组织功能的内容。
2. 领会：行政组织功能的特点。
3. 综合应用：试析我国行政组织的社会功能。

（六）行政组织理论的研究内容

1. 识记：(1) 行政组织静态研究的内容；(2) 行政组织动态研究的内容。
2. 领会：(1) 行政组织理论的政治性与社会性；(2) 行政组织理论与政治学、管理学、行政管理学和心理学的关系。

（七）行政组织理论的研究意义

1. 识记：研究行政组织理论的意义
2. 领会：(1) 研究行政组织理论对我国改革实践的指导作用；(2) 研究行政组织理论对优化行政工作人员素质的作用。

四、本章重点与难点

1. 行政组织的含义、特征和作用。
2. 行政组织理论研究的内容和意义。
3. 研究行政组织理论的基本方法。

第二章　行政组织的演变

一、学习目的和要求

通过本章的学习，了解中外行政组织的产生及其演变的历史过程，理解行政组织发展的一般趋势和规律，比较各个时期行政组织在其发展过程中所表现出来的结构与功能方面的不同特点。

二、课程内容

第一节　外国行政组织的演变

（一）奴隶制时期的外国行政组织

奴隶制时期古埃及、古希腊、古罗马行政组织的演变。古埃及行政组织的高度混同。古希腊行政组织的原始民主特征。古罗马行政组织的简单分工。

奴隶制时期外国行政组织的特点。

（二）封建制时期的外国行政组织

英国中世纪实行分权君主制——贵族会议和国王。地方政府处于一种半自治的状态。

法国中世纪逐步建立起了高度集权的行政管理体制。法国君主制度及其相应的行政组织的演变经历了三个阶段。

封建制时期外国行政组织的特点。

（三）资本主义时期的外国行政组织

英国中央行政组织：枢密院，内阁，政府各部。英国地方行政组织的层级及其地方自治权力。

美国联邦行政组织：总统及其直属机构，内阁和行政部，独立管理机构及其特点。美国州行政组织及其与联邦行政组织的关系。美国市行政组织的职能和组织形式。美国特别行政区。

法国的半总统半议会制体制。法国中央行政组织中总统和总理的职权和关系。中央各部的机构设置。法国地方行政组织的特点及其与中央行政组织的关系。

资本主义时期外国行政组织的特点。

第二节　中国行政组织的演变

（一）中国古代的行政组织

中国古代中央行政组织的演变：秦汉时期确立中央集权制，隋唐形成了三省六部二十四司制，明清罢丞相设内阁。

中国古代地方行政组织的演变：秦设郡、县两级，元朝创立地方行省制度。

中国古代行政组织的特点。

（二）中华民国的行政组织

中华民国行政组织的曲折发展。南京临时政府、北洋政府、国民政府。

中华民国行政组织的特点。

（三）中华人民共和国的行政组织

中华人民共和国行政组织的性质及职能。中央行政组织在中华人民共和国成立后到80年代初经历的四次重大改革。

中华人民共和国地方行政组织及其与中央行政组织的关系。

中华人民共和国行政组织的特点。

三、考核知识点与考核要求

（一）奴隶制时期的外国行政组织

1. 识记：奴隶制时期古埃及、古希腊、古罗马行政组织的特点。

2. 领会：古希腊、古罗马两国行政组织的地位及其与立法、司法组织的关系。

3. 简单应用：评析古希腊、古罗马行政组织的民主性。

（二）封建制时期的外国行政组织

1. 识记：封建制时期英法两国行政组织的特点。

2. 领会：（1）英法两国封建制时期中央行政组织的演变；（2）英法两国地方行政组织的演变。

3. 综合应用：英法两国封建制时期行政组织受立法权制约的历史意义和现实意义。

（三）资本主义时期的外国行政组织

1. 识记：（1）英国内阁的职能；（2）英国地方行政组织的职能；（3）美国独立管理机构的性质及特点；（4）美国州政府与联邦政府的关系；（5）美国城市组织形式的多样性；（6）法国地方行政组织的特点。

2. 领会：（1）美国内阁与英国内阁的不同特点；（2）法国地方行政组织与中央行政组织的关系；（3）法国与美国总统职权的不同特点。

3. 简单应用：法国地方政府与英国地方政府职权的比较。

4. 综合应用：英、美、法三国行政组织特点的比较。

（四）中国古代的行政组织

1. 识记：（1）三公九卿与三省六部二十四司的行政组织体制；（2）中国古代行政组织的特点。

2. 领会：中国古代行政组织演变的历史脉络。

3. 综合应用：从中国古代行政组织的特点看其对现代中国行政组织的影响。

（五）中华民国的行政组织

1. 识记：（1）孙中山的五权并立制；（2）中华民国行政组织的特点。

2. 领会：（1）中华民国总统制与内阁制演变的过程及历史背景。（2）南京国民政府的五院及其与国民党的关系。

3. 综合应用：孙中山的五权并立思想与南京政府五院制的区别。

（六）中华人民共和国的行政组织

1. 识记：（1）中华人民共和国行政组织的性质及职能；（2）中华人民共和国行政组织的结构与规模。

2. 领会：（1）中华人民共和国中央行政组织的调整与改革；（2）中华人民共和国地方行政组织的组成、职能与机构设置；（3）中央行政组织与地方行政组织的关系。

3. 简单应用：对新中国早期行政组织以经济主管部门为主的认识。

4. 综合应用：新中国早期机构改革出现“精简—膨胀”的怪圈和“一统就死，一放就乱”的怪圈的原因。

四、本章重点与难点

1. 行政组织发展的一般趋势和规律。

2. 各个时期行政组织在其发展过程中所表现出来的结构与功能方面的不同特点。

第三章　科层制组织理论

一、学习目的与要求

通过本章学习，掌握科层制的含义，了解科层制组织理论的产生及其条件，理解科层制组织的基本特点和要素，掌握科层制组织理论的主要思想，理解科层制组织的困境，了解科层制组织理论的后续发展。

二、课程内容

第一节　科层制组织理论的产生

（一）科层制概念的源起

（二）马克斯·韦伯与科层制组织理论的产生

（三）科层制组织的兴起及其条件

（四）科层制组织的理论和实践基础

政治与行政的分离，科学管理原理，文官制度的确立。

第二节　科层制组织的特征与要素

（一）科层制组织的含义

（二）科层制组织的基本特征

专业化，层级化，规则化，非人格化，技术化。

（三）科层制组织的要素体系

科层制组织的机构、角色、价值。

第三节　科层制组织理论的主要思想

（一）科层制组织的理论预设

（二）合法性权威的类型

传统权威，魅力权威，法理权威。

（三）不同权威下的组织类型

传统型组织，魅力型组织，理性—合法型组织。

第四节　科层制组织的实践困境与理论发展

（一）科层制组织的困境

形式主义导致的效率悖论，压抑个性导致的创新缺失，本位主义导致的合作意识缺乏，文牍主义导致的积极性不足，权力垄断导致的反民主性。

（二）科层制组织理论的延续和发展

米塞斯对科层制的辩证理解，默顿、布劳等对科层组织反功能的分析，古德塞尔对科层制的辩护，塞尔兹尼克对于科层组织内部授权的研究。

三、考核知识点与考核要求

（一）科层制组织理论的产生

1. 识记:科层制的基本含义。
2. 领会:(1) 科层制组织兴起的条件;(2) 西方科层制组织理论的实践基础。

（二）科层制组织的特征与要素

1. 识记:科层制组织的含义。
2. 领会:(1) 科层制组织的基本特征。(2) 科层制组织的基本要素。

（三）科层制组织理论的主要思想

1. 识记:(1) 合理性;(2) 合法性权威。
2. 领会:不同权威下的组织类型。
3. 简单应用:分析科层制组织的主要思想。

（四）科层制组织理论的困境与发展

1. 识记:反功能。
2. 领会:科层制组织的困境。
3. 综合应用:科层制组织理论的延续和发展。

四、本章重点与难点

1. 科层制组织理论的产生及其条件。
2. 科层制组织的基本特点和要素。
3. 科层制组织理论的主要思想。
4. 科层制组织的困境。
5. 科层制组织理论的后续发展。

第四章　人本主义组织理论

一、学习目的与要求

通过本章学习,掌握人本主义组织的含义,了解人本主义组织理论的产生,熟悉人本主义组织理论的基本观点,掌握人本主义组织理论的主要思想,正确评价人本主义组织理论的意义。

二、课程内容

第一节　人本主义组织理论的产生

（一）人本主义概念的源起

（二）人本主义组织理论的产生背景

（三）人本主义组织理论的提出

第二节　人本主义组织理论的主要思想

（一）梅奥的人际关系学说

（二）巴纳德的非正式组织理论

（三）马斯洛的需要层次论

生理的需要,安全的需要,爱和归属的需要,尊重的需要,自我实现的需要。

（四）赫茨伯格的双因素理论

双因素理论的内容,双因素理论的应用,双因素理论对组织管理的启示。

（五）麦格雷戈的 X 理论—Y 理论

X 理论,Y 理论,X 理论—Y 理论的贡献。

（六）阿吉里斯的人性与组织理论

对个性的理解,对正式组织管理原则的批评,组织学习和干预者角色。

（七）戈尔姆比斯基的公共组织发展理论

道德的管理,个人自由与管理控制,“终极价值”与组织发展。

第三节　人本主义组织理论简评

（一）人本主义组织理论的基本观点

（二）与古典组织理论的比较

（三）人本主义组织理论的缺陷

三、考核知识点与考核要求

（一）人本主义组织理论的产生

1. 识记:(1) 人本主义的本质;(2) 人本主义组织理论的含义。

2. 领会:人本主义组织理论的产生背景。

（二）梅奥的人际关系学说

1. 识记:(1) 霍桑效应;(2) 正式组织;(3) 非正式组织。

2. 领会:人际关系学说的主要观点。

（三）巴纳德的非正式组织理论

1. 识记:(1) 有效性;(2) 能率。

2. 领会:巴纳德非正式组织理论的主要观点。

（四）马斯洛的需要层次论

1. 识记:需要的五个层次。

2. 领会:马斯洛的需要层次论的基本论点。

3. 综合应用:需要层次论在组织管理实践中的应用。

（五）赫茨伯格的双因素理论

1. 识记:(1) 激励因素;(2) 保健因素。

2. 领会:需要层次理论与双因素理论的关系。

3. 综合应用:双因素理论的应用、对组织管理的启示。

（六）麦格雷戈的 X 理论—Y 理论

1. 识记:(1) X 理论;(2) Y 理论。

2. 领会:X 理论—Y 理论的观点及贡献。

（七）阿吉里斯的人性与组织理论

1. 识记:组织学习。

2. 领会:对正式组织管理原则的批评。
3. 简单应用:阿吉里斯的组织学习理论的影响。

(八)戈尔姆比斯基的公共组织发展理论

1. 领会:戈尔姆比斯基的公共组织发展理论的主要观点。
2. 简单应用:戈尔姆比斯基公共组织发展理论的现实意义。

(九)人本主义组织理论简评

1. 识记:人本主义组织理论的基本观点。
2. 领会:人本主义组织理论的缺陷。
3. 综合应用:人本主义组织理论与古典组织理论的关系。

四、本章重点与难点

1. 人本主义组织理论的产生。
2. 人本主义组织理论的基本观点。
3. 人本主义组织理论的主要思想。
4. 人本主义组织理论的意义。

第五章　网络型组织理论

一、学习目的与要求

通过本章学习,了解网络型组织的产生背景及其原因,掌握网络型组织的含义及特点,理解网络型组织与传统科层制组织的区别,掌握网络型组织的构成要素和治理机制,理解网络型政府组织的产生、含义和类型,了解网络型政府的优势及挑战,掌握建构网络型政府组织的策略。

二、课程内容

第一节　网络型组织理论的产生

(一)网络型组织的源起

(二)网络型组织产生的深层根源

知识经济的特征,科层制组织的弊端,信息技术发展,企业的组织结构调整,相关学科的理论发展。

(三)网络型组织的含义

第二节　网络型组织的特征与要素

(一)网络型组织的构成要素

有形要素。无形要素。

(二)网络型组织的治理机制

第三节　构建网络型政府组织

(一)网络型政府组织的产生背景及其含义

(二)网络型政府组织的类型

（三）网络型政府组织的优势

专门性，创新性，灵活性，扩大的影响力。

（四）网络型政府组织的挑战

达成一致目标，提供适度监督，防止沟通失败，进行充分协调，克服数据不足，提升政府管理能力，维持稳定性与灵活性。

（五）构建网络型政府组织的措施

确定使命与战略，启动战略，选择参与者，确定正确的组织模式。

三、考核知识点与考核要求

（一）网络型组织理论的产生

1. 识记：(1) 网络型组织的含义；(2) 网络型组织的特点。
2. 领会：网络型组织产生的深层根源。

（二）网络型组织的构成要素与治理机制

1. 识记：网络结点。
2. 领会：网络型组织的构成要素。
3. 简单应用：网络型组织的治理机制。

（三）构建网络型政府组织

1. 识记：网络型政府组织的含义。
2. 领会：(1) 网络型政府组织的产生背景；(2) 网络型政府组织的类型；(3) 网络型政府组织的优势。
3. 综合应用：(1) 分析当今世界网络型政府组织的挑战；(2) 结合实际，谈谈如何构建网络型政府组织。

四、本章重点与难点

1. 网络型组织的产生背景及其原因。
2. 网络型组织的含义及特点。
3. 网络型组织与传统科层制组织的区别。
4. 网络型组织的构成要素和治理机制。
5. 网络型政府的优势及挑战。
6. 建构网络型政府组织的策略。

第六章　行政组织目标

一、学习目的和要求

通过本章学习，了解行政组织目标的含义、结构与类型，掌握行政组织外部目标和内部目标的具体内容，理解和运用目标管理的具体方法。

二、课程内容

第一节 行政组织目标概述

(一) 行政组织目标的含义

(二) 行政组织目标的特征

强制性,服务性,和谐性,复杂性,动态性。

(三) 行政组织目标的作用

导向作用,激励作用,整合作用,管理工具作用。

第二节 行政组织目标的结构与类型

(一) 行政组织目标的结构

纵向目标与横向目标,外部目标与内部目标,战略目标与战术目标。

(二) 行政组织目标的类型

消极目标与积极目标,经济目标、文化目标与社会目标。

第三节 行政组织的外部目标与内部目标

(一) 行政组织目标的二分法

外部目标,内部目标。

(二) 行政组织的外部目标

维护社会公平,提高社会生产效率,回应社会公众的要求,提供公共服务。

(三) 行政组织的内部目标

管理组织资源,成功地进行绩效管理,实现机关的顺畅运转,推动组织发展。

第四节 行政组织目标管理

(一) 目标管理的含义

目标管理的内涵。目标管理的演进。

(二) 目标制定

制定组织目标的原则。制定组织目标的方法与技术。

(三) 目标执行

目标与人力配置,目标与组织资源配置,组织协调与监管,目标修正。

(四) 目标评估与反馈

目标评估的标准。评估方法。目标反馈步骤。

(五) 目标管理的效果分析

目标管理的优点。目标管理的不足。

三、考核知识点与考核要求

(一) 行政组织目标的含义、特征与作用

1. 识记:(1) 组织目标的核心内涵;(2) 行政组织目标的含义。
2. 领会:行政组织目标的特征。
3. 简单应用:行政组织目标的作用。

(二) 行政组织目标的结构

1. 识记:(1) 纵向目标与横向目标;(2) 外部目标与内部目标。

2. 领会:战略目标与战术目标。

(三) 行政组织目标的类型

1. 识记:(1) 消极目标;(2) 积极目标。

2. 领会:(1) 经济目标;(2) 文化目标;(3) 社会目标。

3. 综合应用:如何理解行政组织的社会目标。

(四) 行政组织的外部目标

1. 识记:行政组织外部目标的内容。

2. 领会:(1) 行政组织目标的二分法;(2) 行政组织内外部目标之间的关系。

3. 简单应用:(1) 行政组织如何提高社会生产效率;(2) 行政组织如何回应社会公众的要求;(3) 行政组织如何提供公共服务。

4. 综合应用:在当前社会环境中行政组织应该如何维护社会公平。

(五) 行政组织的内部目标

1. 识记:行政组织内部目标的内容。

2. 应用:(1) 行政组织如何管理组织资源;(2) 行政组织如何进行机关管理。

3. 综合应用:(1) 行政组织如何成功地进行绩效管理;(2) 行政组织如何推动组织发展。

(六) 行政组织目标管理

1. 识记:(1) 目标管理的内涵;(2) 目标管理的演进。

2. 领会:(1) 企业组织与行政组织目标管理的差异;(2) 制定组织目标的原则;(3) 目标管理的效果。

3. 简单应用:(1) 制定组织目标的方法与技术;(2) 目标执行的主要工作;(3) 目标评估的标准。

4. 综合应用:(1) 目标评估的方法;(2) 如何在行政组织中正确开展目标管理。

四、本章重点与难点

1. 行政组织目标的含义、结构与类型。

2. 行政组织外部目标和内部目标的具体内容。

3. 目标管理的具体方法。

第七章　行政组织结构

一、学习目的和要求

通过本章学习,了解行政组织的结构、行政组织结构纵横分工的特点,理解纵横分工的优缺点,掌握管理幅度与管理层次之间的关系。

二、课程内容

第一节　行政组织结构概述

（一）行政组织结构的含义

行政组织结构的含义。行政组织要素的排列组合方式。

（二）行政组织结构的功能

有效地达成行政组织目标，稳定人员情绪，调动人员的积极性，保持组织的良好沟通关系，有利于提高行政管理效率。

（三）合理的行政组织结构的标准

任务与组织平衡；组织、人员之间按比例配置；分工明确，合作良好；适应环境，具有弹性。

（四）行政组织结构的影响因素

战略与结构；规模与结构；技术、任务与结构。

第二节　行政组织的纵向结构

（一）行政组织的宏观纵向分工

（二）行政组织的微观纵向分工

（三）行政组织纵向分工的职责分配关系

（四）行政组织纵向结构的优缺点

行政组织纵向结构的优点。行政组织纵向结构的缺点。

第三节　行政组织的横向结构

（一）行政组织横向分工的必要性

行政组织部门间的分工。

（二）行政组织横向分工的种类

按行政业务性质、管理程序、管理对象不同划分行政部门，按地区分部化划分行政区域。

（三）行政组织横向结构的优缺点

行政组织横向结构的优点。行政组织横向结构的缺点。

第四节　管理层次与管理幅度的关系

（一）管理层次与管理幅度成反比例关系

行政组织的层级制形成管理层次，职能制形成管理幅度。它们之间是反比例关系。

（二）正确处理管理层次与管理幅度的关系

行政组织纵向层次的高低，下属的工作性质及难易程度，领导者与被领导者的能力，交通、信息状况、技术装备等是决定正确处理这两者关系的重要因素。

三、考核知识点与考核要求

（一）行政组织结构的含义、功能、标准

1. 识记：（1）行政组织要素；（2）行政组织结构。

2. 领会：（1）行政组织结构的功能；（2）合理的行政组织结构的标准。

3. 简单应用：用实例说明合理的行政组织结构的重要性。

4. 综合应用：结合实际情况，分析影响行政组织结构的基本因素。

（二）行政组织的纵向结构

1. 识记：（1）行政组织的宏观纵向分工；（2）行政组织的微观纵向分工。

2. 领会：（1）行政组织宏观纵向分工的必要性；（2）行政组织宏观纵向分工的特点；

(3) 行政组织微观纵向分工的必要性;(4) 行政组织微观纵向分工的职责分配关系。

3. 综合应用:行政组织纵向分工的优缺点。

(三) 行政组织的横向结构

1. 识记:(1) 行政组织的横向分工;(2) 行政组织横向分工的种类。

2. 领会:(1) 行政组织横向分工的必要性;(2) 行政组织横向分工的优缺点。

3. 简单应用:根据三个因素科学划分行政区划。

(四) 管理层次与管理幅度的关系

1. 识记:(1) 管理层次;(2) 管理幅度。

2. 领会:管理层次与管理幅度的关系。

3. 综合应用:根据中国情况,正确处理管理层次与管理幅度的关系。

四、本章重点与难点

1. 行政组织结构纵横分工的特点。
2. 行政组织结构纵横分工的优缺点。
3. 管理幅度与管理层次之间的关系。

第八章　行政组织体制

一、学习目的和要求

通过本章学习,了解行政组织内部权力分配关系所形成的几种体制,理解各种体制的基本特征及其优缺点,领会各种行政组织体制在各国的具体运用情况,掌握不同类型行政组织的特点、职责关系。

二、课程内容

第一节　行政组织体制概述

(一) 行政组织体制的含义

(二) 研究行政组织体制的意义

第二节　集权制、分权制与均权制

(一) 集权制、分权制与均权制的含义

集权制的含义。分权制的含义。均权制的含义。

(二) 集权制、分权制与均权制的优缺点

集权制的优缺点,分权制的优缺点,均权制的优缺点。

(三) 集权制、分权制与均权制的具体运用

制约中央政府与地方政府权力分配的主要因素。正确处理中央政府与地方政府的权力关系。

第三节　首长制、委员会制与混合制

(一) 首长制、委员会制与混合制的含义

首长制的含义,委员会制的含义,混合制的含义。

(二) 首长制、委员会制与混合制的优缺点

首长制的优缺点，委员会制的优缺点，混合制的优缺点。

(三) 首长制、委员会制与混合制的具体运用

第四节　完整制与分离制

(一) 完整制与分离制的含义

完整制的含义，分离制的含义。

(二) 完整制与分离制的优缺点

完整制的优缺点，分离制的优缺点。

(三) 完整制与分离制的具体运用

第五节　名誉市长制与市经理制

(一) 名誉市长制的含义、特征及优劣

名誉市长制的含义。名誉市长制的优点，名誉市长制的缺点。

(二) 市经理制的含义、特征及优劣

市经理制的含义。市经理制的优点，市经理制的缺点。

第六节　行政组织类型

(一) 以行政职权大小分类

统率机关与被统率机关。

(二) 以行政业务性质分类

业务机关与辅助机关；综合管理机关与专门管理机关。

(三) 以行政活动程序分类

决策机关、执行机关、咨询机关、信息机关与监察机关。

(四) 以其他标准分类

中央行政机关与地方行政机关，常设机关与临时机关，普遍性的机关与特殊性质的机关。

三、考核知识点与考核要求

(一) 行政组织体制

1. 识记：行政组织体制。

2. 领会：(1) 行政组织体制是行政组织结构的灵魂；(2) 研究行政组织体制的意义。

(二) 集权制、分权制、均权制

1. 识记：(1) 集权制；(2) 分权制；(3) 均权制。

2. 领会：(1) 集权制的优缺点；(2) 分权制的优缺点；(3) 均权制的优缺点。

3. 综合应用：在市场经济条件下正确运用集权制、分权制、均权制。

(三) 首长制、委员会制、混合制

1. 识记：(1) 首长制；(2) 委员会制；(3) 混合制。

2. 领会：(1) 首长制的优缺点；(2) 委员会制的优缺点；(3) 混合制的优缺点。

3. 综合应用：首长制、委员会制、混合制的具体运用。

(四) 完整制、分离制

1. 识记：(1) 完整制；(2) 分离制。

2. 领会:(1) 完整制的优缺点;(2) 分离制的优缺点。

3. 综合应用:在市场经济条件下正确运用完整制、分离制。

(五) 名誉市长制、市经理制

1. 识记:(1) 名誉市长制;(2) 市经理制。

2. 领会:(1) 名誉市长制的优缺点;(2) 市经理制的优缺点。

(六) 行政组织类型

1. 识记:(1) 统率机关的特点和类别;(2) 被统率机关的特点;(3) 咨询机关的作用。

2. 领会:(1) 业务机关与辅助机关的关系;(2) 临时机关的性质和作用。

3. 简单应用:(1) 用实例说明信息机关的重要性;(2) 决策机关与执行机关之间的关系。

4. 综合应用:(1) 正确处理中央行政机关与地方行政机关之间的关系;(2) 临时机关膨胀的原因及其对常设机关的影响。

四、本章重点与难点

1. 行政组织内部权力分配关系所形成的几种体制。
2. 各种体制的基本特征及其优缺点。
3. 各种行政组织体制在各国的具体运用情况。
4. 不同类型行政组织的特点、职责关系。

第九章　行政组织的设置与自身管理

一、学习目的和要求

通过本章学习,了解行政组织设置原则的特点和作用,掌握行政组织设置的一般原则和中国行政组织设置原则的内容。了解行政组织自身管理方法的依据和意义,把握行政组织自身管理的一般方法和中国行政组织自身管理方法的基本内容。

二、课程内容

第一节　行政组织设置的指导思想和原则

(一) 行政组织设置原则的指导思想

主观性与客观性的对立统一。科学性与政治性的对立统一。稳定性与变动性的对立统一。

(二) 行政组织设置的一般原则

传统理论时期的行政组织设置原则。行为科学时期的行政组织设置原则。系统权变时期的行政组织设置原则。

(三) 行政组织设置原则的作用

第二节　中国行政组织设置的原则

(一) 服务原则

(二) 职能原则

（三）统一原则

（四）系统原则

（五）效能原则

（六）法治原则

第三节　行政组织自身管理的一般方法

（一）行政组织自身管理方法的含义、依据和意义

行政组织自身管理方法的含义。确立行政组织自身管理方法的依据。研究行政组织自身管理方法的意义。

（二）行政组织自身管理的一般方法

规制型管理。情感型管理。市场化管理。

第四节　中国行政组织自身管理的方法

（一）民主集中制

民主的方法。集中的方法。

（二）重人与重制度相结合

重视人的方法。重视制度的方法。

（三）目标管理

目标管理的含义。目标管理的意义。目标管理的种类。目标管理的方法。

三、考核知识点与考核要求

（一）行政组织设置的原则

1. 识记：（1）行政组织设置原则的指导思想；（2）行政组织设置原则的作用。

2. 领会：（1）行政组织设置原则中主观性与客观性的对立统一；（2）行政组织设置原则在行政组织改革过程中的作用。

（二）行政组织设置的一般原则

1. 识记：（1）传统理论时期的行政组织设置原则；（2）行为科学时期的行政组织设置原则；（3）系统权变时期的行政组织设置原则。

2. 领会：（1）层级节制与幅度适中的原则；（2）参与、沟通、激励的原则。

3. 综合应用：试用系统权变原则来建构一个理想的行政组织模式。

（三）中国行政组织设置的原则

1. 识记：（1）服务原则；（2）职能原则；（3）统一原则。

2. 领会：（1）系统原则；（2）效能原则。

3. 简单应用：比较职能原则与效能原则。

4. 综合应用：运用法治原则指导中国行政组织的改革。

（四）行政组织自身管理的方法

1.识记：（1）行政组织自身管理方法的含义；（2）行政组织自身管理方法的经济依据。

2. 领会：（1）行政组织自身管理方法的理论依据；（2）研究行政组织自身管理方法的意义。

（五）规制型管理

1. 识记：（1）规制型管理的含义；（2）工作秩序化的内容。

2. 领会:(1) 组织标准化的内容;(2) 管理规范化的内容。
3. 简单应用:分析规制型管理的优缺点。

(六) 情感型管理

1. 识记:(1) 情感型管理的含义;(2) 中国传统的情感管理方法。
2. 领会:情感型管理的基本方法。
3. 综合应用:比较规制型管理与情感型管理的差异。

(七) 市场化管理

1. 识记:(1) 市场化管理的含义;(2) 行政组织内部管理市场化的特点。
2. 领会:(1) 行政组织内部人事制度市场化的内容;(2) 行政组织自我服务功能市场化的内容。
3. 简单应用:比较规制型管理与市场化管理。
4. 综合应用:运用市场化管理方法指导中国行政组织的改革。

(八) 中国行政组织自身管理的方法

1. 识记:(1) 民主集中制的含义;(2) 目标管理的含义。
2. 领会:(1) 目标管理方法的内容;(2) 目标管理中应注意的问题。
3. 简单应用:在行政组织管理中实现民主制与集中制的结合。
4. 综合应用:在行政组织管理中实现重人与重制度的结合。

四、本章重点与难点

1. 行政组织设置原则的特点和作用。
2. 行政组织设置的一般原则和中国行政组织设置原则的内容。
3. 行政组织自身管理方法的依据和意义。
4. 行政组织自身管理的一般方法和中国行政组织自身管理方法的基本内容。

第十章　组织激励

一、学习目的与要求

通过本章学习,掌握组织激励的含义,了解组织激励的过程,熟悉组织激励的特质,掌握组织激励的类型,掌握组织激励的主要思想,正确评价组织激励的意义。

二、课程内容

第一节　组织激励理论的产生

(一) 组织激励的概念界定

(二) 组织激励的过程

(三) 组织激励的价值

吸引优秀的人才,调动员工的积极性,留住优秀人才,增强组织的凝聚力。

(四) 组织激励的五力模型

指驱动力、推动力、压力、规范力、自我激励。

第二节 组织激励理论的主要思想

(一) 内容型激励理论

马斯洛的需求层次理论、阿尔德弗的ERG理论、麦克利兰德的成就需要理论、赫兹伯格的激励—保健双因素理论。

(二) 过程型激励理论

洛克的目标设置理论,弗鲁姆的期望理论,亚当斯的公平理论。

(三) 行为改造型激励理论

斯金纳的强化理论,凯利的归因理论。

(四) 综合型激励理论

波特和劳勒的综合激励模式理论,豪斯的激励力量理论,布朗的VIE理论。

第三节 组织激励的特质与功能

(一) 组织激励的特质

组织激励的层级性,组织激励的互动性,组织激励的多元性。

(二) 组织激励的现实功能

激励能够调动人的热情和积极性;激励能激发人的潜能,提高人的能力;激励能提高个体的工作绩效,营造良好的组织氛围,增强组织的整体效能。

(三) 组织激励理论的缺陷

三、考核知识点与考核要求

(一) 组织激励概述

1. 识记:组织激励的概念及含义。

2. 领会:(1) 组织激励过程;(2) 组织激励的价值;(3) 组织激励的五力模型。

(二) 内容型激励理论

1. 识记:(1) ERG理论的内容;(2) 成就需要的内容;(3) 权力需要的内容;(4) 友好需要的内容。

2. 领会:(1) ERG理论与马斯洛需要层次理论的区别;(2) 成就需要和工作绩效二者之间关系。

3. 简单应用:浅析ERG理论的启示及应用。

(三) 过程型激励理论

1. 识记:(1) 目标设置理论的主要观点;(2) 期望理论公式及其含义。

2. 领会:(1) 期望模式中几个因素的关系;(2) 公平理论的启示。

3. 简单应用:举例说明期望理论在现实中的应用。

(四) 行为改造型激励理论

1. 识记:(1) 强化的类型;(2) 归因理论的内涵。

2. 领会:(1) 强化理论的行为原则;(2) 影响归因的因素。

3. 简单应用:强化理论的应用。

(五) 综合激励理论

1. 识记:(1) 综合激励模式理论的主要观点;(2) 激励力量公式;(3) VIE理论。

2. 领会:(1) 综合激励模型的因素;(2) VIE理论应用。

3. 简单应用:浅述综合激励模型的特点。

(六) 组织激励的特质与功能

1. 领会:(1) 组织激励的特质;(2) 组织激励的现实功能。
2. 综合应用:结合实际分析组织激励理论的缺陷。

四、本章重点与难点

1. 组织激励的过程。
2. 组织激励的特质。
3. 组织激励的主要思想。
4. 组织激励的意义。

第十一章 创建学习型组织

一、学习目的与要求

通过本章学习,了解学习型组织产生的背景和条件,掌握学习型组织的含义,区别学习型组织与组织学习、科层制组织,了解学习型组织的障碍,理解学习型组织五项修炼的要点,了解创建学习型政府的意义和困境,把握创建学习型政府的途径。

二、课程内容

第一节 学习型组织理论的产生

(一) 学习型组织的源起

(二) 学习型组织的定义

(三) 学习型组织与组织学习

(四) 学习型组织与传统科层制组织

第二节 学习型组织的建立与发展

(一) 组织的学习智障

局限思考,归罪于外,缺乏整体思考的主动积极性,专注于个别事件,习而不察,完全凭经验学习,团队的迷思。

(二) 第一项修炼——自我超越(Personal Mastery)

建立个人愿景,保持创造性张力,看清结构性冲突,诚实地面对真相,运用潜意识。

(三) 第二项修炼——改善心智模式(Improving Mental Models)

辨认跳跃式的推论,练习左手栏,兼顾探询与辩护,对比拥护的理论与使用的理论。

(四) 第三项修炼——共同愿景(Shared Vision)

鼓励建立个人愿景,在组织内塑造整体图像,融入企业理念,学习双向沟通技术,忠于事实。

(五) 第四项修炼——团队学习(Team Learning)

深度会谈,讨论。

(六) 第五项修炼——系统思考(Systems Thinking)

（七）整合五项修炼，创建学习型组织

第三节　创建学习型政府组织

（一）在政府中创建学习型组织的必要性

政府应对全球化挑战的需要，增强政府核心竞争力的需要，政府改革和创新的辅助手段，提高政府公务员素质的重要途径，创建学习型社会的关键所在。

（二）在政府中创建学习型组织的障碍与难点

政府组织中的体制性障碍，政府组织成员的“自利经济人”倾向，政府组织中的“官僚文化”，政府组织中的技术障碍。

（三）创建学习型政府组织的措施

三、考核知识点与考核要求

（一）学习型组织理论的产生

1. 识记：(1) 学习型组织的定义；(2) 组织学习。

2. 领会：(1) 学习型组织与组织学习之间的差别；(2) 学习型组织与传统科层制组织模式之间的不同之处。

3. 简单应用：论述学习型组织产生的原因。

（二）组织的学习智障

领会：组织的学习智障主要表现。

（三）第一项修炼——自我超越（Personal Mastery）

1. 识记：自我超越。

2. 领会：自我超越修炼的方法。

（四）第二项修炼——改善心智模式（Improving Mental Models）

1. 识记：(1) 心智模式；(2) 心智模式的特点。

2. 领会：改善心智模式修炼的方法。

（五）第三项修炼——共同愿景（Shared Vision）

1. 识记：共同愿景。

2. 领会：建立共同愿景修炼的方法。

（六）第四项修炼——团队学习（Team Learning）

1. 识记：团队学习。

2. 领会：团队学习修炼的方法。

（七）第五项修炼——系统思考（Systems Thinking）

1. 识记：(1) 系统思考；(2) 系统基模。

2. 领会：(1) 系统思考的法则；(2) 系统思考与其他四项修炼的关系。

3. 综合应用：整合运用五项修炼来建构学习型组织。

（八）创建学习型政府组织

1. 识记：(1) 学习型政府；(2) 官僚文化。

2. 领会：(1) 在政府中创建学习型组织的必要性；(2) 在政府中创建学习型组织的障碍与难点。

3. 综合应用：结合中国实际在政府中创建学习型组织。

四、本章重点与难点

1. 学习型组织产生的背景和条件。
2. 区别学习型组织与组织学习、科层制组织。
3. 学习型组织五项修炼的要点。
4. 创建学习型政府的意义和困境。
5. 创建学习型政府的途径。

第十二章 政府流程再造

一、学习目的与要求

通过本章,理解政府流程再造的内涵,了解政府流程再造的产生背景及特点,了解政府流程再造的意义,重点掌握政府流程再造的实施步骤,理解政府流程再造与电子政务的关系,了解我国政府流程再造的进展情况,掌握政府流程再造面临的挑战与问题。

二、课程内容

第一节 政府流程再造概述

(一) 政府流程再造的起源

(二) 政府流程再造的内涵

以公众为出发点,以流程为中心,以"服务链"为纽带,以"扁平化"组织模式为目标。

(三) 政府流程再造的产生背景

官僚制弊病日益突出,信息技术的发展与进步所带来的影响,世界范围内政府改革浪潮方兴未艾,企业管理理论和实践的发展。

(四) 政府流程再造的特点

政府流程再造是多向互动的系统工程,政府流程再造强调政府绩效和服务质量的显著提高,政府流程再造强调对现代网络信息技术的应用。

第二节 政府流程再造的组织与实施

(一) 政府流程再造的过程

准备阶段,项目启动与计划阶段,分析诊断阶段,新的政府业务流程设计阶段,流程再造实施阶段,对流程再造结果的检测评估阶段。

(二) 政府流程再造的目标价值分析

政府流程再造是实现政府职能转变的需要,政府流程再造是推动政府机构改革的需要,政府流程再造是提高行政绩效、降低行政成本的需要,政府流程再造是推进电子政务建设的需要。

(三) 政府流程再造与电子政务之间的关系

政府流程再造是电子政务的逻辑前提,电子政务的发展是影响政府流程再造的重要因素。

第三节 中国政府流程再造的实践

(一) 中国政府流程再造的实践进展

开发区的"一站式"服务,面对所有企业的服务,社会公共服务领域的流程再造。

（二）中国政府流程再造面临的挑战与问题

三、考核知识点与考核要求

（一）政府流程再造概述

1. 识记：（1）政府流程再造；（2）业务流程再造。

2. 领会：（1）政府流程再造的内涵；（2）“扁平化”组织模式特点；（3）政府流程再造的特点。

3. 简单应用：政府流程再造的产生背景。

（二）政府流程再造的组织与实施

1. 识记：电子政务的定义。

2. 领会：政府流程再造的目标价值。

3. 简单应用：政府流程再造的六个阶段。

4. 综合运用：政府绩效评估与电子政务之间的关系以及相互影响。

（三）中国政府流程再造的实践

1. 识记：（1）一站式服务；（2）行政审批制度改革。

2. 简单应用：中国政府流程再造的实践进展。

3. 综合应用：结合实际分析中国政府流程再造面临的挑战与问题，并提出对策建议。

四、本章重点与难点

1. 政府流程再造的产生背景及特点。
2. 政府流程再造的意义。
3. 政府流程再造的实施步骤。
4. 政府流程再造与电子政务的关系。
5. 我国政府流程再造的进展情况。
6. 政府流程再造面临的挑战与问题。

第十三章　行政组织改革

一、学习目的和要求

通过本章的学习，了解当代美国、日本、英国以及我国行政组织改革的背景、主要内容，掌握西方行政组织改革的主要特点和经验，以便更好地为我国行政组织改革服务。

二、课程内容

第一节　当代美国行政组织的改革

（一）美国行政组织改革的背景

行政职能的扩张引起公众的不满；政府规制过多过滥，抑制了组织及其工作人员的积极性和创造性；信息技术的发展为行政组织的变革创造了有利条件；国际环境的变化。

（二）美国行政组织改革的主要内容

政府职能市场化；放松规制；放权与分权；精简机构。

（三）美国行政组织改革的特点

引进效率观念、服务意识和竞争机制，开拓了新的思路；放松规制适应了信息时代的要求。

第二节　当代英国行政组织的改革

（一）英国行政组织改革的背景

撒切尔夫人的“竞争性政府”改革；布莱尔的“合作型政府”改革。

（二）英国行政组织改革的主要内容

重新界定和优化行政组织职能，将部分职能市场化；以加强中央宏观调控权为宗旨，调整中央与地方行政组织之间的关系；以效率为中心，改革行政组织的内部管理体制；重视信息技术对行政改革的支持；改革人事制度；增强政府的回应性，优化公共服务。

（三）英国行政组织改革的特点

英国是推行市场化改革最早的国家，注重学习、借鉴私营企业管理经验，行政组织改革注重循序渐进，改革方案具有很强的针对性和操作性。

第三节　当代日本行政组织的改革

（一）日本行政组织改革的背景

过度的规制抑制了民间的创新和活力；经济增长速度减慢，持续的财政困难和财政赤字；中央政府对地方政府干预过多，限制了地方的健康发展；国际竞争的变化；社会问题的日趋繁多和严重。

（二）日本行政组织改革的主要内容

放松国家规制，调整官民关系，缩减政府职能及机构；推动地方分权，重新调整中央与地方的关系；建立防止行政机构膨胀的机制；建立公务员交流制度，纠正条条行政的弊端。

（三）日本行政组织改革的特点

日本行政组织改革同样以分权化、放松规制为主要内容，反映了信息时代的共同要求。行政组织改革过程中强调民主参与和公开透明；注重依法改革；根据形势的发展，积极主动地进行行政改革。

第四节　当代中国行政组织的改革

（一）当代中国行政组织改革的背景

社会主义市场经济体制的逐步建立；民主化政治体制改革的推进；传统行政组织体制存在弊端；国外行政改革理论与实践的影响；知识经济时代的到来都对我国行政组织改革起到了促进作用。

（二）中国行政组织改革的主要内容

理顺行政组织与其他组织的职能关系；理顺行政组织内部职能关系；转变行政组织职能；改革行政组织机构。

（三）中国行政组织改革的主要经验

坚持以适应社会主义市场经济体制为改革的目标，把转变政府职能作为机构改革的关键；坚持精简、统一、效能的原则，把精兵简政和优化政府组织结构作为机构改革的重要任务；坚持渐进的稳妥的改革方针，坚持统一领导，分级负责，分步实施，从实际出发，因地制宜地进行改革；坚持机构改革与干部人事制度改革相结合，制定配套的政策措施，妥善安排分流人员，优化干部队伍结构。

三、考核知识点与考核要求

（一）当代美国行政组织改革

1. 识记：（1）当代美国行政组织改革的背景；（2）公共服务民营化。

2. 领会：（1）政府职能市场化；（2）当代美国行政组织改革的主要内容；（3）美国行政组织改革的特点。

3. 简单应用：简述放松规制的具体措施及得失。

4. 综合应用：评析美国行政组织的放松规制改革及其对我国的启发和借鉴。

（二）当代英国行政组织的改革

1. 识记：（1）撒切尔夫人的"竞争性政府"改革；（2）布莱尔的"合作型政府"改革；（3）英国行政组织改革的主要内容。

2. 领会：（1）英国中央与地方政府关系的改革；（2）英国行政组织改革的特点。

3. 综合应用：比较英、美两国行政组织改革的特点。

（三）当代日本行政组织的改革

1. 识记：（1）日本行政组织改革的背景；（2）日本地方分权改革措施。

2. 领会：（1）日本行政组织改革的主要内容；（2）日本行政组织改革的特点。

3. 简单应用：（1）日本防止行政机构膨胀的机制及其启示；（2）比较美、日两国放松规制改革的异同。

4. 综合应用：（1）当代西方国家行政组织的主要弊端及其所面临的挑战；（2）当代西方国家行政组织改革市场化取向的内容及其对我国的借鉴意义。

（四）当代中国行政组织的改革

1. 识记：（1）当代中国行政组织改革的背景；（2）中国行政组织改革的主要内容；（3）20 世纪 80 年代以来的中国行政组织机构改革。

2. 领会：（1）行政组织与其他组织的职能关系的改革；（2）行政组织内部职能关系的调整；（3）中国行政组织职能转变的趋势。

3. 简单应用：中国行政组织改革的主要经验。

4. 综合应用：（1）总结我国行政组织机构改革的经验与教训；（2）分析我国行政组织职能调整存在的不足，并提出改进措施；（3）分析我国行政组织的主要弊端及以转变职能为中心推进行政组织改革的必要性。

四、本章重点与难点

1. 当代美国、日本、英国以及我国行政组织改革的背景、主要内容。

2. 西方行政组织改革的主要特点和经验。

Ⅳ. 关于大纲的说明与考核实施要求

一、课程自学考试大纲的目的和作用

课程自学考试大纲是根据专业自学考试计划的要求，结合自学考试的特点而确定。其目的是对个人自学、社会助学和课程考试命题进行指导和规定。

课程自学考试大纲明确了课程学习的内容以及深广度，规定了课程自学考试的范围和标准。因此，它是编写自学考试教材和辅导书的依据，是社会助学组织进行自学辅导的依据，是自学者学习教材、掌握课程内容、知识范围和程度的依据，也是进行自学考试命题的依据。

二、课程自学考试大纲与教材的关系

课程自学考试大纲是进行学习和考核的依据，教材是学习掌握课程知识的基本内容与范围，教材的内容是大纲所规定的课程知识和内容的扩展与发挥。课程内容在教材中可以体现一定的深度或难度，但在大纲中对考核的要求一定要适当。

大纲与教材所体现的课程内容应基本一致；大纲里面的课程内容和考核知识点，教材里一般也要有。反过来教材里有的内容，大纲里就不一定体现。

三、关于自学教材

指定教材：《行政组织理论》，全国高等教育自学考试指导委员会组编，倪星主编，高等教育出版社，2019 年版。

四、关于自学要求和自学方法的指导

（一）自学要求

本大纲的课程基本要求是依据专业考试计划和专业培养目标而确定的。课程基本要求还明确了课程的基本内容，以及对基本内容掌握的程度。基本要求中的知识点构成了课程内容的主体部分。因此，课程基本内容掌握程度、课程考核知识点是高等教育自学考试考核的主要内容。

为有效地指导个人自学和社会助学，本大纲已指明了课程的重点和难点，在章节的基本要求中一般也指明了章节内容的重点和难点。

本课程共 4 学分。

（二）自学方法指导

1. 在全面系统学习的基础上掌握基本理论、基本知识、基本方法。本课程内容涉及行政组织及其理论发展的各个方面，知识范围广泛，各章之间既有联系又有很大区别，有的还有相对独立性。自学考试者应首先全面系统学习各章，记忆应当识记的基本概念、名词，深入理解基本理论，弄懂基本方法的内涵；其次，要认识各章之间的联系；最后，在全面系统学习的基础上掌握重点，有目的地学习重点章节，但切忌在没有全面系统学习教材的情况下孤立地去抓重点。

2. 把学习行政组织理论和行政组织的方法结合起来。本课程的内容既有理论又有方法，自学者应在学习行政组织理论的同时掌握行政组织建立、自身管理、变革的管理方法。

3. 重视理论联系实际，结合行政组织管理和变革的实践进行学习。本课程阐述的内容来源于行政组织管理实践，与国家行政组织的建立、管理、变革密切相关。自学考试者在学习中应把课程内容同我国现实行政组织活动联系起来，进行对照比较，分析研究，以增强感性认识，更深刻地领会教材的内容，将知识转化为能力，提高自己分析问题和解决问题的能力。

五、对社会助学的要求

1. 社会助学者应根据本大纲规定的课程内容和考核目录，认真钻研指定教材，明确本课程与其他课程不同的特点和学习要求，对自学应考者进行切实有效的辅导，引导他们防止自学中的各种偏向，把握社会助学的正确导向。

2. 要正确处理基础知识和应用能力的关系，努力引导自学应考者将识记、领会同应用联系起来，把基础知识和理论转化为应用能力，在全面辅导的基础上，着重培养和提高自学应考者的分析问题和解决问题的能力。

3. 要正确处理重点和一般的关系，课程内容有重点与一般之分，但考试内容是全面的，而且重点与一般是相互联系的，不是截然分开的。社会助学者应指导自学应考者全面系统地学习教材，掌握全部课程内容和考核知识点，在此基础上再突出重点。总之，不要把自学应考者引向猜题、押题等错误的备考之路。

六、对考核内容的说明

1. 本课程要求考生学习和掌握的知识点内容都作为考核的内容。课程中各章的内容均由若干知识点组成，在自学考试中成为考核知识点。因此，课程自学考试大纲中所规定的考试内容是以分解为考核知识点的方式给出的。由于各知识点在课程中的地位、作用以及知识自身的特点不同，自学考试将对各知识点分别按四个认知（或叫能力）层次确定其考核要求。

2. 在考试之日起6个月前，由全国人民代表大会和国务院颁布或修订的法律、法规都将列入相应课程的考试范围。凡大纲、教材内容与现行法律、法规不符的，应以现行法律法规为准。命题时也会对我国经济建设和科技文化发展的重大方针政策的变化予以体现。

3. 按照重要性程度不同，考核内容分为重点内容和其他内容，在本课程试卷中对不同考核内容要求的分数比例大致为：重点内容占75%，其他内容占25%。

七、关于考试命题的若干规定

1. 本课程的命题考试，应根据本大纲所规定的课程内容和考核目标来确定考试范围和考核要求，不要任意扩大或缩小考试范围，提高或降低考核要求。考试命题要覆盖到各章，并适当突出重点章节，体现本课程的内容重点。

2. 本课程在试题中对不同能力层次要求的分数比例，一般为：识记占 20%；领会占 35%；简单应用占 20%；综合应用占 25%。

3. 试题要合理安排难度结构。试题难易度可分为易、较易、较难、难四个等级。每份试卷中，不同难易度试题的分数比例一般为：易占 20%；较易占 30%；较难占 30%；难占 20%。必须注意，试题的难易度与能力层次不是一个概念，在各能力层次中都会存在不同难度的问题，切勿混淆。

4. 本课程考试试卷采用的题型，一般有：单项选择题、多项选择题、辨析题、简答题、论述题、案例分析题等。各种题型的具体形式可参见本大纲附录。

附录　题型举例

一、单项选择题(在备选答案中只有一个正确的,将其选出并把它的标号写在题后的括号内)

1. 行政组织中最重要的物质要素是(　　)。

A. 人员　　B. 经费　　C. 物资设备　　D. 权责结构

2. 最早的行政组织出现于(　　)。

A. 原始社会　　B. 封建社会　　C. 资本主义社会　　D. 社会主义社会

二、多项选择题(在备选答案中有二至五个是正确的,将其全部选出并把它们的标号写在题后括号内。错选或漏选均不给分)

1. 行政组织的结构包括(　　)。

A. 纵向结构　　B. 斜向结构

C. 权责结构　　D. 类型结构

E. 横向结构

2. 按照掌握最高决策权的人数,可将行政组织体制分为(　　)。

A. 集权制　　B. 首长制

C. 委员会制　　D. 均权制

E. 混合制

三、辨析题(判断下列命题的对错,并说明理由)

1. 执行机关是专门负责收集信息、对行政活动进行监督的机关。

2. 在采用市经理制的城市中,行政首长由市政专家担任,有利于提高城市管理的民主化和科学化水平。

四、简答题

1. 行政组织纵向结构有何优缺点?

2. 行政组织的主要特征有哪些?

五、论述题

1. 如何在政府中创建学习型组织?

2. 试述改革开放以来我国行政组织改革的主要内容。

六、案例分析题

53项新举措推动自贸区建设再上新台阶

为推动自贸试验区建设再上新台阶,国务院日前印发《关于支持自由贸易试验区深化改革创新若干措施的通知》(以下简称《若干措施》)。2018 年 11 月 23 日,在国务院新闻办公室举行的国务院政策例行“吹风会”上,商务部外国投资管理司司长唐文弘、人民银行研究局局长徐忠、海关总署自贸区和特殊区域发展司主要负责人陈振冲解读了《若干措施》和落实的具体办法。

唐文弘告诉记者,围绕自贸区建设发展需要,《若干措施》着力打通有关工作的堵点、难点,赋予自贸区更大改革自主权。《若干措施》在营造优良投资环境、提升贸易便利化水平、推动金融创新服务实体经济、推进人力资源领域先行先试等方面加大改革授权和开放力度,给予政策扶持,体现特色定位。主要有四个亮点:

一是推进简政放权。《若干措施》既有进一步放宽外商投资建设工程设计企业、人才中介机构等方面的资质限制这类降低准入门槛的措施,也有授予自贸试验区自由进出口技术合同登记管理权限这类向地方下放权限的措施。为激发医疗领域投资活力,对自贸试验区内的社会办医疗机构配置乙类大型医用设备实行告知承诺制。为推动自贸试验区文化市场繁荣发展,简化艺术品进出口活动的审批与监管等。

二是做好监管和服务。如在进一步简化保险分支机构行政审批的同时,建立完善自贸试验区企业保险需求信息共享平台,加强事中事后监管,也能更好地为市场主体提供服务。

三是开展创新探索。自贸试验区是我国全面深化改革开放的“试验田”,在一些关键领域先行先试,开展探索。

四是注重国家安全。《若干措施》专节提出维护国家安全,要求各地区、各部门在推进自贸试验区工作中强化底线思维和风险防范意识,维护国家核心利益,主动服务大局。

(资料来源:光明日报 2018 年 11 月 23 日,记者:张翼)

案例思考题:

1. 自贸区建设的主要目的是什么?

2. 政府在自贸区建设中应该扮演什么角色?

大纲后记

《行政组织理论自学考试大纲》是根据全国高等教育自学考试行政管理学专业考试计划的要求编写的。

本大纲由中山大学倪星担任主编,武汉大学高娟担任副主编,由中山大学倪星(第1、2、9章)、华东理工大学曾莉(第3、4章)、华南师范大学余琴(第5、11、12章)、海南大学付景涛(第6、7、8章)、中山大学黄小霞(第10章),武汉大学高娟(第13章)撰写。参加本大纲审稿会议并提出宝贵意见的有:华中科技大学徐晓林教授、南京大学孙亚忠教授、武汉大学陈世香教授。

全国高等教育自学考试指导委员会
公共管理类专业委员会
2019年7月

全国高等教育自学考试指定教材
行政管理学专业（独立本科段）

行政组织理论

全国高等教育自学考试指导委员会　组编
主　编　倪　星
副主编　高　娟
编　者（按姓氏笔画排列）
付景涛　余　琴
黄小霞　曾　莉

编者的话

伴随着经济全球化、社会多元化的浪潮，政治民主化和管理科学化成为不可逆转的趋势。中国正在经历着复杂而深刻的社会转型过程，在经济总量快速提升的同时，资源与环境风险也在不断积累，这一切都对我国的公共管理实践提出了前所未有的挑战。在全球化和信息化影响日益深入的当代社会，随着国际竞争的加剧和公民权利意识的增强，如何进一步发挥行政组织在我国经济与社会建设中的作用，切实转变公共治理模式和政府管理方式，提高公共服务的质量和效率，实现公共管理的现代化，成为摆在国人面前现实而又紧迫的问题。本教材就是为了满足人们学习和掌握行政组织管理理论、知识和技能的需求而编写，为参加高等教育自学考试的考生提供力所能及的帮助。

为适应我国高等教育自学考试教育发展的新形势，培养应用型人才，满足广大学员学习的需要，在全国高等教育自学考试指导委员会的指导下，编写了这本教材。

本教材的特点如下：

（1）知识体系的基础性。本书按照学术界公认的行政组织理论体系进行内容安排，系统地介绍了行政组织理论的主要流派、行政组织的结构和体制、行政组织的管理方法。针对考生的情况，教材内容的选择尽量做到基础性、少而精，突出了能力的训练和培养。

（2）理论知识的前沿性。本书在追求作为教材的成熟性和完整性的同时，力求在行政组织理论和实践方面反映出最新的、前沿的成果，体现行政组织管理的发展动向与趋势。如对网络型组织、学习型组织、政府流程再造等进行了较为系统的介绍。

（3）案例选择的多样性。本教材依据基本理论和相关知识点，结合行政组织管理实践，选择了大量新鲜、生动的案例帮助考生理解和掌握理论知识，而且对每个案例进行了针对性的提问，引导自学考生运用理论知识去分析和解决实际问题。

本教材在修订过程中，借鉴和参考了国内外专家学者的相关研究成果，我们尽量按照学术规范进行了注明。书中难免会存在一些疏漏和错误之处，敬请谅解并欢迎批评指正。

本教材在案例收集和编写过程中，参考了许多专家、学者和互联网上未署名者的相关成果，吸收了许多观点，在此致以诚挚的谢意。

本教材在策划、编写和出版过程中，得到了全国高等教育自学考试指导委员会公共管理类专业委员会的大力支持和帮助，谨表深切谢意。

由于时间、经历和水平有限，书中难免有不妥之处，欢迎广大读者和考生批评指正。

编者

2019 年 7 月

第一章　绪论

第一节　组织与行政组织

一、组织与行政组织概述

（一）组织的含义

组织是人类生存的基本方式。众所周知，社会性是人类所独有的特征，而组织性又是社会性的主要特征之一。没有组织，也就没有社会。组织是连接人与社会的中介。通过组织，使各个具体的人联系在一起，将个人纳入群体网络之中，从而共同组成了人类社会。

组织是社会的细胞、社会的基本单元，是人们实现共同目标的工具。具有某种共同目标的人总是以各种不同的方式，聚合到各类不同形式的组织之中，成为其中的一员，大家相互合作，共同行动，通过集体的努力来实现目标，达到单个人所无法达到的目标或无法企及的结果。无数个大大小小、形形色色的组织相互交织、有机排列，构成了人类社会的总体结构。

从社会发展史来看，组织产生于人类的生产实践和社会实践之中。最初出现的人类组织是家庭、氏族、部落，以后逐渐产生了阶级，出现了国家，国家将其领域内的每个成员都编入一定的组织。同时，人们为了寻求更好的生活，建立和参加了越来越多的组织。就个人而言，一个人从生到死，在学习、生活、工作的各个阶段，要加入许多组织，同时为很多组织工作，接受很多组织的服务。特别是在进入现代社会之后，几乎已没有任何一个领域、任何一项事业、任何一个人能够处于与组织完全无关的地位。随着组织功能日趋分化、日臻完善，个人的每项追求、每个欲望，几乎都要在各种具有不同功能的组织中寻求实现的途径或获得某种程度的满足。充分发挥组织功能，发展和完善人类社会的组织体系，已经成为发展政治、经济、科技、文化、教育、卫生等各项事业，改善人类生活条件，提高人的尊严和价值的一个重要途径。

那么，组织的基本含义是什么呢？在词源上，中文的“组织”是指将丝麻纺织成布。后来，“组织”被引申为将一种物体的构成部分组合成一个整体。英文的“组织”（Organization）则来源于“器官”一词，即自成系统的、具有特定功能的细胞结构。后来“组织”一词又被从单纯的生物学意义上引申为按照一定的目标而进行的系统安排，并逐渐被用来解释人类社会群体。从人类社会群体的角度来看，所谓组织，就是人们按照一定的目的、任务和形式编制起来的社会集团，是处于一定社会环境中的各种组织要素的有机结合体，是为了实现某种目的而有意识地建立起来的人类群体。简单地说，组织是两个以上的人、目标和特定的人际关系这三种要素构成的一种特殊的人群体系。而行政组织则是各类社会组织中一种极为重要的组织形态。

(二) 行政组织的含义

行政组织有广义和狭义之分。广义的行政组织是指各种为达到共同目的而负有执行性管理职能的组织系统。它既包括各类企事业单位、群众团体、政党中的负有管理职能的组织系统,也包括国家机关中的立法、司法系统中负有执行性职能的各类单位和国家的整个行政机关。狭义的行政组织是指国家的行政机关,即根据宪法和法律组建的、体现统治阶级的意志、行使行政权力、执行行政职能、推行政务、管理国家公共事务的机关体系,是国家权力的执行机关。本书所研究的对象就是狭义的行政组织。

从世界各国现行的政治体制来看,在议会制国家中,狭义的行政组织是指由议会产生并对议会负责的内阁及地方行政机关;在总统制国家中,狭义的行政组织是指以总统为首的与立法、司法机关相独立的行政机关,以及各级地方行政机关。在我国,狭义的行政组织是指国家权力机关——各级人民代表大会的执行机关即国务院和地方各级人民政府系统,其职责是负责贯彻执行各级人民代表大会所通过的法律、政策和决定,并接受各级人民代表大会的监督。

狭义的行政组织是社会组织中规模最大的组织,其管辖的范围涉及社会生活的各个方面、各种领域、各个团体。生活在现代社会中的每个人都直接或间接地受到各种行政组织的管理,接受行政组织所提供的各类服务。

(三) 行政组织的基本要素

上述的组织是由两个以上的人、目标和特定的人际关系这三种要素构成的群体,这是一种最基本的概括。具体而言,构成组织和行政组织的要素可以分为物质要素和精神要素两大类。

1. 物质要素

(1) 人员。在行政组织的物质性要素方面,首先是人。各种不同素质、不同成分的人,按照各种不同的排列组合方式,结成一定的正式关系,才能成为组织。行政组织也是一样,它是由各种不同专业、水平、年龄的人按照行政组织目标、职能组合起来的。没有具体的人员,也就没有行政组织。所以,行政组织的第一个物质要素就是人员。人员,是行政组织的主体、核心。离开了人的参与,一切组织都不存在,一切组织的活动都无法进行。因此,要建立行政组织,首先要选择一定数量和质量的人员,并对选择的程序和要求有着明确的规定。

(2) 经费。行政组织要开展活动离不开经费。从机构设置、人员编制、物资设备的购置,一直到日常的组织工作、社会管理活动都不能没有经费,不能没有一定的资金作保障。一旦缺乏经费,行政组织就会陷于瘫痪,组织的各项活动就无法开展。经费是维持行政组织运行与发展所不可缺少的因素。

(3) 物资设备。即行政组织开展活动所必须具备的技术设备、工具,所必须耗费的各类材料和能源。这些设备与工具包括办公建筑、住宅、文具、办公机械,以及公文图书、档案等,它们是行政组织赖以生存和发展的物质基础。

2. 精神要素

(1) 目标。行政组织是根据一定目标设立的,其一切活动都是围绕着组织目标进行的。目标是组织赖以产生、发展的基础和原因,是组织存在的灵魂,是组织前进的方向。它从本质上反映了组织的基本功能。组织目标包括任务、目的、指标、数量、质量和时限等内容。组织目标分为总目标、分目标和工作目标三类。总目标是关于组织最根本性问题的原则性规定,是制定分目标和工作目标的依据;分目标和工作目标是组织总目标的分解和具体化。组织目标的分化形成了一个完整、严密的目标体系,具体规定了每个组织单位和每个成员在各个时间、空间内所要取得的最后成果。

(2) 权责结构。权责结构指的是组织系统内部各子系统、工作单元,以及各组织成员、各工作职位之间在工作任务、权力和责任方面的一系列从属、并列关系。它是为实现组织目标而进行的权责关系的安排,是构成组织的一种特殊的人际关系。权责结构是形成组织纵向层级和横向部门体系的基础,是组织分工、组织法规与组织纪律的实际体现。组织纵向各层级,横向各部门、各职位的分权与分工是否科学合理,对于组织功能的有效发挥至关重要。

(3) 人际关系。人际关系状况如何,对于能否稳定组织的各种内在因素,能否调动组织成员工作的主动性、积极性,能否有效地实现组织目标具有不可忽视的作用。

二、行政组织的性质

(一) 行政组织的一般性质

行政组织是社会各类组织中的一种,与其他组织一样,其性质包括以下四个方面:

1. 静态的组织结构。从静态的角度看,行政组织是一个完整的实体,它是由按照职能目标分工、权力指挥关系、责任归属、工作程序设置的各个层级、各类部门、各个职位等所共同构建的一个完整体系。所有这些,都是由行政法规或行政习惯进行规定的。其中,职位是行政组织的基本元素和细胞,职位之间的权责关系构成了整个行政组织的结构,而职能目标是组织结构建立的依据,是组织的层次和部门划分、职位配置的出发点和归宿。行政组织结构是行政组织最明显的外在表现。

2. 动态的组织过程。从动态的角度看,行政组织就是一个把人、财、物、时间、信息、知识、环境等因素在特定时间和空间内联系和配置起来的有机整体,是一个发挥组织功能的动态活动过程。任何组织都具有一定的目标和功能,只有不断地发挥组织功能,实现组织目标,才能体现组织的存在,显示出组织的生机与活力。为此,组织必须不断地进行决策、执行、监督和控制活动,以有效地安排工作行为、安排人的行为,有效地运用组织所拥有的各种资源,达成组织目标。在这一过程中,组织成员的相互交往、沟通、协作、默契等行为对组织功能的发挥起着决定性的作用。

3. 生态的组织环境。从行政组织与整个社会的关系来看,行政组织是处于外在社会环境中的一个有机系统,是一个开放的社会子系统。它必须不断地与其所处的社会环境发生人员、物资与信息的双向交流。离开了外在社会环境的支持和帮助,行政组织就无法存在。为了有效地适应和能动地改造外部环境,行政组织系统必须随着社会环境的变化而不断地调整自己,随着时代的发展而不断地改变自身的结构和活动方式。

4. 心态的组织意识。行政组织是人们为了实现共同的目标而建立的群体。人们在加入组织时,必然会将个人情感、价值观和人格等心态因素带进组织之中,使组织成为人们心态意识的汇合点。行政组织的成员对组织目标和组织内部权责关系的认识,以及他们在相互交往和思想沟通过程中的感知状况,形成了一定的人际关系网络和团体意识。后者的好坏直接促进或妨碍组织目标的实现。因此,许多结构相同、性质相近和环境相似的行政组织，在实际活动中的效率、结果往往大不一样。所以，我们在实际活动中必须注意组织成员的心态意识，注意组织的总的精神状态。

（二）行政组织的特殊性质

从社会管理角度来看，行政组织是社会组织中规模最大、管理范围最广的一种组织类型；从国家统治的角度来看，它又是统治阶级利益的代表者，是国家意志的直接体现者和施行者。因此，行政组织在具有社会组织共性的同时，也表现出自己独具的各种特性。

1. 政治性。国家是阶级矛盾不可调和的产物。国家是统治阶级用来维护本阶级的利益、维护社会统治秩序、调节各种社会关系的工具。国家的意志实际上是统治阶级的意志，国家职能的核心就是维护统治阶级的利益。行政组织作为国家意志的体现者，作为国家职能的执行机关，其管理活动中必然会表现出鲜明的政治特性。归根到底，在阶级社会中，统治阶级的利益是行政组织各项权力的渊源，行政组织建立及运行的根本目的就是维护统治阶级的利益，贯彻统治阶级的意志。

2. 社会性。“政治统治到处都是以执行某种社会职能为基础，而且政治统治只有在它执行了它的这种社会职能时才能持续下去。”[①]社会性是行政组织的基础，阶级性是其核心。政府行政组织要从根本上维护统治阶级的利益，维护社会的统治秩序，就必须履行社会管理任务，以管理社会公共事务作为自己的重要职能，管理包括国家政治、经济、文化、科技、卫生、社会福利、社会治安等事项在内的各项社会性事务。在对社会进行行政管理的过程中，维持社会经济文化和其他各方面的发展，使人民安居乐业、生活水平稳定并不断有所提高。唯有如此，才能维护统治阶级的长远利益、根本利益。行政组织的社会性和阶级性，在人民当家作主的社会主义国家中是一致的，目的都是实现人民大众的利益。而在剥削阶级统治的国家中，行政组织维护人民利益的社会性只是表面的，实质上则是为了谋求统治阶级的根本利益；只有在不违背统治阶级根本利益的范围内，才承认所谓的人民大众的利益。

3. 权威性。国家权力是一种政治统治权力，一种社会管理权力。政府行政组织作为国家权力的执行机关，代表国家行使着这种权力，是国家权力的具体实行者、体现者。它以整个社会生活为自己的控制对象，拥有凌驾于整个社会之上的权威，运用各种手段来维持社会的政治秩序、经济秩序和文化生活秩序。其所管辖的对象，包括社会的各种团体和全体公民，都有义务而且必须服从行政组织的一切合法的规定、命令，服从行政组织的指挥、领导和管理。在宪法和法律的范围内，在行政组织的权责范围内，不允许其他任何组织、团体和个人与之相抗衡。对于不服从者，要用法律和政纪进行制裁和惩戒。强制服从是行政组织权威性的突出特征。

4. 法治性。任何一个行政组织的建立、撤销都以宪法和法律为根据，并要依据宪法和法律开展活动。行政组织的任务、责任、权力是由宪法和法律赋予的，国家行政组织成员的职责、权利、义务，国家行政机关行使职权和实施管理的原则、方式、方法、程序等，都必须以法律为基本依据，不得超越宪法和法律所规定的范围。依法行政，对其活动承担相应的法律责任，是行政组织从事各项行政活动的一个显著特点。法治既是行政组织活动的依据，又是行政组织活动的手段之一。法治性是行政组织权威性的基础，离开了法治，违背了宪法和法律的规定，行政组织就不能真正维护其权威性。

---

① 马克思，恩格斯.马克思恩格斯选集(第3卷)[M].北京：人民出版社，1955：523.

5. 系统性。行政组织是依法设置的,由若干要素按照一定的目标结构、层次结构、部门结构、权力结构所组成的职责分明、协调有序的有机整体,其组织系统遍布全国各地。从纵向看,它包括中央政府、各级地方政府和各类基层行政组织单位,形成了一个金字塔型的层级结构,主要以分层管理的方式开展工作。从横向看,各层级的行政组织内部都有横向职能部门划分,这些部门分工领导和管理各有关的事务。这样,行政组织就构成了一个囊括社会各个地区、各个领域的庞大的行政管理系统,使国家行政活动协调、有序地进行,使各行政层级、部门和单位在系统的结构中各司其职、各得其所,充分发挥个体效应、系统的相关效应和行政组织的整体效应。

6. 服务性。这只是现代行政组织的特征。在资本主义以前的各个时代和资本主义时代的前期,政府常常以"守夜警察"的面貌出现。这时流行"最好的政府是管得最少的政府"之类的口号,政府消极被动地适应社会,往往是在社会问题发生后,才采取措施予以补救。至于政府主动地为社会的潜在需要提供服务则是很少有的事。随着生产力的进步和市场经济的发展,人们之间的生产、生活联系越来越广泛和密切,日益需要政府行政组织对其行为作出具有规范性的统一规定,对其矛盾冲突作出具有预见性的防范,使人们能够和谐有序地生活。各个国家之间的交往和竞争,也要求行政组织考虑社会的潜在需要、长远需要。这时的政府,不仅应主动地研究、提出社会各项事业的发展规划,而且要促使本组织的工作人员以积极的态度和高度的热忱,主动地为人民的生产和生活服务。

行政组织的服务性,还表现在创造性上。在传统的农业社会,行政组织长期有一种遵祖宗之法的因袭作风,即所谓"萧规曹随"。这种作风已经完全不能适应当今科学技术一日千里迅速发展的时代。科技的高速发展必然引起社会经济、教育、文化观念、人际关系等社会现象的迅速变化,这就使行政组织不断遇到新问题、新矛盾。为使行政组织总体目标能在不断变化了的环境中得到实现,行政组织必须具有不断创新的观念,开展不断创新的活动。唯此,行政组织才能生命长青。

(三) 行政组织与其他社会组织的区别

就总体而言,现代社会存在五大组织系统,即国家组织、企业组织、事业组织、群团组织和政党组织。其中,国家组织中又可分为三大组织系统:立法或权力组织、行政组织、司法组织。要想全面了解行政组织,必须研究国家组织系统中的行政组织与其他社会组织之间的区别。由于行政组织与国家的立法组织、司法组织以及政党组织的关系已在《政治学》一书中阐明,这里不再赘述。现在我们仅分析行政组织与企业组织、事业组织(事业单位)、群团组织的区别。

1. 管理对象不同。企业、事业组织只是以本组织为管理对象,群团组织也只管辖本群团所联系的那部分群众的有关事宜;而国家行政组织除管理自身组织外,更重要的是管理社会公共事务,以全社会的公共事务为自己的管理对象。

2. 为社会所提供的服务内容不同。企业组织以从事物质、非物质商品生产和流通为活动内容;事业组织以从事非物质生产,为社会提供精神产品和劳务服务为主;群团组织是为自己所联系的那部分群众提供某些福利和一定的行为规范;行政组织则为社会提供各种行为规范、社会各项事业发展的目标及达到目标的重要措施。

3. 活动的依据不同。企业组织主要以商品生产的价值规律和各种社会中的基本经济规律为自己活动的依据;事业组织主要以自己所特有的科技、教育、文化、艺术、新闻、体育、卫生等各项事业的发展运行规律为其活动依据;群团组织以其自愿组合、共同订立的规章制度为活动依据;行政组织则以国家权力运行规律为自己活动的依据,具体而言,就是以国家法律作为活动的依据和准绳,因为法律是国家权力的象征,依法行政是行政组织的重要特点。

4. 活动的目的不同。企业组织的目的是为社会提供物质财富和营利,故以经济效益为目的;事业组织的目的是向社会提供精神财富,随着商品经济的发展,这种精神财富的提供越来越是有偿进行的,因而它既追求社会效益,又追求经济效益,在社会效益中偏向精神文明程度的提高;群团组织在不妨碍全体人民利益的前提下,以追求自己所联系的那部分群众的利益为目的;行政组织的目的是促进整个社会秩序和整个社会事业的全面发展,它包括经济的、政治的、文化的、教育的、科技的、卫生的、体育的等各项事业的发展。因此,它追求的是全面的社会效益和经济效益,是全国人民的整体利益。

三、行政组织在行政管理中的作用

(一)行政组织是行政管理的主体

行政组织是国家对社会事务进行行政管理的主体,是进行行政管理活动的物质基础和力量源泉,一切行政管理活动和行政职能的发挥都是由行政组织来进行的。各级各类行政组织通过具体承担和完成各自的组织目标来实现国家行政管理的职能,完成国家协调、管理各项社会事务的任务。没有行政组织这一行政管理活动的主体,政府的行政管理就失去了具体的承担者、施行者,政府就无法行使其行政职能、履行其国家管理的职责。

(二)行政组织是行政人员发挥作用的物质基础

从管理学的角度看,组织与人员是一切管理活动的两个基本支点,二者构成了管理活动的基本框架。但相对于人员而言,组织具有更为重要的作用,是管理活动更为基本的支点,它是行政人员发挥作用和能量的物质基础。在行政管理活动中,第一,行政组织是行政人员的载体,没有行政组织就没有行政人员,更谈不上行政人员作用的发挥,谈不上行政管理活动的开展和政府职能的执行。第二,组织的纵横结构、机构设置、权责分配是否科学,组织制度是否健全,又是行政人员能否发挥正面作用的关键;它是行政人员之间分工是否明确、合理,合作是否协调,沟通是否顺畅,关系是否融洽的物质保证。它关系到每个行政人员能否发挥积极性、创造性,更有效地开展工作。第三,行政组织把成千上万孤立的行政人员聚合到一起,通过分工与合作,将孤立的个体结合成一个能动的整体,使全体工作人员朝着同一个目标,同心协力,就能发挥出行政人员在单个人的条件下所无法发挥的巨大力量。

四、行政组织的功能

(一)行政组织功能的含义

所谓功能,即某一特定事物所发挥的作用,它是功效与能量的辩证统一。行政组织功能是指作为国家行政管理主体的各种行政组织,在依法管理社会公共事务的过程中所具有的独特作用。行政组织的功能反映着国家行政管理活动的基本内容与行为方向,是国家本质的具体表现。

行政组织的功能与国家的功能既有联系,又有区别。国家机器整体活动的总方向就是国家功能,即国家在管理社会事务过程中所具备的作用。国家功能是国家本质的外在表现。

国家本质决定其功能,功能体现其本质。行政组织与立法组织、司法组织一起,共同构成了国家机器的组织体系。因此,国家要发挥它的功能,完成其历史使命,就必须使行政、立法、司法等国家机关通力合作、密切配合,共同发挥最大的作用和功效。

而行政组织的功能,是与立法组织、司法组织的功能相对而言的,是整个国家机器功能的一个组成部分。一般而言,立法是国家意志的表达,立法机关负责对国家重大事项进行决策,根据统治阶级和社会大多数人民的意志制定法律;行政是国家意志的执行,行政机关负责执行立法机关制定的法律,贯彻实施其决策;司法则是运用国家法律审判具体的诉讼案件,保证法律公平、正确地施行。政府行政组织是国家机器中的重要组成部分之一,它代表国家行使行政权力,对社会事务进行管理。行政组织功能的行使以立法机关制定的法律为出发点,对其负责,并受其指导和制约;以司法机关的强制力为后盾,并受其监督。反过来,行政组织功能的发挥具有相对的独立性,行政组织在法律赋予的职权范围内,自主确定其行为方式,创造性地开展功能活动,并制约和影响着立法机关与司法机关功能的实施程度。国家的法律和政策不是由立法机关自身而是必须由行政机关加以贯彻、执行的;司法机关的判决和裁定,大部分也必须由行政机关的强力活动保证实施。

(二)行政组织功能的内容

与其他管理活动不同,行政管理是政府行政组织对社会公共事务的管理,它以国家强制力为后盾,对国家所辖领地的政治、经济、文化和社会事务进行全面的管理,在这些领域发挥自己独特的功能。

1. 政治功能。行政组织的政治功能,指政府行政组织通过一系列的政治活动,防御外来的入侵与渗透,镇压敌对阶级的反抗,制止和打击不法分子的各种破坏活动,妥善处理各个阶级内部及其相互之间的各种关系,进行民主法治建设,建立和维护有利于统治阶级的社会秩序。它最集中地体现了国家的阶级性质,其核心问题是巩固国家政权。

2. 经济功能。政府行政组织的存在目的,就是为其经济基础服务,保护经济基础的巩固和发展,并以各种形式来推动社会生产力的发展。不论什么样的社会,不论其处于什么发展阶段,作为上层建筑主要部分的政府行政组织与经济基础之间的这种关系都不会改变,所以,经济功能也是行政组织不可缺少的基本功能。我国处于社会主义初级阶段,组织经济建设,成为我国行政组织最主要、最基本的功能。

3. 文化功能。各国行政组织的文化功能,主要有两大内容:一是进行统治阶级的政治思想教育和道德品质教育,二是进行科学文化教育。现阶段,我国政府的文化功能主要体现在精神文明建设上。一方面要加强思想政治工作,在公民中坚持进行爱国主义、集体主义和社会主义教育,发扬艰苦奋斗、勤俭节约的光荣传统,振奋民族精神;另一方面要大力发展教育、科学、文学艺术、新闻出版、广播电视、卫生、体育、文物、图书馆、博物馆等各项文化事业,特别是要确保科技和教育的发展。

4. 社会功能。当代各国行政组织的社会功能主要有:(1) 提供社会保障。社会保障既是对公民基本生存条件的保障,也是对社会经济活动正常运行的保障。一个国家的社会保障体系应该包括两方面:一是社会保险体系,包括养老保险、医疗保险、失业保险和工伤保险四大类;二是社会救济体系,保证陷入困境的公民,都能够得到政府的救济和社会的帮助。(2) 促进公正的收入分配。一是克服机会的不均等,二是调节收入分配。(3) 控制人口增长。政府行政组织必须担负起责任,制定、实施适合本国人口发展的政策。(4) 环境保护。

自然环境是人类赖以生存的重要条件,政府行政组织推进生态环境保护,制定相关法律,严格执法,采取措施减少污染,保护自然环境。

(三)行政组织功能的特点

1. 广泛性与有限性。由于行政组织承担着促进以经济发展为中心的社会全面发展的任务,因此行政组织的功能范围必然涉及国家政治与社会生活的各个方面,它包括外交、国防、治安、财政、金融、工业、农业、商业、文化、教育、科技、卫生、体育、社会福利、环境保护等领域。从这个意义上说,行政组织功能具有无所不包的广泛性。但是从另一方面说,行政组织功能又是有限的,它表现在:第一,行政组织功能发挥的领域和程度要以社会需要为限。凡是社会需要的地方,行政组织就应发挥功能,反之,就不能加以干涉。尤其在当前市场经济条件下,凡是市场机制能够发挥良好作用的领域,政府行政组织就不应干涉。现在不少西方国家,还将市场机制引入政府管理领域,把一些传统的行政组织管理事务让位于市场机制。第二,凡是私人生活领域,只要不触犯刑律,行政组织就不应干预。第三,行政组织功能发挥要以法律为依据。行政组织必须依法行政,其行为必须受到法律的制约,不能超越法律所赋予的权限。第四,行政组织自身的能力也是有限的,它不可能永远正确,也没有力量对社会事务包揽无遗。因此,行政组织要量力而行,尽可能减少犯错误的机会。

2. 稳定性与变异性。在任何一种社会制度下,行政组织的主要功能都是相同的,它们除了维护统治阶级的利益之外,还要满足社会的共同需要。行政组织活动的这种普遍性,要求其功能具有一定的稳定性。但是,在另一方面,行政组织的功能又具有变异性。作为上层建筑的组成部分,行政组织功能不是一成不变的,它要随着社会经济、政治、文化的发展而发展,随着国家形势和任务的变化而变化,不断地根据实际情况作出调整,以保持与外部环境相适应,满足社会的需要。因此,不同社会中的行政组织,同一社会中不同时期、不同国家的行政组织,其功能范围和内容都存在不同之处。

第二节　行政组织理论的研究内容和学科性质

一、行政组织理论的研究内容

行政组织理论是研究行政组织构成、建立、运行和发展规律的科学。它是行政管理学科体系中的一门基础性学科,是现代政府管理学科群中的一个重要分支。为了从理论上揭示行政组织的构成、建立、运行与发展规律,行政组织理论的研究应包括以下内容:

(一)行政组织的综合性研究

1. 研究行政组织的性质、要素与作用,及其与其他社会组织的区别等一般性原理。

2. 研究行政组织的历史发展和理论发展。自国家产生以来,就有行政组织。它和国家一样,有几千年的历史。在这漫长的历史长河中,人类的行政组织有着自己丰富的经历与变化,值得我们认真地去总结。与之并存的是关于行政组织理论的发展,也经历了古代与现代的历程。这一部分主要从理论的角度介绍和评价科层制组织理论、人本主义组织理论和网络型组织理论,反映各种组织理论的不同内容及其发展轨迹。

(二)行政组织的静态研究

1. 研究行政组织的目标。目标是行政组织存在的前提和基础,决定着行政组织结构与体制的选择。本书重点研究行政组织目标的结构、类型、外部目标与内部目标的具体内容。

2. 研究行政组织的结构。包括其纵向结构、横向结构的构成原理及相互关系，着重阐述行政组织结构的作用、意义。

3. 研究行政组织的体制。行政组织的体制是指行政组织内部的权力分配关系，主要有首长制与委员会制，完整制与分离制，集权制、分权制与均权制等。行政组织是一个庞大的体系，它可以从纵向划分为中央政府与各级地方政府，从横向划分为领导机关、幕僚机关、执行机关、派出机关和各类不同的职能部门。我们将研究这些不同机关划分的原则与各类机关的特点。

（三）行政组织的动态研究

1. 研究行政组织的建立与管理。根据行政组织静态、生态、心态的特点来把握其动态运行的规律，探讨如何去建立和管理行政组织。根据行政组织的自身特点和运行规律，提出建立行政组织的原则与方法，突出组织激励、组织学习与流程再造等当代行政组织管理的新兴方法。

2. 研究行政组织的变革。由于行政组织的主客观环境和条件经常发生变化，如何进行行政组织改革，以适应变化了的内外环境，必然成为行政组织不断遇到的新问题。在这一部分里，我们将着重探讨行政组织变革的原因、变革的阻力、动力及变革的趋势等，并介绍国内外当前行政组织变革的实践等相关内容。

总之，我们对行政组织的研究力求涵盖行政组织的静态、动态、生态和心态等各个角度、各个方面，既进行综合的、抽象的概括，又从事微观的、具体的分析，努力将行政组织的建立、运行、发展的全过程都囊括其中，以求对行政组织现象获得全面的认识。

二、行政组织理论的学科性质

行政组织理论是研究国家行政组织的科学，其研究对象的性质决定了行政组织理论的性质。行政组织具有双重的性质，它既是统治阶级实现对社会统治的工具，又是国家政权对社会公共事务进行管理的主体。由此决定了行政组织理论既有特殊的政治性，又有各个不同国家所共有的社会性。

行政组织的政治性决定了对同一种行政组织现象，各个阶级出于自身利益的不同，会持有不同的看法和评价。如封建地主阶级，就认为君主专制的行政组织是最好的行政组织；资产阶级，就认为三权分立下的行政组织是最好的行政组织；而无产阶级和广大劳动者就会认为君主专制的行政组织是最坏的行政组织，并且也不会认同三权分立的行政组织是最好的行政组织。这是因为行政组织的体制直接涉及各个阶级的利益，所以，各个阶级理所当然地会对同一种行政组织作出不同的评价，并为其评价找出理论根据，建立自己所特有的行政组织理论。于是，行政组织理论就被深深地打上了阶级烙印。

行政组织的社会性，决定了各个阶级对同一种行政组织又有着某些相同的评价。这是因为行政组织都要担负着行使国家权力的职能，都要对社会公共事务进行管理；都要为实现这些管理设立机构——纵向的层级机构、横向的部门机构；都要在这些机构之间恰当地分配权力。如此等等，目的都是一个，即如何通过行政组织的机构设置、权力分配来更好地行使其管理社会的功能。从这个意义上说，行政组织理论就具有一般的社会属性。

行政组织理论特殊的政治性和一般的社会性，决定了我们在研究行政组织时，对待历史上的行政组织理论，要持批判地继承的态度。对其中的阶级偏见要批判，要否定；对其中能反映人类社会行政组织共同规律方面的科学要继承，要借鉴。

三、行政组织理论与相关学科的关系

（一）行政组织理论与政治学的关系

政治学是行政组织理论的理论基础和指导思想。政治学是行政管理学的专业基础理论，行政管理学又是行政组织理论的专业基础理论。从这个意义上说，政治学与行政组织理论好像没有直接的关系。但是，由于国家的行政组织是整个国家机器的心脏，以国家机器为研究主体的政治学，必然要关注国家的行政组织。不过政治学在研究国家行政组织时，只能是从整个国家政治生活这个宏观的角度，来分析行政组织在整个国家机关，乃至整个政治生活中的地位和作用，主要包括它与其他国家机关——立法机关、司法机关的关系，与公民参政的关系，以及它的主要功能，即主要从整个政体的角度来分析行政组织。而这种分析，正是对行政组织进行微观研究的指导思想和理论基础。因此，政治学不仅是行政管理学的专业基础理论，同时也是行政组织理论的专业基础理论。

（二）行政组织理论与管理学的关系

组织学作为一门独立的学科，它是管理学的一个分支，其产生晚于管理学。两门学科之间的关系非常密切，在很长一段时间里是密不可分的。管理学研究的是以组织为主体对公共事务进行管理的科学，其中很重要的内容是对组织自身的研究：建立什么样的组织结构才是最有效的，在组织内部如何分配权力，对组织如何进行控制才能使之有效地达成目标，等等。可以说，这既是组织学的研究对象，也是管理学研究的重要内容。从广义的角度讲，组织学和管理学研究的目的，都是为了提高组织的工作效率。既然是组织的工作效率，当然要以研究组织为前提。正因为如此，它们之间有着广泛的相同联系。但是，又要看到，组织学与管理学的研究又有区别。前者的研究主要限于组织自身，基本不涉及对社会某项公共事务的管理；后者的研究是全面的，既有组织自身的问题，又有对某项社会事务进行管理的问题。所以说组织学是管理学的分支。那么行政组织理论又是组织学中的一个分支，是从研究人类社会各种组织共同规律的组织学中，分离出来专门研究行政组织的科学。因此，正像组织学是管理学的分支一样，行政组织理论也是管理学的分支。

（三）行政组织理论与行政管理学的关系

行政组织理论是行政管理学的一个分支，行政管理学是行政组织理论的专业基础理论。行政管理学先于行政组织理论产生，行政组织理论是从行政管理学中独立出来的。行政管理学是研究以行政组织为主体的对整个社会所进行的行政管理活动，它包括整个行政管理的要素、环节、管理方式，行政组织只是其研究的一个内容，虽然是基础性的内容。行政组织理论主要是研究行政组织本身如何产生、变革和发展，如何建立和运行，以及如何对行政组织自身进行管理的规律。这些内容包含在行政管理学的研究之中，但不是其主要研究对象，更不是其全部内容，它只能概略地研究这些内容。细微地、深入地研究这些，是行政组织理论的独特任务。所以，行政组织理论是行政管理学的一个分支学科。

（四）行政组织理论与心理学的关系

心理学是一门研究人们心理与行为规律的科学。而行政组织理论研究的重要内容之一，就是行政组织内部组成人员的心理和行为规律，这包括个人与其所承担的工作任务、角

色之间的心理与行为关系，各个成员之间，各个正式、非正式群团之间的心理与行为关系，等等。因为行政组织内部成员之间的心理与行为关系状况对于提高行政组织效率、增强行政组织的凝聚力起着重要的作用，行政组织理论必须以此作为其研究的重要内容之一。所以，心理学对行政组织理论有着重要的渗透作用。

第三节　行政组织理论的研究方法和意义

一、行政组织理论的研究方法

马克思主义的世界观、方法论是我们研究一切社会问题的基本方法，也是研究行政组织的基本方法，它是我们开展行政组织理论研究的总的理论基础和指导思想。为此，我们在研究行政组织理论的过程中，必须遵循以下的方法：

（一）阶级分析的方法

阶级分析的方法是历史唯物主义的基本方法，是阶级分析和历史分析的结合，是将特定的行政组织现象放到特定的社会历史条件和政治制度、社会环境中进行分析的方法。它不仅考虑上下左右、各类组织、各个部门之间的相互关系，更要考虑当时阶级力量、阶级意识对国家有关组织活动的支配和影响。行政组织是国家政权中的重要组成部分，是统治阶级管理全社会的工具。因此，我们在学习和研究行政组织理论时，不能被行政组织所执行的纷纭繁杂的社会管理活动所迷惑，而必须从各个时期国家的阶级性质出发，清楚地看到隐藏在行政组织背后的阶级利益和阶级意志，充分认识行政组织的阶级性质，从那种看来是迷离混沌的现象中找出统治阶级的利益与意志的本质。在当代，运用阶级分析的方法，就要在认清社会主义国家的政治制度与资本主义国家的政治制度根本不同的前提下，对各种具体的行政组织原则、组织现象和组织方法进行研究和分析。唯有如此，我们才能既认识和掌握世界各国行政组织所共有的一般规律，并从中找出适合我国具体国情的各种理论和方法，加以吸收和借鉴；又能掌握不同社会制度国家行政管理所独具的特殊规律，防止盲目地照搬照抄别国行政组织的经验。

（二）系统分析的方法

系统分析的方法，就是要求从系统论的观点出发，着重从整体和部分、内部和外部之间的相互作用、相互制约的关系中来把握行政组织的整体。这实际上也是马克思主义唯物辩证法在现代的具体运用和发展。用系统分析的方法来观察行政组织，行政组织本身不仅是一个有机的完整系统，而且是社会大系统中的一个子系统。行政组织的运行过程，实际上是行政组织与外在环境互相依存、互相制约的过程；在行政组织这个大的子系统中又有各种分支系统，它们内部又都是一个由人、财、物、权、责与信息等各方面要素组成的相互联系、相互影响、相互制约的连续过程。用这种观点研究行政组织，就能获得一个全面联系的、随着社会发展而发展的、科学的组织观点，就能真正探索到合乎行政组织发展的客观规律。

（三）理论联系实际的方法

理论联系实际是马克思主义的一个基本原则，也是研究行政组织理论应有的学风和方法。它要求任何理论的研究必须从实际出发，实事求是，从大量的客观存在中寻找其自身的规律。行政组织理论是一门应用科学，具有直接的实践性，理论联系实际的方法显得更为重要、更为突出。许多早期的组织与管理原理、原则和方法，都是人们实际经验的概括、总结和提炼。西方许多著名的组织理论学者大都是长年从事组织管理工作的实践者。

这里要特别提出的是，西方很多学者非常注意用实践的方法来研究行政组织理论。这种研究方法，不同于我们所说的理论联系实际的方法。所谓实践的方法就是从客观实践中总结经验与教训，然后据此提出一些具体可行的、针对性强的、可操作的技术管理方法。这种方法与实际组织活动联系紧密，有利于指导和解决实际具体问题，有利于培养组织管理的实干型人才。但是，实践的研究方法容易走向极端，即局限于实践经验，不注意理论概括，基本上是一种偏向于经验型的实用方法。在当今行政管理活动复杂多变、受制因素过多的情况下，这种方法的外延较小，涵盖面不广，不能适应行政组织现象复杂多变的特点；具体的实践经验也不一定都能反映普遍规律，不可能事事、处处都适用。因此，我们要把实践与理论研究结合起来，既要立足于实践，研究具体微观的经验，又要对各种错综复杂、包罗万象的行政组织现象进行综合的分析和归纳，作出合乎事物发展逻辑的推理和结论，从中发现其内在的必然联系即规律，建立起适用于指导行政组织的一般原理、原则和方法。

（四）静态与动态相结合的方法

静态的研究方法是早期西方行政组织理论研究者经常采用的一种研究方法。它侧重于对行政组织结构、制度、规章和权力分配的研究，因而又被称为结构的研究方法。这种方法对于我们认识行政组织的静态构成，促进行政组织结构、行政制度的建立和完善等都具有重要的意义，它是行政组织走向科学化的基础。但由于它偏重于组织静态面的研究，忽视了组织活动过程和组织环境等因素，忽视了组织中人的能动性，因而难以对行政组织做全面的考察，无法得出适应现代行政组织发展规律的科学的结论。

动态的研究方法则不拘泥于组织法规、结构、制度的静态考察，而是着眼于组织中的行为主体——人的因素以及组织环境条件对组织发展的影响，进行动态的研究。行为科学的研究方法、心理学的研究方法、社会学的研究方法、生态学的研究方法，都是从不同的思路对人的行为、行政组织与社会环境的互动关系等方面所作的动态方面的研究。

静态与动态相结合的研究方法也是马克思主义唯物辩证法在现实中的具体运用和发展。任何事物既处在静态之中，又处于动态之中，只有综合静态与动态才能全面地把握事物。在行政组织理论的学习和研究中，我们既要把握静态的行政组织，又要考察和分析动态的行政组织，考虑行政组织环境和人的能动因素。只有这样，才能使我们的研究不失于片面。

（五）纵向与横向相结合的方法

首先，要从纵向的历史角度去考察和研究行政组织的起源与发展，行政组织的历史类型，行政组织结构、体制的发展、变迁，组织管理方法的演变等，以把握行政组织发展的历史脉搏，从中总结出行政组织发展中一些带有规律性的东西，为我们提供一些重要的历史经验，以指导现在和未来的行政组织管理实践。

其次，在进行纵向研究的同时，我们也要横向地考察和比较各国行政组织的现状及特点，确定各种因素的异同关系，权衡其优劣，以借鉴和吸收各国行政组织的长处与优点，更好地发挥我国行政组织的功能，提高其运行效率。当然，在横向比较的过程中，即使对别国行政组织行之有效的优点，我们也不能生搬硬套。只有结合我国的国情、民情，经过分析和消化，才能为我所用。

纵向历史的考察和横向现实的比较，也是马克思主义唯物辩证法的重要方法之一，它使我们对行政组织的发展有一个全面的、系统的了解和认识，使我们对行政组织发展规律的探索建立在全面的、客观的和现实的基础上。

二、行政组织理论的研究意义

（一）研究行政组织理论是为了建立具有中国特色的行政组织理论体系

我们研究行政组织理论的目的，就是以马克思主义为指导，揭示行政组织的构成、运行与发展的规律，寻求在我国社会主义初级阶段的条件下，实现行政组织的科学化、法治化的途径，为建立一个结构合理、法制完备、充满活力、富有效率的社会主义行政组织体系提供理论上的依据和支持。概而言之，研究行政组织理论的最终目的，是为了建立具有中国特色的行政组织理论体系。

（二）研究行政组织理论是实现行政组织科学化、法治化和现代化的需要，是社会健康发展的需要

技术和管理是社会前进的动力，是推动现代生产力发展的两个轮子。管理作为一种实现目标的手段，其科学化水平的高低是科学技术能否转换为生产力以及转换速度快慢的关键之一。从这一点看，管理较之于技术具有更为重要的作用。当今，世界范围内的科学技术以及经济方面的发展，正在对各国的管理水平提出越来越高的要求。国家之间的各项竞争在相当大程度上已变成了各国管理水平高下的竞争，管理的先进与否，决定竞争的胜负。提高管理水平，是各国在新技术革命中立于不败之地的重要因素。

国家行政管理支配、制约着其他各类社会管理活动，国家行政管理的科学化、法治化和现代化是一个社会各类管理科学化、法治化和现代化的前提和关键。而行政管理科学化的基础又是行政组织的科学化。行政组织是管理社会各类组织的组织，在国家各项管理活动中享有极大的权威。其所从事的行政管理活动是国家社会生活中最普遍、最经常、最直接、最重要的管理活动，其所拥有的权力延伸到社会生活的各个方面。国家政治秩序的稳定，经济文化事业的发展，社会各项活动的有序进行，都离不开行政组织的规划、协调、控制与指挥，它在很大程度上决定了一个国家的政治、经济及社会各项事业发展的快慢。离开了行政组织，离开了它对各项社会事业、社会发展的管理和控制，国家政治、经济及其他社会生活将会陷于混乱。满足社会健康发展的需要是促进行政组织理论形成与发展的主要因素，也是研究行政组织理论的主要意义。

（三）研究行政组织理论是我国当前行政组织改革的实践需要，它可以为行政组织改革的实践提供理论上的指导

行政组织改革是我国当前开展的政治体制改革、经济体制改革中的一项重要内容，也是政治体制和经济体制改革继续深入进行的必要条件。在前一个时期，我国行政组织存在着职能滞后、权力过分集中、部门林立、机构臃肿、官多兵少、人浮于事等弊端，这与社会发展和进步极不相适应，严重阻碍了各项改革事业的深入。为此，从 1982 年起，我国政府就开始了行政组织的改革。经过多年的逐步摸索，已取得一些成效。但总的而言，还没有完全根治以上弊端。因此，行政组织改革的实践，呼唤着行政组织理论的深化。没有理论的实践，只能是盲目的实践，这也是近十几年行政组织改革的教训与经验之所在。

（四）研究行政组织理论是优化行政工作人员的素质、提高其管理水平和工作能力的需要

马克思主义认为，生产力是推动经济和社会发展的基本动力，而人是生产力中最基本、最活跃、最关键的因素。同样的道理，国家政权是由人来掌握的，行政管理工作也是由人来推行的，人是行政组织中最活跃、最能动的因素。行政工作人员是政府功能的履行者、机构的组成者和权力的执行者。如何调动行政工作人员的积极性、创造性，充分发挥行政工作人员的潜力，是行政组织自身管理中的一个重大课题。科学的行政组织管理，就能有利于调动行政工作人员的积极性、创造性，反之，则不能。因此，认识、掌握行政组织自身的管理规律，有利于优化行政工作人员的素质、提高其管理水平。

同时，研究、学习行政组织理论，使行政工作人员更自觉地按照行政组织建立、运行的规律办事，也可以提高行政工作人员的自身管理水平。从这个意义上说，它也有助于行政工作人员素质的提高。

复习思考题

1. 什么是行政组织，如何理解行政组织的含义？
2. 行政组织的基本要素有哪些？
3. 什么是行政组织功能？为什么说行政组织功能既是广泛的，又是有限的？
4. 怎样看待行政组织理论与相关学科的关系？
5. 行政组织理论的研究对象和内容是什么？
6. 研究行政组织理论的方法和意义有哪些？

第二章　行政组织的演变

第一节　外国行政组织的演变

一、奴隶制时期的外国行政组织

行政组织作为国家管理活动的载体，它随着国家的出现而产生。原始社会末期，随着阶级和国家的出现，原始氏族和部落的公共组织逐渐变为奴隶主阶级的统治机关，形成了一套管理国家事务的机构，这就是最早的行政组织。外国奴隶制时期最典型的行政组织是古埃及、古希腊、古罗马。

（一）古埃及的行政组织

古埃及在公元前 3100 年左右的早期王朝时期就开始建立起中央集权机构，实行奴隶制君主专制。国王被称为法老，是最高统治者，拥有无上的权力，掌握着立法、行政、司法、军事、财政与祭祀大权，他既被看成是君主，又被看成是神的化身。法老之下设宰相，主管行政、司法、经济，协助法老处理全国政务。宰相之下设一批大臣，分管财政、水利建设和各州的事务。在地方，行政长官是国王任命的地方长官——州长，他们同时握有行政权与司法权，也拥有自己的军队和警察，为国王征收赋税、征发劳役，管理地方水利工程。古埃及的行政组织是高度混同的，各部门之间的职权及官员之间的权限虽有所分工但没有明确的划分，法庭也未从行政机关中分离出来，祭司在国家机构中占有崇高地位。

（二）古希腊的行政组织

与古埃及不同，古希腊没有形成统一的中央集权国家，而是出现了许多政体各不相同的城邦，雅典是其主要代表。

雅典是古代奴隶主民主共和政体的典型。雅典的城邦民主制产生于公元前 6 世纪初的梭伦改革，他颁布了民主改革的宪法。公民大会成为国家最高权力机关，它有权选举和监督执政官，执政官负责日常国事的治理。设立了公民大会的常设机构——四百人会议，四百人会议负责准备和审理公民大会的提案。还设立了每个公民都有权参加的民众法庭，并可推举陪审员，组成陪审法庭。后改四百人会议为五百人会议，负责行政事务，并选举了负责军事的十将军委员会。另外，还有元老院，它是贵族会议，也是当时最重要的权力机关。它可以监督、干预公民大会的决议，有权审判执政官的渎职罪。

雅典民主制全盛时期的国家政权组织示意图见图 2-1。

由此可见：(1) 雅典的行政组织具有原始的民主行政特征。四百人会议、五百人会议等

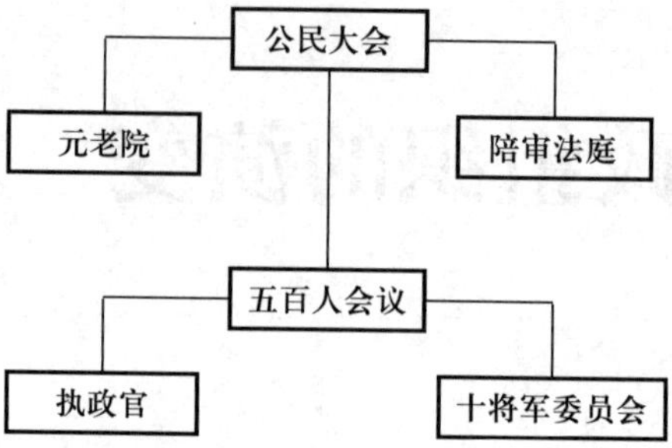

图 2-1 雅典民主制全盛时期的国家政权组织

具有行政组织性质的组织以及行政首长——执政官，都由公民选举产生，行政的内容亦由公民大会决定（当然只是奴隶主和自由人的民主）。（2）强调依法行政。雅典人视宪法为最高法律，从梭伦开始的每一次改革，都以修改、补充宪法为启动契机；享有巨大司法权力的陪审法庭的基本任务，就是审查行政组织是否违宪。官吏必须公正执法、不图私利，一旦违法，就要受到惩处。（3）行政官员非专业化、非职业化，无报酬。公民担任公职用抽签方法决定，且任职期限极短，不能保证政府公职人员必要的品德、才能和经验的积累，从而影响了行政效率。（4）行政职能简单。城邦所辖领域极小，不存在纵向层级的中央政府与地方政府的关系，也不存在横向的部门划分，行政职能未实现专业化。

（三）古罗马的行政组织

1. 古罗马共和国时期的行政组织。古罗马行政组织的发展分为共和国与帝国两大阶段。在公元前 6 世纪至公元前 1 世纪，罗马建立了贵族共和国。其中央机关由人民大会、元老院和高级长官三部分组成。人民大会是立法机关，元老院是实际上的最高权力机关。执政官由人民大会选举，但受元老院控制。共和国的日常行政机关掌握在高级长官手中，它包括执政官、检察官、保民官、营造官等。执政官是高级长官中的最高官职，拥有最高军事权和行政权。作为行政首脑，他负责召集和主持元老院会议、人民大会，同时也是元老院和人民大会决议的执行者。检察官的职责主要是负责税收，负责对公共工程的监督等。保民官是平民的代言人，其职责是维护平民的利益，这是罗马民主制的一大特色。营造官的主要职责是维护社会治安。这些官职的区别，说明其行政职能有着极为简单的粗略分工，他们与执政官一起，构成了罗马共和国的行政体系。这些官员都由人民大会选举产生，没有报酬，有严格的任期，大都任期一年，卸任后进入元老院。在共和国时期，罗马开始形成了向地方行省委派总督的制度，总督拥有该行省军事、行政和司法全权。

2. 古罗马帝国时期的行政组织。帝国时期（公元前 1 世纪—5 世纪）建立了独裁性质的元首制度。人民大会的作用越来越小，执政官、财务官、罗马市长等高级官员的选举权转归元老院，人民大会只行使一下批准的手续。从公元前 30 年屋大维登上罗马政治舞台开始，古罗马确立了绝对专制的元首制度。屋大维一身兼任元首、元帅，后演变为皇帝，总揽立法、行政、军事、司法和宗教大权。大约在公元 1 世纪的克劳狄王朝（14—68）时期，主要的中央政府机构已经形成，相继设立了元首顾问会议、秘书处、司法部、财政部等机构。

由此可见，古罗马帝国时期的中央行政组织较以前有了很大的发展，已经有了职能的进一步分工。大约在公元 4 世纪，古罗马帝国被统一划成高卢、意大利、伊里利亚和东方四大行政区，大行政区下设行政区，行政区下设行省，采用层级节制的组织体系，强调严格的隶属关系，初步形成了集中统一的行政管理体制。

（四）奴隶制时期外国行政组织的特点

1. 行政组织职能简单且未明确分化。由于低下的生产力发展水平的限制及初步的社会分工的影响，奴隶制时期国家的管理职能既简单又高度混同。行政职能的内容也多限于宫廷内部管理及财政税收、外交、军事、社会治安等最基本的领域。

2. 古希腊、古罗马的行政组织与国家机关其他组织开始有了初步的原始的分工。反映在组织结构上，即出现了立法机关、行政机关、司法机关、军事组织与宗教组织等，它们既相互交叉又略有分工。与之相应，行政管理亦带有民主与法治色彩。这点与以古埃及为代表的古代东方国家由君主一人掌握立法、行政、司法大权是不同的。

3. 中央和地方的关系相对简单。古希腊由于各城邦规模小，基本上不存在中央与地方的关系，古埃及、古罗马都存在中央对地方的管理，但地方行政组织权力有限，主要职责是征收赋税，管好本地水利工程和其他事务。因此，中央和地方的关系比较简单，权责划分既简单又统一。

4. 在共和制时期，行政组织的官员都无报酬，任期短，行政工作未职业化。当时，担任国家公职被认为是一种荣誉。而且，不少官员还将个人财产投入到公共建设中去。也正因如此，衣食无着的平民，无法担任官职。

二、封建制时期的外国行政组织

封建制时期的行政组织，东方以中国为代表，西方以英法为代表。故这里只介绍英法两国封建制时期的行政组织。

（一）英国封建制时期的行政组织

英国是一个有着悠久历史并具有独特政治文化传统的国家，西方国家的议会和内阁都发源于英国。同时，英国还是一个非常尊崇传统和惯例的国家，其行政组织的演变基本上表现为一个渐进的过程。早在公元9—10世纪，从盎格鲁-撒克逊时代起，就开始形成了比较固定的行政组织形式：国王和贤人会议两个权力中心。贤人会议由贵族组成，是由国王不定期召集的中央会议。其权力很大，许多法令都以贤人会议的名义颁布。贤人会议还是全国最高法庭，它的权威高于国王个人。威廉时期，逐步形成了召集贵族会议和御前会议的惯例。御前会议的出现意味着国王和国家行政组织开始从贵族会议中分离出来，意味着王权的上升。14世纪中叶，御前会议演化为上下两院。上院由国王指定的僧侣、大贵族组成（贵族院），下院由地方代表组成（众议院）。至此，英国的二元政治结构基本形成，议会既服务于国王，同时也约束国王。都铎王朝时期（1485—1603），王权得到强化，行政组织机构进一步完备，国王建立了小型精干的班子协助处理政务，后来这个班子演变成枢密院，其下设一些专门委员会，枢密院大臣各司其职，负责某一方面的行政管理。英国地方行政组织由郡、百户区、村社三级组成，其行政长官由郡会议、百户会议产生。商业集中的地方设立自治市。由于中央没有建立起庞大的官僚机构，英国的地方政府基本上处于一种半自治的状态，中央对地方控制较弱。故有“地方自治之乡在英国”的说法。

（二）法国封建制时期的行政组织

中世纪法国君主制度的演变大致经历了三个阶段：地方分封的封建君主制、等级君主制和中央集权的专制君主制。行政组织也经历了相应的演变过程。

1. 地方分封的封建君主制。国王名义上是最高的封建领主,实际上各封建领主各自为政,不聆听国王的政令,因而当时有“小国王、大诸侯”之说。行政组织按由宫廷到世袭领地的系统建立。宫内大臣管辖国王办公机关的事务,而各封建领主还有自己的行政机关。

2. 等级君主制。所谓等级君主制是指三级会议与君主并存。三级会议由高级僧侣、世俗贵族和富裕市民三个等级的代表组成。法国三级会议的职能远不能和英国的议会相比,它并不是一种固定的机构,而且没有立法权。三级会议受国王的控制,它只是反映了法国王权的加强。国王开始在全国范围内行使职权,于是国王的行政机关由家臣机关变成了全国性的官僚机构。

3. 中央集权的专制君主制。专制君主制时期的法国建立了中央集权的官僚制度。国王拥有立法、行政、司法、军事等最高权力。三级会议被解散。由国王和他的几位亲信大臣组成最高国务会议。最高国务会议下设各专门会议,也就是现代意义上的“部”,主要有军事、外交、财政、文件收发等专门会议。还有诉讼会议,由大法官主持,负责司法行政事务。法国的地方行政区划比较复杂,有征税意义上划分的财政区、军事意义上划分的军区,以及行政省份。省长一般由当地的大领主兼任。地方行政、财政、司法事务由国王钦命的监察官负责。监察官的设置,是法国完成中央集权化的行政框架的重要标志。

(三)封建制时期英法行政组织的特点

1. 立法权与行政权相对分离,行政权受到立法权的制约。中世纪的欧洲,由于皇权、诸侯、教会及第三等级(富裕市民)力量的角逐,先后出现了各种议会等机构,尽管其作用各不相同,但都表明了立法权与行政权的相对分离,行政权受到立法权的制约。这一情况对欧洲近代以后行政组织的地位、作用、独立性均产生了深远的影响。

2. 中世纪末期,随着专制王权的确立,宫廷的内务组织演变成全国的中央行政组织。组织内部职责的分工比以往更加明确、精细。其职能也由内务管理扩展到财务、军事、警察、商务、外交等领域。其行政组织的职能较奴隶制时期,虽然有了很大的发展,但仍然具有诸多职能交错、宫廷事务与国家管理含混不分的特征。

3. 地方行政组织较奴隶制时期有很大的发展。地方行政区划已初具规模,为近代各国地方行政组织的发展奠定了基础。其中,英国地方行政组织自治权力较大,中央对地方干预较少;法国先是诸侯割据,后是中央集权。

4. 王权与教权的关系十分密切,它们之间既有斗争又有合作。历代王朝都援用教会(基督教)力量,宣扬“王权神授”的神权政治观念,为王权罩上神圣合法的宗教光环。

三、资本主义时期的外国行政组织

严格地说,资本主义时期的国家行政组织才是现代意义上的行政组织。伴随着资本主义经济的产生和资产阶级革命的成功,早期资产阶级思想家提出了三权分立的学说,行政组织的独立性才第一次得到了比较清晰的说明。资本主义国家的行政组织经历了几百年的历史演变,现在已发展得相当完备。就政府组织形式来看,其中最典型的有三种:英国的内阁制,美国的总统制,法国的半总统制。

(一)英国现代的行政组织

1. 英国中央行政组织。英国在 1640 年爆发了资产阶级革命,1649 年宣布为共和国,1660 年王权复辟,1688 年又发生了“光荣革命”。至此,英国确立了议会制的君主立宪政体，开辟了世界各国通往议会制的道路。从此，英王的权力逐渐受到削弱，国王原来掌握的立法权交给议会，行政权交给内阁，司法权交给法院，英王成为“虚位元首”。现在，首相是英国国家行政组织的实际首脑。

英国的中央行政组织主要有枢密院、内阁和政府各部。

(1) 枢密院。它是英国古老的政府机构，如前所述，它发源于中世纪。15 世纪都铎王朝时期，枢密院的权力很大，代表国王行使最高立法权、行政权和司法权。资产阶级革命后，议会取得了最高权力，枢密院的权力开始受到削弱，现在的枢密院只是形式上的最高行政机关，实际权力掌握在内阁手里。

(2) 内阁。它是英国实际上的最高行政机关，是英国政府的核心机构。它由中世纪枢密院演变而来，因英王召集一部分最亲密的枢密院成员在王宫内室召开会议而得名——内阁。首相是内阁的首脑。内阁成员除首相外，还有外交大臣、国防大臣、财政大臣、枢密大臣、掌玺大臣以及大法官等。现在英国内阁成员一般保持在 20 人左右。随着英国经济的发展和政府职能的扩大，英国的内阁机构不断增加。现在，内阁设有内阁办公厅，下设内阁秘书处、中央统计局、人事管理局、历史档案馆等机构。内阁经过几百年的历史演变，发展到今天已成为英国整个国家行政管理机构的枢纽、中央行政机构的顶点，在英国国家政治生活中履行着一系列重要的职能。主要有：一是行政职能，行使国内最高的行政管理权，负责协调各行政部门的工作并划定它们的权力范围；二是决策职能，内阁有权决定国内外的许多重大决策，包括内政、外交、防务、社会、科研、教育、经济政策和政府预算等；三是立法职能，由议会委托内阁组织起草法律，再提交下院通过；四是监督职能，对政府的各项政策，尤其是对政府各部进行财政监督。

(3) 政府各部。部是中央行政的职能部门。各部的成立和发展，随着政府职能的消长而变化。19 世纪末以前，由于政府职能有限，部的数量很少、规模也小。20 世纪以来，为适应政府职能的扩大和行政效率提高的需要，英国政府各部的组织不断发生变化。现设的主要的部有：外交和共同体事务部，国防部，财政部，司法部，内政部，商务、能源和工业战略部，数据、文化、媒体和体育部，教育部，环境、食品和农村事务部，国际发展部，国际贸易部，交通运输部，劳工和养老金部，卫生部，住房、社区和地方政府部，北爱尔兰事务部，苏格兰事务部，威尔士事务部等。

2. 英国地方行政组织。

(1) 英国地方行政组织的层次。英国地方行政组织比较复杂。虽然英国是单一制国家，但它是由英格兰、威尔士、苏格兰、北爱尔兰四个地区组成的。由于地方政府具有独立的法律地位，历史上又有地方自治的传统，这四个地区的行政组织不完全相同。20 世纪以来，英国地方行政组织一般分为二级，即郡（含郡市：人口在 5 万以上的市为郡市）和区。有时分为三级，即郡、区、教区或社区。

(2) 英国地方行政组织的职能及机构。根据英国地方政府法的规定，英国地方政府的主要职能有：① 管理交通道路；② 维护公共秩序和治安；③ 搞好环境卫生；④ 制定和实施城乡规划；⑤ 发展公共事业；⑥ 提供福利服务。20 世纪 80 年代以后，英国的地方职权逐渐被削弱，中央政府的职权有所扩大。英国地方行政管理事务由地方议会承担。地方议会下设各委员会为议会的执行机构。委员会分卫生、教育、市政、环保等常设委员会。

（二）美国现代的行政组织

1. 联邦行政组织。美国是联邦制国家，又是实行三权分立制最典型的国家，同时也是总统制特征最突出的国家。美国的行政组织包括联邦政府机构、州政府机构以及地方政府机构。美国联邦行政机构由总统直属机构、内阁和行政部、独立行政机构组成。美国总统既是国家元首，又是最高行政首脑。

（1）总统直属机构。它们直接受总统领导，是总统的咨询、参谋、辅助机构。在总统直属机构中，白宫办公厅、管理和预算办公室是地位最重要、历史最悠久的部门。它们管辖的事务涉及总统职务的全部活动。尤其是白宫办公厅，它是总统办事机构和总统直辖的政府各部的神经中枢，是给总统出谋划策的“小内阁”“智囊团”。经济顾问委员会和国家安全委员会也是总统很重要的参谋、咨询机构。近年来，美国总统直属机构增设了美国商务代表处、环境质量委员会、科学和技术政策处、国家药品控制政策处、国家紧要物资委员会、国家太空委员会等组织。

（2）内阁和行政部。美国的内阁是总统和部长集体讨论政府事务的机构，因此是美国行政系统的一部分。但美国内阁从一开始就是作为总统的咨询机构出现的，它从未起过集体决策机构的作用。美国的内阁和英国的内阁不一样。主要表现在：其一，美国的内阁不决定任何政策，也没有集体的政治责任。在美国，政策由总统决定，政治责任由总统承担。内阁仅仅是总统的顾问机构和各部部长之间交流信息的机构。其二，美国内阁只向总统负责，不向国会负责。总统与阁员是上下级关系。而英国的内阁则要向议会负责，阁员与首相是同僚关系，若议会提出不信任案，内阁应集体辞职。其三，美国内阁没有固定的组织形式，没有固定的人员，没有固定的会期。参加人员除副总统和部长外，总统还可以任意邀请其他重要行政官员参加，会议也由总统自行决定。在很多时候内阁会议只是一种形式，很少产生实际效果。

在美国联邦行政机关中，部是最重要的行政机关。联邦政府的部不是一次设立的，而是随着政府职能的扩大逐渐设立的。美国建国200多年来，经历了自由资本主义、私人垄断资本主义和国家垄断资本主义三个发展阶段。随着经济的进一步发展，政府职能不断扩大，联邦行政部随之增加。1789年联邦政府成立之初，政府仅设三个部，即：国务院、财政部和陆军部。目前，美国联邦政府设有15个部：国务院、财政部、国防部、商务部、教育部、能源部、农业部、卫生和公众服务部、住房和城市发展部、内政部、司法部、劳工部、交通部、退伍军人事务部、国土安全部。

（3）独立行政机构。它是为某一专门目的而设立的一种重要的行政组织。虽然它比部的行政级别低，但它比政府各部拥有更大的自主权。由于它是行使一定专门职能，执行一定专门任务，对于总统和政府行政部享有相对独立性的行政管理机构，所以称为独立的行政机构。独立行政机构具有如下特点：① 专业性强。该类机构管理职能单一，其首长通常是某位专家，专业技术性强。② 具有独立性。由于专业技术性较强，其法律、政策不因政府的政策变动而变动，故在法律范围内授予他们自行决定执行中的政策权力。也正因如此，它们在政策上不受总统控制，其行政首长要经参议会同意后由总统任命。但由于其任期一般比总统长（不少任期在7年以上，有的长达14年），因此总统不能无故免去其职务。其财政预算要受总统一定控制，但总体而言受总统控制较小。③ 行使混合权力。独立行政机构不仅有行政权，同时有准立法权、准司法权，因而有“第四部门”之称。④ 办事效率高。由于权力集中，办事程序简化，再加上管理职能单一，管理者长期接触同类问题易于积累经验。因此，在处理特定社会矛盾、解决特定社会问题时，独立行政机构往往比其他行政组织更为有效。

独立行政机构的组织形式一般为各种专门委员会。联邦政府第一个具有重要地位的独立行政机构是1887年成立的州际商业委员会。20世纪30年代以前，独立行政机构发展不快。此后，政府为对经济加强控制，开始大规模发展独立行政机构。现在的独立行政机构有60余个（由每届总统自行决定机构的设立，故经常变更）。主要的机构有：中央情报局、民权委员会、国家航空航天管理局、联邦通信委员会、联邦选举委员会、联邦储备银行、美国进出口银行、商品期货交易委员会、证券交易委员会、联邦贸易委员会、美国国际贸易委员会、州际商务委员会、小企业管理署、国家科学基金会、环境保护署等。

2. 州行政组织。联邦政府最初由13个州，现在由50个州组成。州政府根据州的宪法来加以组织，和联邦政府一样，也设有立法、行政、司法三个部门。联邦政府与州政府实行分权制，不存在直接的领导和从属关系。州政府有权在本州范围内征税，有关社会福利、教育、医疗卫生、治安和警务等方面的事务由各州自主负责。由于各州的情况不一样，设立的行政机构也不一样。如多山的州设立森林部，有荒地的州设立垦殖部。但大部分行政机构为各州共同设立，例如农业、商业、劳动、交通、教育、卫生、公用事业等机关，各州都有。20世纪80年代以来各州新设立的行政机关主要涉及社会计划、环境保护、经济发展、能源、职业安全、保护消费者利益、妇女权利、少数民族权利等方面。

3. 地方行政组织。在美国，州以下的政府才称为地方政府。州以下一般划分为县和市，下设教区或镇。另外还设有特别行政区、学区。目前美国50个州大约有3 000多个县，19 000多个市，16 000多个镇，14 800多个学区，25 000多个特别行政区。

（1）美国县政府组织。县政府组织各不相同，但基本结构相同，即它是立法、行政的合一。县的主要行政管理机关是县委员会。县委员会既是立法机关，又是行政机关。县政府的传统职能是执行州的行政职务，它既是州中最大的地方政府，又是州政府在某一地区的代理机关。各县的面积、人口悬殊很大。最小的县人口只有200人，26平方英里（约合67.34平方千米），最大的县有600万人（仅洛杉矶县），面积2万平方英里（约合5.18万平方千米）；1万人到2万人的县最多。县政府的职能一般较为简单，主要是对征税财产进行估价、征收财产税、进行土地登记、办理选举、维修公路等。20世纪以后，县政府的职能有所扩张，还负责公用事业、社会福利、分区开发等工作。

（2）市行政组织。美国市政府，既是州政府的代理，又是市政的自治体，是市民自愿结成的法人团体。市政府的职能主要有：公共安全、公共卫生、环境保护、公共交通、公共教育、财政及市场管理等。美国市政府的组织形式大致有四类：① 市长—市议会制。这是最古老和最通行的一种。市长由选举产生，主持市议会，任期2~4年。市长可以否决市议会的立法，行政上拥有广泛的职权。② 市经理制。经理由市议会聘任，全面掌管行政工作。③ 委员会制。由市民直接选举产生。市委员会一般由3~7人组成，委员会既是立法组织又是行政组织。④ 大都会区制。大都会区指一个大城市及其周围的市镇结成一个整体的特殊行政组织。大都会区的特点是政府组织林立、互相独立、有时重叠，然而在经济方面和社会方面则结合成为一个整体。

（3）镇行政组织。在美国只有20个州有镇政府，镇政府的组织形式各异，多是由选民选举产生的镇委员会承担行政职能。镇政府的主要职能为办理镇的选举、济贫、修路、管理小市场、排污供水等。

（4）特别行政区。它只执行某一专项职能，不像一般地方政府执行多种职能。最常执行的特别职能是防火、供水、排水、土壤保护、河流管理等。另有专门管理公共教育的学区。这些特别行政区的领导机构为管理委员会。

（三）法国现代的行政组织

1. 法国中央行政组织。自1789年大革命以来，在至今200多年的历史进程中，法国的资产阶级政体经历了多次演变，直到1956年戴高乐上台执政以后，其政府体制才稳定下来。戴高乐颁布新宪法，建立法兰西第五共和国。法兰西第五共和国把多党议会制政体改为实际的总统制，但又具有议会制的某些特点。因此，被人们称之为“半总统半议会制”。法国的半总统半议会制政府体制具有以下特点：首先，强化了总统的权力。总统无须对议会负责，只对选民负责，并有任免总理和组织政府、解散国民议会等非常权力。其次，提高了政府的地位。国民议会无权要总理下台和解散政府，因而加强了政府的稳定性。第五共和国宪法在确认政府对议会负责的前提下，提高了政府对议会的独立性。最后，议会的作用因此而明显下降。根据宪法规定，总统的职权和地位不再受到议会的牵制，总理的任命和政府的组成也无须议会的批准。但议会仍然拥有立法、监督政府和批准政府财政预算的三大职能。法国的这种半总统半议会制的体制成为行政组织运行的基础。

法国中央行政组织由总统、总理和中央各部等行政机构组成。

（1）总统。总统具有任命总理及政府成员而无须议会批准的权力，有主持部长会议、签署部长会议决定的法定权力，有仲裁政府各部门不同意见的权力。1958年的宪法规定，总统和政府总理都享有最高行政权，这种现象被法国行政学者称为“行政二头制”。但由于总理是由总统任命的，实际上总统的权力还是更大一些。关于半总统制国家中总统与总理的关系，戴高乐认为，总统掌握大政方针，总理处理日常事务。近年来法国总统权力还有逐步扩大的趋势。总统府是协助总统行使职权的办事机构，指导和监督政府的活动，被称为“隐蔽政府”和“真正政府”。随着总统职权的加强，总统府的规模逐渐扩大。目前，总统府下设的主要机构有：总统府办公厅、总秘书处、军事参谋部、私人秘书和总统特别顾问。

（2）总理。总理是政府首脑，总理和部长联合称为政府。各部部长由总理提名，总统任命。总理根据总统的授权，主持部长会议、最高国防会议、国防委员会议，总统所发布的命令要总理副署。总理作为政府首脑，既对总统负责，又对议会负责。总理府是协助总理行使职权的机关，实际上是政府的办事机构。总理府下设四个机构：总理府办公厅、总秘书处、国防总秘书处和总理直属机构。其中，总理府办公厅被视为总理的参谋部，在政府决策和监督决策执行的过程中发挥着重要的作用。总秘书处协助总理组织政府工作，是总理履行职责的重要协助工具。

（3）中央各部。部长是中央专门行政机关的首长。中央各部是某一方面公共事务管理的职能机构，具有全国范围的管辖权。部的数目没有法律限制，随国家行政职能的扩张而增加。法国大革命初期，1791年时只有6个部。目前法国中央政府下设的部主要有：外交部，国防部，经济、财政和私营化部，司法部，内政和权力下放部，工业调整和对外贸易部，国民教育部，农业部，商业、手工业和旅游部，劳动就业和职业培训部，公共卫生部，环境部，计划和领土整治部，研究和工艺技术部，社会事务和国民团结部，城市住宅和运输部，文化部等。

2. 法国地方行政组织。法国的地方行政组织制度，基本上建立于法国大革命时期和拿破仑一世时期。大革命时期决定了地方区划的形式，拿破仑一世时期决定了地方行政组织的格局。以后的演变是在这个基础上的改进，主要是改变中央和地方的关系。现在法国的地方行政组织有大区、省和市镇三个层次。

（1）法国地方行政组织的特点。即每一个层级，既是地方的国家行政机构，是中央政府在地方的代表，其机构为各级政府及其行政长官，同时又是地方团体自治行政机关，其机构是议会及议长。前者负责国家在地方的事务，后者负责纯地方事务。

（2）法国大区行政组织。法国本土现有 22 个行政大区，每个大区包括几个省。戴高乐执政时期，为了对全国经济的发展进行合理布局，推行经济大区制度。大区首脑称大区行政长官，由大区首府所在地的省长兼任。大区不是省的上级机关，大区的职权主要限于经济发展和领土整治方面，并代表国家协调两个省以上的活动。大区政府由大区首府所在地的省政府兼任，另设一名大区秘书长管理大区行政事务，还设某些特派员，管理大区专项事务。作为地方团体的自治行政机关是大区议会，其首脑是议会主席。

（3）法国省行政组织。省是法国最主要的国家行政区域，建立于大革命时期。法国本土现有 96 个省。省长由政府总理和内政部长提名，经部长会议通过后由总统任命。省长是国家和中央政府在省内的代表，掌握省内的全部国家行政权力，指挥中央各部在省内的分支机构。作为省地方团体自治行政机关的是省议会及议长，议长是省地方团体的行政首脑。当前，省的地方自治权力日益扩大，但省的国家行政组织的作用仍然大于省作为地方团体的作用。

（4）法国市镇行政组织。市镇是法国最古老的地方行政组织，它的起源可以追溯到中世纪时期。法国本土现有 36 500 个市镇，市长是市镇的行政首脑。市长具有两种身份：一方面是地方团体自治行政机关的首长，执行市镇的自治公务；另一方面是国家在市镇的代表，执行国家的公务。其中，第一种身份占主导地位。作为国家的代表，他接受中央行政领导和省长的指导，执行国家公务；作为地方自治官员，他接受市议会的控制，执行市镇的自治公务，但要接受省长对其行使自治权的监督。

长期以来，法国行政体制的主要特征是高度中央集权。法国在大革命前，历史上是中央集权的国家。拿破仑统治时期，更把中央集权制推向了顶点，形成了一套严密而完整的官僚体制。第五共和国成立后，从戴高乐到密特朗，对法国的行政官僚体制进行了一系列改革，在一定程度上扩大了地方的权力，初步改变了高度集权的行政管理体制，使中央和地方的关系得到了调整。但总体而言，法国中央政府对地方政府的控制要严于一般西方国家，一般仍称其为中央集权的国家。中央政府除了在地方各级设有地方国家行政机关，直接控制地方重大事务外，同时中央政府对地方团体自治行政机关还有监督权，地方团体的行为要受到省长和中央政府的合法性监督，在必要时有权停止和解散省、市乃至大区的议会。

（四）资本主义时期外国行政组织的特点

1. 行政组织日趋独立且职能不断扩大，行政组织总量不断增加。资本主义国家的行政组织已从传统社会的立法、行政、司法、宗教等职能含混不分的状态中摆脱出来而日趋独立。随着社会、经济的发展，行政组织的职能不断扩大，行政组织分工不断精细，行政组织机关也大幅度地增加，行政组织管理越来越专业化、科学化。

2. 近代资本主义国家行政组织演变的历史表明，行政组织职能不仅逐渐扩大，而且发生了很大的变化，已从原来的以政治职能为主转变到现在的以经济和社会职能为主。这表现在近年来各国行政组织机构中负责管理经济和解决社会问题的部门所占的比例越来越大。

3. 行政权力越来越大。虽然资本主义国家都把三权分立原则作为政府体制运行的基础,但从行政组织演变的历史轨迹中可以看出:行政权力在国家权力体系中的地位逐步上升,行政权力有日趋强化的趋势。无论是总统制国家,还是议会制国家,都是如此。

4. 在中央行政组织与地方行政组织的关系上,有地方自治传统的国家在逐步扩大中央集权(如英国);有中央集权传统的国家在逐步扩大地方权力(如法国)。如此看来,中央适度集权与地方适度分权是市场经济条件下各国的共同要求。

第二节　中国行政组织的演变

一、中国古代的行政组织

(一) 夏、商、周时期的行政组织

中国是具有悠久历史的文明古国,中国行政组织的演变也经历了一个漫长的历史过程。远在夏朝,中国就创立了王位世袭制度,设立了百官,分掌庶政、军事、赋税、诉讼、车马、历法等各项事务。商朝已开始按职能设官定制,在行政事务官中,"司徒"主力役之征,"司空"主工,"司寇"主刑,"小熎(藉)臣"主农。除此以外,还设有宫廷事务官兼管政事,宗教事务官执掌祭祀。周朝行政组织较之夏商有很大的发展。中央政府的主要机构是"三司""六太"。"三司"即司徒、司马和司空,分别掌管农业、军事与工程营造。"六太"即太宰、太宗、太士、太史、太祝、太卜,分掌文书、典籍以及天文、历史、祭祀、礼仪、占卜等事务。中央各机关之间已有了较为明确的分工,同时又各自平行行使职权以保证王权的集中。周朝初步确立了地方行政系统,基于分封而建置的诸侯国统称为"外服",具有地方机关的属性。周王直接统治的辖区范围内有国、野、乡、遂的行政区划。

据史料记载,我国奴隶制时期的行政组织实行的是"亲贵合一"的组织原则,因而带有强烈的宗法色彩。奴隶主贵族的家族组织和国家行政组织是相通的,只有奴隶主贵族家族成员才有资格担任国家行政官员。这个组织原则反映了我国古代国家行政管理中的由家而国、由亲而贵的政治特色。

(二) 秦、汉时期的行政组织

秦灭六国后,确立了专制主义中央集权的行政管理体制。中央行政组织称为朝廷。皇帝握有最高的立法权、行政权、司法权与军事权。在朝廷内,秦、汉实行三公九卿制。三公的名称多变化,或丞相、太尉、御史大夫,或司空、司马、司徒,但均为宰相,其中以丞相地位最高,为"百官之长",是辅助皇帝处理全国政务的最高行政长官。太尉总管军事,御史大夫是皇帝的私人秘书,负责监察。三公之下设九卿,具体负责各项行政工作。九卿之下又各设相应的属官,各属官职掌相对独立。三公和九卿虽属两级建制,但都直接承命于皇帝。汉光武帝以后,削弱相权,三公九卿的地位下降,国家的行政管理权逐渐由相府向宫廷转移。内廷掌管皇帝诏令、奏章之事的秘书官——尚书,扮演着越来越重要的角色,尚书台下设六曹,分别执掌行政事务。行政组织逐渐形成六部制的雏形。

秦朝的地方行政组织设郡、县两级。汉末有州、郡、县三级地方行政建制。在中央与地方的关系上,秦、汉强化中央集权,使地方之政归中央、中央之政归朝廷、朝廷之政归皇帝,从

而集最高权力于一人之手。这是中央集权专制制度的基本要求，成为以后历朝的建制传统。

（三）隋、唐时期的行政组织

从魏晋至隋、唐形成了三省六部二十四司的行政组织体制。这是自东汉以来行政管理制度长期发展演变的结果，它反映了统治者治国经验的积累，也表明我国古代行政组织的不断完善。三省职权划分明确，中书省取旨决策，门下省审议封驳，尚书省承旨执行。三省长官即中书令、门下侍中、尚书令，共行宰相之权。其中尚书省是全国的最高行政机关，下辖吏、户、礼、兵、刑、工六部，每部又各设四个司。隋、唐六部二十四司的行政组织设置，结构严谨、分工明确，各部的具体职掌如下：

1. 吏部。主管全国人事，包括各级官员的考核、升降与任免等事务。
2. 户部。主管全国户口、土地、赋税、财政与库藏等事务。
3. 礼部。主管全国的礼仪、祭祀、教育及科举等事项。
4. 兵部。主管全国兵政，包括武选、车马、甲械等。
5. 刑部。主管全国的司法行政与审判。
6. 工部。主管全国的农林水利、工程营造和工匠的管理。

隋、唐时期的中央行政组织，除三省六部以外，还设有由秦、汉九卿演化而来的九寺及五监。九寺、五监与六部无隶属关系，都以尚书省为上级。六部主政务，寺、监掌事务。唐朝最终确立的六部二十四司、九寺五监的行政组织机构，为后世封建王朝所沿袭。

隋、唐的地方行政组织有州、县二级。州的长官称刺史，县的长官为县令，分别负责地方的行政管理。

（四）宋、元、明、清时期的行政组织

宋、元、明、清各朝都沿袭了六部二十四司的机构设置，但在权力关系及职能作用上又有一些变化。其间经历了由三省制到一省制、由一省制到废除相制，继而组成内阁的演变过程。宋、元由三省制向一省制过渡，中书省逐渐成为最高的行政机关，并统辖六部。宋、元设枢密院掌军事，中书省管政务，元朝增设御史台管监察。这是当时中央最重要的三大机关。从宋开始的君权与相权之争，以明初罢丞相、废中书省而告终。在中国历史上已有一千多年历史的丞相制度和七百多年历史的三省制度至此结束。中书省被废除以后，明、清设内阁作为皇帝的咨询、辅助机构，清朝在内阁之外增设军机处，作为中央的中枢机关，但它们都不能直接行使行政管理的职能。中央行政管理职能集中在六部，六部直接向皇帝负责，内阁协调六部事务。由此可见，吏、户、礼、兵、刑、工六部作为我国封建王朝处理国家行政事务的主要职能组织，其地位更加重要。

宋朝的地方行政组织有路、州、县三级。“路”是为加强中央对地方的控制而设的，路是以军政为主，也兼理民政，是地方最高一级政权。元朝为加强对地方的管理创立了行省制度，这是我国古代地方行政组织的一次重大改革。行省最初是中书省的临时派出机构，后演变为地方最高一级行政机构，总理全省的政务。元共建 12 个省，省下设路（府或州）、县二级或三级的行政区划。元朝的行省制度为后世所沿用。明朝的地方行政组织设省、府、县三级。清朝地方行政组织有省、道、府、县四级。清朝还特别注重对少数民族地区的行政管辖。宋、元、明、清对中央与地方的相互关系及行政权限进行过多次调整，最终还是地方行政组织的职权分散削弱、中央对地方的控制较强。

（五）中国古代行政组织的特点

1. 强化中央集权，集国家最高权力于一人之手，是中国古代行政组织发展的主流。皇帝集立法、行政、司法、军事大权于一身，是国家权力的垄断者。中央与地方的行政权限虽经过多次调整，但最终还是形成了高度集权的行政管理体制。集权的程度，大大超过了中世纪的欧洲国家。

2. 中国古代行政组织的演变具有前后因袭、循序渐进的特点。行政组织体制经历了由独相制到三公制，由三省制到一省制，由一省制到内阁的演变。隋、唐建立的吏、户、礼、兵、刑、工六部，是以后各朝最重要的中央行政职能组织，在国家管理活动中发挥了重要的作用。

3. 中国古代行政组织结构严谨，分工精细，层级节制，集中统一。上下隶属关系明确，官员职责明确，对官员有严格的考课和监察制度。总之，经过漫长的历史发展，中国古代的行政组织管理积累了丰富的经验，为人类行政组织的发展作出了贡献。

4. 中国古代的行政组织具有强烈的宗法色彩。中国古代行政组织的发展具有由“家”而“国”，由“私”而“公”，由“内”而“外”的特点。奴隶制时期“亲贵合一”的组织原则对后世影响很大。等级观念、宗族观念、任人唯亲的思想禁锢了行政组织的进一步发展。

二、中华民国的行政组织

辛亥革命推翻了封建帝制，中国进入了一个新的发展时期。但这是一个动荡不安的时代，国家行政组织的发展异常曲折。主要可分为下面三个阶段：

（一）南京临时政府时期的行政组织（1912—1913）

《临时政府组织大纲》是1912年元旦成立的中华民国政府的法律基础。临时政府采取总统制，总统为行政首脑。临时政府的行政部门共设九部：即陆军部、海军部、外交部、司法部、财政部、内务部、教育部、实业部和交通部。1912年3月，南京临时政府公布了《中华民国临时约法》，按照资产阶级三权分立原则，重新设计政府。改总统制为参议院下的内阁制，并规定：其一，临时大总统为国家元首，总揽政务，但总统公布法律、发布命令时应由国务员副署；其二，由国务员组成国务院。国务院总理作为国务员的首领与国务员一起组成国务会议，讨论重大国务问题，为实际的行政机关。行政各部与前一时期相同。

（二）北洋政府时期的行政组织（1913—1928）

1913年，袁世凯在北京就任大总统。次年5月，公布《新约法》，改内阁制为“总统制”。大总统不再只是象征性的国家元首，而是成为直接领导政府、决定政策的实际行政首脑。《临时约法》虽然赋予总统“总揽政务”的职权，但实际上总统职权的行使受到严格限制。而《新约法》的颁行使总统权力巨大，与专制君主相差无几。国务院被撤消，改设政事堂，政府共设九个部，所有各部一律直属于大总统。1915年12月，袁世凯又实行由总统制向帝制的过渡，这期间行政机构亦作了多次变更。

1916年，洪宪帝制失败。袁世凯死后的中国政局处于更大的动荡之中，历经张勋复辟、南北政府对峙等局面，政治体制也在帝制、总统制、内阁制之间来回变动。

（三）国民政府时期的行政组织（1927—1949）

1927年9月，南京国民政府成立。其组建的法律依据是《国民政府组织法》，它名义上是按孙中山的五院制设想来构建的，但实际上与孙中山的主张相去甚远。国民政府设主席一人（后称总统），由国民党中央执行委员会选任，为中华民国元首和国民政府委员会主席，并兼任陆、海、空军总司令。国民政府委员会委员，亦由国民党中央执行委员会选任。国民政府主席及委员组成国民政府会议共商国务。国民政府由五院组成，即行政院、立法院、司法院、考试院和监察院。

行政院是国民政府的最高行政机关。行政院设院长、副院长各一人，由国民党中央执委会选任。行政院院长总揽全国行政，其角色近似于内阁首相。行政院下设部、委员会、署等机构，分掌各种行政事务。南京国民政府的行政院在不同的时期中所设的部数目不一样，但有一些部是共同的。主要有：内政部、外交部、军政部、财政部、经济部、教育部、交通部、农林部、社会部、粮食部、水利部、司法行政部等。另外还设有蒙藏委员会、侨务委员会、赈济委员会、卫生署、地政署等。立法院、司法院、考试院与监察院分别是国民政府下属的立法机关、司法机关、考试机关与监察机关，其院长均由国民党中央执委会选任。中华民国地方行政组织一般设省、县两级，在省与县之间，有一级行政督察区。县以下行政机构有区、乡（镇）、保、甲等基层组织。

（四）中华民国的行政组织特点

1. 中华民国的行政组织在其初创期，接受了西方三权分立与民主共和国的思想。行政权、立法权、司法权分别执掌，设参众两院（即国民大会），建立议会制度和内阁制度，行政组织的设置也开始初具现代的特征，这较之封建时期是一大进步。但这一进步是脆弱的和有限的，北洋政府时期的反动、倒退使设置行政组织最初的愿望未能实现。

2. 孙中山提出的政权和治权相区别，在国民大会下实行立法、行政、司法、考试、监察五权分立的思想，具有历史的进步意义。但孙中山逝世后，这一体制并未得到真正实现。尽管国民政府是按五院制原则组建的，但实际上：第一，国民大会的权力很小，五院正副院长的产生无须国民大会通过，均由总统提名即可；第二，国会给予总统的权力很大，国民政府表面上是内阁制，实际上是总统的权力大于内阁——行政院。

3. 从法律上确立了国民党一党专政的政治体制。国民政府虽在法理上为最高国家行政机关，但在实施一切纲领、政策、军政、财政等方面，法律规定其都要对国民党中央政治会议负责。国民政府的组织法要由国民党中央执行委员会常务会议通过。法律规定国民政府主席、国民政府委员、五大院正副院长、各部委长官皆由国民党中央执行委员会任命。

4. 在中央与地方的关系上，国民政府没有也不可能实现孙中山的均权制主张，而是中央集权制与地方军阀割据并存。

三、中华人民共和国的行政组织

中华人民共和国成立以前的革命根据地政府，为中华人民共和国行政组织的确立探索了道路。1949 年中华人民共和国的成立，标志着中国行政组织的发展进入了一个全新的时期。

（一）中华人民共和国中央行政组织

中华人民共和国成立以来，中央行政组织随着政治经济形势的变化与发展曾做过多次调整。从 1949—1981 年（1982 年以后行政组织演变见本书最后一章），大致可分为如下几个阶段：

1. 第一阶段（1949—1954）的行政组织。1949 年 9 月，中国人民政治协商会议代行人民代表大会职权，制定了《中华人民共和国中央人民政府组织法》。在全国政治协商会议闭会期间，中央人民政府委员会暂行国家最高权力，统辖中华人民共和国最高立法、行政、司法、军事权,是典型的议行合一体制。政务院(国务院前身)是中央人民政府下属国家政务的最高执行机关。政务院下设政治法律、财政经济、文化教育、人民监察 4 个委员会,以及 31 个部门管理国家行政工作。政务院初步形成按行业或产品来设置经济管理部门的组织管理模式。

2. 第二阶段(1955—1966)的行政组织。1954 年 9 月,第一届全国人民代表大会召开,制定了《中华人民共和国宪法》以及《国务院组织法》。按照宪法规定,全国人民代表大会是国家最高权力机关,国务院是最高国家权力机关的执行机关,是最高国家行政机关。国务院由全国人民代表大会产生,对全国人民代表大会负责,并在全国人民代表大会及其常务委员会的监督下,统一领导和管理全国的行政事务。国务院由总理、副总理、各部部长、各委员会主任和秘书长组成。《国务院组织法》对原政务院的组织机构进行了较大的调整,撤销了政法、财经、文教、监察 4 个委员会,在国务院设置 8 个办公室、1 个秘书厅协助总理分掌各部工作,设置了主办专门业务的 20 个直属机构,以及 35 个部委职能机构,共计 64 个工作部门(表 2-1),其中经济部门增设到 35 个。经过调整,国务院由职能机构、直属机构、办公机构三大块组成的组织结构基本上稳定下来。

1955—1956 年期间,为了加强对整个国家的集中统一领导,国务院进行了一系列的调整与充实工作。到 1956 年年底,国务院机构总数达到 81 个。其中管理经济的部门达 50 个。至此,适应社会主义计划经济要求的行政组织设置格局基本形成。

为了控制机构膨胀过快的势头,克服管理过分集中的弊端,1957 年到 1959 年间开始了以放权与精简为主要内容的行政体制改革。中央把一部分国有工业、商业企业和财政的管理权限下放,结合放权对国务院所属机构进行了大幅度的精简与合并。1959 年,国务院机构数量减为 60 个,其中经济管理部门减为 36 个。

1959 年,我国国民经济陷入严重困难。1960 年冬,中央提出"调整、巩固、充实、提高"的八字方针。鉴于放权后出现的中央控制乏力的状况,中央又重新收回 1958 年已下放的部分权力,并逐渐恢复、增设了一些机构。重新收权使国务院机构重新膨胀。1961 年年底国务院机构总数为 62 个,1963 年年底为 73 个,1964 年年底为 77 个,1965 年年底便达到 79 个,其数量与 1956 年大体相等。

3. 第三阶段(1967—1974)的行政组织。1966 年 5 月开始的"文化大革命"使国家机关普遍受到了冲击,各级各部门都陷入严重的瘫痪状态。从 1967 年年初开始,中央各部委和地方各级行政机关都成立了军管会或派驻军事代表。军管会集党、政、军诸权于一身。上海"一月风暴"以后,全国各地都建立了"革命委员会"(简称革委会)。革委会成为政府机构。

从 1970 年开始,实行了新一轮权力大下放及机构大精简。国务院部门从 79 个减为 32 个。国务院机构总数达到了中华人民共和国成立后的最低点。

4. 第四阶段(1975—1981)的行政组织。1975 年召开的第四届全国人民代表大会,再次强调现代化建设目标。中央对工交、农业、商业、文化教育、科学技术等各个领域进行整顿。国务院机构的设置也相应作了调整和增加,到 1975 年年底,国务院机构总数达到 52 个。

为了进一步加强对国家经济的集中统一管理,从 1978 年开始,进行了又一轮以收权为主要内容的调整。与此同时,又增设了国务院的部属机构。到 1981 年 12 月,国务院设部委机构 52 个、直属机构 43 个、办公机构 5 个,共 100 个部门,其中经济管理部门增加到 71 个(表 2-2),为中华人民共和国成立以来的最高点。此后,为了适应市场经济和社会发展的需要,国务院和地方各级政府从 1982 年开始进行了 8 次较大规模的机构改革,详见本书第十三章第四节。

表 2-1　1954 年国务院组织机构表

国务院

- 部委机构
  - 内务部
  - 外交部
  - 国防部
  - 公安部
  - 司法部
  - 监察部
  - 国家计划委员会
  - 国家建设委员会
  - 财政部
  - 粮食部
  - 商业部
  - 对外贸易部
  - 重工业部
  - 第一机械工业部
  - 第二机械工业部
  - 燃料工业部
  - 地质部
  - 建筑工业部
  - 纺织工业部
  - 轻工业部
  - 地方工业部
  - 铁道部
  - 邮电部
  - 交通部
  - 农业部
  - 林业部
  - 水利部
  - 劳动部
  - 文化部
  - 高等教育部
  - 教育部
  - 卫生部
  - 体育运动委员会
  - 民族事务委员会
  - 华侨事务委员会
- 办公机构
  - 国务院第一办公室
  - 国务院第二办公室
  - 国务院第三办公室
  - 国务院第四办公室
  - 国务院第五办公室
  - 国务院第六办公室
  - 国务院第七办公室
  - 国务院第八办公室
- 直属机构
  - 国家统计局
  - 国家计量局
  - 中国人民银行
  - 中央手工业管理局
  - 中国民用航空局
  - 中央气象局
  - 中央工商行政管理局
  - 新华通讯社
  - 广播事业局
  - 中国文字改革委员会
  - 对外文化联络局
  - 国务院宗教事务局
  - 国务院法制局
  - 国务院人事局
  - 国务院档案局
  - 国务院专家局
  - 中央机要交通局
  - 国务院参事室
  - 国务院机关事务管理局
  - 国务院总理办公室
- 国务院秘书厅

表 2-2　1981 年 12 月国务院机构设置表

国务院

部委机构

外交部
国防部
国家计划委员会
国家农业委员会
国家经济委员会
国家基本建设委员会
国家科学技术委员会
外国投资管理委员会
进出口管理委员会
对外文化联络委员会
国家机械工业委员会
国家能源委员会
国家民族事务委员会
公安部
民政部
司法部
对外贸易部
对外经济联络部
农业部
农垦部
林业部
水利部
冶金部
第一机械工业部
第二机械工业部
第三机械工业部
第四机械工业部
第五机械工业部
第六机械工业部
第七机械工业部
农业机械部
煤炭工业部
石油工业部
化学工业部
电力工业部
地质部
建筑材料工业部
纺织工业部
轻工业部
铁道部
交通部
邮电部
财政部
中国人民银行
商业部
粮食部
全国供销合作总社
文化部
教育部
卫生部
国家体育运动委员会
国家计划生育委员会

办公机构

国务院办公厅
国务院国防工业办公室
国务院财贸小组
国务院侨务办公室
国务院港澳办公室

直属机构

国家劳动总局
国家物资总局
国家物价总局
国家统计局
中国民用航空总局
国家海洋局
中央气象局
国家水产总局
国家测绘总局
国家建筑工程总局
国家城市建设总局
国家机械设备成套总局
国家有色金属工业管理总局
国家仪器仪表工业总局
国家广播电视工业总局
国家电子计算机和工业总局
国家医药管理总局
国家地震局
国家标准总局
国家计量总局
专利局
海关总署
进出口商品检验总局
中国农业银行
中国外汇管理总局
中国人民建设银行
工商行政管理总局
新华通讯社
中央广播事业局
国家出版局
国家文物事业管理局
外文出版发行局
国家编制委员会
中国文字改革委员会
中国旅行游览事业管理总局
国务院外国专家局
国家人事局
国务院科技干部局
国务院宗教事务局
国家档案局
国务院参事室
国务院机关事务管理局
毛主席纪念堂管理局

（二）中华人民共和国地方行政组织及其与中央行政组织的关系

1. 中华人民共和国地方行政组织的层级。在1949年中华人民共和国成立初期，地方行政组织有大区（当时全国设东北、华北、西北、华东、中南、西南六大行政区）、省、县、乡四级。1954年第一次全国人民代表大会颁布了我国第一部宪法——《中华人民共和国宪法》，并通过了《中华人民共和国地方各级人民代表大会和地方各级人民委员会组织法》（简称“地方组织法”）。按照宪法和地方组织法规定，中华人民共和国地方行政组织有省、县、乡三个层级，撤销了大区行政组织。省是地方行政组织中的最高层级，与省同级的有自治区、直辖市以及后来的特别行政区。现在全国有23个省、5个自治区、4个直辖市、香港和澳门2个特别行政区。与县同级的有自治县、县级市。与乡同级的有镇、民族乡。另外在省和县之间，有自治州、地级市和省政府的派出机关——地区行政公署（它不是一级行政组织）。20世纪80年代以来，我国多数地区逐渐将地级市和地区行政公署合并，并在地级市下设县、自治县、县级市，县之下设乡、镇。因此，实际上我国多数地方政府是四级：省、市（地级）、县、乡。另外，在我国还设有行政特区，原来全国有40来个，现在只有6个。

省、县、乡是传统的行政建制，是出于一般地域管理的需要而设置的行政层级。市、镇行政组织是国家对城市地区实行行政管理的机关。市的层级各不相同，有与省同级的中央直辖市，有比省低一级、比县高一级的地级市，有与县同级的县级市。区域自治的行政组织是在少数民族聚居区设立的少数民族区域自治的行政组织，以保护少数民族的权益。区域自治的行政组织有省级的自治区、地级的自治州、县级的自治县。特别行政区是国家为着某种政治需要而设置的地方特别行政建制，它与一般行政建制比较，有更多的自治权，并有不同的政治制度、社会制度。在我国主要是为回归祖国的香港、澳门而设。

行政特区是在工矿区、林区、风景名胜区等地为开发这些资源而设立的。如湖北省的神农架林区、贵州省的六枝特区等。行政特区不具有一般政府的综合管理性质，且大多实行政企（事）合一的政府体制。

2. 中华人民共和国地方行政组织的组成、职能与机构设置。地方各级人民政府由地方行政正副省长、自治区主席、市长、州长、县长、乡长、镇长、秘书长、部门首长组成。地方各级人民政府的职能没有明确的分工，它们之间基本上没有职能的不同，只有管理地域面积的大小不同。一般都拥有如下主要职权：(1) 执行本级人民代表大会及其常委会的决议和上级国家行政机关的决议和命令，规定行政措施，发布决议和命令。其中省级政府和地级市政府还可根据国家法律、法规，制定本地区的实施细则、规章；实行民族区域自治的地方，可制定自治条例和单行条例，但要经上一级人大常委会批准后生效。(2) 执行本行政区域的国民经济和社会发展计划，编制和执行财政预算，管理本区域内经济、文化建设和民政、财政、公安、司法行政、监察等工作。(3) 领导所属工作部门和下级人民政府的工作，有权改变或撤销它们的不适当的命令、指示和决议。(4) 保护社会主义的全民所有的财产和劳动群众集体所有的财产，维护社会秩序，保障公民的人身权利、民主权利和其他权利，保护各种经济组织的合法权益等。

正因为各级地方政府对本区域的政治、经济、文化、社会事务全面管理，因此各地政府机构基本上是对口设置，只是规模大小不同，个别机构不同。一般而言，地方各级政府机构大致分为六类：(1) 政法管理部门：公安、安全、司法、民族、宗教、民政、法制、监察等部门；(2) 经济管理部门：各种工业、交通、物资、建筑、商业、粮食油品、农林牧渔、农机、水产、外贸等部门;(3) 综合管理部门:计委、经贸委、财政、税务、劳动、人事、编制;(4) 经济和社会的监督部门:审计、物价、工商行政、标准计量、环境保护、土地管理;(5) 教科文卫事业管理部门:教育、文化、卫生、科技、新闻出版、广播电视、体育、计划生育、医药、文物管理;(6) 其他管理部门:外事、侨务、档案、旅游、人民防空、参事室、机关事务等。另外城市政府还设有城市规划、建设与管理部门。国家一般规定省级政府设 40 个左右机构,地级市政府设 30 个左右机构,县级政府设 20 个左右机构,因为它们虽然管理的领域全面,但工作量却不同,越是下级政府越有条件将类似机构合并,如县级政府就可将文化、教育合并成一个局。但事实上各级政府所设机构都大大超过了国家规定,中国地方政府工作部门的数量较西方国家地方政府部门的数量要多很多。

3. 中华人民共和国中央与地方的关系。从上面介绍的地方政府的职能就可以说明,中国各级政府之间实行的是严格的层级节制,一级管一级,最后一切权力归中央政府。故中国的行政体制属于中央集权型体制。虽然在改革前,中央与地方关系经历了几次放权与收权,但主要限于对国有企业管理权限的分工,不是从根本职能上划分中央与地方的关系。故二者关系既不稳定,又易出现"一统就死,一放就乱"的问题。因此,这一阶段就总的趋势来看,还是认为中央集权的好。

同时,地方政府具有广泛的职能也说明,虽然我国实行的是层级节制的中央集权制,但也注意适当调动地方政府的积极性,使地方政府对地方事务有广泛的权力。当然,中国的这种中央集权体制基本上是在计划经济时期形成的,也就是说,它基本上适应了计划经济体制的要求。改革开放后,中央与地方权力分配关系逐渐进行了改革,主要是在国民经济的宏观管理权集中于中央、地方事务分权于地方方面进行了改革。改革开放以来,中央向地方下放了许多权力,改变了长期以来权力过于集中的格局,调动了地方的主动性和积极性,有力地推动了改革和发展。但在理顺中央与地方的关系方面,中央集权过多的问题尚未完全解决,本应下放的权力有的下放不够,同时又出现了有些权力过于分散、应当由中央集中的权力集中不够的问题,有的地方政府组织过多地考虑本地区、本部门的局部利益,贯彻执行中央政府的政策不力。集权过多与权力分散交织在一起,使中央与地方的关系更加复杂,这点在本书最后一章要专门进行探讨。

(三) 中华人民共和国行政组织的特点

1. 中华人民共和国行政组织具有充分的人民性。这是由我国的社会制度所决定的。人民代表大会制度是中华人民共和国的根本政治制度。各族人民当家作主,通过全国人民代表大会统一行使国家权力,由它产生的中华人民共和国行政组织就具有空前的人民性与民主性。这一点是西方国家的行政组织和旧中国的行政组织都无法比拟的。

2. 中华人民共和国行政组织的设置与运行,本着精简、统一、效能的原则,不断进行调整与改革,并取得了一定的成就。它为社会经济的发展注入了活力。中华人民共和国行政组织的体制,在基本格局形成之后,总的来说,几十年来基本稳定。其中变动较大的主要是政府经济管理部门。从 1949 年至今,政府有关经济管理部门呈波浪式起伏变化。从总体上看,这既反映了我国经济建设的发展对机构设置的要求,又反映出精兵简政方针的不断贯彻;既反映了我们对集权分权适度安排的探索,又反映出我们对政府管理经济的职能的认识经历了一个深化的过程。

3. 在处理中央与地方的关系上,我国行政组织基本上贯彻了民主集中制原则。我国实行的是人民代表大会制度，这一制度保证了人民内部的广泛民主和人民意志执行过程的集中统一。在处理中央与地方的关系上，我们一方面强调在民主基础上的集中统一；另一方面又力求在中央集中统一领导下，充分发挥地方的积极性。但在实际贯彻这一原则的过程中曾出现过曲折和失误。有时权力过分集中，有时权力过分分散。在新的社会主义市场经济体制下，我国行政组织如何贯彻民主集中制原则，还有待进一步摸索和改革。

4. 中华人民共和国行政组织在其发展的历史过程中，也暴露出一些弊端。由于分工过细，造成机构臃肿、部门林立、职责不清；由于过分强调对口管理，造成下级政府部门林立、机构臃肿，以及上级政府与下级政府职能雷同、职责不清。我国行政组织进行过多次调整与改革，虽然取得了一定的成效，但始终摆脱不了两个"怪圈"：一是机构设置上的"精简—膨胀—再精简—再膨胀"的怪圈；二是权限划分上的"一统就死，一死就放，一放就乱，一乱就收"的怪圈。这两个怪圈现象留给人们许多思考。就我国的实际情况分析，高度集权的管理体制以及政府对社会经济事务的直接管理方式是导致这两个怪圈的根本原因，而高度的集权管理体制和政府对社会经济事务的直接管理又根源于无所不包的计划经济体制。所以改革开放后，我们在进行由计划经济体制转入社会主义市场经济体制的过程中就认识到，转变政府职能是我国行政组织改革的前提和基础。但究竟如何转变职能才能正确处理政府与社会的关系，不致使我国行政组织职能膨胀、机构过多，以及中央与地方政府的关系不致过死或过乱，从而彻底走出那两个怪圈，尚在摸索之中。

复习思考题

1. 奴隶制时期外国行政组织的发展具有什么特点？如何认识古希腊、古罗马行政组织的民主性？

2. 中世纪英、法两国行政组织的演变各具什么特点？如何评价英国的地方自治和法国的行政集权？

3. 资本主义时期英、美、法三国中央行政组织和地方行政组织是如何演变的？英国的内阁制行政组织、美国的总统制行政组织、法国的半总统制行政组织各有什么不同？

4. 中国古代行政组织与同时期外国行政组织相比较，有何特点？

5. 中华人民共和国行政组织的发展具有什么特点？从中华人民共和国行政组织曲折演变的历史过程中，可以得到哪些启示？

第三章　科层制组织理论

第一节　科层制组织理论的产生

一、科层制概念的源起

科层制（Bureaucracy），亦称官僚制。法国重农主义学者蒙西尔·德·古尔耐（Monsieur de Gournay）于1745年首先使用“Bureaucracy”一词，他把既指办公室又指写字台的“Bureau”和一个来自希腊语的词汇“统治”（Kratos）连在了一起而合成了“Bureaucracy”，其字面的解释就是“官僚的统治”①。古尔耐将科层制视为一种颇受诟病的政体形式，这种理解是最原初意义上的，也是当时被学术界所广泛接受的。他把官员手中日益发展的权力称之为“官僚病”（Bureau Mania），并用“Bureaucratic”指称法国政府的病态。在欧洲各国的语言中，古希腊的政体概念比较通用，古尔耐将科层制视为不同于君主制、贵族制和民主制之外的政体类型。虽然这种关于政体类型的补充还值得商榷，但古尔耐的确引进了一个重要的新概念。在18世纪，“Bureaucracy”已逐渐成为一个普遍的政治学词汇，其意思是在办公室或办公桌拟订各种文书、规则，称为“官僚风格”。在一些学者那里，“科层制”一词似乎一开始就是一个贬义词，是同红图章、低效率和浪费联系在一起的。

“科层制”，最早作为正规术语在官方文献中出现是在德国，这可以在《大布劳克豪斯百科全书》第十一版中找到根据，其中的“科层制”一词用于指当时的一种新的行政机构，其含义是把集体性的职责分配到个人，保证个人负责的明确性、一致性与能力的发挥，是“合议制”的代替。到18世纪甚至更早的年代中去追寻德国行政理论的根源，如果需要简要地描述其特征的话，那么占中心地位的就是“合议制”（Collegium）的概念。合议制由一批官员担负起对统治者的建议、咨询之责任及在政府中的特别职能，如财政或司法，这种职责是集体性的。在1806年后，合议制被所谓的科层制取代。但在19世纪的德国，科层制也兼具政体形式和“官僚病”的双重含义，这从科层制的德语词源“Bureausystem”即可看出。这一点在1819年的《大布劳克豪斯百科全书》中也表现得很清楚：“现代形式的公共行政靠笔实施的每一件事，在从前都靠口述，许多支笔便因之忙个不停。当以前通过‘合议会’处理事务的惯例被弃置一旁时，官僚制就变得越来越危险了。……作为官署的长官，加上他高踞下属之上的权威，可以获得凌驾于广大公民之上的无限权力。”②不难看出，当时科层制就是按照科

① 吉登斯.社会学[M].李康，译.北京：北京大学出版社，2003：439.

② 林婷.关于“科层制”与“官僚制”的概念辨析[J].云南行政学院学报，2005(2)：68.

层制组织形态建构起来的政府，主要被看成一种与君主制、贵族制、民主制相对立的政府组织形式，这种政府行使的权力不是掌握在一个特定的社会阶层手中，也不是掌握在一般公众手中，而是掌握在官员手中。科层制也因此被赋予了另一层颇具感情色彩的含义，即一种过分由官员控制的，并趋向于损害公民自由的政体形式，这一点几乎构成了 19 世纪末 20 世纪初人们批评和贬损政府的必备武器。

因此，科层制在原初意义上更多地是指实施社会管理的组织管理形式，而由于这种组织形式的特点决定了它可能会产生一些被诟病的问题。前者是最基本的意义，后者是派生出来的意义。现代意义上的科层制是一种建立在合法统治理论基础之上的，以分工、分层、规则、集权等为特性的金字塔式的组织结构形态和管理方式，其理论产生与发展应归功于韦伯。

二、马克斯·韦伯与科层制组织理论的产生

马克斯·韦伯（Max Weber，1864—1920）是与泰勒、法约尔同时代的德国著名社会学家、政治学家、行政学家，是科层制组织理论的创始人，被誉为“组织理论之父”。韦伯一生著述宏富，已出版的著作多达 200 多种，其中对科层制组织理论影响较大的是《新教伦理与资本主义精神》（1904—1905）、《经济与社会》（上、下卷，1925）。韦伯在公共行政思想史上的最大贡献就在于他提出并系统构建了“科层制”组织理论，进而深刻地剖析了金字塔型的科层制组织体系以及人与组织之间的关系。其科层制组织理论被认为是组织学也是行政学的最重要成果之一。

科层制组织理论的产生与其历史时代有着直接的联系。19 世纪末，在西方资本主义国家向城市化和工业化国家迈进的过程中，各种社会问题和政治问题相继凸显，国家行政职能的迅速扩张成为现实的必然，原有的政治制度和行政方法已经无法解决现有的问题，也滞后于追求效率的时代要求。因此，当时迫切需要一种新的管理方法和组织模式来回应时代的要求。韦伯的科层制模式正好在理论上迎合了这种对于技术理性的追求。随后，韦伯的科层制组织理论迅速得到了广泛响应，这种响应不仅表现在学术研究和理论建构上，而且表现在实践中。在理论上，科层制组织理论丰富了政治学、社会学和管理学的内容并促进它们发展。在实践中，韦伯的科层制组织理论从其诞生以来，一直在各国行政管理领域中发挥着重要的作用和影响，为现代社会的组织管理提供了有效的工具。

韦伯的科层制理论研究始于他对现代行政组织发展的溯源，他认为，建立以士官制度为中心的政治组织的政府是现代科层制度的萌芽。为此，他列出了六种科层组织机构：司法机构、现代政府机构、军事机构、宗教机构、控制政策与警察职能的国家、具有分配产品与协调职能的经济体。在对古代社会进行研究之后，韦伯认为，尽管那时也有众多的文职官员和行政人员，但它们并非科层社会。在韦伯看来，科层制组织是现代社会发展的结果。韦伯在《经济与社会》中提出了完全按照理性建立起来的“纯粹而高效的”组织模式，详细论述了他所构建的理想型行政组织的基础、特征、人员要求、技术支撑和背景因素等。韦伯所指的科层制组织是建立在组织社会学的基础上的，它体现了德国式的社会科学与美国式的工业主义的结合。韦伯从来没有治理组织的经历，其理论的出发点也不是为任何一个组织的实际需要而设计的，而只是组织的理想、标准、通用的形态。韦伯的科层制组织理论包括对理性科层制和科层制历史类型的分析，为后人研究科层制组织理论提供了主要的分析框架。

韦伯的科层制组织理论提出之后受到了很多批评。实际上，韦伯已意识到科层制在扩

大组织规模、加强控制、提高效率等方面发挥正功能的同时，也可能带来的负面影响。他在晚年已预感到一种与古典自由主义原则格格不入的“奴役”形式，正逐渐地在资本主义体内形成对人的桎梏，逐渐地变成一种与资产阶级理想背道而驰的严峻现实。在科层制组织理论中，韦伯的分析强调了科层制正反两个方面的功能。但是，科层制组织有效率的正功能和缺乏适应性、灵活性的反功能，并不总是能够被理解。在这种理性主义和人本主义的冲突面前，韦伯感到两难，感到悲观。作为一种希望，韦伯期待人类将运用“超凡魅力”的革命性力量来冲破科层制最终造成的沉闷局面，以延展科层制合理化的进程。

三、科层制组织的兴起及其条件

（一）科层制组织的产生

虽然科层制一词出现在近代，但根据韦伯和一些学者的研究，无论是在东方或是西方，作为组织形式的科层制组织在古中国、古埃及和晚期罗马帝国就已经存在。“实行科层体制的国家行政管理的最古老的国家是埃及，那里是全国要自上而下地对水利不可避免地进行公有经济的调节，这种调节创造了书记员和官员机构，即掌管尼罗河灌溉和营造金字塔的官吏群构成的行政组织便因此而出现。”①与之相似，韦伯将科层制在中国产生的原因归结为公共工程建设的需要，如治水、建筑的科层制从一开始就控制着战国时代的封建性质，并将儒士阶层的思维一再纳入管理技术与功利主义的科层制轨道。然而，中国的官员是通过人文素养而不是技术的擅长获取资格的，也就是说，科层制中官员的资格是建立在“文化品格”上，而不是建立在专业知识的基础上②。由于缺乏以抽象、成文的规范为基础的法理程序，行政实施以理想上对公道的观念为基础，所以，中国历代王朝的行政机构，用韦伯的话来讲，是前科层制的。

西方现代科层制组织的产生发展经历了一个漫长的过程。在古代和中世纪，欧洲各国的政治结构缺乏一个具有独占的财政资源、行政结构、军事力量和国内普遍司法权等国家特征的中央政府。与此相似，行政机构也缺乏对成文规章的依赖、官位与官职的分离以及科层制的其他特征。现代科层制国家的形成在很大程度上出于新兴权力集团的需要，因为这些权力集团在强权政治的背景下要建立由合法的财政制度提供资金的常备军，以维护资本主义的利益，维持秩序与社会稳定。托克维尔指出，“在18世纪，法国高等法院与王权的斗争往往集中在新税法上，无论是当时法国的卖官鬻爵，或是详尽的征税制度，都是为了财政目的。”③在现代国家，国内动乱和远方敌人所引起的战争迫使国家建立永久性的、集中管理的和在技术上有效的武器库。与自带装备和私人管理武器的非现代原则相反，现代国家的指挥官们把暴力行为的物质手段集中在他们自己的手里④。在一定的领土范围内，科层制国家开始垄断物质的组织手段（暴力、法律和行政管理），所有非国家层面独立行使暴力、司法和行政管理权的场所都必须清除。在这个史无前例的中央集权化过程中，科层制国家必然使它的军事、司法和行政管理人员脱离行政管理组织的物质手段，这种集中在中央的国家精

---

① 韦伯.经济与社会（下卷）[M].林荣远，译.北京：商务印书馆，1997：294.

② 韦伯.经济与社会（下卷）[M].林荣远，译.北京：商务印书馆，1997：373.

③ 托克维尔.旧制度与大革命[M].冯棠，译.北京：商务印书馆，1997：98.

④ 基恩.公共生活与晚期资本主义[M].马音，等，译.北京：社会科学文献出版社，1999：40.

英将暴力手段据为己有的做法是同法律和行政管理领域里的类似发展结合在一起的。这个决定性步骤也是由诸侯们实施的,他们设法剥夺从前是独立自主群体(神职人员、受过人道主义教育的知识分子、训练有素的司法人员、宫廷贵族和绅士等)的司法权和行政管理权。在法律领域,这种剥夺使新兴的现代国家及其政府日益依赖“由受过专门训练的司法人员支配的法律制度”①。可见,现代科层体系的出现,首先是同欧洲中央集权国家联系在一起的。

科层制作为国家政治体系中的一个相对独立的组成部分,是近代社会的产物,是在资本主义政治经济二元化过程中逐渐形成的。科层制组织结构虽然在古代早已存在,但那时并没有形成普遍意义上的科层化社会。大致在 18 世纪中期的西方,大陆国家就开始了对科层体系的认识。到了 19 世纪后期,英国文官制度的出现则标志着现代意义上的科层制作为一种行政体制而正式进入政治领域,但是它的快速发展却是工业革命以后的事。特别是第二次世界大战以后,社会生产力迅速发展,社会分工日益细化,组织结构日益庞大和复杂,必须以正式科层组织这种高效率的形式才能完成日益繁重的组织目标,这时,科层制组织便得以迅速普及和兴盛。

(二)科层制组织兴起的条件

正式的科层制组织源起于西方亦成熟于西方。纵观科层制组织产生的过程,不难发现,科层制兴起实为一种社会发展的必然趋势,其在西方兴盛的条件主要包括以下几个方面:

1. 社会分工的出现。随着国家范围的扩大,国家政治和经济职能的增加,为了实现政治权力的有效运作,就出现了国家职能分化的趋势。因这种职能分化的趋势,就需要有人相对固定地司掌国家某一方面的统治或管理职能及其保障这种职能实现的权力,而这种相对固定地司掌某一方面职能及其权力的分工又被作为职位而固定下来,这些职位同时又成了组织一个庞大的国家政治统治和管理体系的纽结。分工本身就是社会职业化的运动,正是国家政治统治和管理领域中的这种分工,才使官僚呈现出职业化的趋势,才为从社会中选拔从事这一职业活动的人才提供合理的思维路向。中国社会曾通过科举考试选拔专门从事统治和管理人才的做法,就是这种合理思维路向的明确反映。所以,科层制的出现是社会分工的结果。

2. 货币经济的存在。货币经济使得收入和支出都可以用统一的标准数量化。货币作为媒介可以使货币拥有者购买到任何必需品。货币经济也容许支付现金薪金而不是其他形式的薪金,定期支付薪金造成人和组织之间依赖性和独立性的结合②,这种状况特别有利于引导人们去努力履行科层制的职责。这样,用货币作为媒介来雇佣工作人员既方便,又比传统的用人方法可靠。传统上靠自愿的方法很难使工作人员较长期地忠实于组织,使用奴隶又往往无法使奴隶有工作的责任心。用货币作为交换条件来雇佣工作人员,在交换平等的前提下,一方面可以保证雇员与雇主的工作关系长期稳定;另一方面由于雇员有自由人格与自尊,更易富有上进心和责任心。于是,工薪雇员依赖于稳定的就业与人身自由,使自己在事业上不断获得成就,这种依赖造就了有纪律和有责任的职位所需要的工作态度。

3. 大众化教育的普及。与早期行政组织比较,科层制几乎完全依赖文书文件,有文化

---

① 基恩.公共生活与晚期资本主义[M].马音,等,译.北京:社会科学文献出版社,1999:40.

② 布劳,梅耶.现代社会中的科层制[M].马戎,等,译.上海:学林出版社,2001:25.

素养的人是从事科层制工作的重要条件。科层机制注重文件记录，规章条文。可以说，雇员对文件的处理能力，包括听说读写能力，是科层机制存在与运行的一个基本的先决条件。现代化的科层体制需要大量的这类人才，而这在教育不发达的古代社会几乎是不可能的。教育特点的变迁几乎是与科层化同步的。一方面教育机构训练有教养的人，让他们接受广泛的知识；另一方面科层化重塑教育机构，使其知识面狭隘并更多地趋向于技术化。

4. 理性精神的普遍认可。韦伯认为，科层制需要一种能推动和支持理性经济行为的内在精神和伦理，而新教改革引起的信仰变化提供了科层制所期望的精神基础——接受约束。新教伦理鼓励勤奋工作与严于律己，号召对时间和劳动有理性的使用以使成就和利润最大化，新教改革使得在世禁欲主义的兴起，坚韧努力和理性行为成为内在的道德价值观。新教精神不仅是促成现代资本主义产生的条件，也是科层制组织走向成熟的直接原因。同时，资本主义社会对经济风险的理性判断，要求竞争市场的正常秩序不会受突如其来的外界力量的干扰，所以，政治暴君的专横行为，特别是对自由贸易的干预，使得对投资的预期变得困难，强盗活动、海盗、社会暴乱也会对资本主义形成威胁。为了维护资本主义的利益、维持社会稳定，必须建立强大而稳定的科层政府。可见，当理性经济的价值观念被社会普遍认可时，科层制组织也便应运而生。

总之，科层制组织是有意识地被创造出来的，它是对工业社会中大型而复杂的组织进行行政管理的最有效手段，可以说它是工业化和劳动分工的产物。科层制为 20 世纪工业社会带来了巨大的效率，而且随着社会的发展，科层制已经成为当今社会的主导性组织形式，并成为现代性的缩影。无论是企业还是政府，它的组织管理模式都或多或少渗透着科层制的影子。韦伯认为，科层制组织是现代行政管理的需要，是应用于复杂组织的最有效形式，它对现代社会来说不可逆转也无可回避。

四、科层制组织的理论和实践基础

（一）政治与行政的分离

1. 在实践方面，韦伯通过对德国市民阶级的分析指出，德国的市民阶级没有成熟到成为德国社会的政治领导阶级，他们有着情愿服从于官僚支配的心态，市民阶级的价值取向可以允许权力与文化等被还原到技术层面，而政治可以被缩小到一个完全形式化地维持国家存在的状况，不许有任何内容的实质目标——仅仅只是毫无信仰的日常照顾而已。“政治厌倦症”“非政治的精神”成为德国市民阶级的价值取向。这就为韦伯科层制组织理论中政治与行政的分离提供了实践基础。

2. 在理论方面，韦伯的科层制理论与托马斯·伍德罗·威尔逊（Thomas Woodrow Wilson）的政治与行政二分理论是紧密联系在一起的。威尔逊发表于 1887 年的《行政学研究》一文被称为现代美国公共行政研究的起点，他本人也因此文而成为美国公共行政学的创始人。他在文中指出，“行政学研究的目标在于了解：首先，政府能够适当地和成功进行什么工作。其次，政府怎样才能以尽可能高的效率及在费用或能源方面用尽可能少的成本完成这些适当的工作。”①为了政府能够成功有效地完成工作，威尔逊又进一步提出了政治与行政二分法原则，即把政策制定与政策执行分开，“行政管理的领域是一种事务性的领

---

① 彭和平，等.国外公共行政理论精选[M].北京：中共中央党校出版社，1997：1.

域,它与政治领域的那种混乱和冲突相距甚远。”①这种理论的建构就为韦伯的科层制理论体系提供了学理上的支持,因此,有人把韦伯的科层制理论模式称为韦伯—威尔逊理论模式。

(二) 科学管理原理

20世纪初,弗雷德里克·温斯洛·泰勒(Frederick Winslow Taylor)所领导的科学管理运动及其构建的科学管理理论,以巨大的声势在全世界产生了广泛影响,同时也为韦伯的科层制理论体系的构建提供了科学的实践依据。科学管理的主要贡献表现在:第一,对事不对人的管理。这就剔除了管理者在管理中的价值影响,也为韦伯科层制理论中的形式理性与价值理性的区分奠定了基础。第二,制度和程序化的管理模式。泰勒的科学管理是建立在企业组织由小规模的手工场向大规模现代工厂转变的基础上的。因此,其管理模式是以制度与程序为主的,这充分体现了韦伯的工具理性与形式理性。第三,管理的分工与分权。在科学管理中,泰勒在组织的横向和纵向上都提出了分工原则,横向的分工表现为技术与知识的分工,而纵向上的分工则表现为管理权与操作权的分离、所有权与管理权的分离。这些都为韦伯科层制组织理论的提出,以及在行政管理上重视技术和知识理性提供了根源。

(三) 文官制度的确立

19世纪70—80年代英美两国先后建立了文官制度,即国家公务员制度。随着英美两国公务员制度的一步发展,西方大多数国家相继确立了公务员制度。文官制度的建立实行了新的人事管理原则,主要包括法制化、职业化、专业化、价值中立、政务官与事务官分离等原则,这些原则为韦伯科层制理论的实践奠定了基础。如职业化、专业化原则体现了技术理性的特征,而法制化、价值中立、政务官与事务官的分离则体现了形式理性的特征,这些都是韦伯构建科层制理论的核心内涵。因此,可以说韦伯科层制理论正是通过公务员制度的建立与发展,才得以从理论走向了实践。

第二节　科层制组织的特征与要素

一、科层制组织的含义

科层制组织是指一种以分部—分层、集权—统一、指挥—服从等为特征的组织形态,亦即现代社会实施合法统治的行政组织。所以,科层制组织实质上是一种层次分明、制度严格、权责明确、信息自下而上流动、命令自上而下发出的“金字塔”式的组织模式和管理方式。

实践中,人们习惯于从“贬义”上来理解科层制组织,常常将其等同于“官僚政治组织”或“官僚主义机构”。在这种意义上,科层制组织似乎成了“低效率”的同义词,它强调的是该制度下产生的烦琐工作程序、拖拉的工作作风以及泛滥成灾的各种公文和会议记录,所以,人们常常把它和低效率的公共行政管理等同起来。但是,韦伯所说的“科层制组织”含义与此却截然不同。韦伯认为,从纯技术的观点来看,“科层制”是效率最高的组织形式,它是一种高度理性化的组织机构之“理想类型”。可见,韦伯所指称的科层制组织并不是文牍

---

① 彭和平,等.国外公共行政理论精选[M].北京:中共中央党校出版社,1997:14.

主义、效率低下的组织现象,而是一般意义上的组织形态及其结构特点,理性合法的职权是科层制概念的内涵。所以,就此意义上而言,“科层制组织”是一个中性的概念。

二、科层制组织的基本特征

韦伯认为,作为一种理想的行政组织形式,现代科层制组织具有以下五大基本特征:

(一)专业化

专业化原则既适用于组织中的个人,也适用于组织单位或分工关系。在层级制组织中,工作是根据工作类型和目的进行划分的,有很清楚的职责范围,对权力义务体系的规定细致而明晰,使得每个人都能够照章办事而不超越权力义务的范围。它科学地划分工作单元和消减无用的重复工作,以及考虑到职能交叉的必要,具有合理但又高度明确以及精细化的分工。所谓“高度明确以及精细化的分工”,是指全部工作被分解为若干特殊任务,直至分配给每个对应的专业化职位。各个成员将接受组织分配的活动任务,并按分工原则专精于自己岗位职责的工作。韦伯认为,对于理性科层制而言,这种专业化至关重要。特定的职能边界通过明确的规则、规制和程序加以固定。因此,不允许个人超越职权随意扩大其行动的范围并表现出所谓的“能动性”。韦伯认为,这种固定专业分工的长期存在可以导致工作职业化。

(二)层级化

层级化又称等级化,机构和行政人员按照层级原则进行管理。科层制组织是一个等级实体,具有等级与权力一致的特征,在这样的一个等级实体中,将各种公职或职位按权力等级组织起来,形成一个指挥统一的指挥链条,沿着自上而下的等级制,由最高层级的组织指挥控制下一层级的组织直至最基层的组织,于是便形成科层制组织中层级节制的权力体系。科层制组织拥有大批行政人员,其高度专业化需要一个复杂的协作系统。韦伯认为,大型组织分工之间的协调,固然要求建立以层级制为核心的权威秩序,领导必须通过权威层级体系来实施其职责,即建立所谓的“权威秩序等级”。每个人都必须知道自己从何处取得命令以及把命令传达给何人,个人的权威与责任都有明确的规定。职位按层级原则依次排列,层级和权威一致,形成一个单向的权力传递和指挥链。最高层级的命令可以通过指挥链迅速到达需要最终执行的某个最基层,下级必须接受上级的命令与监督,形成一种层级间的节制关系,以实现明确的权力、权威、义务、责任等。

(三)规则化

规则化又称法制化、制度化。在现代科层制组织中,通常要制定一套规则和程序来规范组织及其成员的行为,以保证整个组织管理工作的一致性和明确性,组织运行包括成员间的活动与关系都受规则或制度限制。管理工作不能随心所欲地进行,组织内部有严格的规定和纪律,并毫无例外地普遍适用。韦伯认为,这些规则和程序是根据合理合法的原则制定的,它们具有稳定性,可以保证科层制组织的合理性、合法性、稳定性和连续性。具体地说,设计这些规范体系是为了保证不管多少人从事某项工作,通过规定组织中每个成员的责任及其相互关系,使所有人按照规定的标准去做,从而使其结果都能达到一致,并使不同的工作得到协调。所以,在理想的科层制组织中,所采取的手段能最有效地实现既定的目标,领导人一时产生的错误想法或已经不再适用的程序,都不大可能危害组织的发展。

（四）非人格化

在一般组织中，人们的个人情感和偏好等非理性因素常常会影响其理性、合法性和客观性，并进而会助长亲情、裙带和偏爱等关系。而在科层制组织中，个人的性格和意志难以有所作为，人身依附关系因为层级内部流动的物化标准与程序化而弱化乃至消失；个人和国家财产的实际分离以及个人权威资源与管理手段分离，导致了个性化权威的虚化。这些表明，现代科层制较之以前的组织形式有效得多，并且不会那么容易遭受来自内部和外部的冲击；官员不得滥用其职权，管理工作以法律、法规、条例和正式文件等来规范人的行为，公事和私事之间有一种极为明确的界限，公务活动与私人生活的关系范围是截然分开的，不得掺杂个人的情感、偏好等非理性因素；在组织成员之间的公务关系中，存在的只是对事的关系而非对人的关系，人们在处理公务时只应考虑合法性、合理性以及有效性，而不应考虑任何私人情感。用纯粹理性主义的观点看，个人的服务对象不再是拥有特定职务的个人，而是个人拥有的特定职务。因此，"非人格化"被视为科层制组织的"特殊美德"。但是，这一体制的一个重要特点是，个人在科层体制中已经被高度物化，即所谓"组织机器上的齿牙"，或陷入所谓的"铁牢笼"。

（五）技术化

专业化、层级化的科层制要求管理者必须训练有素。在科层制组织中，组织成员都具备相应的专业技术资格，组织成员凭自己的专业所长、技术能力获得工作机会，享受工资报酬；组织按成员的技术资格授予其职位，并根据成员的工作成绩与资历条件决定其晋升和加薪与否，从而促进个人为工作尽心尽职，保证组织效率的提高。在技术化倾向的支配下，现代层级不仅倚重各类专家，而且在管理的方法和途径上也越来越科学化、合理化。不仅组织行为必须技术化，而且组织目标及这些目标的确立过程也应该技术化、合理化。然而，随着社会的进步和科学技术的发展，科层制组织必须为其成员提供各种必需的专业培训，以便使其具备处理事务和解决问题的能力，提高其服务数量和质量，进而从根本上提高组织的整体工作效率。

三、科层制组织的要素体系

科层制组织在现代社会中所呈现的强大有效的工具性功能，源于这一体制的结构品质，即准确、迅速、可依赖和可预测，这一品质主要体现为：按照合理化准则和职业伦理所形成的一整套客观化的要素体系。

（一）科层制组织的机构

尽管现代社会科层制组织机构的形式千差万别、各有侧重，但就最一般、最抽象的特征而言，却与韦伯科层制所设立的机构规范内容一致。（1）权限预先确定。将科层结构部门所有的事务，规定为职务上的义务。（2）职位的层级化。各种职位按等级原则组成，下级服从上级的控制和监督，而下级亦有权向上级陈情上述。（3）职务的履行。一切管理的活动、决议和规章均须用书面形式表述，即使是在口头讨论中也应如此。（4）职位。书面文件与行政功能持续不断的操作相结合，构成"职位"一词的内涵。（5）调节。一个职位的行为可以是技术性规则，也可以是法规。（6）专业训练。只有具备适当技术的人，才有资格充当行政管理人员。（7）工作例行化。官僚在执行职务时，有严格、详细的规则可依据。（8）限制。行政管理人员应该完全与行政管理工具的所有权相分离，官员或雇员只是在履行职责时使用这些工具,而不是拥有这些工具。

(二)科层制组织的角色

科层制组织结构的另一个主要方面是处于科层制机构中各个职位上的官员,亦称官僚角色。角色要素的原则,被深受韦伯政治社会学影响的加布里埃尔·亚伯拉罕·阿尔蒙德(Gabriel Abraham Almond)处理为"选择和诱导"两个标准化的分析概念,"选择人员来担当角色和使他们按所期望的角色方式发挥所需要的刺激。"①在韦伯那里,这两个标准化概念的具体内容是:(1) 官员虽有法律规定上的个人自由,但只能听命于非人格的公务上的职责官员;(2) 按明确规定的职位等级组织起来;(3) 法律上明确规定了各自的职责权限;(4) 职责依自由的协议而产生,原则上是一种自由的选择;(5) 职位的候选人是按其专业的熟练程度挑选的。在合理化的情况下,专业资格是通过考试来测定或由专业训练机构颁发的文凭来保证,或两者兼而有之,官员经由任命而非选举产生;(6) 官员有固定的薪金报酬,绝大多数有权获得养老金;(7) 把自己的公务看作唯一的或至少是主要的现任职业;(8) 有一个"晋升"的制度,或根据资历,或根据成就,或两者兼有,晋升取决于上级的裁断;(9) 官员的工作完全与行政管理手段的所有权相分离,不能利用职位挪用公物;(10) 服从严格的制度化纪律并控制自己的管理行为。②

(三)科层制组织的价值

韦伯认为,科层制的终极追求在于通过理性的持续不断的行政管理保证法人组织实现自己的宗旨,从而避免组织被社会固有的秩序排斥,因此,科层制是紧紧围绕一套价值规范构建的。其核心要素有:(1) 效率。不仅是有效,而且追求最有效,行政事务的完成成本要最小。(2) 功利。追求机构利益或官僚职业团体利益的不断积累。(3) 工具—目标取向的合理。手段和目标的确定必须是和平的,能体现责任伦理的,是理性的而不应是非理性的。(4) 服从。整体上要求各职位的人在公务中排除爱憎等各种纯粹的个人感情,全心致力于系统的目标。

第三节 科层制组织理论的主要思想

一、科层制组织的理论预设

韦伯通过对西方社会历史的考察,特别是对资本主义社会的研究,发现理性是由资本主义社会发展而来的一个特有概念,他将其称为"科层制精神"。所谓"科层制精神",实质上就是一种"理性精神"。这里的理性精神具有多方面的含义,如规范官僚行为的法律法规、组织程序及契约等,这些是事先基于效率和形式公正原则合理地制定的;整个科层体制具有完整的结构和内在逻辑,是体系化的;官僚的行为选择是基于逻辑分析并由理智控制的,等等。因此,合理性是韦伯科层制理论重要的学理预设,是他设计理想型科层制模式的一个最基本原则。韦伯从"理性化"特别是工具理性和形式理性的角度设计了科层制的理论形态与制度框架。他认为合理性有两种形式,即形式合理性(或工具合理性)和实质合理性(或

① 阿尔蒙德,等.比较政治学[M].上海:上海译文出版社,1987:128.

② 韦伯.经济与社会(下卷)[M].林荣远,译.北京:商务印书馆,1997:278-282.

价值合理性）。

形式合理性，即工具理性，在韦伯的理解中包含两重含义，其一，理性即指目的，或目的—手段理性。当代生活的突出之处是系统的目的理性行动，明确的目标定义和对达到目标的最有效途径的越来越精确的计算，这种行动对立于那种遵从传统主义习惯的行动。其二，理性体现了一种行使理性的含蓄性质，而不论是否含有手段—目的程式。可见，“形式合理性”是指合乎工具理性原则的科学性，也可使用哲学的概念把它称为逻辑形式主义，它是一种纯形式的、客观的、不包括价值判断的思维方式和立场，其主要表现是手段和程序的可计算性。

实质合理性，指立足于某一信念理想的合理性，它是关于伦理主义或道德主义的一种合理性，仅仅对行动实行价值判断——对行动的目的和后果做出价值判断。韦伯指出，实质合理性是传统社会秩序的本质特征，而现代社会的发展则要求从实质合理性走向形式合理性。所以，通过对韦伯科层制的分析，我们发现“理性化”在韦伯的论述中可划分为三个层次，即行为动机的理性化、文化知识的理性化和制度结构的理性化。由于现代理性建立起来的制度和组织是神圣的，它要求用这种合乎理性的标准去权衡各种行政行为，“克服自由的随意和恩宠，以及怀有个人动机的施惠和评价。”①

二、合法性权威的类型

韦伯对组织形式的研究起始于这样一个基本问题：人们为什么会服从命令，并按他们被告知的那样去行事？他认为，任何组织都必须以某种形式的权威作为基础，没有某种形式的权威，任何组织都不能达到自己的目标。韦伯在追溯历史上所有统治的权威形式后发现，任何统治都企图唤起并维持对它的“合法性”信仰②。在一个权威体制中，人们对命令的服从首先依赖于对其合法性的普遍信念，即相信一个指令是正当的、服从它是正确的信念，这种信念也就是其存在的合法性。每一个权威体制都必须让人们相信其合法性，所宣称的合法性不同，人们服从的方式也就不同，而且支持权威体制的行政人员不同、行使权威方式的不同使得维持合法性的方法也不同。为此，韦伯对权威和权力作了区分，他指出，权力是无视人们的反对而强行使人们服从的能力，权威则意味着人们在接受命令时出于自愿。从统治的角度出发，韦伯得出了合法性的概念，它包含两重含义，即对处于命令—服从关系中的服从者来说，是一个对统治的认同问题；而对命令者来说，则是一个统治的正当性问题。统治的正当性与对统治的认同的总和就构成了统治的合法性。为了构建合法性的现代统治类型，韦伯将合法性权威分为三种类型：传统权威（Traditional Authority）、魅力权威（Charisma Authority）、法理权威（Legal Authority）。

（一）传统权威

韦伯认为，传统权威来源于宗法与家族，即古代家庭的传统。一家之长是根据世袭的规则来指定的，既没有行政人员也没有任何机器来实施其意志，而是依靠成员对其权威的尊敬。所有成员都与之保持着一定的个人关系。他们坚信服从家长是久远传统所认可的义务以及对主人的孝心。因而，传统权威的合法性是建立在长期形成的传统风俗和习惯的基础

① 韦伯.经济与社会（下卷）[M].林荣远，译.北京：商务印书馆，1997：215.

② 韦伯.经济与社会（下卷）[M].林荣远，译.北京：商务印书馆，1997：239.

上的，其行为方式难以用语言文字所表达，仅仅由于其世代相传，并随着时间的流逝而得到巩固。家族权威最明显的例子就是家长制、部落统治以及村落中的老人政治。它往往与权威或特权的世袭制有密切关系。家长制政府就是统治者家族的延伸，所有的政府机构都源于统治者家务管理机构，所有人民都是统治者的受抚养者。古代的世袭君主制以及现代为数不多的王朝统治，如沙特阿拉伯、科威特和摩洛哥等，就属于这种类型。一般而言，传统的统治方式都没有走出家长制的阴影。家长制有两种主要形式：其一是家产制，其二是封建制。前者是家长制的典型形式，后者是家长制的边缘形式。在家长制的条件下，作为社会支配行为方式的最基本特征就是个人的恭顺；权威的行使者并不是工作中的“上级”，而是个人的“主人”；他的行政职员主要不是官吏，而是个人的随从；行政职员与主人的关系取决于个人的忠诚，而不是官吏无私的职责观念。

（二）魅力权威

魅力权威是建立在特别神圣、个人英雄主义和非凡品质、规范模式或规定秩序的信念基础之上的权威①。这种权威是与具有个人魅力的领袖人物联系在一起的，即以对领袖人物的个人崇拜、迷信为基础，对其超人能力、英雄主义精神、模范品质进行崇拜。其政治统治是建立在领袖个人权威的基础上的。在古代中国和欧洲，都存在过个人魅力型的统治时期，支持这种统治的是领袖个人的品质或者是氏族、宗族和体现在个人身上的神圣性。耶稣、拿破仑、希特勒则被韦伯视为具有这种权威的神秘人物之典型。韦伯认为，所谓个人魅力，是指个体人格的某种非凡品质，他被赋予超自然、超人或至少具有某种特别的力量。这些品质常人无法获取，被视为神圣性的来源或具有模范性②。魅力型权威是一种基于领袖的个人品质或独特洞察力与成就展示的合法化力量，因而激发了追随者的忠诚与服从。可见，魅力权威过于带有感情色彩并且是非理性的；它不是依据规章制度，往往依据神秘的默示；服从领袖完全是依靠对领袖人物的信仰，所以领袖人物必须以不断的奇迹和英雄之举赢得追随者，而这些“奇迹和英雄之举”却很难持续不断地被创造出来。因此，魅力权威的非理性也必然带来其统治的非稳定性和非长久性。

（三）法理权威

法理权威即合法而理性化的权威。在韦伯看来，人类社会发展史上，由于西方市场经济的兴起、传统家族制社会关系的解体，以及个人魅力型统治的非长久性，使法理型权威的出现和蔓延成为“一种难以避免的命运”。法理型权威以内部规则为基础，相信政策、规章必须合乎法律，权威拥有者在法律规则之下发布命令。依据法理型权威而实现的支配行为，其实是以对组织规则的服务和对法律的遵守为特征的，因为人们服从领导者的命令是出于对组织规则和法律的信守，是由于有了依法建立的层级体系，法律与规则代表一种大家都遵守的普遍秩序。行政官员的权威来自法律，公民的权利和义务也由法律来界定。人们承认的是法律的权威，而不仅仅是执法者的权威，被领导者对权威的服从实质上是对组织规则的服从。从法律地位上来看，领导者与被领导者之间是平等的，都必须受到组织规则的约束。各种社会关系以及由这些关系组成的社会结构，都依据法律来安排。这种统治方式与前面两种统治方式有着根本的不同，是一种“非人格化”的统治。其权威寄托在规则、程序和制度

① 韦伯.经济与社会(下卷)[M].林荣远，译.北京：商务印书馆，1997：449.
② 韦伯.经济与社会(上卷)[M].林荣远，译.北京：商务印书馆，1997：269.

之上,因而它难以被滥用,也很少引起严重的不正义。如果某行政人员的行为超出了权限,人民可以拒绝服从。

综上所述,三种权威类型都具有统治的合法性,都有着各自不同的基础和特性。法理型权威在现代社会中占主导地位,它是理性的;其他两种权威主要出现在传统社会中,它们是非理性的。作为现代统治形式的法理型权威把合法性与技术合理性结合起来,试图通过技术合理性程度的提高为合法性注入活力。这就表现为形式合理性和技术设计上所做出的努力,特别是以形式化的法律制度及其操作程序来把理论上、意识形态上和技术上的努力整合在一起,构成一个严密的合法性网络体系。

科层制组织的运作基础与法理型权威密不可分。在韦伯看来,科层制组织是在经济成为社会的主导因素,人们的行为在从传统、价值、情绪向目的理性过渡,统治类型由传统型和魅力型向法理型的过渡这一背景下逐步成为合法型统治的"最纯粹类型"的。在资本主义发展进程中,法令的贯彻必须长期而稳定,而雇员实施法理型权威这一纯粹类型描绘了科层制组织的中心特征。韦伯认为:"经验普遍证明行政的纯粹科层形式……从纯粹技术角度看,能够取得最高的效率,在这个意义上它是人所共知的,它是完成对人的指令控制的最理性的方式。"①

三、不同权威下的组织类型

基于对上述权威类型的分析,韦伯将社会组织划分为传统型组织、魅力型组织、理性—合法型组织这三种类型。

(一) 传统型组织

传统型组织是以传统权威为核心、以先例或惯例为基础的组织,而这些先例或惯例是由其统治者以传统遗传下来的规则加以确定的。这类组织的特点主要有:(1) 统治者和服从者之间往往存在某些天然的亲缘关系,统治者之所以获得控制权威,完全是因为其具有某种特定的身份。统治者的血缘关系决定了他本身的身份与地位,即世袭性,或者是来源于相应的宗法结构。(2) 支配者和被支配者之间的关系不是"上司"与"下属"的关系,而是一种"主人"与"臣仆"之间的关系,维系两者之间的并非职责关系,而是出于个人的忠诚与义务,即所谓封建家臣制。(3) 绝对性,即在支配者那里,以言代法,权力不受限制,具有至高无上性。因而组织缺乏行之有效的专业化和技术化的行政管理制度。行政人员的任免与升迁并不取决于自由的契约,而是统治者的亲疏、好恶等个人因素。(4) 组织行为缺乏经济理性。财政收入的管理缺乏独立性与科学性。这种统治方式与自给自足的家庭经济有着紧密的联系。(5) 组织具有强烈的守旧性和宗教性。传统型组织的组织文化有着本能的压制创新与守旧的倾向。因此,这种组织往往臆设一套借以支撑传统之不可动摇的宗教性仪式。

(二) 魅力型组织

魅力型组织,又称神秘化组织或卡里斯马型组织,这种组织形态基于领导者的"超凡魅力"(包括领袖的超人能力、英雄主义精神及模范品格等)而产生。其主要表现为以下特点:(1) 维系组织的基础是非理性的。这种组织大多由领袖及其追随者组成,追随者则作为联系领袖和群众的纽带和中间媒介,起着相应的作用。维系组织的基础是领袖的个人魅力权

---

① 韦伯.经济与社会(上卷)[M].林荣远,译.北京:商务印书馆,1997:248.

威与组织成员的个人感情,这些都体现了一定的非理性。(2) 组织内部管理的非专业化。这类组织的建构基础主要取决于领袖个人,缺乏领袖将导致权威力量的瓦解。由于具有个人特性以及缺乏政治组织,个人魅力型权威在很大程度上依赖于别人所感知的权威的合法性。(3) 组织的不稳定性。在个人魅力型组织中,并没有抽象的法律原则、具体的规章、传统的先例。如果这种信念消失,那么领袖的权威也转瞬即逝,因而这种组织也具有不稳定的特点。随着领袖人物生命的终结或其他变故,组织必将失去其神秘化的形式,这种权威形式必然会例行化:或者转变为传统组织,或者转变为理性与合法型组织。比如,假设领袖的继承问题是通过遗传的方式来解决的,那么“魅力型组织”就会演变成为“传统型组织”;假设领袖的继承问题是根据已有的法则来决定的,那么“魅力型组织”就将发展成为“理性—合法型组织”,即科层制组织。

(三) 理性—合法型组织

理性—合法型组织,又称科层制组织。这类组织以组织内部的各种规则为基础,人们对权威的服从以依法建立的等级体系为依据。韦伯认为,这类组织是以理性科层组织的形式出现的,它是工业化时代以来占主导地位的组织形式,只有这种与合理合法权威相适应的组织形式才是“理性的科层制”,这也是韦伯倍加推崇的组织形式。科层制之所以具有理性特点,是因为该类组织实行职能专业化、明确了层级权威界限、对管理者进行专业化训练,它不仅被专门用来作为实现某些既定目标的手段,而且此类组织还有一系列的规则和程序,一定时期在组织中担负一定职务的组织成员必须依据这些规则和程序行使其权力,以保证追求组织目标的一致性和有效性。

在基于三种权威类型而形成的三类组织中,与传统权威相适应的组织的效率相对较差,因为其领导者不是按能力挑选,其管理单纯是为了保存过去的传统而行事。基于超凡魅力权威而形成的组织则过于带感情色彩并且是非理性的,其管理工作不是依据规章而是依据神秘或神圣的启示来进行的。在韦伯看来,只有法理权威才能作为行政组织的基础,这种与法理权威相适应的组织形式就是“理想的科层制”,也只有这种理想的科层制才是行政组织的标准模式。

第四节　科层制组织的实践困境与理论发展

一、科层制组织的实践困境

科层制组织是建立在理性契约、合法权威、严密规则基础之上的“理想型”组织模式,它因具有精确、高效、稳定等特点而显示了巨大的优越性。然而,实践中大多数科层制组织难以达到韦伯所预设的理想状态,所以无论在理论上还是在实践中,科层制都招来一系列非议。就像事物都有两面性一样,科层制组织在显示其优越性的同时,因其本身自我膨胀的机制,也将面临难以摆脱的困境。

(一) 形式主义导致的效率悖论

科层制组织内部各级结构以及各种人员的职责、权限、活动方式等都是由一套严格的规则和章程来限定的,组织成员在组织内部的一切行动均需严格按照组织的规章制度来进行。由于过分强调照章办事,使组织成员的行动长期受到规则的限制,久而久之,组织成员就会变得墨守成规。当人们专注各种规章和程序时,他们将忽视这些规章和程序当初建立起来的理由,而将遵守规定变成其目的,呆板地遵从已经建立的规定,容易令人无法了解和应付新的情况和问题,而变得毫无弹性,组织的目标和效率反而可能因此丧失,而这与理想的科层制组织所预设的"高效率"明显相悖。这将导致科层制组织的"目标置换",即组织成员把手段型目标或低层次目标误作为组织系统的总目标,发生目标置换的"组织人"往往辛辛苦苦地做着降低组织效率的事情还以为在尽职尽责。"组织人"因循守旧、谨小慎微、眼界狭窄,缺乏主动性和创造性,这是典型的形式主义的体现形式。形式主义影响组织工作效率的进一步发挥和提高。正如韦伯本人一再指出的,形式合理性并不能保证所谓的实质合理性。最完美的制度形式,也可能在运作中挫伤赋予其生气的目的与价值。尽管形式合理性可以在规范或技术方面加以体现,但即使是实现了技术的形式合理性,也并不能一定达到预期的效率。

(二)压抑个性导致的创新缺失

科层制因其严格的纪律和僵化规则及处事程序,可能对人的个性造成极大的摧残。韦伯在看到管理实践中科层制组织不可摆脱的同时,也指出了科层制组织的弱点。他认为,科层制组织犹如一个巨大的铁笼,将人固定在其中,使人成为一种附属品,指挥成员机械地例行公事,成为没有精神的专家,长久下去成员就会缺乏积极性和创新性,难以适应现代社会快速发展的要求,整个社会也会变得毫无生气。这种后果在韦伯看来是可怕的,人追求理性、合理化,把管理作为一种手段,但最后却在合理化中丧失自我,管理变成了目的本身。计划的可预测性及其对资本主义的适应性越是得到充分的实现,科层制就越是使自己"非人化"。它从公务中排除爱、恨和各种纯个人的感情,尤其是那些非理性的、难以预测的感情。科层制是世界理性化的必然结果,但通过理性化,人们追求可控制的外部环境,增进自己的自由,同时也就助长了束缚自己的力量。

(三)本位主义导致的合作意识缺乏

分工是推动社会发展的重要因素,也是科层制组织形成的重要原因。科层制组织对专业技术和专业化分工的崇拜,很容易造成组织成员之间彼此缺乏合作意识。科层制组织强调分工的明确性,每个岗位上的官员、职员都有按法律及行政法规所确立的固定的职责和权限。管理权限的明确分工虽然有利于各司其职,但是也会造成彼此协作上的欠缺,出现"事不关己,高高挂起"的现象,以及形成"踢皮球"的作风。这种形式本位主义和宗派主义,最终将大大影响组织内部成员的凝聚力和组织效率的提高。

(四)文牍主义导致的积极性不足

科层制组织是建立在一系列规则基础之上依规则而运行的,对组织内部的各级机构设置、各类成员的职责权限规定、活动方式安排都有一整套严格而具体的成文规则。然而,任何规则都有例外,为了应付例外情况,就需要制定新的附加规则,而新规则还会有例外,还须制定规则。如此下去,规则就会越来越多,就会出现文牍主义、繁文缛节等弊病。韦伯认为,科层制组织不仅记录人们所采取的行动以及由此产生的结果,而且也记录已有的政策和方针,还仔细保存构成经济制度的规章和条例。所有这一切都构成了"档案"。这些档案记录并正式表达了每个职务所规定的合法定义,它们也把某种无人格和僵死的成分带进了办公室的管理。由于文牍主义和繁文缛节对规则、条例和政策框框的过分强调,束缚了人们的手脚,限制了组织成员能动性的发挥,窒息了人的灵活性和积极性。

（五）权力垄断导致的反民主性

科层制是西方社会理性化、民主化的产物。然而，科层制组织的发展却又产生和加强了反民主的趋势。严格的权威分层体系使得科层制组织内部等级森严，很容易出现科层化，即权力被少数人所垄断的现象。由于组织中的上层在行使权力的过程中缺乏来自下层的监督，使得权力上层有可能利用职权，压制民主。韦伯自己也意识到了这一问题，他认为，官僚阶层是掌握着社会公共权力的社会集团，他们可以为社会的目的使用这一权力，也可以为他们私人的目的使用手中的权力。也就是说，官僚阶层会破坏科层制组织中的民主原则。任何大型组织都面临着管理问题，而这些问题只能靠创造一个科层制组织来解决。反过来，一个科层组织制度必须按照等级来组织，因为每日要做出的决定不能让很多人来参与。要使一个组织高效率地发挥作用，就必须将权力集中在少数人手中，这样才能产生效率。一方面，组织的领导人也是具有趋利本性的个体，这种本性特征加剧了权力集中的趋势。获得领导地位的人只要占据了高位，权力和声望便会进一步增加。他们可以利用组织的普通成员不能利用的知识和设施，还可以控制通信渠道中传送的信息。这会干扰和妨害组织信息的沟通和有效传递。领导人可以有目的地维护自己的地位，他们倾向于提拔那些和自己观点一致的下级官员。这样做的结果使得寡头统治变成了一个永远的政治形式。另一方面，组织成员趋于敬佩和羡慕自己的领导人，领导人的声望不仅基于他的个人品质，还基于他的官职而得到加强。与领导人不同，成员们可能只在部分时间里为组织效力，并允许领导人对大部分事情行使职权。因为普通成员没有这些领导人老练，也不如他们消息灵通，所以他们期待领导人给予政策方面的指示。因此，大型组织的这种本质使得寡头统治不可避免，权力垄断成为必然，这亦是科层制与民主的冲突所在。

二、科层制组织理论的延续和发展

科层制组织理论在历史的演进中发挥了重要的积极作用，而时代的发展和社会的进步也不断地向它提出新的挑战。于是，韦伯提出的"科层制组织理论"曾一度成为许多领域争论不休的话题。一方面，它几乎成为现代社会思想流派谴责的对象；另一方面，它以惊人的生命力证明自身的不可替代性。不同的科学、不同的学者对于科层制的模式、运作流程以及相关理论等都提出了不同的理解。

（一）米塞斯对科层制的辩证理解

路德维希·冯·米塞斯（Ludwig von Mises）在《科层制度》中从人类行为入手，将科层制度界定为"一种行政技术和组织原则"①。科层制度源于人类思想选择的结果，这是对两种不同组织管理方式的选择：即逐利组织与科层组织。无论对哪种组织来说，科层管理都是人类通过有目的的行为达成理想目标的一种方式。米塞斯指出，人们经常认为科层管理和民主政府、民主制度是不相容的，这是一种谬见②。科层管理是民主政府不可缺少的手段，是一项行政技术和组织原则，本身并无好坏之分。科层制是一种管理手段，对于政府机构的管理，科层手段是必不可少的。同韦伯一样，米塞斯也认为，科层制度既是现代社会的一种主要现象，也控制和威胁着当时的各种社会组织。今天许多人视为罪恶的东西，并不是科层体

---

① MISES LUDWIG.Bureaucracy[M].Pennsylvania: Libertarian Press,1983:49.

② MISES LUDWIG.Bureaucracy[M].Pennsylvania: Libertarian Press,1983:43.

制，而是科层管理领域的扩张。同时，在米塞斯看来，行政领域的科层管理不可避免，但科层管理若进入经济领域则行不通，即政府对一切经济活动的全面管制是不可行的。由于无法进行经济核算，它不可能找出生产这些有需求的产品的最经济的办法。

米塞斯指出，科层体制是一套自我封闭的体制，与资本主义市场经济体制相互平行。科层体制并不直接等同于集权体制，但它往往是实现集权体制的帮手。基于组织结构的科层管理与基于利润的市场自发管理是两套相互冲突的体制。米塞斯很清楚，他并非反对供职于科层部门的公务人员，他们一方面只是侵犯人们日常生活的强制机器的“牙齿”，一方面他们本身也是受害者。米塞斯甚至也不是要反对科层制本身，只是反对科层统治对人类所有生活和活动领域的侵犯。

逐利的企业，才是健康的企业。因为只有逐利的企业才追求最佳的原料购置、资源配置和生产产出，并提出创造最好的环境。每位管理者都对自身部门的运行负责，如果会计报表盈利，这是他的成绩；如果会计报表亏损，这是他的失误。相反，科层管理的逻辑则完全不同。官僚的任务是服从上级机构制定的细则和条例，循规蹈矩，不求进取。官僚工作和考核是最为困难的，他们并不逐利，至少不会为这个机构本身逐利，因而缺乏有效的监督和激励。因此，米塞斯指出，人们通常认为，政府机构的效率可以通过管理工程师及其科学管理方法来提高，这是普遍存在的一种幻觉。

众所周知，韦伯是把经济学分析局限于讨论理性行为亦即根据目标和手段来计划行动。米塞斯批评韦伯这种对行为的狭隘观点，即试图把经济学的范围扩展到讨论有目的的人类行为的含义。在米塞斯看来，与理性行为相对的并不是非理性行为，而是无为。经济性行为仅仅是经济分析的一部分，而不是全部。没有人会怀疑科层制度非常糟糕，在一个尽善尽美的社会里，它不应该存在①。因而，米塞斯认为，不要过于寄希望于科层体制，尽管人们还不能完全摆脱科层体制。科层体制是一种恶，人们应该将这种可能的罪恶限制在最小的范围之内，像监督罪犯一样监督官僚，防止它侵犯人们的个人权利空间②。由此可见，米塞斯对科层制的态度是“模棱两可”的，他虽然并未绝对排斥科层制本身，但他却提醒我们要警惕和预防科层制给现实带来的“恶”。

（二）默顿、布劳等对科层组织反功能的分析

罗伯特·K·默顿（Robert King Merton）对科层制所引起的组织功能失调问题进行了深入研究。“反功能”这一概念最早由默顿提出，其主要是针对韦伯几乎只强调科层制的正面功能——特别是相对于传统管理方式的正面功能而提出的。如前所述，韦伯认为科层结构具有以下特征：专业化分工、权责明确、照章办事、层级节制、非人格化等。科层制的首要目的在于保证行动的精确性、可控性与有效性。按照默顿的说法，早期功能主义把太多的功能合理性赋予了社会实在，这是因为早期功能主义主要建基于功能分析中的三个来自人类学的假设：一是社会功能一致性的假设；二是功能普遍性的假设；三是功能不可缺的假设。在这种假设的基础上，功能分析会得出“现存的一切都是正当结构”的结论，这使人们对功能分析所具有的“保守”或“反动”倾向有所责难。

默顿指出，科层制在提高了效率的同时，也具有明显的反功能，其主要表现为：刻板僵

---

① MISES LUDWIG.Bureaucracy[M]. Pennsylvania: Libertarian Press,1983:52.

② 谭功荣.西方公共行政学思想与流派[M].北京：北京大学出版社，2008:121.

化，墨守成规，效率只针对例行事务，一旦特殊事件发生，既定条件改变，便反应迟钝，动作缓慢，这被称作“训练性无能”[①]，这主要因为科层制为了维护自身的行为能力和一致性，极力强调对规章的遵守。照章办事成为一切活动的首要准则，工具价值成了最终价值，目的的重要性被手段取代。“训练性无能”的另一起源，在于科层制结构的另一个特征：对非人格化关系的强调，权威是抽象的，不利于相互之间的沟通与协作[②]。默顿认为，实际的科层制度越是接近韦伯的理想类型，就有越多没有想到的结果，以功能失调、陈规守旧的形式使组织的活动瘫痪，而它自身的功能失调大大地影响了它的规律性和有效性。最严重的功能失调是那些规章程序只是按照字面执行而并没有深入人心，它们失去了作为组织活动标准的作用而成为教条。默顿关于反功能现象的发现和论述过程其实是反功能概念形成的过程，这一概念相对于功能概念，是美国社会学自第二次世界大战以来形成的另一个关键概念[③]。

继默顿之后，彼得·布劳（Peter Michael Blau）和马歇尔·梅耶（Marshall Meyer）在《现代社会中的科层制》中对科层制的反功能作了很精辟的分析。布劳和梅耶认为，无论是私人机构还是公共机构，只要采用了科层制，就会出现科层制的反功能。布劳认为，科层制的反功能主要有三个：一是低效率；二是保守性和对革新的抵制；三是对社会阶级差别的固化。布劳归纳和总结出科层制反功能的两个怪圈：一个怪圈是“科层制是没有能力修正自己错误的组织，因此，‘科层制的反功能正好是其自我平衡的一部分’”。另一个怪圈是“如果与商业价值观一致，在决策中就需要一种基于荣誉和政治考虑的公共服务；如果与民主价值一致，公共服务人员就要满足选民的要求（并因此敏感于政治）。”[④]

除这两个反功能的怪圈外，梅耶等人提出了基于高效率而不是低效率的“问题—组织—问题—更多组织”的循环假设。正如布劳所说：“如果说科层制的增长意味着组织解决难题的能力加强，为什么科层制增长被理解为反功能呢？答案是，科层制的增长使得科层制运作变得同科层制试图解决的问题同样复杂。”[⑤]正是在这个意义上，布劳指出：“反功能提醒我们要注意，甚至进行更正；但这绝不意味着科层制完全是反功能的，也没有能力做出积极的贡献；无论在私营还是在公共机构都是如此。必须要讨论的是，能否获得并实施克服科层制反功能的机制。”[⑥]可见，科层制中所具有的反功能是与科层制自身的内在平衡性需求相一致的。

（三）古德塞尔对科层制的辩护

当西方公共行政学界对科层制的批判和否定正值高峰之时，查尔斯·古德塞尔（Charles Goodsell）反其道而行之，他在1983年出版的《为官僚制辩护》一书中提出了不同于主流论调的独特观点。古德塞尔将对科层制的指责与批评分为两类：一是来自大众媒体的指责，二是来自学术界的批评。他认为，来自大众媒体的指责有失偏颇，其可信度将受质疑，而学术界的批评更为激烈和深刻，他总结了学术界对科层制提出的“三大罪状”：低效率、政治权力的滥用、对个人的压抑。古德塞尔在总结各方对于科层制诸多批判的同时指出，人们

---

① 拉法耶.组织社会学[M].安延，译.北京：社会科学文献出版社，2000：11.
② 谢立中.西方社会学名著提要[M].南昌：江西人民出版社，1998：184.
③ 马伊里.关于社区科层结构的反功能研究[J].湖南社会科学，2006(12)：94.
④ 布劳，梅耶.现代社会中的科层制[M].马戎，等，译.上海：学林出版社，2001：144-145.
⑤ 布劳，梅耶.现代社会中的科层制[M].马戎，等，译.上海：学林出版社，2001：148.
⑥ 布劳，梅耶.现代社会中的科层制[M].马戎，等，译.上海：学林出版社，2001：158.

对于科层制的指责太过苛刻，必须重新审视科层制的功过是非，并力图为科层制进行实证性辩护。

古德塞尔主要从五个方面对科层制进行了辩护①：(1) 通过对有关科层制的调查数据进行分析，考察公众对于科层制的真正态度和看法，以及科层制的工作效果，发现科层制并非像普遍认为的那么无效，官员的形象也并非一无是处。(2) 对科层制进行比较研究，他通过对不同国家、不同科层机构、不同服务对象等进行比较发现，科层制组织并非人们所指责的那样拙劣。(3) 指出科层制已背负"不能承受之重"，由于人们对科层制提出了过多不现实的要求，以至于科层制因为无法满足人们的过分要求而受到诟病。(4) 对科层组织中的成员进行剖析，指出官员并非完全面目可憎。(5) 对科层制的规模进行新考察，指出美国科层系统的规模属于适中而并非过于庞大。"没有科层制，社会将变得更加不公正，政府行为将更具有不确定性。"②总之，在古德塞尔看来，科层制组织并非批评者所说的那样失灵和邪恶。他呼吁人们关注一点，即公共行政的科层制度面临的挑战使得它必须进行组织创新；为科层制进行辩护是不够的，对科层制度提出替代性选择并挖掘其发展的潜力才是有价值的。

古德塞尔在为科层制辩护的同时，也对学术界、实务界与普通公众提出了自己的建议。古德塞尔认为，学术界以往对于科层制的研究多立足于某些本身就可疑的理论假设，研究偏重于理论的逻辑推演而忽略实际数据的分析。他提出了两点建议：第一，公共行政必须有自信发展自己的科层制理论；第二，在研究、培训与顾问的过程中，学者应该减少对宏观解决方案的强调而致力于关注具体的改进方法。对于科层组织中的从业者，古德塞尔提出了三点建议：一是必须认识到科层制并不会就此消亡；二是必须承认所有的科层机构、项目与框架都是个性化的；三是必须关注于用具体特殊的方法解决具体特殊的问题。最后，古德塞尔向公众指出："科层制距离普通公众并不远，为科层制辩护也是为我们自己辩护。"③

（四）塞尔兹尼克对于科层组织内部授权的研究

菲利普·塞尔兹尼克(P.Selznick)对科层组织内部的授权问题进行了研究，他认为授权是科层制实行控制的需要。当组织规模达到一定程度后，由于个人能力的限制，组织必须进行分权和授权。授权后并不代表下属职员拥有无限的权力，只是在某些方面的工作中，有一定的决策权，使工作变得更具灵活性。下属职员最终要服从上级，科层制管理并没有改变这一点。授权的优点是科层组织的管理者将注意力集中在相对较少的问题上，还可以通过训练使组织成员在某一方面的能力得到增强。授权的弊端是，层层授权会导致分散主义和各个子单位间的利益冲突，同时也会增加人事变动的费用，从而造成对整个组织绩效不利的后果，降低科层制的效率。"他提出了两个限制功能失调的'抑制因素'，即参与者对组织目标的内在化和组织多目标业务的有效性，以此来控制日常决策对组织目标偏离的倾向。"④塞尔兹尼克的贡献在于说明了运转失调不仅是过量制定规章制度的产物，而且是由于活动的专业化使得组织成员仅仅关注特殊的目的而不顾整体目标和环境的影响。

总之，自 20 世纪 70 年代以来，西方国家兴起了行政改革的浪潮，曾被证实为普遍有效

① 毛寿龙.西方公共行政学名著提要[M].南昌：江西人民出版社，2006：91.

② GOODSELL CHARLES. The Case for Bureaucracy: A Public Administration Polemic[M].Chatham House Publishers, Inc., 1983:138.

③ 毛寿龙.西方公共行政学名著提要[M].南昌：江西人民出版社，2006：105.

④ 朱国云.韦伯官僚组织结构理论的新演变(上)[J].国外社会科学，1995(10)：31.

的组织模式——科层制，受到了前所未有的激烈抨击。然而，建立在由理性精神支配的科学观念、法治观念和契约观念基础上的科层制精神，并没有因行政改革中对科层制的批判而被抛弃，甚至可以说科层制精神在某种程度上还得到了进一步发展与渗透，以至于延伸到公共行政改革的实践之中。为适应经济社会的深入发展，科层制精神需要更新形式的提升，届时行政组织文化也将被赋予许多新的内容。

复习思考题

1. 科层制的基本含义是什么？
2. 科层制组织的基本特征是什么？
3. 简述科层制组织理论的基本要素。
4. 如何理解西方科层制组织理论的实践基础？
5. 简述科层制组织理论的权威结构及其组织类型。
6. 论述科层制组织的主要思想？
7. 如何理解科层制组织的现实困境？
8. 简述科层制组织理论的延续和发展。
9. 请结合中国实际，分析我国科层制组织的现状及其发展态势。

第四章 人本主义组织理论

第一节 人本主义组织理论的产生

一、人本主义概念的源起

人本主义的英文词汇 Humanism 来源于拉丁文 Humanus。古罗马思想家马库斯·图留斯·西塞罗(Marcus Tullius Cicero)最早使用了 Humanist(人道精神)这个词。14 世纪初,延续几个世纪的欧洲文艺复兴运动开始了,这是一次伟大的反封建的思想解放运动。贯穿整个运动的一条红线或者说本质特征,是继承和复兴古希腊罗马的人文传统,提倡以世俗的人为中心,建设和传播区别于神学学科的人文学科,尊重人的价值,发扬人道精神。17—18 世纪,西欧启蒙思想家们和政治家们继承文艺复兴的传统,把它提升为以平等、自由、民主、人权为核心的资产阶级革命的政治纲领,使之成为推动欧洲各国文化和社会变革的巨大精神力量。这期间以 humanus 为词根的一些与人性、人文、人道有关的词陆续产生和被使用。1808 年一位德国教育家把它们合成为德语单词 Humanismus,之后被译为英文 Humanism 这个专用名词。中文译者把它译为"人道主义"或"人文主义"。译为"人文主义"可能是着眼于这个词的外延,即它所概括的对象的范围,指以(世俗的)人为研究对象的广义的人文学科。而译为"人道主义"则是着眼于它的内涵,即本质特征,指人道精神。这两个词从不同视角反映了同一对象,是互相渗透的。

Humanism 一词的中文译义在 20 世纪 70 年代以后,被译为"人本主义"。那么人道主义和人本主义又是什么关系呢?有人认为,既然人道主义、人本主义都来自外文 Humanism,那么人道主义就是人本主义,等于人本主义。谁要批判人本主义就是反对人道主义,这是典型的"强加于人"。从西方哲学和人文社会科学的实际情况看,关于人的理论研究,除了 Anthropology 之外,更多的是用 Humanism。而在很多以 Humanism 为主题的论著中,往往包含人的哲学、人道精神和伦理原则、人文学术研究等多方面的内容,但对应的都是 Humanism 这个词,不像中国把它的含义分成"人本主义""人道主义""人文主义"几个词。因而对在不同场合翻译或使用"人本主义"和"人道主义"这两个词的关系,只能根据对人们的著作的分析,大致作这样的区分:人本主义侧重于表达世界观(即本体论)和社会历史观,主要回答什么是人、人性和人的本质,人在世界和社会中的位置,主张以人为本原、主体、中心来认识和处理人与世界、人与社会以及人与人的相互关系。而人道主义则侧重于表达价值观,主要回答做人(律己、待人)的基本原则,主张尊重人的价值,把实行平等、自由和基本人权作为指导和评价人们行为的规范和标准。因而,西方各种人本主义,往往就是它所主张的人道主义的哲学理论基础,而人道主义则是人本主义的实践原则。当然,这种划分只有相对的意义,因为无论是自称或被称是人本主义或者人道主义的学说、理论、思潮,都不可避免地包含上述世界观、社会历史观和价值观的内容,区别只是各种学说的重点和观点不完全一样。

总之,人本主义的本质是把人变为主体,号召人以主体的姿态面对整个世界;强调的核心是人的主体性,即人类主体性和个体主体性。所以,人本主义就其本质而言就是以人为中心的主体主义。而组织人本主义则是指在组织内,组织的出发点和目标都着眼于人,认为人性是积极的、建设性与社会性的,承认人的价值和尊严,主张人人有享受幸福、追求美满、成就自我的动机与需求,提倡调动人的积极性,挖掘人所蕴藏的潜能,制度应与人文关怀共存,不断促进人的自我实现。组织人本主义要求人们在分析、思考和解决一切问题时,要确立起人的尺度,实行人性化服务,树立人本意识。

二、人本主义组织理论的产生背景

以科学管理理论、科层制理论等为代表的古典组织理论的建立,为当时生产力的发展和社会的进步提供了有力的理论武器。但是,随着社会的发展,人们发现古典组织理论并不能解决实践中所遇到的一切问题,尤其是对于人的研究,古典组织理论涉及得非常少,而实践中的大量问题是和人有关的。人的行为随着时间、环境等因素的变化而变化,而人的工作效率也是因时、因地而发生变化的。

20 世纪 20 年代以后,就整个社会文化环境而言,人们的教育水平普遍提高,各种需要随之产生。这一时期,人们不再只是为了工作而工作,而是需要交往,需要工作伙伴及对工作组织的依赖,以便寻求一种心理上的安全感。这一时期,资本主义国家中许多企业尽管采取了泰勒的科学管理,但劳资纠纷和罢工还是此起彼伏,此种情况是促使资产阶级的管理学者深入研究决定工人劳动效率的关键因素的原因。而古典组织理论的“经济人假设”,在这个时候就受到了更多的质疑。随着人的因素在组织管理中的日益重要,古典组织理论的缺点也日益凸显。在非人格化的管理思想指导下建立起的过分严格的规章制度与机械的组织模式使组织中的沟通易被曲解,组织冲突频繁,这就对组织管理中加强对人的重视提出了新的要求。在这种背景下,20 世纪 30 年代,一种更注重“人”的因素的人本主义组织理论产生了。而要真正发展出更加符合人性的组织管理理论,没有心理学的帮助是做不到的,而恰好此时许多心理学家加入了管理研究的行列。在此背景下,人本主义的组织理论就应运而生。

三、人本主义组织理论的提出

所谓人本主义组织理论,是以社会心理学及行为科学的理论和研究为主要依据,对人在组织中的本性和需要、行为和动机以及工作中的人际关系进行分析研究的组织理论,其研究内容主要包括:组织中人的社会心理因素、行为动机、工作者个人的工作生活质量、激励方法及效果、人性与组织等。就行政组织的人本主义思想贡献来看,其主要代表人物有埃尔顿·梅奥、切斯特·巴纳德、亚伯拉罕·马斯洛、弗雷德里克·赫茨伯格、道格拉斯·麦格雷戈、阿吉里斯、戈尔姆比斯基等,他们的学术思想主要集中在 20 世纪 30 年代至 70 年代提出,这个时代可以说是组织人本主义盛行的时代。

科层制组织作为一种理性的组织理论模式,其假设是,人可以积极地做决定,但是,他所做的决定范围总是受到来自组织高层人士即控制层的重要影响。人之所以服从，可能是因为我们希望得到奖励，也可能因为我们害怕受到惩罚，或者因为我们已经习惯于服从。但是，这些反应都是受到管理操纵的环境力量而被塑造的。与此相对，人本主义认为，个人可以被看作社会发展过程中的积极参与者，人的需要、意图和自我价值在决定人类事务的过程中发挥着主要的作用。这里，个人不再被简单地看作是环境中起作用的其他社会力量的结果，而是发挥着更加积极和有创造力的作用。这种人本主义更看重个人的感受和需求，甚至认为在有些情况下，应该优先关注个人价值而非组织。正是这种关注个人人格发展的方法，提出了对传统理性组织模式的挑战，这种挑战从 20 世纪 30 年代产生以来一直持续到现在。

人本主义组织理论以注重人际关系为标志，重点研究非正式组织的作用，尽管该理论也承认古典组织学派关于组织理论的基本原理，但却将组织的基本构成要素看作是既定的，并且认为组织的基本原理在很大程度上是受到人的影响，这些人以个人或非正式组织的形式活动着。更重要的是"社会人"，人的积极性不仅仅取决于他所获得的物质报酬，还取决于他的工作态度以及周围的人际关系。同时，人本主义组织理论还系统地研究了组织内部的非正式群体，说明了非正式群体对正式组织结构的影响。可以说，人本主义组织理论尽管接受了古典组织理论的基本内容，但却从个人行为和非正式群体的影响角度对它进行了补充和完善。从研究内容上看，人本主义组织理论不是对古典组织理论的否定，而是对古典组织理论的延续与发展。在这一时期，很多的心理学家和组织理论的学者开始转向人本主义组织理论的研究，这一阶段具有代表性的人物及其思想也有很多，在此只对部分重要人物及其思想加以简要介绍。

第二节　人本主义组织理论的主要思想

一、梅奥的人际关系学说

埃尔顿·梅奥（Elton Mayo），美国管理学家，美国艺术与科学院院士，原籍澳大利亚，后来移居美国，人际关系学说的创始人。其主要代表著作有《组织中的人》和《管理和士气》，主持过著名的"霍桑试验"。与巴纳德将结论建立在经历和哲学反思上不同，人际关系学说则通过严格的科学研究确立相似的看法。梅奥的人际关系学说的重要贡献主要有两个方面：一是发现了霍桑效应，即一切由"被注意"引起的效应；二是创立了人际关系学说。

从 1924 年到 1932 年，以梅奥为首的美国国家研究委员会与西方电气公司合作，在美国芝加哥西方电器公司霍桑工厂进行了长达九年的实验研究——霍桑试验，真正揭开了作为"组织中的人"的行为研究的序幕。霍桑试验的初衷是试图通过改善工作条件与环境等外在因素，找到提高劳动生产率的途径，先后进行了 4 个阶段的实验：照明试验、继电器装配工人小组试验、大规模访谈和对接线板接线工作室的研究。但试验结果却出乎意料：无论工作条件（照明度强弱、休息时间长短、工厂温度等）是否改善，试验组和非试验组的产量都在不断上升；在试验计件工资对生产效率的影响时，发现生产小组内有一种默契，大部分工人有意限制自己的产量，否则就会受到小组的冷遇和排斥，奖励性工资并未像传统的管理理论认为的那样可以使工人最大限度地提高生产效率；而在历时两年的大规模的访谈试验中，职工由于可以不受拘束地谈自己的想法，发泄心中的闷气，从而态度有所改变，生产效率相应地得到了提高。

总结霍桑实验的结果,梅奥认为影响生产效率的根本因素不是工作条件,而是工人本身。参加试验的工人意识到自己"被注意"是一个重要的存在,因而增强了归属感,这种意识助长了工人的整体观念、有所作为的观念和完成任务的观念,而这些是工人在以往的工作中不曾得到的,正是这种人的因素导致了劳动生产率的提高。可见,霍桑试验的研究结果否定了传统管理理论对于人的假设,表明了工人不是被动的、孤立的个体,他们的行为不仅仅受工资的刺激,影响生产效率的最重要因素不是待遇和工作条件,而是工作中的人际关系。据此,梅奥提出了人际关系的主要观点:

(一)工人是"社会人"而不是"经济人"

从亚当·斯密到科学管理学派学者,他们都把人看作是仅仅为了追求经济利益而进行活动的"经济人",或者是对于工作条件的变化能够做出直接反应的"机器的模型"。但是,霍桑试验表明,物质条件的改变,不是劳动生产率提高或降低的决定性原因,甚至计件制的刺激工资制对于产量的影响,也并不比生产集体所形成的一种自然力量大。因此,梅奥等人创立了"社会人"的假说,即认为人不是孤立存在的,而是属于某一工作集体并受这一集体影响的。他们不是单纯地追求金钱收入,还要求人与人之间的友情、安全感、归属感等社会和心理方面的欲望满足。因此,不能单纯从技术和物质条件着眼,而必须首先从社会心理方面考虑合理的组织与管理。

(二)企业中存在"非正式组织"

组织可以分为"正式组织"和"非正式组织"两种。所谓正式组织,是指为了实现组织总目标而担当有明确职能的机构,这种组织对于个人有强制性,这是古典组织论者所强调和研究的。而人际关系学说认为,职工在共同工作和共同生产中,必然产生相互之间的人际关系,产生共同的感情,自然形成一种行为准则或习惯,要求个人服从。这就构成了"非正式组织",这种非正式组织对于工人的行为影响很大,是影响生产效率的重要因素。梅奥指出,非正式组织与正式组织有很大差别。在正式组织中,以效率逻辑为其行为规范;而在非正式组织中,则以感情逻辑为其行为规范。如果管理人员只是根据效率逻辑来管理,而忽略工人的感情逻辑,必然会引起冲突,影响企业生产率的提高和目标的实现。因此,管理部门必须重视非正式组织的作用,注意在正式组织的效率逻辑与非正式组织的感情逻辑之间保持平衡,以便管理人员与工人之间能够充分协作。

(三)满足工人的社会欲望,提高工人的士气,是提高生产效率的关键

所谓士气就是工作积极性、主动性、协作精神等结合成一体的精神状态。科学管理理论认为,生产效率与作业方法、工作条件之间存在着单纯的因果关系,只要正确地确定工作内容,采取恰当的刺激制度,改善工作条件,就可以提高生产效率。但是,霍桑试验表明,这两者之间并没有必然的直接的联系;生产效率的提高,关键在于工作态度的改变,即工作士气的提高。梅奥等人从"社会人"假设出发,认为"士气"高低决定于安全感、归属感等社会心理方面的欲望的满足程度。满足程度越高,"士气"就越高,生产效率也越高。"士气"又取决于家庭、社会生活的影响以及企业中人与人之间的关系。

(四)采用新型的领导方法

泰勒通过改变工人的操作方式和通过计件工资制,来加强工人之间的竞争而达到提高生产效率的目的,法约尔和韦伯通过强化组织之间的竞争而达到提高生产效率的目的。梅

奥等人则认为提高生产效率的主要途径是提高职工的满意度，使职工在生理尤其是心理方面的需要得到满足。这就要求采用新的领导方法。新的领导方法，主要是要组织好集体工作，采取措施提高士气，促进协作，使企业的每个成员与领导真诚持久地合作。如建立邀请职工参加各种决策的制度，借以改善人与人的关系，提高职工士气；实行上下意见交流，上级交代任务必须详加说明，并允许下级向上级提意见，尊重下级的意见和建议；建立面谈制度，给职工以表达感情、不满和争论的机会，以消除不良的人际关系等。管理的职能就在于倾听下属意见，实行人性化管理，以最大限度地提高工人的士气。

二、巴纳德的非正式组织理论

切斯特·巴纳德（Chester I. Barnard，1886—1961），美国组织理论家和行政学家，西方现代管理理论系统组织理论的创始人，因此也被誉为“现代管理理论之父”。1938 年，巴纳德出版了著名的《经理人员的职能》一书，此书被誉为美国现代管理科学的经典之作。1948 年，巴纳德又出版了另一部重要的管理学著作《组织与管理》和一些论文、报告，如《经理人员能力的培养》《人事关系中的某些原则和基本考察》《工业关系中高层经理人员的责任》《集体协作》《领导和法律》，等等。巴纳德以社会学家的视野来研究组织，对组织结构、行政职能、领导权威等进行深入的分析，并把研究重点放在组织结构的逻辑分析上，提出了一套协作和组织的理论。

巴纳德经常被看作行政管理理性模式的先驱（主要是因为他的“诱因—贡献”公式和“冷漠区域”概念的运用），但是，他的著作同样具有令人关注的人本主义色彩。与 20 世纪 30 年代末强调结构的学者相比，巴纳德特别重视人的动机的复杂性。巴纳德的著作《经理人员的职能》中的观点表明他开始注意这个问题。在此书中，他认为，组织研究总是意味着对个人的某种看法：有时把人看作社会力量的产物，有时却接受个人“选择和意愿自由”的理念。巴纳德没有去尝试调和这两种不同的看法，相反，他却将这两种矛盾作为自己组织理论的基石。他将正式组织定义为“人们自觉的、有意识的、有目的的一种协作”，[①]也就是说，这种协作系统必须依靠个体的参与。为了组织的合作获得成效，个体的需求和欲望无论理性与否必须得到满足。“当个体发现他的行为能够有效满足他的动机，那么他将继续自己合作的努力。”[②]这是最早对组织的合作特点进行的经典分析，也是巴纳德对组织理论所做出的重大贡献之一。同时，巴纳德认为，一个协作系统是由相互协作的许多人组成的。对于个人目标和组织目标的不一致，巴纳德提出了“有效性”和“能率”两条原则。当一个组织系统协作得很成功，能够实现组织目标时，这个系统就是“有效性”的，它是系统存在的必要条件。系统的“能率”是指系统成员个人目标的满足程度，协作能率是个人能率综合作用的结果。这样就把正式组织的要求同个人的需要结合起来了，这在组织管理思想史上是一个重大突破。

尽管巴纳德的观点是以理性为基础的，但其特殊之处在于坚持协作的非物质、非正式、人与人之间的关系等基础。物质奖励被视为“软弱的激励”，需要其他心理方面的支持以达到服从的意愿。虽然巴纳德比其他任何人际关系学派的学者更承认环境对于存在的作用，可惜他没有明确地提出定义或概念。但是他指出，一个组织的生存和发展有赖于组织内部

① BARNARD CHESTER. The Functions of the Executive[M]. Cambridge, Mass.: Harvard University Press, 1948: 21.

② BARNARD CHESTER. The Functions of the Executive[M]. Cambridge, Mass.: Harvard University Press, 1948: 57.

平衡和外部适应,所有的正式组织中都存在非正式组织,两者是协作中相互作用、相互依存的两个方面。巴纳德认为,组织的维持依赖于对人的动机的理解,而不是权威的正式结构的设计。譬如,应该根据一种能够引导个人行为的沟通或命令的形式,而不是等级中的位置来对权威进行界定。为了在组织中合作,经理人员必须考虑那些影响个人合作意愿的社会环境。这其中就有伴随着正式组织的结构成长起来的非正式组织。在现实中,非正式组织的存在对许多正式组织产生了压力。没有非正式组织的压力,正式组织也没有持续存在的必要。即使最单纯的社会互动关系也要求关注某些特殊目标或保持某种联系的手段。个人同大型组织的关系往往都是通过其他可以及时取得联系的组织进行的,而这些组织往往都是非正式组织。在巴纳德看来,人际关系比爱国主义更有力,有目的的合作是理性能力的最主要来源。可见,人与人之间的"合作"在巴纳德的组织理论中占据了核心地位。

除了要理解社会因素是合作行为的基础之外,管理人员还必须认识到这些因素将通过互相矛盾的方式表现出来,就像争论存在于理性和直觉之中,存在于独立和依赖之中,存在于自由和控制之中。巴纳德力劝管理人员去理解个人合作中的这种辩证性,而不是去追求科学管理中的"最好的方式"和行政管理中的"正确的原则"。"合作和组织,正像我们观察到和经历的那样,是那些相对立的事实、相对立的人的思想和感情的具体综合。确保这个综合体对相互矛盾的力量采取切实的行动,去调和这些力量、本能、利益、条件、立场和理想,这恰好是经理人员的职能。"①为此,巴纳德提出了"组织人"的概念,对行政人员最重要的要求就是忠诚,或者受"组织人格"的控制。而管理人员只有表现出这种忠诚,才可能使下属出现所谓的"自我牺牲"。组织应该受到个体协作而不是权威的驱动,以达成组织的共同目标。优秀的管理者是价值的塑造者,而并非权力主义者。在这个过程中,管理人员承担着道德上的责任去扩大合作和选择的范围并促进个人的发展。可见,在巴纳德所界定的组织中没有人可以脱离其他人而存在。

三、马斯洛的需要层次论

亚伯拉罕·哈罗德·马斯洛(Abraham Harold Maslow,1908—1970),美国社会心理学家、比较心理学家,人本主义心理学(Humanistic Psychology)的主要创建者之一。其代表作有:《人类动机的理论》(1943)、《动机和人格》(1954)、《存在心理学探索》(1962)、《科学心理学》(1967)、《人性能达到的境界》(1970)等。马斯洛在《人类动机的理论》(A Theory of Human Motivation Psychological Review)一书中提出了著名的需要层次论,并对此进行了深入研究。

行为科学认为,人的各种行为都是由一定的动机引起的,而动机又产生于人们本身存在的各种需要。人们为了满足自己的需要,就要确定自己行为的目标。这种从一定的需要出发,为达到某一目标而采取行动,进而实现需要的满足,而后又为满足新的需要产生新的行为过程,是一个不断激励的过程。只有尚未得到满足的需要,才能对行为起到激励作用。尚未得到满足的需要是些什么需要?许多早期研究者强调,金钱是激励个人的主要手段,因为人们追求的就是合理的经济目标。当代许多心理学家则认为,金钱显然是重要的激励因素,但人们要满足的不仅仅是经济需要。

---

① BARNARD CHESTER. The Functions of the Executive[M]. Cambridge, Mass.: Harvard University Press, 1948: 21.

至于应该是些什么需要,需要之间的关系怎样?在马斯洛看来,人类价值体系存在两类不同的需要,一类是沿生物谱系上升方向逐渐变弱的本能或冲动,称为低级需要和生理需要。另一类是随生物进化而逐渐显现的潜能或需要,称为高级需要。每个人都潜藏着不同层次的需要,但在不同的时期表现出来的各种需要的迫切程度是不同的,人的最迫切的需要才是激励人行动的主要原因和动力。马斯洛把人的需要划分为五个层次:生理的需要、安全的需要、感情的需要(归属和爱的需要)、尊重的需要、自我实现的需要。如图 4-1 所示。

图 4-1　需要层次图

(一) 生理的需要

这是人类维持自身生存的最基本要求,包括饥、渴、衣、住、性等方面的要求。如果这些需要得不到满足,人类的生存就成问题。在这个意义上说,生理需要是推动人们行动的最强大的动力。马斯洛认为,只有这些最基本的需要被满足到维持生存所必需的程度后,其他的需要才能成为新的激励因素,而到了此时,这些已相对满足的需要也就不再成为激励因素了。

(二) 安全的需要

这是人类要求保障自身安全、摆脱事业和丧失财产威胁、避免职业病的侵袭、接触严酷的监督等方面的需要。马斯洛认为,整个有机体是一个追求安全的机制,人的感受器官、效应器官、智能和其他能量主要是寻求安全的工具,甚至可以把科学和人生观都看成满足安全需要的一部分。当然,当这种需要一旦得到相对满足后,也就不再成为激励因素了。

(三) 爱和归属的需要

这一层次的需要包括两个方面的内容:一是友爱的需要,即人人都需要伙伴之间、同事之间的关系融洽或保持友谊和忠诚;人人都希望得到爱情,希望爱别人,也渴望接受别人的爱。二是归属的需要,即人都有一种归属于一个群体的感情,希望成为群体中的一员,并相互关心和照顾。感情上的需要比生理上的需要细致,它和一个人的生理特性、经历、教育、宗教信仰都有关系。

(四) 尊重的需要

人人都希望自己有稳定的社会地位,要求个人的能力和成就得到社会承认。尊重的需要又可分为内部尊重和外部尊重。内部尊重是指一个人希望在各种不同情境中有实力、能胜任、充满信心、能独立自主。总之,内部尊重就是人的自尊。外部尊重是指一个人希望有地位、有威信,受到别人的尊重、信赖和高度评价。马斯洛认为,尊重需要得到满足,能使人对自己充满信心,对社会满腔热情,体验到自己活着的用处和价值。

（五）自我实现的需要

这是最高层次的需要，也是一种创造的需要，自我实现是指实现个人理想、抱负，发挥个人的能力到最大程度。马斯洛提出，为满足自我实现需要所采取的途径是因人而异的，它要求完成与自己能力相称的工作，最充分地发挥自己的潜在能力，成为自己所期望的人物。有自我实现需要的人，似乎在竭尽所能使自己趋于完美。自我实现意味着充分地、活跃地、忘我地、集中全力全神贯注地体验生活。

马斯洛的需要层次论有两个基本论点。第一，人是有需要的动物，其需要取决于他已经得到了什么，尚缺少什么，只有尚未满足的需要能够影响行为。换言之，已得到满足的需要不能起激励作用。第二，人的需要都有高低层次，某一层次的需要得到满足后，更高层次的需要才会出现。马斯洛认为，在特定的时刻，人的一切需要如果都未得到满足，那么满足最主要（基本）的需要就比满足其他需要更迫切。只有排在前面的那些需要得到满足，才能产生更高一级的需要。而且只有当前面的需要得到充分满足后，后面的需要才显出其激励作用。

马斯洛的需求层次理论，在一定程度上反映了人类行为和心理活动的共同规律。马斯洛从人的需要出发探索人的激励问题和研究人的行为，抓住了问题的关键；他指出了人的需要是由低级向高级不断发展的，这一趋势基本上是符合需要发展规律的。因此，需要层次论对组织管理者如何有效调动人的积极性有着重要的启发作用。所以，在组织管理的实践中，了解员工的需要是应用需要层次论对员工进行激励的一个重要前提。由于在不同组织中、不同时期的员工以及组织中不同员工的需要存在差异性，且经常变化。因此，管理者应该经常用各种方式进行调研，弄清员工未得到满足的需要是什么，然后有针对性地进行激励。

四、赫茨伯格的双因素理论

双因素理论（Two Factor Theory），又叫激励保健理论（Motivator-Hygiene Theory），是美国行为科学家弗雷德里克·赫茨伯格（Fredrick Herzberg，1923—2000）于 1959 年在《工作的激励因素》一书中提出的，也叫“双因素激励理论”。20 世纪 50 年代末期，赫茨伯格和他的助手们在美国匹兹堡地区对 200 名工程师、会计师进行了调查访问。访问主要围绕两个问题：在工作中，哪些事项是让他们感到满意的，并估计这种积极情绪持续多长时间；又有哪些事项是让他们感到不满意的，并估计这种消极情绪持续多长时间。赫茨伯格以这些问题的回答为材料，对传统的关于满意和不满意的观点提出了不同的看法，他认为满意的反面不是不满意，而是没有满意；不满意的反面也不是满意，而是没有不满意。

（一）双因素理论的内容

1. 激励因素。激励因素属于工作本身和工作内容方面的因素，是指能带来积极态度、满意、自我实现和激励作用的因素，它包括成就、赏识、挑战性的工作、责任和进步等五种因素。这类因素具备后，可使员工感到满意，但员工感到不满意时却很少是因为缺少这些因素，只有这些因素才能激发起人们在工作中的积极性、创造性，产生使员工满意的积极效果。从这个意义出发，赫茨伯格认为传统的激励假设，如工资刺激、人际关系的改善、提供良好的工作条件等，都不会产生更大的激励；它们能消除不满意，防止产生问题，但这些传统的“激励因素”即使达到最佳程度，也不会产生积极的激励。关于满意与不满意的不同观点如图 4-2 所示。

2. 保健因素。保健因素属于工作环境和工作条件方面的因素，主要包括公司政策、管理措施、监督、人际关系、工作条件、工资、福利等。这些因素涉及工作的消极因素，也与工作

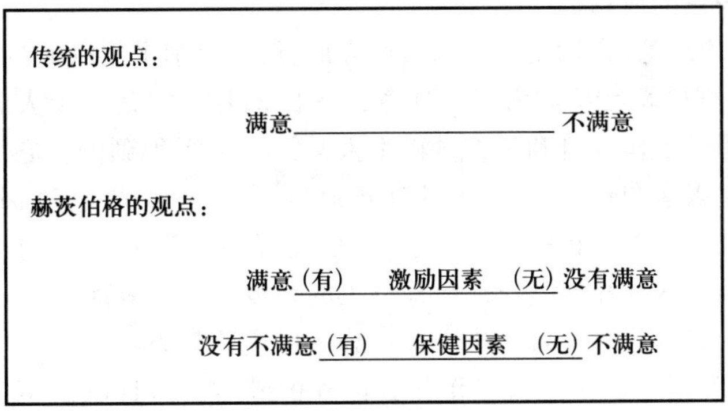

图 4-2　关于满意与不满意的不同观点

的氛围和环境有关。这类因素不具备或强度太低，容易导致员工不满意，但即使充分具备、强度很高也很难使员工感到满意。所以，保健因素没有激励作用。保健因素的满足对职工产生的效果类似于卫生保健对身体健康所起的作用。保健从人的环境中消除有害于健康的事物，它不能直接提高健康水平，但有预防疾病的效果；它不是治疗性的，而是预防性的。当这些因素恶化到人们认为可以接受的水平以下时，人们就会产生对工作的不满意。但是，当人们认为这些因素很好时，它只是消除了人们的不满意，并不会导致人们积极的态度，这就形成了某种既不是满意、又不是不满意的中性状态。按照赫茨伯格的意见，管理部门应该认识到保健因素是必需的，不过它一旦使不满意消除以后，就不能产生更积极的效果。只有“激励因素”才能使人们有更好的工作成绩。

赫茨伯格及其同事之后又对各种专业性和非专业性的工业组织进行了多次调查，他们发现，由于调查对象和条件的不同，各种因素的归属有些差别，但总的来看，激励因素基本上都是属于工作本身或工作内容的，保健因素基本都是属于工作环境和工作条件的。但是，赫茨伯格注意到，激励因素和保健因素都有若干重叠现象，如赏识属于激励因素，基本上起积极作用；但当没有受到赏识时，又可能起消极作用，这时又表现为保健因素。工资是保健因素，但有时也能产生使职工满意的结果。赫茨伯格的双因素理论与马斯洛的需要层次理论具有对应关系，马斯洛提出的高层次需要其实就是赫茨伯格的所谓激励因素，而马斯洛列举的为维持生活所必须满足的低层次需要则相当于保健因素。二者关系的比较图如图 4-3 所示：

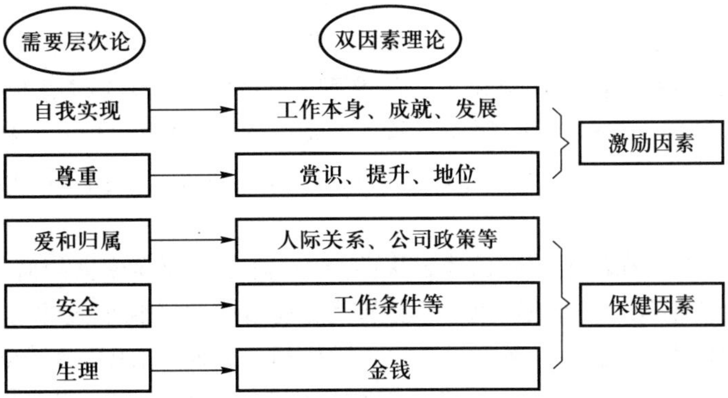

图 4-3　需要层次理论与双因素理论的关系

（二）双因素理论的应用

根据赫茨伯格的理论，在调动员工积极性方面，可以分别采用以下两种基本做法：

1. 直接满足。直接满足又称为工作任务以内的满足。它是一个人通过工作所获得的满足，这种满足是通过工作本身和工作过程中人与人的关系得到的。它能使员工学习到新的知识和技能，产生兴趣和热情，使员工具有光荣感、责任心和成就感，因而，可以使员工受到内在激励，产生极大的工作积极性。对于这种激励方法，管理者应该予以充分重视。这种激励的措施虽然有时所需的时间较长，但是员工的积极性一经激励起来，不仅可以提高生产效率，而且能够持久，所以，管理者应该注意充分运用这种方法。

2. 间接满足。间接满足又称为工作任务以外的满足。这种满足不是从工作本身获得的，而是在工作以后获得的。例如晋升、授衔、嘉奖或物质报酬和福利等，就都是在工作之后获得的。其中福利方面，诸如工资、奖金、食堂、托儿所、员工学校、俱乐部等，都属于间接满足。间接满足虽然也与员工所承担的工作有一定的联系，但它毕竟不是直接的，因而在调动员工积极性上往往有一定的局限性，常常会使员工感到与工作本身关系不大而满不在乎。研究者认为，这种满足虽然也能够显著地提高工作效率，但不容易持久，有时处理不好还会发生副作用。

双因素理论虽然产生于资本主义的企业管理，但却具有一定的科学性。在实际工作中，借鉴这种理论来调动员工的积极性，不仅要充分注意保健因素，使员工不至于产生不满情绪；更要注意利用激励因素去激发员工的工作热情，使其努力工作。如果只关注保健因素，仅仅去满足员工暂时的需要，是很难创造出一流工作成绩的。

（三）双因素理论对组织管理的启示

1. 采取了某项激励的措施并不一定就带来满意，要提高员工的积极性首先得注意保健因素，以消除员工的不满、怠工和对抗，但保健因素并不能使员工变得非常满意，也不能激发他们的工作积极性，所以，更重要的是要利用激励因素来激发员工的工作热情和工作效率。因此，组织如果只考虑到保健因素而没有充分利用激励因素，就只能使员工感到没有不满意却不能使员工变得非常满意，则组织就很难创造一流的业绩。

2. 在组织管理的实践中，要使奖金成为激励因素，必须使奖金与员工的工作绩效相联系。如果采取不讲部门和员工绩效的平均主义“大锅饭”做法，奖金就会变成保健因素，奖金发得再多也难以起到激励的作用。对某一个岗位而言，如果长期为一个人所占有，又没有来自外部的竞争压力，该员工的惰性就会自然而然地释放出来，工作质量随之下降。组织为了激发员工的工作潜能，应设置竞争性的岗位，并把竞争机制贯穿到工作过程的始终。

3. 双因素理论是在美国的社会和文化背景下提出的，与我国的国情不尽相同，因而，在组织管理中，哪些应属于保健因素，哪些应属于激励因素，区分方式也不一样，组织的管理者在对员工进行激励时，必须要考虑到这种文化差异，因地制宜，制定有效的激励措施和采取有效的激励手段。

4. 双因素理论诞生在温饱问题已经解决的美国，而在当前尚未完全解决温饱问题的国家里，工资和奖金并不仅仅是保健因素，工资和奖金的多少关系到个人的切身利益和自身价值的实现，如果运用得当，也会表现出明显的激励作用。因此，组织应该建立灵活的工资、奖金制度，防止僵化和一成不变，在工资、奖金分配制度改革中既注重公平又体现差别。

5. 激励是组织管理的重要环节，被认为是“最伟大的管理原理”。就组织工作而言，对员工进行激励至关重要，但对员工进行激励的时候必须注重多种激励方式的综合运用，将物质激励和精神激励有机地结合起来。物质需要是人的第一需要，合理而富有竞争力的薪酬制度是企业激励员工、留住人才的基本方略。同时，组织更要注重精神激励的重要作用。学习型组织为我们提供了一个典型的精神激励模式：通过培养员工自我超越的能力，打破旧的思维限制，创造出更适合组织发展的新的心智模式，在这种更为开阔的思维中发展自我，并朝着组织的整体目标和共同愿景努力。

五、麦格雷戈的 X 理论—Y 理论

X 理论和 Y 理论（Theory X and Theory Y）是管理学中关于人们工作源动力的理论，由美国心理学家道格拉斯·麦格雷戈（Douglas McGregor，1906—1964）于 1957 年首次提出，1960 年他又在《企业中人的方面》一文中对两种理论进行了比较。他将传统的指挥和监督理论命名为 X 理论，而将自己提出的理论命名为 Y 理论。这是一对完全基于两种相反假设的理论，X 理论认为人们有消极的工作源动力，而 Y 理论则认为人们有积极的工作源动力。

（一）X 理论

X 理论是麦格雷戈关于把人的工作动机视为获得经济报酬的“实利人”的人性假设理论的命名。其主要观点是：(1) 一般人生来就是懒惰、不求进取的，希望工作越少越好，所以总是设法逃避工作；(2) 多数人都没有雄心壮志，愿意接受别人的指挥或指导，而不愿主动承担责任；(3) 多数人的个人目标都是与组织的目标相矛盾的，必须用强制、惩罚的办法，才能迫使他们为实现组织目标而努力；(4) 激励只在生理和安全需要层次上起作用，只有金钱和地位才能鼓励他们努力工作；(5) 人习惯于守旧，反对变革，绝大多数人只有极少的创造力和想象力；(6) 人是缺乏理性的，一般不能控制自己，易受外界或他人影响。

由此可见，以 X 理论为指导思想，管理人员把人等同于物，忽视人的自身特征和多种需要，特别是社交、友情、受人尊重和自我实现的需要；只把金钱作为促使人们工作的最主要的激励手段，把惩罚这种强制性手段当作管理的重点之一；认为权力、规章制度和严密的监督控制，才能保证组织目标的实现。依照这种理论，员工只是一种会说话的机器，管理人员必须实行“胡萝卜加大棒”的策略方能奏效。

（二）Y 理论

基于马斯洛的需要层次论，由于人的需要是多层次递进的，X 理论将人的需要固定在低层次的需要上是有失偏颇的。麦格雷戈针对 X 理论的错误假设，提出了与之相反的 Y 理论，并把 Y 理论称为“人员管理工作的新理论”，是“个人目标和组织目标相结合”的理论。其主要观点是：(1)人并不是生来就懒惰的，而要求工作和劳动是人的本能。人从事工作和劳动，正如游戏和休息一样是自然的。人对工作的喜爱或厌恶，主要取决于这项工作对他是一种满足，还是一种惩罚；(2)人们具有自我控制和自我监督的能力，即使没有外界的压力和处罚的威胁，他们也一样会努力工作以期达到目的。外部控制和惩罚的威胁并不是使人朝着组织目标努力的唯一办法，人对自己所赞同的工作目标不但不会消极抵制，而且会积极参与；(3)人们愿意为集体的目标而努力，在工作上会尽最大的努力，以发挥创造力、才智等。为实现目标做出贡献是人们获得成就的报酬的函数，这些报酬中最主要的是自尊和自我实现的满足，它们其实是为实现组织目标所做努力的直接产物；(4)在正常条件下，一般

人不但学会接受责任,而且追求承担责任。逃避责任,缺乏雄心壮志,以及强调安全感通常是由经验造成的,并非源于人的本性;(5)许多人具有相当高的创新能力去解决问题。不是少数人,而是大多数人在实现组织目标过程中,都有相当高的想象力和创造力;(6)在现代工业生活的条件下,一般人的智慧潜能只是部分地得到发挥。

根据这些假设导出的组织原则就是"整合",也就是创造一种环境,使人在这种环境下既能实现自己的目标,也能够达成组织的目标。因此,麦格雷戈主张采用的管理办法是:扩大工作范围,尽可能把员工工作安排得富有意义,并具挑战性;满足其自尊和自我实现的需要,使员工达到自己激励;使个人需要和组织目标尽可能地结合在一起,以便把个人的智慧和能力充分发挥出来;根据不同的情况,因人而异地用启发与诱导来代替命令与服从,用信任与关怀来代替监督与惩罚。他还认为,组织管理的关键问题不是在采用"强硬的方法"或"温和的方法"之间进行选择,而是要在指导思想上变 X 理论为 Y 理论。

(三)"X 理论—Y 理论"的贡献

"X 理论—Y 理论"阐述了人性假设与管理理论的内在关系,即人性假设是管理理论的哲学基础;提出了"管理理论都是以人性假设为前提的"重要观点,这表明麦格雷戈已揭示了"人本主义组织管理原理"的实质。"X 理论—Y 理论"关于"不同的人性假设在实践中就体现为不同的管理观念和行为"的观点,动态地分析了人性假设的变化对管理理论的影响,进而提出了管理理论的发展也是以人性假设的变化为前提的研究课题。"X 理论—Y 理论"提出的管理活动中要充分调动人的积极性、主动性和创造性,实现个人目标与组织目标一体化等思想以及参与管理、丰富工作内容等方法,对现代组织理论的发展和管理水平的提高具有极其重要的借鉴价值。

六、阿吉里斯的人性与组织理论

在组织理论发展中,一个十分重要的问题就是个人与组织的关系。随着行为科学的诞生,"人"开始成为组织的主体,然而,个人与组织的关系却没有得到理性深入地探讨。对此,克里斯·阿吉里斯(Chris Argyris,1923—2013)通过自己的研究断然宣布:正式组织同人性发展背道而驰。由此,揭开了组织理论的新篇章。阿吉里斯早期因其于 1957 年出版的著作《人性与组织》而一举成名,该书是对以往有关个人人性和组织之间关系的诸多文献的回顾和综合。在这一理论阐述之后,阿吉里斯在 1962 年前后对他理论的各个方面进行了实证性研究,尤其是在个性、人际关系能力和组织效率方面。

(一)对个性的理解

阿吉里斯认为,组织中的个体作为健康的有机体,在人的个性方面,如同婴儿成长为成人一样,都不可避免地要经历从不成熟到成熟的发展过程。阿吉里斯所说的这种成熟,不仅仅是身体发育的成熟,更重要的是心智的成熟。就拿成熟时期的"相对独立"来讲,相对独立并不是做一个孤家寡人,而是自立自强。自立自强的一个重要表现,恰恰是和周围的其他人保持必要的依存关系。如果一个人把自己封闭起来,缺乏自信,不敢同他人交往,恰恰是不成熟的表现。同理,即使是成人,遇到挑战就回避,做事没耐心,同样属于不成熟。儿童的特点就是兴趣经常发生变化,只知道以自我为中心,不懂得他人的需求,甚至不懂得自己通过某种方式影响他人。一个人只有能够正确分析自己,规划自己的奋斗目标,具有一定的韧性和耐力,并且为了追求自己的目标而承担与别人一样甚至更重的责任,他才是一个有成熟个性的成年人。从婴儿到成人的成长过程中,个体的自我世界在不断扩大,社会中的个人总是表现出这样的倾向:从被动到主动,从依赖到独立,从有限的行为范畴到较大的行为范畴,从肤浅的兴趣到深刻的兴趣,从关注眼前小利到着眼长远,从从属地位到平等地位乃至上司的地位,从懵懂无知到启蒙觉醒。这些人格的每一个方面的发展都构成了更健全的成人人格的成长,进而促使个人不断向自我实现发展。

（二）对正式组织管理原则的批判

阿吉里斯认为,正式组织理论所指导的标准管理方式,会直接抑制个人的成长,所以,凡是正式组织,都会阻碍个性的成熟。因此,组织理论的一个重大课题,就是找出这种冲突的解决方案。阿吉里斯的这一发现,很快就成为组织行为学的热门话题。正式组织肯定是理性的,这种理性会“设计”出井井有条的结构和运行秩序。然而,现实中的员工各色各样、千差万别。所以,正式组织总会要求它的员工适应组织,而不是组织适应员工。如果要按照每个员工的喜好和偏爱来设计组织,那么,组织就会变成由一片片补丁拼缀起来的“百衲衣”。泰勒的“精神革命”,法约尔的“团队精神”,在阿吉里斯眼里,一概都是改造个人,使个性适合于组织的手段。传统观念认为,按照理性和逻辑设计出来的组织,从长远观点来看更符合人性。但是,这种理性和逻辑为什么会引起人们的对抗?为什么必须让人们改变思想观念才能保证正式组织的成功?“长远”难道一定要牺牲“眼前”?难道理性就一定要以“不人道”为代价?这些都值得深入探讨。

1. 正式组织对个性发展的阻碍

阿吉里斯提出,正式组织遵循的原则,是阻碍人性健康发展的罪魁祸首。首先,产业革命时期尊奉为金科玉律的专业化原则,确实在机器化大生产的迅猛发展上建立了丰功伟绩。然而,专业化的致命之处,在于以消除个性差异为前提。身在机器前的工人,不再是活生生的“人”,而是动作一致,思想一致,被一律机器化了的“劳动者”。且过细的专业化分工,会使独立的个人能力发生严重畸形,工作越简单越符合专业化要求,同时也越会损害个人能力。所以,专业化原则在组织文化上的逻辑就是走向拜物教。其次,组织的层次结构势必形成“命令—服从”关系。这种结构会剥夺员工的自主权,限制员工的知情权。没有自主权就会造成依赖、被动和从属心理,没有知情权、缺乏信息就会没有长远打算。所有这些,无非就是把员工阻断在非成熟状态。另外,组织的管理者在这种结构中,要履行职责,就需要克制和压抑感情,不能以感情代替政策,不能以个人风格代替制度规范,把个性与工作完全割裂开来。阿吉里斯调侃道:如果领导人在这种情况下还能保持对组织的忠诚,那就有理由怀疑他的个性是否健康。作为部下,对领导人的尊重如果不是因为他的为人而是因为他的工作,那么这种尊重就有可能属于人格分裂。再次,组织的集中统一领导,使员工的个性发展由“自治”变为“他治”。员工的奋斗目标不是自己设定的,而是组织和上级为他安排的。这种目标具有外在性和肤浅性,不能达到“自我”层次,由此会导致员工心理上的挫伤与失败,而个性的发展恰恰依赖于心理上的自得和成功。只有员工根据内在需要自己确定目标,才能实现心理成功,而这正是组织所排斥的。最后,组织的控制幅度原则,会加大员工的“管理距离”。控制幅度越小,部门划分就越多,而工作就越被分割得支离破碎,不同部门之间员工的沟通往来,就需要层层请示到有权指挥这几个部门的共同领导为止。这也会剥夺员工的自治权,使员工更加深刻地感到无力控制自己的命运,增强依赖性。

根据对正式组织管理原则的批判,阿吉里斯尖锐地指出,正式组织排斥成熟的个性,却欢迎婴儿的个性。事实上，婴儿式的员工甚至低能弱智者，反而能在组织中得到较高评价。这几乎是一种趋势或规律：一个成年人，如果在组织中以非常不成熟的方式（即听话的婴儿宝宝方式）从事工作，通常能得到高薪甚至提升。反而，个性不断发展的员工，往往会感到束缚苦闷，感到组织对自己的限制。个性越成熟，与组织的冲突就越大。对于个性强烈的部下，上级也会觉得不听话不顺眼。正式组织变得越严格、越规范，工作任务变得越机械、越专门，这种对人性发展的限制就越强大。

2. 应对正式组织问题的途径

基于对组织中人性的发展及其与组织的冲突研究，阿吉里斯提出了自己的看法：

（1）阿吉里斯认为，无论是对管理者还是对员工而言，一个有益的途径应该首先建立在对个人的成长和发展的基本趋向的理解上，然后设法把这些倾向趋势和组织的任务融合起来。这种努力将有可能会使个人和组织双方都能得到最佳的自我实现。至于如何使个人需求和组织取得彼此融合，这便是管理者的责任。阿吉里斯认为，一位有效的管理者必须很清楚地了解组织的环境，为此，管理者必须具备“自我意识的能力，有效诊断的能力，协助个人成长更具创意的能力，处理那些具有依赖倾向的雇员的能力，以及能够在充满竞争的管理界生存下去的能力”①。在实践中，为了在健康的组织中培养出健康的个人，协调组织和个人的关系，管理者应该注意运用以下办法：工作扩大化和丰富化，扩大员工的工作范围，用从事多种工作或加大工作难度的方法来扩大员工的技术领域与知识面；实行参与式的以员工为中心的领导方式；加重员工的责任，激发责任心和创造性；更多依靠员工自我指挥和自我控制等。

（2）阿吉里斯强调管理者既必须了解自己，也必须了解别人，即必须从自己的体验中学习，又必须从他人的经历中学习，这种强调在其早期关于人性与组织的著作到后来关于组织变迁的著作之间是一以贯之的，同时这种强调也可以说明他和其他人际关系学者之间的重大差异。当然，阿吉里斯的许多论著也和人际关系的著作一样，在管理的应用上会被当作对组织成员采取更复杂的控制手段。

（3）在“关于如何引领组织朝着更好的人与人之间的互相信任、更加开放的沟通，以及个人层面和组织层面更大的机动性等方向变迁”的问题上，阿吉里斯结合社会心理学家库尔特·勒温（Kurt Lewin，1890—1947）的观点认为：首先，对原有的行为方式进行解冻，然后采用新的行为方式，并将这些新的行为方式适当地冻结。显然，这个过程将会困难重重，尤其当计划性变迁和既有规范之间存在很大差异，从而使个人和组织陷入高度的不适状态时，更属不易。于是，从行为科学关于计划性变迁——通常被称为组织发展——的研究成果中，阿吉里斯找到了一个方法，可以使组织及其成员朝着更积极和更和谐的关系的方向转变。

（三）组织学习和干预者角色

谈到组织学习，人们往往会联想到彼得·圣吉（Peter Senge，1947—）。但作为管理学理论，学习型组织的源头来自阿吉里斯，彼得·圣吉不过是实践者而已。“组织学习”理论，是阿吉里斯对于组织变革问题的一种继续思考和研究的结果。阿吉里斯认为组织学习是所有组织都应该培养的一种技能，他在与唐纳德·舍恩（Donald Schon，1930—1997）合著的《组

---

① ARGYRIS CHRIS. Interpersonal Compertence and Organizational Effectiveness[M]. Homewood, I11.: Doesey Press, 1962: 213.

织学习》中强调指出，优秀的组织总是在学习如何能更好地检测并纠正组织中存在的错误。组织学习越有效，组织就越能够不断创新并发现创新的障碍所在。这里所指的错误就是指计划与实际执行之间的差距，错误可能出现在技术、管理、人员等各个方面。而且，阿吉里斯认为，个人和组织同样会“信奉理论”和“使用理论”，前者是指当事人自己宣称在行动中将遵循的理论，后者是指当事人在行动中真正遵循的理论。为了能够产生真正有效的学习，我们必须让信奉理论和使用理论两者更为一致。当我们发现这两个理论在实际运行过程中发生问题时，这两个理论就会发生改变。如果组织成员发现一些影响组织运用其“使用理论”的能力问题，他们可能会采取一种被阿吉里斯和舍恩称作“单线学习”的做法。但是，如果组织要评估及决定“新的组织规范的优先性与重要性”，或者要重建组织规范时，“双线学习”就有可能发生①。

在阿吉里斯看来，组织与个人在面对现代生活所特有的复杂性和动荡性时，必须探究自己的有效学习能力；在这一过程中，组织或个人会得到干预者的帮助。于是，阿吉里斯观点中的干预者，同时也成了研究者、教育者，更是变迁的发动者。但是，在所有成员都承诺要学习的组织中，干预者的角色毫无疑问地落到了管理者的身上。因此，管理者和干预者承担了同一个角色。然而，这种情况却暴露出阿吉里斯观点中的两难问题，因为一个管理者不可能保持绝对的中立状态，他通常是一位在组织生活中带有个人利益的局中人。尤其是管理者职位必然拥有某些权力，使他自己和组织现状产生必然的利害关系，这种情况使管理者倾向于保持目前的权力结构以维持其既得利益。但是，组织学习的产生却是对组织的现行规范性结构的一种批判与挑战，管理者对此的处理必须在以下两种方式中选择：一是采取权威性的行动以使组织保持现状；二是采取民主式的行动以促进组织规范的改变。

阿吉里斯的组织学习，目的是要营造出适应当代社会发展的新型组织。这种组织应该具有更多的创造性，应该对新工艺、新产品有更多的前瞻性，应该使员工产生出更多的协调与合作，应该能够适应复杂性和多变性的挑战。而能否形成这样的组织，又取决于员工与组织之间持续且公开的接触，取决于自由的互信和交流，取决于以互信为基础的组织凝聚力，取决于互助式的风险和责任承担方式。组织学习的最终效果，是要实现员工的个性发展、组织的协调一致、效益的内外平衡（组织内部效率和外部效应的平衡）。在阿吉里斯看来，我们已经有了能够胜任这些要求的组织结构模式，如矩阵式组织，但是，矩阵式组织的运营效果往往不理想。问题的关键不在矩阵组织本身，而是经理人员总是采用金字塔组织的管理行为来推动矩阵组织运转，寄希望于用改变组织结构的方式来解决问题，其最后都是无果而终。有些专家过于热衷于组织结构和发展战略的变革，却忽视了组织行为方式的变革，反映出管理中的某种偏差。所以，组织学习是走向新时代的出路。正因为如此，阿吉里斯的理论，更多地适应了高度发达的后工业化社会的需求，而且以高素质的组织员工为实施条件，以“知识工作”和“知识管理”为背景。

总之，在人际管理的诸多著作中，我们发现阿吉里斯的著作对人性与组织间的关系做了最精致而全面的论述。但是，就当前的观点来看，论述并没有超越工具理性观点的束缚。然而，阿吉里斯所特别强调的组织学习有望最终产生连阿吉里斯本人可能也未曾预料到的深

---

① ARGYRIS CHRIS，SCHON D. Organizational Learning：A Theory of Action Perspective[M]. Reading，Mass.：Addison-Wesey，1978：24.

远的影响。通过他的理论,我们甚至可以在工具理性和对工具理性的批判之间建立起新的联系,其理论对公共组织和私人组织的理论(尤其是组织变迁方面)已经产生了实际影响。

七、戈尔姆比斯基的公共组织发展理论

(一) 道德的管理

罗伯特·戈尔姆比斯基(Robert T. Golembiewski,1932—2016)把组织发展看作公共部门组织成长与变迁的理论起点,其著作《人、管理与道德》是其关于行政伦理的早期研究成果,可以看作力图整合个人与组织的另外一种尝试,也可以看作行为科学应用于组织计划性变迁的一个序曲。戈尔姆比斯基首先以标准的人际关系的讨论方式指出,传统的组织理论将重点放在自上而下的权威、事无巨细的监督以及组织的常规程序上,这样的组织理论是无法兼顾个人的发展的。而阿吉里斯的理论基础在于提高个人的心理成熟度。和阿吉里斯不同的是,戈尔姆比斯基却认为,传统的正式组织理论对个人自由问题的忽略,恰恰显示了传统理论对个体工人的道德状况不够敏感。与传统的组织理论对个人道德的这种冷漠相对,戈尔姆比斯基认为,最近越来越多的研究表明,“道德的敏感度与令人满意的产出和工人的满意度相关”①。另外,戈尔姆比斯基还特别指出与经济生活相关的五种价值观:一是工作必须能被个人在心理上接受;二是工作必须允许个人去发展自己的才能;三是工作任务必须给予个人相当大的自我决定余地;四是工人必须有机会以一种有意义的方式去控制工作环境;五是组织不应该成为行为唯一和最终的仲裁者,无论是个人还是组织都应该受到外在道德秩序的支配②。这些价值被当作组织的新方向而受到检验,而这些新方向将进一步增强基督教伦理道德。

(二) 个人自由与管理控制

尽管戈尔姆比斯基在管理控制与个人自由问题方面的讨论目标是“在组织中扩大个人裁量的空间以及提高个人的自由”,但是最终看起来,前者的实现要比后者多得多③。他所讨论的管理技术,几乎没有超过人际关系学者对复杂组织所做的努力。我们看到 X 理论与 Y 理论、管理方格理论、阿吉里斯关于人性与组织的关系的著作等,都是提出并促成一种更为开放、更具参与性的管理途径,以期望获得更高的员工满意度和更高的组织生产力。但是,从戈尔姆比斯基所关心的个人自由和基督教伦理道德来看,有一个问题我们无法逃避,即当我们对提高个人自由的努力可能只有以牺牲组织生产力作为代价才能发生作用时,这样的努力是否值得呢?但是这种可能性却没有引起戈尔姆比斯基的注意。由于缺乏对这种可能性的充分讨论,我们从戈尔姆比斯基的理论中得到的是这样一种感觉:人际关系学派只是为管理控制提供更多的技术,一些在伦理道德基础上可以贩卖给工人的技术。

对戈尔姆比斯基而言,在有关上述的第五个价值的讨论中——也就是组织不应该成为行为唯一及最终的仲裁者,可以运用外在的道德秩序来评价个人和组织——其理论的两难状况更为明显。戈尔姆比斯基非常正确地指出,只要允许复杂组织这样做,它们就会发展出自己的伦理标准,而这些自己的伦理标准极有可能和个人及其所处社会的伦理标准有所冲

---

① GOLEMBIEWSKI ROBERT. Men, Management and Morality[M]. New York:McGraw-Hill,1967:53.

② GOLEMBIEWSKI ROBERT. Men, Management and Morality[M]. New York:McGraw-Hill,1967:65.

③ GOLEMBIEWSKI ROBERT. Men, Management and Morality[M]. New York:McGraw-Hill,1967:305.

突。但是，戈尔姆比斯基没有正面去应对建构一个基于民主、社会主义或者其他基础上的社会政治伦理道德标准的巨大任务，而是去讨论组织中的集权和分权问题，并且把分权看作解决“核心道德问题”的答案，“分权是一切分析的原动力和最后的结果”①。推测起来，个人在分权化的组织结构中可能拥有较大的道德自由范围。尽管这样的分析方法可能是正确的，但是戈尔姆比斯基却相信，即使在分权结构中，组织的伦理道德标准仍然可以发挥作用，特别是因为“在分权结构中的行动自由，是以遵守团体的决策为代价而得到的”②。也即是说，戈尔姆比斯基认为个人的自由仍然是由组织所定义的。因此，上述第五种价值所提及的那种个人和组织必须服从的外在的道德标准实际上是不存在的。

虽然戈尔姆比斯基在《人、管理与道德》一书中关于个人自由和管理控制问题的探讨的确有不足之处，但是，我们还是可以从肯定的角度来评价其思想，而他在建构公共组织理论方面的努力尤其值得注意。与公共行政中日渐强大的实证主义取向不同，虽然戈尔姆比斯基赞同这个取向，但他还是趋于探讨组织中的道德问题。戈尔姆比斯基也不像其他严格区分事实和价值的学者，他寻求对事实和价值的整合，或者甚至可以说他试图在“理论中的客观”和“实践中的伦理”两者当中找到某种关联。此外，值得注意的是，戈尔姆比斯基分析的最终结果是导向组织的分权。尽管他对组织分权的探讨相对比较狭隘，并导致在建立外在道德标准的基础上发生困难，他关于分析的论点还是引出了两个非常有趣的方向。第一，它暗示个人和组织之间的关系必须从道德和政治层面、而非管理技术层面来解决；第二，它提出了这样一个问题，组织改革在通过分权扩大道德效益的同时，怎样保障由生产力提高而得到的物质利益。如果戈尔姆比斯基在以后的著作中选择研究前面的一个问题，那将会是非常有意思的课题；但事实上，他将重点放在了后者。

（三）“终极价值”与组织发展

戈尔姆比斯基在他 1972 年出版的《组织更新》以及 1979 年修订后更名为《计划性变迁的途径》中，对组织的变迁途径进行了最为清晰的阐述。在这些著作中，戈尔姆比斯基以其早期关于小团体行为的动态探究为基础，仔细地建构了组织变迁的实验室途径——换句话说，也就是在像 T 型团体之类直接的社会互动当中，通过学员本身的体验来诱发学员自身的改变。戈尔姆比斯基把这种实验室途径看作产生组织发展活动的一个重要的来源。他关于组织发展技术的讨论和主流组织发展实践的探讨差异甚少。但是戈尔姆比斯基在他的著作中对价值的作用表达了更多的关切，这是其他探讨组织发展的学者所没有达到的，因为这个方面的问题与建构公共组织理论有直接的关系。

戈尔姆比斯基认为，在实验室途径中有五个引导个人与组织改变的价值取向：(1) 接受以相互接近和开放沟通为基础的询问；(2) 行为选择的意识和认知，特别是尝试新的行为以及选择被认为是最有效的行为意愿；(3) 权威的合作性概念，强调在公开检讨问题时的合作及意愿并注意这些问题的解决；(4) 互相帮助的关系，彼此间具有共同的团体感和对于他人的责任感；(5) 人际关系中的真诚态度。这些价值取向不仅决定了实验室活动的组成，也为作为整体的组织提供了一种模式。这些价值取向既是干预者的指导原则，也是干预者试图

① GOLEMBIEWSKI ROBERT. Men, Management and Morality[M]. New York: McGraw-Hill, 1967: 286.

② GOLEMBIEWSKI ROBERT. Men, Management and Morality[M]. New York: McGraw-Hill, 1967: 273.

在组织中建立的终极价值观念。①

由于这些价值取向和传统的官僚管理的价值取向有很大的不同，所以它们看起来是一种对传统的替代，至少在理论层面上是如此。戈尔姆比斯基也曾经论及，传统的金字塔式的价值取向的确经常无法正常发挥功能，而有被替代的需要。他描绘了一种与传统相对的"合作—共识管理体系"，这个体系强调开放、接触、反馈以及共同担负责任等。但是，这种新的模式从来也没有表现出它可以直接替代传统的官僚制。反而，从权变管理理论的逻辑来看，这种新模式只不过是在某些特定情况下的权宜之计罢了。

组织发展追求某些终极价值，甚至包括那些和传统的官僚价值所关心的相左的价值；与此同时，组织发展也追求"那些组织的管理层所渴望的、比较狭隘的组织目标"②。这两者的潜在冲突，以及干预者和管理者之间的潜在冲突不仅会引发道德的问题，而且也会引发政治问题。虽然一些探讨组织发展的实践者会仔细避免加入自己的价值观，但是戈尔姆比斯基却鼓励他的支持者们去表达他们的价值观。

总之，戈尔姆比斯基的理论尽管存在着许多缺点，但是从一个非常重要的角度——行政组织理论——而言，他的论述对公共行政领域的重要性可能比他自己所认为的还要大③。

第三节　人本主义组织理论简评

一、人本主义组织理论的基本观点

根据人本主义组织理论各代表者的思想，不难看出，人本主义组织理论主要是从心理学与行为科学的角度来研究组织中的人，认为人是组织中最重要的资源，提倡以人为中心来研究组织的管理问题，分析组织中的人际关系以及非正式组织对组织所产生的影响。人本主义组织理论希望通过人际关系的改善来提高企业组织的效率；强调组织不仅是技术—经济系统，而且是个社会系统；对人的激励不仅有经济方面，还有社会和心理方面。其基本观点主要包括：

1. 组织的心理—社会性。组织不仅规范了各成员的职位和工作任务，而且也是人们为达到其共同目标而构成的有机团体。人本主义组织理论认为，人并不是完全利己的"经济人"，而是在物质之外还有社会和心理因素的影响，在人际关系上才有意义的社会存在，强调人的社会性和团体属性——"社会人假设"。这在激励人的行为动机方面，提供了与古典组织理论完全不同的诱因基础。

2. 组织是一个协作平衡系统。人之所以参加到组织中来并努力做出自己的贡献，是因为组织能给他必要的满足。组织的存在与发展在于其成员的内聚力，两者是相辅相成的。

3. 非正式组织的影响力。组织不仅是一种职责关系结构，而且由于成员的互相交往也存在一种无形的、来自非正式组织的影响力，这种影响力不仅贯穿于上下级之间，而且也存在于同级之间。这开辟了非正式因素的研究领域，并随着其理论的强化，对现代组织理论的

① GOLEMBIEWSKI ROBERT. Renewing Organizations[M]. Ithaca, I11.: Peacock, 1972:60-66.
② GOLEMBIEWSKI ROBERT. Renewing Organizations[M]. Ithaca, I11.: Peacock, 1972:10.
③ 登哈特. 公共组织理论[M]. 扶松茂，等，译. 北京：中国人民大学出版社，2003：115.

发展起到了深远的影响。

4. 组织的沟通。人是组织中最活跃的因素，组织中人们的交往不仅要依据法规、制度规定的责任关系，而且更多更重要的是要依据非正式的富有心理、感情色彩的社会关系，这些都要用沟通的方式予以实现。

5. 组织的人格整合性。因出身、社会环境等不同，组织成员的性格也有差异，即心理学中的所谓人格区别。不同人格的人对事物的认识、理解、看法、态度也不同，从而组织中成员交往总会产生这样或那样的冲突，这是必然现象。解决或调解冲突也是组织的基本功能，组织成员本身也愿意调解冲突，以达到其共同追求的目标。

二、与古典组织理论的比较

起始于 20 世纪 30 年代的人本主义组织理论，不仅更清晰地映射出古典组织理论的不足，而且更强烈地影响到组织理论的发展。与古典组织理论相比，人本主义组织理论具有如下的优点：

1. 强调“人性”作用而非“机械”的作用。人本主义组织理论认为，组织构成的基本和主要要素是人，人是能动且具有创造性的，而不是机器的附属，只要研究组织就必须了解和研究人本身。所以，人是组织的核心。

2. 强调“动态”而非“静态”。人本主义组织理论认为，人是有思想、有感情、有意识的。在组织中，人员不仅处于正式的组织关系中，而且还经常处于非正式的接触中，这就是人际关系。实际上，人际关系是组织的一种必然现象。

3. 强调“心理”而非“生理”。人的行为是其心理及动机的反映。人的需求与动机绝非只限于生理的满足，而是有更高层次的递增需求。因此，研究组织问题要十分注重组织心理学的研究，即重视组织成员的满意程度，特别是满足组织成员社会需求的程度。认为人并非经济动物，而是具有个人社会需要、心理需要与生理需要的人。在进行组织结构设计时，应考虑人的兴趣与爱好，工作轮换、工作扩大化、工作丰富化的要求，以及人际关系的亲密与信息的沟通。

4. 强调“组织功能”而非“组织结构”。组织结构研究只能了解组织的职位、层次，却不能知晓组织人员的技能及能力如何，只有功能研究才能剖析组织运行的内部状态。

5. 既重视“正式的”，也重视“非正式的”。在非正式因素方面，强调社会性因素和情绪性因素或心理因素，以及人际关系和小集团的非正式关系等。人是社会的动物，人们在组织内共同工作的过程中，相互之间必然发生一定的关系而形成非正式的集团或团体。非正式组织是没有固定结构、固定形态的人群集合体，其存在对正式组织的效率有着重大影响。

人本主义组织理论和古典组织理论之间又并非是一个严格对立的关系，它与其说是对古典组织理论的一种进步，更不如说是对古典组织理论的补充。因此，二者有着很多相似性：首先，寻找普遍原则，设计和管理组织的普遍适用的具体方法；其次，建立一个封闭的、一劳永逸的组织体系；最后，塑造一类理性的、知足的人。因此，两种组织理论的共同问题也显而易见，还没有把组织与外部世界作为一个整体联系起来，是一个封闭的系统，也没有涉及由人群所创造的文化与组织的关系、部门协调，研究的组织结构也必须是最优状态，组织中的成员也必须具有公正的价值观并视组织为自己的组织。

三、人本主义组织理论的缺陷

用人本主义组织的基本理论来研究组织问题固然推进了组织理论研究工作的发展，但它并非尽善尽美。首先，人本主义组织理论家们多是抽象地研究人的本性和人的行为，并用封闭的观点来研究组织，没有将其与组织条件、外部环境、社会制度或生产关系联系起来；其次，人本主义组织理论研究的对象是人，人有思想、有意识、变化多样，差异甚大，从而带来研究结果的可靠性及置信度等问题；最后，人本主义组织理论提出的一些命题，像满意的工人是生产能力较高的人、正式结构限制自我实现的满足等，也受到现代组织理论家们的批判。因此，人本主义组织理论存在着一定的局限性，但是他们在很多方面弥补了古典组织理论的不足，丰富了组织理论的研究内容和范围。

复习思考题

1. 人本主义组织理论的基本观点是什么？
2. 人际关系学说的主要内容是什么？
3. 巴纳德对非正式组织论述的主要观点是什么？
4. 马斯洛关于需要层次论的基本观点和主要内容是什么？
5. 简述双因素理论的主要内容。
6. 如何理解 X 理论—Y 理论的主要观点及其贡献？
7. 请阐述阿吉里斯关于“人性和组织”的基本观点。
8. 如何评价戈尔姆比斯基对公共行政组织人本主义理论的现实意义。
9. 人本主义组织理论与科层制组织理论相比的进步体现在哪里？
10 .论述人本主义组织理论的主要思想。

第五章　网络型组织理论

第一节　网络型组织理论的产生

一、网络型组织的源起

自20世纪80年代中期以来，现代信息技术的发展，特别是互联网和无线通信技术的飞速发展，使现代社会产生了深刻的变化。整个世界几乎变成了一个“地球村”，每一个人都成了网络中的一员，这一切都意味着现代化经济进入了一个复杂多变和动荡不安的网络时代，传统的建立在装配线上的科层制组织结构已明显无法控制和适应这种环境，从而要求有新的组织形式以支持新的竞争模式和运作模式。于是，适应快速变化和复杂时代需求的组织形式便应运而生，组织模式也由传统的科层制组织转变为新的组织形式——网络型组织。

网络型组织概念的产生是一个渐进的过程。它是随着生产力的提高、竞争的加剧以及信息技术的广泛应用，日渐发展起来的，并逐渐占据到组织研究的核心地位。首先，罗纳德·哈里·科斯(Ronald H. Coase，1910—2013)在1937年发表的《企业的性质》一文中曾提出纯粹市场和科层企业，指出企业和市场是两种可以成为相互替代的协调生产的手段①。而他随后的《论生产的制度结构》却有网络组织思想的萌芽，并认可位于市场和科层制这两种典型的制度安排之间还有其他组织形态的存在。科斯曾经指出将产业组织学的内容仅局限于企业与市场两者是片面的。除了研究企业内部出现的情况之外，还应研究企业之间的契约安排(长期合同、租借、各种许可安排，包括特许权等)。而后，尽管阿尔钦、德姆塞茨和钱德勒的研究扩大了企业行为分析的基础，但他们仍只分析了企业与市场之间的替代关系，忽略了对互补关系、交易成本、技术不可分、团队生产的分析，未能把分析扩展到企业之间复杂多样的制度安排。

接着，里查德森(G.B.Richardson)从互补性活动的角度为网络组织的存在提供了一种正式的理论基础，他指出：“企业只是从生产和服务过程(价值链)中截取某些阶段从事分工活动，也就是说，企业间相互协调的各种组织安排就必不可少了。”②在里查德森看来，企业所从事的只是与它能力相适应的某些活动，而把其他活动留给市场，因而必然与其他企业形成相互依赖的关系，其结果是需要企业间多样化的组织安排来协调。费弗(J. P. Preffer)和萨兰西克(G. R. Salancik)进一步发挥了这种思想，他们把企业间的市场关系看作一种网络

---

① 科斯.企业、市场和法律[M].盛洪，陈郁，译.上海：三联书店，1990.

② RICHARDSON G B. The Organization of Industry[J]. Economic Journal, 1972(82): 895.

结构。由于企业从事的是生产和服务过程中某阶段的工作,企业间的分工创造了企业相互依赖的网络,因此,企业间的活动需要协调,既不是通过产权控股、计划或科层制来协调,也不是通过传统市场模型中的价格机制来协调。相反,企业可以通过时间和努力建立企业间交换关系的网络结构,以便获取企业所需的外部资源,并有效地培育和扩大其产品的市场。企业可以通过企业间相互依赖和长期关系的多样化契约安排来协调,这些契约可以降低交易成本和生产成本,推动技术的联合开发,企业相互依赖的网络可以提供对相关企业的有效控制和约束。① 也就是说,上面三者研究均认为,企业间活动是互补的,资源具有依赖性,通过企业间的多样化契约安排来协调,可以降低交易成本和生产成本,推动技术的联合开发,提供对相关企业的有效控制;企业网络比计划、纯粹市场和科层组织更具有独特的优势。

最早提出最为接近网络组织概念的是奥利弗·威廉姆森(Oliver E. Williamson, 1932—)。他在1979年发表于《法律经济学杂志》的论文《交易费用经济学:契约关系的规则》一文中指出,不确定性、交易重复的频率和资产专用性这三个交易特性高低程度不同,与其匹配的规制结构也不同。其中,当这三个变量处于较低水平时,市场调节是有效的调节手段;当三个变量处于较高水平时,企业则会替代市场组织。而当三个变量的水平介于这两个极端之间时,处于这两者之间的是双边、多边和杂交的中间边际组织状态。后来他还认为混合组织形式比迄今的认识更为重要。然而在威廉姆森的分析框架中,他并未将这类中间边际组织与市场和企业概念相提并论,同时忽视了企业之间的合作关系。但是,应该说在他那里已经呈现出了网络组织思想的萌芽。之后,准市场网络组织理论的研究趋于活跃。

里卡德·拉尔森(Rikard Larsson)通过深入研究组织间的关系以后,建议用市场、组织间协调和科层组织的三级制度替代传统的市场与科层两极制度框架。由于网络组织方式既具有科层制的协调功能,又需要通过市场机制运作,因而被形象地称为"看得见的手"(小艾尔弗雷德·钱德勒将通过企业内部强制调节来实现的协调称为"看得见的手")和"看不见的手"(亚当·斯密将纯市场组织通过价格机制自动调节完成的协调称作"看不见的手")的"握手"。② 他认为,在较低的内在化成本和行为者之间信任程度低的情况下,不确定性、交易频率及特定资源依赖程度越高,这些资源依赖越可能由"看得见的手"所协调;在较低的外在化成本情况下,不确定性、交易频率和特定资源依赖程度越低,这些资源依赖越可能采用市场"看不见的手"之方式实现;在较低的召集成本和较高的内在化成本或行为者之间信任程度高的情况下,不确定性、交易频率和特定资源依赖程度越高,资源依赖的协调越可能由作为企业间契约的网络来协调,即通过"看得见的手"和"看不见的手"的"握手"来构筑网络组织的协调关系。

随后,网络组织作为应对全球化、消费者偏好改变、技术进步与产品更新速度加快等问题而产生介于市场与企业之间的中介组织得到了理论界与实践界的热切关注。达维多

① PFEFFER J P, SALANCIK G R. The External Control of Organizations: A Resource Dependence Perspective [M]. New York: Harper & Row, 1978.

② LARSSON RIKARD. The Handshake between Invisible and Visible Hands[J]. International Studies of Management and Organization, 1993, 23(1):87-106.

夫①,迈尔斯②,彼得斯③等认为成功的企业正在向动态网络组织(Dynamic Network Form)转化,斯诺等人④认为网络组织正日益取代科层制组织,认为21世纪的竞争迫使每一个企业在一定程度上成为一个网络的设计者、运作者及看守者。至此,网络型组织已经成为组织模式研究的新宠,并继续得到更多的关注。

二、网络型组织产生的深层根源

网络型组织之所以会出现在20世纪的后期,并迅速成为组织研究的核心,以及在现实经济实践中扮演越来越重要的角色,是有其深层根源的。本书将其归纳为以下五点:时代背景特征、传统模式弊端、信息技术发展、企业实践基础、学科理论基础。

(一)时代背景特征:知识经济时代的非理性、不确定性特征

当今,时代环境与传统社会相比发生了急剧变化,非线性、不连续性、不确定性已经成为知识经济时代的特征。正如管理学大师彼得·费迪南·德鲁克(Peter Ferdinand Drucker)所认为的,在一个动荡的时代里,最可能出现的事件是那些不断改变结构的独特事件,而独特事件肯定是无法计划的。由此带来的挑战正在冲击着各种组织和机构,尤其是企业。经济、社会、政治中的不确定性已经如此巨大,导致仍在实践这种传统计划的大多数公司,即根据可能性来进行预测完全失效(如果不是适得其反)⑤。英国学者查尔斯·汉迪(Charles Handy,1932—)也认为,这是一个"非理性时代"(the age of unreason),其两大特征概括为"非理性"(unreason)和"不确定性"(uncertainty),我们只能在这个非理性的、不确定性的整体环境中成功,或者失败⑥。当今,非理性、不确定性已不是一种匆匆而过的临时症状,而是社会经济生活的长期现实。为了生存,组织必须准备适应未来的变化,进行组织的变革与创新。

(二)传统模式弊端:科层制组织日益显现的弊端

科层制组织在工业经济时代稳定的市场环境中,以其同样稳定的金字塔式的组织结构,在提高劳动生产率方面曾做出了相当大的贡献。但随着信息时代的到来,其日益暴露出的弊端也越来越难以适应急剧变化的外部世界。在工业化时代垄断竞争的环境下,经济学规模效应的观点使得组织朝着前向一体化、后向一体化的方向迅速膨胀,规模越来越大,组织成本也就相应越来越高。同时,科层制组织是一种直线型的组织机构,信息在"塔尖"和"塔底"的传递和反馈受到中间若干层次的扰动,出现严重失真,造成信息不对称情况的产生。企业也因此对顾客需求和市场的反应能力相当低下。另外,科层制组织和同行业其他企业以及上下游企业之间的关系往往是一种敌对竞争的关系,只将眼光局限于企业内部,忽视了对外部资源的合理利用,同样也就加大了交易成本。在这种情况下,网络型组织作为一种新

---

① DAVIDOW W H, MALONE M S. The virtual Corporation[M]. NewYork: Harper Collins,1992.

② MILES R E, SNOW C C. Causes of Failure in Network Organizations[J]. California Management Review, 1992(summer):53-72

③ PETERS T. Liberation Management: Necessary Disorganization for the Nanosecond Nineties[M]. NewYork: Alfreda. Knopf, 1992.

④ SNOW, CHARLES C, MILES, RAYMOND E, COLEMAN JR. Managing 21st Century Netowrk Organizations[M]. New York: Organizational Dynamics, 1992(Winter), 20(3):5-20.

⑤ 德鲁克. 动荡年代的管理[M]. 屠端华,译. 北京:工人出版社,1989.

⑥ HANDY C. The Age of Unreason[M]. London: Century Hutchinson, 1989.

兴的组织模式，对传统科层制组织进行了改造和转型，受到理论界和实践管理者的普遍重视。

（三）信息技术发展：为网络型组织提供了直接的技术支持

信息技术应用于企业组织对组织在信息处理和传递等方面带来了根本性的影响，使组织从传统的机械形态向有机形态过渡，增加了组织内部的网络关联。从结果看，信息技术的发展使组织日渐向无纸化办公方向发展，组织中的行动者更多地依赖于个人计算机，而组织成员间的沟通也越来越借助互联网络。随着技术的发展，组织成员之间的联系脱离了地域的局限，在视频和虚拟技术的帮助下，组织的成员面对面的互动甚至可以在数字化的空间完成。当信息技术使组织成员和部门脱离了地域的限制后，组织中的支配关系也就相应的减少，代之而起的是多点间的水平沟通，网络关系自然在组织内乃至组织间延展。

（四）企业实践基础：发达国家大型企业的组织结构调整

随着外部环境的变化，发达国家的许多大型企业在组织结构上进行了一系列的调整，其表现可以概括为以下两方面：一是内部管理扁平化，即合理地压缩管理层级，将原来仅在垂直通道内流动的信息与知识尽可能地扩散到水平层次，通过内部网络实现信息与知识的迅速传播。内部营销、企业再造、学习型组织建设和首席执行官职位的设立就是典型的例子。二是发展"增值伙伴关系"。由于20世纪70年代巨型企业模式的效率低下和成本高昂导致规模不经济的现象严重阻碍了这些企业在市场上的竞争力。为了克服这一弊病，这些大企业转而通过购买、联合、兼并、外包、加盟、特许经营等方式，对企业外部的资源形式进行整合，从而突破企业自身实力界限，创造出超群的竞争优势。这既分散了各成员企业的经营风险，快速敏捷地满足市场需求，又降低了各企业的经营成本，并且避免由于某一部门的功能弱化而阻碍企业的正常发展。

（五）学科理论基础：相关学科的理论发展

网络型组织近年来的迅猛发展与其深刻的理论基础密不可分。具体而言，主要有经济学与管理学两大学科的六种理论①：

1. 分工与专业化理论。亚当·斯密的分工理论被认为是其思想中最卓越的贡献。斯密将分工分为三种：企业内分工；企业间分工，即企业间劳动和生产的专业化；产业分工或社会分工。第二种分工形式实质上就是企业网络型组织的理论依据所在。企业网络型组织保证了分工与专业化的效率机制，与此同时还能将这种分工与专业化深化下去，使得分工与合作的关系得以在更大范围内扩大和加深，从而反过来又促进了企业网络型组织的深度发展。这样一种良性循环将大大促进整个网络型组织效率的提高和收益的增加。

2. 交易成本经济学。交易成本的概念最早由科斯提出，他将企业的边界定在外部交易成本与内部管理成本相等的地方，而企业的扩张与缩小则完全取决于交易成本的节约。威廉姆森等人在科斯交易成本理论的基础上，逐步形成了交易成本经济学，他认为企业选择不同的制度安排，目的是使生产成本和交易成本最小化。当相关企业一体化达到一定程度后会产生规模不经济，企业开始尝试不把所有的企业都一体化，而是通过资金、技术或是人员等纽带与某些企业保持较为紧密的联系。这样就逐渐演变成为企业网络型组织。根据交易成本经济学的理论，企业网络的形成就是为了获得一种成本最低的制度安排。企业网络型

---

① 欧志明，张建华. 企业网络型组织及其理论基础[J].华中科技大学学报，2001(3)：79-84.

组织各成员在节约交易费用的同时，仍在一定程度上享有一体化组织的规模、范围和分散风险的经济性。

3. 资源外取理论。企业经营活动的复杂环境往往要求必须依靠其他组织才能获得所需要的资源。换句话说，企业产生了对资源的外部依赖性，必须面对如何管理因失去独立性而形成的资源问题。在这种情况下，企业不得不通过组织间的协调与管理，采取各种形式的合作，形成一种稳定的资源流动方式。各具优势的企业联合起来，相互支持、互为补充，不仅可以使每个企业获得开展生产经营活动所需的资源，而且在生产经营活动中强化了自身的优势，这便是资源外取的核心思想。企业网络型组织中，各企业在相互间的协议或合同的共同管理与协调下，保证了资源外取方式下的资源流动的持续性和可靠性。

4. 共同管理经济理论。这是与资源外取相关的一个概念。共同管理经济是由英国的邓宁教授（John H. Dunning）提出来的，它是指跨国公司对全球各地的分支机构进行管理协调而带来的各种额外收益。主要包括以下两个方面：(1) 充分利用各国要素禀赋差异带来的经济效益；(2) 对于同一产品各国生产函数不一致的情形，共同管理活动也有助于实现成本最小化。内部化和虚拟化是企业改变共同管理边界最常见的两种途径。企业网络型组织实际上就是一种虚拟化。

5. 企业竞争战略理论。美国哈佛商学院教授迈克尔·波特（Michael Porter）于 1980 年首先提出了竞争战略理论。波特的理论是以产业的竞争分析为基础的。波特提出了三种一般战略，即全面成本领导战略、产品差异化战略和目标集中点战略。波特还引入了“价值链”作为分析的基础工具，认为企业的竞争优势来源于企业在设计、生产、营销、交货等过程及辅助过程中所进行的许多相互分离的活动。企业网络型组织恰恰十分符合上述三种一般战略。比如，规模的经济性可以形成相对的成本优势；产品的差异离不开先进的技术与产品质量，细分市场能够促进不同需求的全面增加等。同时，企业网络使得企业可以将前述价值链的诸多环节分散到不同企业中去，加强各个企业的专业化程度，使各个环节都蕴含着明显的竞争优势，再通过各企业间的合作达到整个企业网络的优势提升。这对于每个成员企业来说都能够获得最大的收益。

6. 团队生产理论。所谓团队生产，是指一群人以任务为中心，互相合作，每个人都把个人的智慧、能力和力量贡献给自己正在从事的工作。在阿尔钦和德姆塞茨的古典经济理论中，企业的实质不是雇主与雇员的长期合约，而是团队生产。他们在论证了团队生产的高效性后，指出组织就是由合约、协议和内部各成员之间的默契构成的一系列关系的总和，组织内团队的各成员必须要同时受到激励与监控，团队的效率才能得到最大的发挥。团队生产理论虽然主要集中在企业内部成员的合作关系上，但同样适用于企业网络型组织的分析。一个企业网络型组织就是一个团队，这个团队的成员就是参加企业网络的各个企业。各个企业同样是在一定的激励机制和监控机制的管理下相互合作，最终在整个团队效率大幅提高的同时也得到最大利益。

三、网络型组织的含义

对网络型组织内涵进行科学界定，是深入系统研究网络型组织的起点，也是建立与完善网络型组织管理体制与运行机制的客观要求。对网络型组织内涵的揭示，有利于加深对这一组织模式的认识，有助于网络型组织的规范化运作。究竟什么是网络型组织，目前尚没有一个统一的认识。国内外学者分别从不同的角度,对其做了诸多不同的注释。

(一)国外学者对网络型组织的界定

雷蒙德·迈尔斯和查尔斯·斯诺将网络组织定义为:在价值链的各个点上做出贡献的若干个企业集体资源的结合。①

汉斯·托雷利认为,网络组织既含有企业的协调因素也含有市场的交易因素,但它既不是企业也不是市场,而是介于市场与科层制企业之间的一种组织形式。②

韦恩·贝克认为,网络组织是一个社会网络,它渗透了正式组织的边界,消除了正式群体和部门的限制因素,形成了不同类型的人际关系。③

哈里略(Jose C. Jarillo)将复杂的经济活动按组织形式和竞争关系加以区分,从而区分开市场组织、政府组织、家族式组织和战略网络。他认为战略网络是长期的、有目的的组织安排以使企业获得长期竞争优势。④

丹尼斯·马亚(Dennis Maillat)、奥利弗·克勒瓦西耶(Oliver Crevoisier)、布鲁诺·勒科克(Bruno Lecoq)从经济、历史、认知、规范等多维角度对网络组织进行了概括,认为网络组织是一种超越了传统市场与企业两分法的复杂社会经济组织形态,而且这一复杂组织形态是一个动态的按照一定路径依赖不断演进的历史过程。⑤

肯尼思·普瑞斯(Kenneth Preiss),史蒂文·戈德曼(Steven L. Goldman)和罗杰·内格尔(Roger N. Nagel)认为网络组织是由原来孤立交易的公司共同贡献资源而形成的"企联",即动态联接组织,从而使企业进入一个动态的互联世界,成为"灵捷竞争者"。⑥

马歇尔·范·阿尔斯泰恩(Marshall Van Alstyne)认为这种组织形态也可被扩展到一个企业内部联邦分权式的业务单元之间。除了边界的可渗透性之外,专业化资产的集中、联合控制和共同的目标这三个特征也可以将其与科层结构、组织间的偶然性交往和大规模的市场交易区别开来。⑦

约埃尔·波多利内(Joel Podolny)和凯伦·佩奇(Karen L. Page)从跨组织的角度来界定网络组织,他们认为网络组织是组织之间以"互相依赖"为纽带紧密联结在一起,以提高组织的可依赖程度和满足大规模的生产需要(当组织基础相对较小的时候)。⑧

理查德·达夫特(Richard L. Daft)将典型组织分为人、群体部门、组织、跨组织集合或社区四个分析层次,认为由单个组织相互作用所形成的跨组织集合(Inter-Organization Set)是组织本身集成的最高分析层级,它以自由市场模式组合替代传统的纵向层级组织,隐含地给

---

① MILES R E, SNOW C C. Organization: New Concept for New Firm[J].California Management Review, 1986, 28(3): 62-73.

② THORELLI H B. Networks: Markets and Hierarchies[J].Strategic Management Journal, 1986(7): 37-51.

③ BAKER W. The Network Organizations in Theory and Practice[M]. Boston, MA: Harvard Business Press,1992:397-429.

④ JARILLO J C. On Strategic Networks[M], Strategic Management Journal, 1988.

⑤ MAILLAT D, CREVOISIER O, LECOQ B. Innovation Networks and Territorial Dynamics: A Tentative Typology[A]// JOHANSSON B, KARLSSON C, WESTIN L(eds). Patterns of a Network Economy[C]. London: Springer-Verlag, 1994.

⑥ 普瑞斯,戈德曼,内格尔. 建立灵捷的业务关系——以合作求竞争[M]. 武康平,译. 沈阳:辽宁教育出版社,1998.

⑦ ALSTYNE M V. The State of Network Organization: A survey in Three Erameworks[J]. Forthcoming in Journal of Organization, 1997, 7(3).

⑧ PODOLNY J M, PAGE K L. Network forms of organization[J]. Annual Review of Sociology, 1998, (24): 57-76.

出了网络组织的含义。①

拉维·阿卡楼(Ravi Achrol)认为网络型组织是由多个独立的个人、部门和企业为了共同的任务而组成的联合体,它的运行不靠传统的科层控制,而是在定义成员角色和各自任务的基础上通过密集的多边联系、互利和交互式的合作来完成共同追求的目标。②

费德里科·布特拉(Federico Butera)认为,网络组织是一个可识别的多重联系和多重结构的系统,在组织内部"结点"和具有高度自组织能力(或者说是有机组织)的网络组织,在"共享"和"协调"目标以及松散、灵活的组织文化理念的支持下共同处理组织事务,以维持组织的运转,实现组织的合作。③

(二) 国内学者对网络型组织的界定

李新春就我国从计划经济向市场经济转轨的过程,系统考察了企业网络的生成与市场发育过程,认为网络组织是组织之间的合作联系,这种联系的实质是企业之间的分工贸易,是组织行为而非个人行为。④

贾根良认为企业网络是经济网络的重要组成部分,而经济网络是借用计算机网络概念之隐喻,把经济活动看作由各种经济行为者之间长期投资形成的资本要素所组成的联系之网。⑤

林润辉、李维安认为网络组织是一个由活性结点网络联结构成的有机的组织系统,信息流驱动网络组织运作,网络组织协议保证网络组织正常运转,网络组织通过重组来适应外部环境,通过网络组织成员合作创新实现网络组织目标。⑥

孙国强提出只要是企业之间或企业与其他社会组织之间的跨界经济联合都应纳入网络组织的研究范畴,如虚拟企业、战略联盟、兼并收购、企业集团、企业联合体、垄断性组织、互惠贸易协定、电子商务等,都是网络组织的具体模式。⑦

通过比较以上国内外学者对网络型组织的界定,可以发现以下相似之处:网络型组织有着动态灵活性;是介于市场与企业之间的准市场组织,但又超越于两者之上;采用活性结点联结;各结点互相依赖互补,具有合作竞争性。因此,我们可以将网络型组织定义为:一种基于共同目标或价值取向的合作竞争型的准市场组织,是介于市场和企业之间的一种制度安排。它以独立个体或群体为结点,以彼此之间复杂多样的经济联接为线路形成互相依赖、动态灵活的分工协作系统,网络型组织中的企业行为由相互之间的关系所决定,本质上是一种价值互补关系。

由此,我们可以将网络型组织的特点归纳如下:网络型组织是企业及社会组织之间的一种制度安排;其形成具有很强的自组织性;信息技术在网络型组织中至关重要;交互作用的网络关系能够达到价值和能力的互补;网络结点及其联结方式具有多样性和层次性;具有动

---

① DAFT RICHARD L. Organization Theory and Design[M]. 5th Edition, Minneapolis/St. Paul, Minnesota: West Publishing Company, 1995.

② ACHROL RAVI, KOTLER PHILIP. Marketing in the Network Economy[J]. Journal Marketing, 1999(63).

③ BUTERA F. Adapting the Pattern of University Organization to the Needs of the Knowledge Economy[J]. European Journal of Education, 2000, 35(4): 403-419.

④ 李新春. 企业战略联盟的生成发展与市场转型[J]. 经济研究, 1998(4): 70-78.

⑤ 贾根良. 网络组织:超越市场与企业两分法[J]. 经济社会体制比较, 1998(4): 13-19.

⑥ 林润辉, 李维安. 网络组织:更具环境适应能力的新型组织模式[J]. 南开管理评论, 2000(3):77-79.

⑦ 孙国强. 网络组织的内涵、特征与构成要素[J]. 南开管理评论, 2001(4): 39-40.

态开放性、创新性和边界模糊性；组织成员具有共同目标；自学习性是其生存发展的重要源泉；信任与协调是其运行的基本保障；强调以客户需求为导向；网络型组织是超越了法人实体的多边联系。

第二节 网络型组织的特征与要素

一、网络型组织的构成要素

网络型组织的构成要素应从网络运行的环境、机制和条件，网络的形成、发展和演化等方面综合考虑，将网络型组织的构成要素分为有形要素和无形要素，如图 5-1 所示。

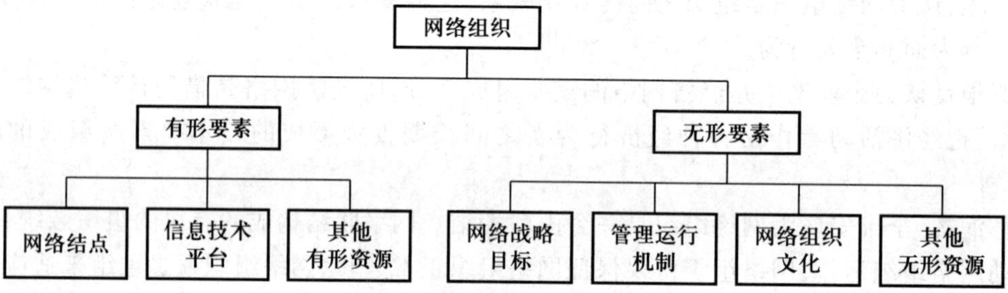

图 5-1 网络组织的构成要素

（一）有形要素

1. 网络结点。结点是构成网络型组织的基本要件，是建立网络型组织的前提。网络结点可以是独立的企业，也可以是其他社会组织（如学校、科研机构等）。网络结点按性质不同可以分为同质结点与异质结点。同质结点因功能相同或相近而具有替代性；异质结点功能上具有差异性。网络结点的作用体现为能够提供核心资源与关键技术，具有信息处理和决策功能；反之，其作用又决定了它们在网络型组织中的地位，可分为关键结点、重要结点和一般结点。

2. 信息技术平台。信息技术平台是网络型组织有效运行的技术支撑和硬件保障，包括信息、通信技术和信息网络技术。信息技术平台为网络型组织提供了一个随时响应市场需求，低成本实现网络伙伴之间的有效沟通、协调和共享的平台，极大地拓宽了原有受地域限制的网络型组织范围。通过信息技术平台，可不受时间、地域限制，随时沟通、交流，加深了解、增进友谊、提高信任，将拥有核心能力的组织连接起来，整合形成“网络型组织核心能力”，保证网络型组织的发展进化。

3. 其他有形资源。除了网络结点和信息技术平台以外，网络型组织内部还充满了有形资源的使用和流动；除了信息流外，大量的物流是网络型组织实施生产运作或提供服务产品的重要基础。传统的基础设施、生产设备、原材料、外协件等是网络型组织价值创造的物质载体。

（二）无形要素

1. 网络战略目标。网络战略目标是网络型组织形成、运作、发展和进化的指南。只有在共同的战略目标指导下，网络型组织才能整合实现战略目标所需的资源、协调组织成员的战略行为。网络战略目标来源于并高于网络成员的子目标，而且需要网络成员的精诚合作、协同运行才能实现。

2. 管理运行机制。管理运行机制是网络型组织的调节器，机制到位就会对合作成员的行为发生有效的协调、约束与激励作用，从而使网络型组织处于良好的运行状态。所以，建立一套包括信任机制、协调机制、决策机制、约束机制、分配与激励机制等在内的网络管理运行机制，是网络型组织有效运行的重要保证。

3. 网络组织文化。网络成员在竞合过程中形成的网络精神、价值观、行为规范，相互信任、合作的网络文化，以及共同遵守的制度、规定和惯例等，共同组成了网络组织文化与制度要素，为网络成员实现资源共享、优势互补、相互信任、协同发展提供了有力的保障，是网络型组织不断进化的精神支柱和无形保障。

4. 其他无形资源。网络型组织除了上述要素外，还包括一些在网络运行过程中发挥不可或缺作用的无形资源。如，网络型组织拥有的共同的学习语言和良好的社会关系；网络型组织整体拥有的商誉、信誉、商标、专利等无形资产；网络型组织内部成员之间良好的合作关系网络，包括资本关系、产权关系、契约关系、联系强度等。这些无形资源在网络型组织的运行中起到了润滑剂的作用。

在当今复杂多变的社会经济环境下，网络型组织是适应激烈市场竞争而产生的一种新的组织模式。网络型组织具有灵活而快速的反应能力，具有扁平的结构、职能的一体化，注重提高内部组织的有效性，以及发展与外部组织的网络联结的特点和优势，代表了 21 世纪组织模式的发展方向。

二、网络型组织的治理机制

网络型组织打破了传统的企业边界，使得单个企业在关注内部自身治理机制的同时，必须关注整个协调链上的治理机制。企业间网络能否成功运作的关键在于，其治理机制能否保证合作各方不采取机会主义行为，能否协调合作成员同步互动而且有序高效地协作。要保障网络型组织的有序自组织运行，外来的强制干预和控制是无益的。但为了避免在网络型组织自发演进中出现重大问题，有效的治理机制是必不可少的，以此来保障网络型组织的正常运行。

（一）利益相关者共同参与

利益相关者共同参与是网络有效治理机制的核心。企业间网络治理的关键问题是如何对网络型组织中的伙伴关系进行治理，使每一成员都能尽其所能、同舟共济。从这个角度说，该机制具有共同治理机制的特征，对于每一个参与成员来说，每一方相对于合作方都是利益相关者，虽然密切程度可能不同。与单纯一个企业内部的利益相关者参与治理不同，所有网络结点上的利益相关者都应该参与治理，通过一定的契约安排和治理制度来分享企业的控制权，由“点”通过“线”拓展到“面”，利益相关者之间双向或多向互动治理。

（二）简单灵活且具动态性和前瞻性

网络型组织必须体现动态性、平等性、复杂性，更多依靠契约或合同来管理，并建立牢固的信任关系，积极发展和谐的人际关系，从而建立起一种“软硬结合”的新型协调方式。所谓“硬”的协调方式，指的是建立一些规则、制度，订立一些契约、合同，具备条件的，还可以建立一些专门的协调机构与人员。但是由于网络型组织的动态性、复杂性等特点，这种协调方式并非总能奏效。所谓“软”的协调方式,指的是建立彼此信任、和谐的关系,依靠灵活机动、多层次的沟通,来应对随时可能出现的各种复杂问题或者潜在冲突。因此,重要的不是试图去命令、监督和控制,而是致力于维护一个有利于发挥成员企业员工积极性的工作环境。

其中,网络型组织的治理机制还会因运行模式的不同而有所不同。对于有盟主的网络型组织,由于结点之间是通过产权、契约关系、法律合同、行政指令等方式联结的,并且在盟主结点的组织协调之下运作。所以,可以通过盟主结点的管理协调功能,通过指令、契约等信息来保持网络型组织的有效运行,因而更多的是倾向于“硬”的协调方式。而对于无盟主的网络型组织,由于各个结点处于对等的地位,所以只能通过网络型组织的自我调节功能——各结点之间通过相互的交流,参与网络型组织的运行形成网络型组织的价值,并为网络型组织各成员所共享,因而更多地是采用“软”的协调方式。但只在自发的调节机制下还是不能保持组织的有效运行。所以,必须引入一种监督机制或者惩罚机制,以有效地调节结点的行为使得一次性博弈变为重复博弈,从而达到有效治理的效果。

(三)网络型组织的治理机制是介于自动调解和强制调解之间

作为介于市场与企业之间的准市场中间边际组织,网络型组织的治理机制也介于二者的自动调节机制与强制调节机制之间,并加之于自身所特有的社会调节机制。这便是1997年美国学者琼斯(Cadence Jones)以结构嵌入的社会学理念为基础,提出的网络治理理论模型。他将社会关系引入网络型组织治理中,认为社会网络的嵌入对交易的协调与维护至关重要。在琼斯的治理模型中,对科层制组织(企业)、市场组织以及网络型组织的生产活动协调方式进行了比较,具体见表5-1。

表5-1 生产活动协调方式比较

特征	科层制组织	网络型组织	市场组织
企业边界	企业内部	企业之间	企业之间
调节机制	行政协调	契约协调与价格机制	价格机制
协调成本	组织成本	组织成本与交易成本	交易成本
稳定性	稳定	相对稳定	不稳定
合作程度	合作	竞争与合作	激烈竞争

(资料来源 Rikard Larsson, International Studies of Management and Organization, M.E.Sharpe, Inc., 1993:87-106.)

由上表可以看出,作为介于企业和市场之间的一种中间形态的组织方式,网络型组织的协调方式也介于企业与市场之间。在琼斯看来,在网络型组织生产活动中,自动调节、强制调节和社会调节是相互交织在一起。其中强制调节是指网络型组织下的企业必须履行契约所规定的责任和义务。这些契约以显现的或隐含的,暂时的或无限的形式存在,强制协调着企业的行为,维护着企业间特定的经济关系。而自动调节,则是指网络型组织下企业都是独立的市场行为主体,价格机制仍然是一个基本的调节机制。企业在遵守契约规定的基础上,通过有效的市场竞争来配置资源。作为网络组织所特有的社会调节,指的是企业的经济行为和经济关系嵌入于一定的社会关系之中,在一定程度上受到这些社会关系的影响。相互信任的人际关系、相同的价值观念有助于企业达成契约,也有助于企业默契地遵守契约、相互协调交易行为。反之,不和谐的社会关系和不良的社会风气则阻碍着企业间经济关系的建立和发展,增加了企业防范市场风险和道德风险的成本。

(四)重视隐含契约在网络型组织治理过程中的重要作用

隐含契约包含着四个主要因素:限制性进入、共同文化、信任与声誉,它们对网络治理机制具有综合的作用。限制性进入可减少协调成本,相对较少的合作伙伴能增加互动的频率,这将增大行动者之间逐渐协调的动机与能力。共同文化是指一个在构思、价值、可比较的产业特色和职业知识上广泛共享,并能在相互依赖的基础上指导参与者的行动与创造性的行为。如果团体间在价值、思想与原则上的默认越多,则互动的频率就越高。共同文化还是团体间交流的特色语言与原则隐喻理解的桥梁,为在意识形态、价值领域上的整合提供了先决条件。信任是多次重复动态博弈后获得的一个均衡解,同时,基于信任的重复交易也为具有长期合作关系的合作者提供了分享机会和信息渠道,成为网络成员共同创造价值的基础。在网络型组织中,信息技术的广泛应用降低了传播声誉的成本,紧密的合作关系也使声誉信息传递到所有成员成为可能,声誉机制的作用在治理机制中的作用也更加有效。

第三节　构建网络型政府组织

一、网络型政府组织的产生背景及其含义

20 世纪,科层制政府体制是提供公共服务和实现公共政策目标的经典组织模式,这种模式通过命令—服从体制能够很好地完成整齐划一的日常工作。然而,面对 21 世纪的挑战和应对挑战的方式都比以往更加纷繁复杂,当权力分散、组织界限变得越来越不固定的时候,各种问题也就变得更加全球化和地方化,多元流动的人群日益反对用简单统一的方式处理复杂问题,传统的科层制政府模式也日益不能满足这种复杂而快速变革的时代需求;靠命令—控制程序、刻板的工作限制和工作文化维系的科层制度,日益不适宜处理超越组织界限的复杂问题。因此,尽管科层制依然占主导地位,但存在于政府组织之间以及政府组织与非政府组织之间的合作性网络型组织这一新兴事物已逐渐受到重视,网络型政府组织便应运而生。在这一新的组织模式下,政府工作不再单纯依赖传统意义上的政府内部组织成员,而是更多地依赖于各种伙伴关系、协议以及同盟等所组成的网络来完成任务。

网络型政府组织模式并不是近几年才出现的,在历史上也是有迹可循的,政府已在很大范围内与私人公司、各种协会和慈善组织开展合作,以实现其公共目标和提供公共服务。当然,如今的网络型政府组织模式无论在范围还是在程度上都是以往任何时期所不能比拟的,它的正式诞生与当今世界上四种有影响的发展趋势紧密相关。

(一)产生背景

1. 第三方公共服务领域的发展是网络型政府组织产生的决定性因素

很长时间以来,政府官员一直有意识地不断利用私人公司和非营利组织提供公共服务和实现政策目标。这种发展将政府组织从一个服务供应者转变成了一个服务催化者。第三方公共服务递送模式,包括政府机构之间的合同、商业化、公私伙伴关系、外包、特许协议和私有化等形式,都是实现网络化治理的核心内容。第三方公共服务运行模式不仅越来越多出现在信息技术、废品收集和社会服务等领域,也出现在了不少非传统性部门,比如在美国,

私人承包商成为战争不可或缺的一部分；在荷兰、英国等地，私人部门已进入学校的建设与管理领域；资源管理和环境服务等领域也成为政府与私人公司、非营利机构合作的内容。近年来，监狱管理则是发展比较快的一个第三方公共服务领域。

2. 协同政府的出现为政府网络化组织模式的发展提供了内在驱动力

协同政府（Joined-up Government）指的是行政组织内部不断倾向于联合若干个政府机构，以及联合多级政府机构来一起提供整体化的公共服务。单靠服务外包并不能解决科层制组织模式下的政府所面临的复杂问题。因为当一个刻板而封闭的政府官僚机构与私人公司签订服务合同的时候，公民依然面对着一条狭长孤立的渠道接受服务，这一问题也就导致了协同政府的出现，并成为政府建立网络化组织模式的内在驱动力。"协同政府"的改革模式是由英国前首相布莱尔所提出的，并在澳大利亚、美国等国家都逐渐盛行。这项改革拆除了科层制政府中非常盛行的条状壁垒，使得不同的政府机构能够更好地分享信息，协同作战。该领域的成功对于改善当今政府应对复杂环境的挑战来说非常关键。

3. 数字化革命的到来为网络化行政组织模式提供了技术支持

数字化革命打破了传统的信息传递和交流模式，创造了一种全新的信息互动工具。如今的国际互联网使得信息获得成本大幅度降低，伴随着电子邮件和其他沟通技术的发展，互联网将使跨越组织界限的伙伴沟通和合作变得更好、更快和更廉价。这种区别于传统意义上的信息互动工具和手段，为打破传统科层制的沟通模式以及降低政府与网络伙伴沟通的巨大成本提供了关键的技术支持，推动了网络化组织模式的出现。

4. 公民选择的多元化与个性化是网络化政府组织模式产生的外部需求

公民要求更多地掌控自身的生活，要求在政府服务中拥有更多的选择权，要求政府服务更加多元化。已习惯商业化定制服务的消费者越来越不能忍受到离家很远的行政机构（如官方机动车许可证机构）排长队等候普普通通的服务，人们开始希望能够选择如何获得帮助以及何时获得帮助。这些要求参与的公民不再是温顺地坐在科层式服务运行体制的底层接受着千篇一律的产品或服务，而是希望接受其责任，积极参与各种市场和社会活动。因此，要想回应公民的选择需求就需要建构一种不同于科层制的政府模式。随着多元化和个性化在服务运行过程中的影响日益凸显，服务运行的模式也就会越来越倾向于网络化。

（二）网络型政府组织的含义

网络型政府模式实际上是上述四种产生背景的集合，将第三方政府高水平的公私合作特性与协同政府充沛的网络管理能力结合起来，然后利用数字化的技术手段将网络连接到一起，并在服务运行方案中给予公民更多的选择权和自主权。

由图 5-2 不难看出，不同类型的政府组织模式在公私合作程度和网络管理能力方面都存在差别。在低公私合作程度和低网络管理能力的情况下，政府主要采取科层制模式；在低程度公私合作和高网络管理能力的情况下，政府倾向于采取协同政府模式；在高公私合作和低网络管理能力的情况下，政府倾向于采取第三方组织的模式；在高公私合作和高网络管理能力的情况下，政府倾向于采取网络化模式。在网络型政府组织模式中，不同层级的政府不必真正地提供单项服务，所有的服务都可以由私人和非营利组织来负责提供。政府通常采用网络化组织模式来解决相互关联且很难细分的复杂问题：将解决问题的各种网络编织在一起，并将服务供应推向各个社团组织。由此可见，网络型政府组织是指一种借助数字化技术手段，公共服务体现公民选择权和自主权，具有高公私合作和高网络管理能力的组织模式。

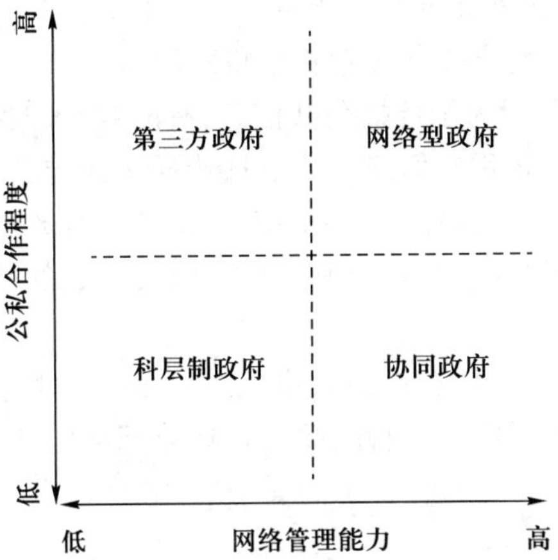

图 5-2　不同政府组织模式的特点比较

二、网络型政府组织的类型

网络型政府组织的类型可以按照以下两种标准进行分类:政府的参与程度和集成者由谁担任。

(一) 按政府参与程度分类

政府在网络型组织模式中的参与程度决定了网络型组织的形式及其适用的服务项目。因此,根据其参与程度由高到低可以分为以下六种:

1. 服务合同式。就政府参与程度来看,在服务合同式的网络型组织中政府参与程度最高,政府利用契约条款作为组织的工具,承包人和次承包人的服务协定及其关系构建了纵横交错的排列次序,与简单一对一的关系刚好相反。在西方国家中,这种网络在公共部门的一些领域中非常流行,如卫生、心理健康、福利、交通运输和国防领域等。

2. 供应链式。供应链式的网络型组织形成,主要是政府为了递送一种复杂的服务或产品。但在政府部门中找到的供应链式网络型组织数量远远比不上私人部门,因为政府主要是提供服务而非制造产品。在西方国家中,这种供应链网络主要用于国防和运输领域等。

3. 专门类型式。这种模式的网络型组织主要是临时性的,政府经常会因为一种特殊的情境而去激活一个网络,用于应付紧急情况。比如,为了应对一种感染疾病的爆发,政府就会激活由医院、医生、公共卫生和执法机构共同组成的专门类型式的网络型组织。此外,在西方国家,这种网络型组织还被用于应对自然灾害以及计算机威胁等领域。

4. 渠道性伙伴关系式。事实上,这种网络型组织是公司或非营利组织为政府代理一些政府业务,比如客户在购买新车之时,销售代理会直接为其处理机动车登记业务,以节省其前往相关政府部门办理的时间和费用。在西方国家,这种网络型组织还被用于执照办理和网上报税等领域。当公司或非营利组织将越来越多的政府业务捆绑进自己的服务供应之后,这种渠道性伙伴关系式的网络型组织就会越来越庞大。

5. 联结交换台式。在这种形式的网络型组织中,政府作为一个联结交换平台,去联结各种提供某项公共服务的营利或非营利组织,所以,这种类型的网络型组织不仅需要政府自身的参与,更需要其他拥有所需资源的各方组织通力合作。因此,在这种形式的网络型组织中,联结的各部分成员若合作良好可能会产生新的净值。比如,以政府作为联结交换平台,可以为帮助无家可归的人们建立出一个食物贮藏式网络。

6. 信息传播式。政府部门为了传播公共信息,有时候会与拥有着庞大的网络资源的组织合作,结成网络伙伴关系,运用它们现成的信息传播手段与公众进行沟通,以使信息传播得更远。比如,美国联邦政府就与拥有大量环境信息和实时数据的"Earth 911"网站结成网络伙伴关系,从而与50个州政府、上万个地方政府以及无数的社区团体和非营利组织连入同一个全国性的环境网络。

以上这六种类型的网络型组织,按照政府在其中的参与程度高低(具体见图5-3),适用于政府提供公共服务的不同需求,因此,政府在构建网络之初,就应该选择适当的形式才会事半功倍。

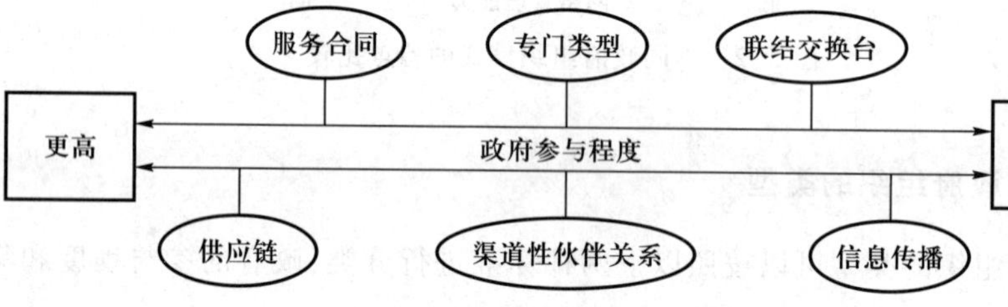

图5-3 按照政府参与程度划分的网络型组织

(二)按集成者由谁担任分类

在一个网络型组织中,负责集成和管理网络的集成者的作用不可忽视。集成者通常是联络网络其他成员的唯一实体,就好比"网络集线器"。一个能力很强的集成者能够协调网络内部各种活动,处理各种问题,并保证高质量的服务供应,它是一个优秀网络型组织中关键的组成部分。因此,按照集成者的不同,我们也可以将网络型组织分成以下三类:以政府自身作为集成者的网络型组织,以网络内部组织成员之一为集成者的网络型组织,以及以一个第三方组织为集成者的网络型组织。

1. 政府作为集成者的网络型组织

以政府作为集成者是最传统的网络型组织模式(具体见图5-4)。政府作为大型复杂的网络集成者,其历史可以追溯到第二次世界大战时期的曼哈顿工程,更近一些的则有美国俄亥俄机动车部门所组织的200多家机动车办公室组成的特许经营网络。

政府或公共部门作为网络管理者和集成者是合乎逻辑的选择,因为政府部门可以利用其地位和权威以及公正的形象将不同的网络参与者集合在一起,并协调它们之间的活动,处理彼此之间发生的争端等。但是,政府自身作为网络集成者,也有可能遇到一些问题。因为进行网络管理和集成需要专业的管理知识,需要政府官员跨越服务界限和组织机构进行创造性思考。而事实上许多政府官员都不具备这种能力,且经验也很有限。因此,若缺少这方面的条件,政府官员们就应该认识到,网络中其他拥有专业集成能力的成员,更加地适宜作为网络的集成者。

2. 网络内部组织成员作为集成者的网络型组织

政府官员作为网络集成者有可能会由于欠缺集成和管理能力而并非最佳选择,因而指

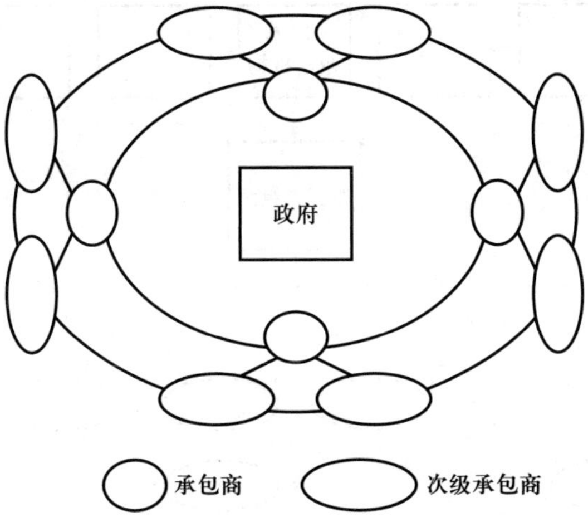

图 5-4　以政府作为集成者的网络型组织

定网络中的一个主要成员或者叫主要承包商，来负责网络型组织中的网络集成工作是更加适当的。（具体见图 5-5）

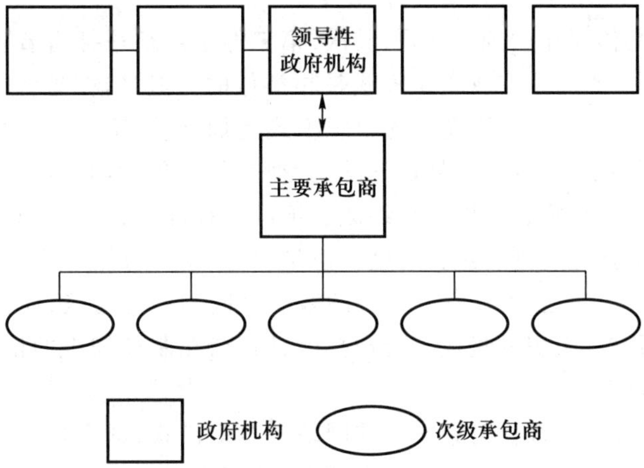

图 5-5　以网络内部组织成员之一作为集成者的网络型组织

以网络内部成员之一作为集成者在大规模变革中特别流行，因为在变革中需要深奥、顶尖的项目管理技能，而这些在政府部门中都是比较难找到的。而在网络内部成员中，主要承包商拥有行业知识和关系网络，这些特征常常就赋予它自身影响力和专家地位，从而具有成为网络集成者的资格。

3. 第三方组织作为集成者的网络型组织

选择网络集成者除了上述两个方面外，还有第三个选择，那就是雇佣一个第三方组织来代表政府集成和管理网络。与第二种类型的组织模式不同的是，所谓第三方组织并不直接参与提供服务，而是代表政府从不同的供应商处优化服务的递送过程，通过协调和稳定网络组织成员的合作关系来履行自身的职能。（具体见图 5-6）

以第三方组织为集成者的组织模式，相比于政府自身作为集成者的组织模式而言，具有较大的优势：首先，它使得政府官员们能够更加地专注于关心政策、成效与任务的完成情况，

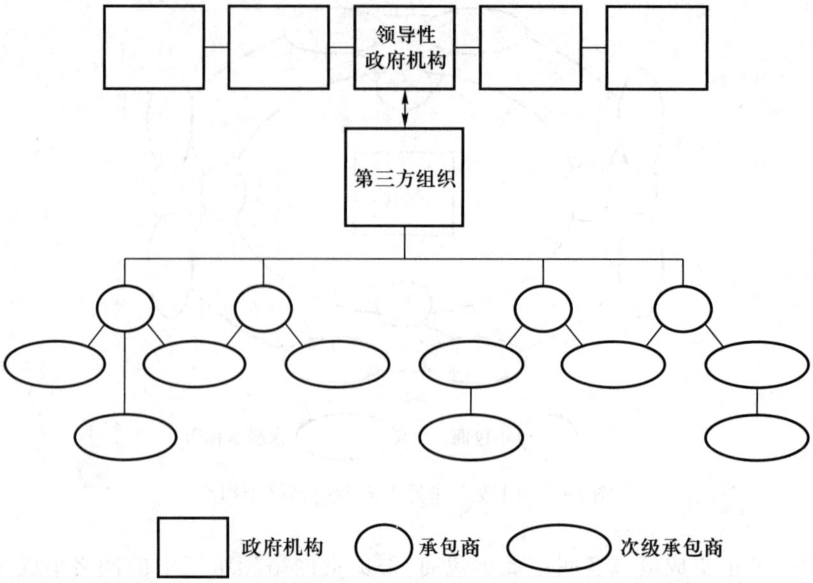

图 5-6 以第三方组织作为集成者的网络型组织

而不是执着于一些具体操作的细节问题;其次,第三方组织往往拥有着更专业的知识、管理工具和关系网络,这一点与第二种组织模式是相类似的。但是,在某些情况下,第三方集成模式会比以网络内部成员作为集成者的组织模式更加合适:第一,因为它具有更大的灵活性,若出现什么问题的话,可以更容易地开除、置换合作伙伴;其自身也更容易退出。第二,网络集成者的工资可以设定在与网络组织成员不同的标准上,这样就有利于网络集成者在不针对自身的情况下强化规则和惩罚力度。但是,采用第三方组织作为集成者的模式也是有其不利的方面:其一,它会在政府与终极的客户之间多一个层级,使得服务链条更长;其二,由于政府依赖第三方组织的集成与管理技能,因此,在制度知识的稳定性和连续性方面就会存在一定的风险。

总而言之,不管选择由谁作为集成者的网络型组织模式,都会具有其优势和风险,政府应该充分考虑所处的环境,认真衡量各种利弊因素后来决定选用的模式。

三、网络型政府组织的优势

网络型政府组织提倡在政府上下进行管理模式的根本性转变,具有科层制组织模式所欠缺的优势,成为其继续发展的强大驱动力,包括了专门性、创新性、迅捷性与灵活性以及扩大的影响力。

(一) 专门性

网络型政府通过较强的网络管理能力,集中和平衡相关部门的专门技术,从而让政府专注于自身的核心使命。专门化优势使政府能够保障网络资源都是高度专业化的技术知识和世界一流公司的管理人才,让政府能够将有限的精力和资源投入于管理协调中。

(二) 创新性

网络型组织通过让政府探索各种供应商参与的更大范围的选择方案,鼓励了各种对创新进程至关重要的试验模式。因为创新在政府的科层制组织模式下所遇到的阻力,要远远大于在网络型组织模式中所遇到的阻力,这是由于在科层制组织模式中,大量内部平行的约束机制会限制新观点与新想法所必备的互动环境,而纵向上的信息传递障碍又会阻止好观点与好想法从产生到影响决策的整个过程。

(三)迅捷性与灵活性

网络型组织模式中的网络能够增加政府组织的迅捷性和灵活性,通过利用合作伙伴提供的一项服务或完成一项任务,政府的管理者可以在很短的时间内增加、减少或改变资源。由于科层化的决策结构,僵硬的科层体制对于新环境的反应速度很慢,面对突如其来的变化也很难立刻做出反应。而政府严格的人事制度和采购制度使得它很难快速地运动或根据环境改变方向。相反,网络型组织模式就相对地更加敏捷和灵活[①],可以使政府绕开那些延缓人事流动、应急物资或伙伴获取的无效程序,平衡私人部门和政府的资金。当出现环境变化或绩效滞后的情况时,设计完善的承包合同会考虑在合同条款或参与方面进行变更[②]。网络允许比科层制度更为迅捷地减员或增员,而且这种人事变动所付出的政治代价会少很多。

(四)扩大的影响力

网络型组织模式的分权和流动形式以及每个成员的自主性使得政府的影响力得以扩大,并能够在最有利于公民的水平上考虑决策。网络型组织模式可以通过让合作伙伴提供所有启动资金的方式,帮助政府官员在不产生巨额财政负担的前提下启动项目;同时也能够在更大范围内与合作伙伴分摊技术成本,降低风险。另外,网络还能借用非营利组织的创新精神和创造力,帮助政府在解决社会问题时扩大自己的影响力。而且,政府也可以通过结网的方式推行各种项目和政策,以此鼓励有需要的公民进行自我管理,而不是成为政府资助的被动接受者和外部社会力量的无助受害者。

四、网络型政府组织的挑战

尽管网络型政府组织模式相较于传统的科层制组织模式而言,拥有着很多的优势,更适宜于政府应对当今纷繁复杂和快速变化的社会环境。在许多情况下,政府通过网络型组织模式创造出来的公共价值,会比科层制组织模式创造的公共价值还要多。但我们也要认识到实施这一新组织模式所带来的巨大挑战。

(一)达成一致目标的挑战

在政府部门的网络中要实现目标一致,不像在私人部门的供应链之类的网络中那么简单。(1)由政府负责建立提供某种服务的网络中,服务的成效有时候是不明确的,也是很难予以衡量的,可能要花上数年的时间才能看到效果。网络常常会将同时具有重叠和不同目标的成员集合在一起,这样混乱的目标体系会让网络管理混乱不堪。网络中各个组织的使命也不一定总能协调好,即使网络参与者们在某个抽象目标上达成一致,也有可能在具体所要采取的行动上产生分歧。(2)当政府激活一个网络却让网络中的组织成员互相竞争时,也会产生目标不一致的现象,容易造成网络内部组织成员之间的紧张关系,不利于政府实现

---

① LINDEN R M. Working across Boundaries: Making Collaboration Work in Government and Nonprofit Organizations[M]. San Francisco: Jossey-Bass, 2002: 13.

② MILWARD B. Introduction to Symposium on the Hollow State: Capacity, Control, and Performance in Interorganizational Settings[J]. Journal of Public Administration Research and Theory, 1996(6): 194.

预期的网络型组织建构。(3) 由于网络组织成员试图将自身利益最大化而导致对公共利益的偏离。尽管政府鼓励网络组织成员将个人利益升华为公共利益,但组织成员个人有可能为了自己的狭隘利益而滥用政府特权,进而损害公共利益。

(二) 提供适度监督的挑战

监督管理对于一个网络型组织的健康运行是非常重要的。然而,许多政府组织会将公私伙伴关系和服务外包看成是解决服务管理问题的途径,而忽视对其进行监督管理,这种做法所带来的必然结果就是成本超支、服务失败甚至丑闻。反过来,政府官员也可能会滥用手中的监督权力,对网络成员的产出或成果进行过于细致的监督。这样的监督往往会干涉网络成员正常的工作程序。这两种极端的做法常常就会出现混乱的钟摆效应。政府首先会疏于监督管理以致出现重大疏漏,而此时又会反应过度,试图过分微观地监督和管理其网络成员。事实上,适当良好的监督管理应该是注重其成果而非过程,既不疏于监管但又不过分干涉网络成员的日常工作程序。

(三) 防止沟通失败的挑战

(1) 技术在网络型组织的良好沟通上起着至关重要的作用。如果网络中合作伙伴使用了独立不兼容的信息系统,或者网络成员之间的信息技术系统处于不同的水平上,都会导致沟通不顺畅,协作效果也会大打折扣。(2) 不同的信息保密条款也会阻碍沟通的进行,因为有时候政府会将不必要的保密约束强加于服务承包商,而自己却又没有这个要求。(3) 非正式的沟通渠道会增大正式沟通的工作量和信息流,但在网络型组织中,这种非正式的沟通渠道经常会因网络传播途径和分权形式所产生的障碍而遭到堵塞。缺少持续的、通用的和非正式沟通渠道的沟通障碍,将导致网络内部在发现问题和处理突发危机等方面所用的时间更长、效果更差。

(四) 进行充分协调的挑战

网络型政府组织模式一般要在多级政府、非营利组织和营利公司之间进行协调。每一方都有自己的支持者,当问题的复杂性高而职责又不明确的时候,协调问题就会阻碍网络的运行。任何一个组织的绩效不良,或任意两个组织之间的关系破裂,都会危害到网络的整体绩效。因此,政府在管理自身与每一个组织成员的关系之外,还必须管理网络内部各组织成员之间的关系①。在实践中,既要实现目标一致又要求合作伙伴协作,这是非常复杂而难以达到的,因为在同一个网络中合作的供应商,一定会为了承包合同和资金问题而在其他项目上进行彼此激烈的竞争。这种外部的紧张程度导致了网络关系内部的潜在压力,这种关系有时会表现为不信任和信息隐藏。因此,需要网络管理者有着优秀的协调能力。

(五) 克服数据不足的挑战

在网络型组织中,当政府要进行更为直接的服务承包时,准确数据的不足可能导致网络服务递送和对结果进行合理测评的失败。考虑是否采用网络型组织时,政府相关负责人通常要先确定任务是否应该由现有层级的政府来完成,还是要构建网络组织来完成。在做此抉择时,就要衡量完成任务的实际成本和绩效。然而,事实上政府官员通常都是不了解这些信息的,因为政府内部缺乏竞争,很少有动力做出节约行为,也就很少做出服务实际成本的

---

① McGEE M K. The Bioterrorism Threat Is Forcing Health Care to Lose Its Aversion to IT[J]. Information Week, 2001,11(3):52.

精确数据,并且在政府内部开发这种数据的动力往往是政治性的。数据不足会产生很多问题,可能会导致政府产生不现实的期望,还可能会在合作伙伴之间造成紧张关系。因此,在构建网络之前,网络管理者必须先确定原始的基准线,并基于此对结果进行测评。此外,即使政府官员拥有精确的数据,他们也有着很强的不与他人完全分享的动机。

(六)提升政府管理能力的挑战

政府需要具备管理网络型组织的能力,而随着政府更加依赖于承包商这种能力将逐渐减弱,政府不仅缺少管理承包商的公共雇员,更多的是缺少掌握正确技能或接受过必要培训的公共雇员。因为管理网络型组织所需要的能力与管理公共雇员不同,好的网络采购能力需要个人的技能参与,需要拥有广博的经验和较强的预测能力,而这些技能在政府部门中都很匮乏。尽管通过外部专家的帮助,政府部门可以在某种程度上缓解尖端的承包管理技能困境。但是,政府自身还是需要保持一定的核心网络采购能力,不仅要增加受过网络采购知识培训的公共雇员,而且要对政府中现有的公共雇员进行培训,使他们能够在日益复杂的环境中更有效地开展工作。

(七)维持稳定性与灵活性的挑战

政府具有稳定性的优势,而且随着时间推移,政府内部的服务运行体系以及一些简单的双边关系都会趋于稳定。但是,在网络型组织中,政府相关的负责人除了要保证其一定的稳定性外,还要面对符合高标准和承担风险的挑战。相比于科层制组织模式,网络型组织具有迅捷性和灵活性的优势,网络管理员也可能会真的行使其终止或变更合同的权力,从而增加对关系稳定性的威胁。如何保证网络型组织同时具有稳定性和灵活性,是网络型组织模式成功的关键。

五、构建网络型政府组织的措施

网络型组织作为一种新的组织模式,与传统的科层制组织有着很大的差异,因此,如何构建一个成功的网络型组织,对政府中的网络设计者和网络管理者也提出了很大的挑战。采用网络型组织能否有助于政府实现其根本政策和运行目的,往往要追溯到其原始的设计。网络化治理中架构了网络内部信息和资源的流动方向,即便是很小的设计误差,都有可能在后来产生相当多的问题,而且无论网络管理如何成功,都会浪费网络合作伙伴的时间和能源。鉴于此,我们就有必要在设计网络型组织之初就利用设计阶段,提前解决网络形成和管理过程中可能出现的问题,避免不必要的麻烦。

(一)确定使命与战略

政府机构的官员们一般很少在事前考虑使命和战略问题,而是在发现政府内部有哪些部分没有做好的时候,去寻求私人部门或是非营利组织的帮助。而且政府机构常常使用传统程序、现有组织结构以及现有能力,去指挥本应由网络型组织模式运行的活动。这些做法,最终都可能会导致失败,其根本原因就在于没有明确组织的使命和制定正确的战略。因此,在启动一个网络型组织模式之前,最根本的是确定其使命和战略。而制定战略首先要围绕政府的公共价值来明确组织的核心任务,并按照所期望的成果来调整网络设计。此外,政府不能让过去的办事程序、现有的组织规划以及运行能力等限制网络型组织模式的构建,而应该给予其足够的“设计空间”才能达到运用这种模式的真正目的。

（二）启动战略

网络型组织模式的战略不同于传统模式下的战略，因为它不仅涉及政府内部，还有私人部门以及非营利组织，需要有更强的推动力和凝聚力才能使其在这些不同性质的部门之中得以启动。而政府官员在启动战略的时候，可以采用的包括资金、召集能力、人力和技术资源以及政府权威在内的资源。通常，具有创新能力的政府官员会尽可能地将这些资源集结在一起，并以一种渐进式的方式调动资源以启动战略。其中，资金是最简单但也可能是最无效的资源，它能吸引到潜在参与者的注意力，但所得到的反馈也是比较有限的。而召集能力可以起到一种催化剂的作用，为具有类似目标的组织和个人提供一个平台，让其能够进行交流讨论并达成共识。人力与技术资源作为实体资源，同样有助于网络型组织的战略的启动。但更有用的资源往往是政府自身的权威，这种资源能够将不同的潜在参与者集结在一起。

（三）选择参与者

菲利普·库珀教授曾指出："整个网络的能力只能与其最弱的部分一样①。"这个说法与著名的"短板原理"相类似。因此，在选择网络参与者的时候就应该非常地小心谨慎。当为网络选择网络参与者即合作伙伴的时候，要严格根据特定的标准来评估其价值观和文化兼容性、经营能力和声誉以及亲近顾客的能力等。

1. 价值观和文化兼容性。在选择网络组织成员即合作伙伴的时候，首先要关注的是文化兼容性的问题。因为一个网络型组织中包含有多个组织成员，若其价值观、组织文化相去甚远，将影响它们之后的合作，不利于协调和沟通。因此，在确定了网络型组织的使命和战略后，在挑选合作伙伴的时候，就要注意剔除那些价值观与组织目的相去甚远的候选人，以免分歧型价值观成为日后影响整个组织合作关系的潜在威胁。

2. 经营能力和声誉。在选择潜在合作伙伴的时候，评估其经营能力也是至关重要的一环，所要考虑的包括其经营成本、是否拥有特殊技能的专家、财政生存能力以及承担一定风险的能力等。

3. 亲近顾客的能力。在提供公共服务的时候，政府需要拥有与特定人群有效沟通的途径，这就意味着网络型组织需要有一个广泛的外延。因此，需要网络中的合作伙伴拥有亲近顾客的能力，即拥有贴近顾客生活场所的现成关系，或者是获得相关区域的支持等。一般情况下，政府在启动一个网络型组织模式时，往往是倾向于利用现成的机构及其关系网络。值得注意的是，这些要素尽管都很重要，但并不总是均等的，而是要根据特定情况来分配各要素所占权重。

（四）确定正确的组织模式

前文所讨论的网络型组织的两种分类方法，是确定组织模式时所必须考虑的两个方面。

1. 政府需要怎样的参与程度

在考虑选择服务合同式、供应链式还是联结交换台式的网络型组织时，关键在于判断提供公共服务或递送公共政策所需要的政府参与程度。而做出这一判断就需要政府官员们先回答以下几个问题：(1) 想要做什么，是提供一项服务还是提供一条信息？若主要目标在于扩大服务范围，则最好是选择渠道性伙伴关系式的组织模式，以利用私人部门在市场上的范

---

① COOPER P. Governing by Contract: Challenges and Opportunities for Public Managers[M]. Washington: CQ Press, 2003: 117.

围优势。(2) 这项需要是一次性的还是持续性的？若只是为应付一个紧急事件或灾难事件才激活的网络，那么，就应该选择专门类型式的组织模式。(3) 拥有多少可支配的公共资金？可支配的公共资金越少，就越不可能建立一个契约型（如服务合同式）的网络组织模式，因为这类型的网络需要更多的公共资金来维系。(4) 责任性和灵活性的相对重要性如何？若责任性重于灵活性，那么拥有更高政府参与程度和明确的绩效激励的契约型网络是首选；若灵活性比责任性更重要，那么如信息传播式组织模式这类比较宽松的框架模式将更为适宜。

2. 选择谁作为网络集成者

让政府自身来集成网络，还是选择网络组织中主要成员之一，抑或雇佣一个第三方组织作为网络集成者，这三种以不同的网络集成者来区分的网络组织模式都有着各自的优势和不足。而在此之中进行选择，需要考虑的则是政府自身的处境以及想要达到的目的。以下几个问题可以帮助我们做出判断：(1) 政府内部是否存在监控网络的适当技能、经验和资源？(2) 监控网络的适当技能是否存在于政府外部？如果是，它们是否比政府内部的能力强？(3) 政府内部在管理网络方面能够并应该投入多大的管理注意力？(4) 政府机构必须距离真正的服务供应终端多远？(5) 哪一种集成模式最能够提高责任性？(6) 启动战略的速度有多重要？(7) 政府在启动战略的成本和资金方面是否需要帮助？(8) 如果主要承包商或第三方组织失败或退出网络，有没有一个连续的实际程序？以上八个问题的答案可以帮助政府官员选择最合适的网络集成模式。

无论选择怎样的政府参与程度，也不管集成者是谁，应该指出的是政府都必须在网络型组织中保持积极的参与以及保留一定的监督职责。这样才能保证政府的使命能够在网络的启动和持续管理过程中都得到体现，以使政府核心价值观不被网络中其他合作伙伴所扭曲。

复习思考题

1. 网络型组织是如何产生的？并说明其产生的深层次根源。
2. 简述网络型组织的含义、特点和构成要素。
3. 简述网络型政府组织的形成过程及影响因素。
4. 网络型政府组织概念界定是怎样的？
5. 网络型政府组织有哪些优势和挑战？
6. 决定政府选择网络型组织还是传统科层制的因素有哪些？
7. 简述网络型政府组织的分类。
8. 如何构建一个网络型政府组织？
9. 在选择网络集成者时，需要考虑的因素有哪些？

第六章　行政组织目标

第一节　行政组织目标概述

一、行政组织目标的含义

任何行政组织都必然具有特定的目标追求，这是行政组织得以建立、运转和发展的深层原因。行政组织处于特定的社会系统中，它在坚持外部目标的同时也注重实现内部目标。外部目标是行政组织的宗旨和合法性所在，内部目标则是实现外部目标的依托。以组织目标为源头，行政组织通过有效整合组织结构和体制，通过具体的组织运转和评估等活动，实现行政组织的内外部目标。

一般而言，组织目标指一个社会组织（企业组织、行政组织和非营利组织）在一定的时间和空间范围内努力争取达到的一种未来状态。组织目标是一个社会组织存在和发展的基础，它为组织的发展指出了方向，是判断组织活动合法性的依据，起着团结和激励组织成员努力奋斗的作用，是衡量组织效果与效率的准则。也有学者认为，组织目标是组织的构成要素，它是组织预定在一定时间和空间内所要取得的最后成果，或者说是组织为之奋斗以争取实现的一种未来状况，也可以理解为组织的一整套价值标准。

组织目标的核心内涵包括以下几点：

1. 组织目标对于组织成员的活动具有公共指向性。组织目标一般是通过法定的权威渠道制定的，组织成员的活动如果要实现合法化、合理化，使个人利益、目标与组织利益、目标保持平衡和一致，就必须坚持以组织目标为导向。组织目标对所有组织成员的活动都起着指向作用。

2. 组织目标代表着一种未来状态。实现组织目标意味着达到一种区别于组织当前状态的状态，而且，未来状态一般都是由组织成员精心规划的，具有未知或不确定成分，它体现了对现状的超越或发展，能够起到组织“愿景”的作用。因此，组织目标可以对组织成员发挥激励作用。

3. 实现组织目标需要投入特定资源。实现组织目标需要组织投入特定的人力、物力、财力、时间等资源，这是因为实现特定组织目标往往需要经由特定活动的开展，活动的开展需要投入人力、物力、财力、时间、技术、场地等资源。

4. 组织目标具有评估组织及其成员绩效的工具作用。组织目标具有激励性、资源吸附性，组织及其成员围绕组织目标指向投入了大量资源，组织目标的实现程度以及实现与否，自然代表了组织及其成员的绩效水平。所以,详细而系统的组织目标具有对组织及其成员的绩效进行评估的工具作用,可以作为组织管理工具而得到广泛应用。

综上所述,我们认为,行政组织目标是指行政组织为了实现特定的未来状态而设定的一种可以激励组织及其成员投入特定资源,并且可以用作组织管理工具的公共导向。

二、行政组织目标的特征

1. 强制性。强制性是由行政组织的特性所决定的。行政组织是依法设立的,它必须遵守特定的行政组织法规,其职责、功能与目标在相当大程度上由上一级组织或权力机关所决定,因此,行政组织对组织目标,尤其是对外部组织目标的选择权力很小。同时,行政组织目标对组织成员的约束性也非常强,组织成员往往无法对组织目标提出质疑或拒绝接受,因为行政组织成员必须严守下级服从上级、个人服从组织的纪律要求。在法治条件下,行政组织及其成员必须服从组织目标,其行为才具有合法性。

2. 服务性。在具有强制性的同时,组织目标也具有服务性,它服务于公民、行政组织及其成员。组织目标可以促使行政组织及其成员通过实现组织目标的努力而服务于公民,因为组织目标从根本上说是为公民服务的,是特定主体接受公民的委托而由行政组织具体完成的。在我国,全国人民代表大会是人民的最高代理主体,它负责将人民的各种意愿转换成组织目标,并分配给不同的行政组织加以完成。行政组织在实现组织目标的同时,也会给予组织成员以肯定和回馈,上级行政组织及权力机关也会对行政组织实现组织目标的行为加以肯定和回馈。

3. 和谐性。社会组织处于有机社会整体中,行政组织也不例外。行政组织处于特定的行政环境中,必然面临不同因素的影响,包括积极因素、消极因素、内部因素、外部因素等。这些因素会在不同方面、不同阶段给行政组织带来不同的组织目标要求。同时,行政组织的不同评估主体也会对组织目标的制定、执行和评估等阶段提出不同要求。为了应对这些不同的组织目标要求,行政组织目标往往表现为一定程度的和谐性,在维持和谐状态中不断向前发展。

在现实中,行政组织目标往往需要兼顾一些相互冲突的目标类型:长期目标与短期目标,经济目标与文化目标,强制性目标与服务性目标,内部目标与外部目标。归根到底,这是由行政组织所面临的制度约束,以及行政组织及其成员的利益关系决定的。行政组织只有在利益和谐中才能维持和谐状态并实现发展。

4. 复杂性。行政组织目标的复杂性是由行政组织的职责所决定的,它不仅要满足上级行政组织和权力机关的要求,也要满足组织自身及其内部成员的要求。从根本上讲,还要满足公民的要求。因此,行政组织目标具有复杂性,包含了经济、文化与社会目标,纵向目标与横向目标,分类目标与综合性目标,等等。

5. 动态性。行政生态理论认为,行政组织的职能及其行使往往与所处的行政环境相一致,同样,行政组织目标也与行政组织所处的行政环境相适应。行政环境的变迁必然要求行政组织的目标相应地发生改变,只有这样,行政组织才能适应行政环境并履行职能、完成组织目标。在现实中,行政组织目标往往是不断调整的,尤其是行政组织的短期目标之间往往差异较大,长期目标也随着组织活动的开展而不断调整。从内容来看,同一个行政组织的目标在不同时期是不同的。这充分体现了行政组织目标的动态性。

三、行政组织目标的作用

（一）导向作用

任何一个行政组织都是为了实现特定的组织目标而建立的，组织目标在无形中扮演着引导组织及其成员的努力方向的作用。组织往往是在特定目标的导向作用下集合所掌握的资源，通过一定的方法和过程而争取实现组织目标。失去目标的组织很难有序运行，必然出现效率低下、内外部关系紊乱的失范现象。在现实中，公共安全组织的目标是维护社会治安、惩处违法分子、防治公共安全隐患，这一目标在客观上引导着公共安全组织及其成员运用所掌握的资源，通过共同努力为社会营造一个安全的社会环境。组织目标在引导组织及其成员为实现组织目标而付出正向努力的同时，还具有抑制反向努力的作用。

（二）激励作用

行政组织掌握的资源是有限的，行政组织及其成员面临着一个在组织消费与组织发展之间如何分配组织资源的选择。同时，组织目标一般代表着一种愿景，因此，组织目标往往具有激励作用。它可以激励行政组织及其成员为了获取组织未来的发展而放弃对组织资源的即时消费。合理可行的、符合行政组织及其成员根本利益的组织目标，往往能够激励组织及其成员艰苦奋斗、团结向上。在现实中，特定行政组织的上级组织往往利用组织目标的激励作用来激励下级行政组织为实现特定的组织目标而开展某些活动。例如，我国国务院各部委为了调动该系统的行政组织的工作积极性，经常举行一些工作评比和考核活动。

（三）整合作用

行政组织是由多种要素组成的，组织中不同部门、不同成员之间具有不同的意识和偏好，如果没有特定组织目标的存在，行政组织将陷于无休止的纷争与内耗之中。组织目标可以促使行政组织为了实现特定目标而有效整合起来。行政组织为了实现组织目标，必须将自身的组成部门根据目标属性进行有机的分工与整合，合理配置工作部门和人力、物力资源。在现实中，目标明确的行政组织往往效率更高、内部管理更顺畅、人财物配置更为有效。

（四）管理工具作用

围绕组织目标开展管理活动是一种有效地提高行政组织管理水平的工具。为了实现特定组织目标，组织中的各个部门和成员必然承担一定的工作任务，这些工作任务完成的进度、质量可以通过客观、公正的考核得以体现。这不仅有助于合理运用奖惩手段调动组织成员的工作积极性，而且有助于提高组织成员的工作能力，从而提高行政组织的整体管理水平。在现实中，各级、各类行政组织都开展着不同形式的目标管理活动，这有助于发现行政组织管理中存在的不足和问题，尤其有助于科学地考核组织成员，为提高组织管理水平奠定客观基础。

第二节 行政组织目标的结构与类型

一、行政组织目标的结构

行政组织是一种复杂的动态组织类型，引导行政组织活动的组织目标往往与组织环境和组织意识交互影响，这决定了行政组织目标的结构比较复杂、类型比较丰富。仔细分析行政组织目标的结构与类型，有助于我们从深层次上认识行政组织目标，从而为行政组织日常管理和目标的实现提供认知条件。

（一）纵向目标与横向目标

行政组织的纵向目标意味着行政组织所要达到的未来状态具有纵向性，它不是对原有目标的简单重复，而是具有方向上的发展性或传递性。纵向目标体现了行政组织目标标准的提高和绩效的改善，是促进行政组织发展的基础。如教育行政部门制定的提高适龄儿童入学率，改善校舍安全状况，提高学生的身体与文化素质等目标。同时，中央政府的教育行政部门也会在纵向上对各个省、自治区和直辖市的教育行政部门下达教育行政目标，这也构成了纵向目标的一部分。

行政组织的横向目标则意味着行政组织所要达到的未来状态具有横向性，它是对行政组织原有目标的范围或内涵的超越，也体现为行政组织所要实现的具有平行地位的目标。例如，随着教育的不断发展，教育行政主管部门面临的行政环境发生着迅速的变化。与此相适应，各级教育行政主管部门需要针对新的教育动向制定管理目标，大学二级学院或独立学院的大量出现就对教育行政主管部门提出了新的管理挑战，需要在横向上扩展管理范围。

（二）外部目标与内部目标

行政组织的外部目标是组织存在的基础，没有外部目标就没有行政组织的存在，行政组织只有通过实现外部目标才能生存和发展。外部目标是组织需要为外部主体提供的一种未来状态，也是对组织及其成员的一种发展指向。如财政部的外部目标是为中央政府和全国人大提供财政预算文件，为各个省、自治区和直辖市提供预算编制指导，组织和实施全国范围内的一些财经类职称或职业资格考试，这些目标的实现主要就是服务于外部主体。

与外部目标相对应的是，组织在实现外部目标的同时还要实现内部目标，这是组织完成外部目标的充分条件。为了实现外部目标，组织需要调动组织成员的积极性，改善内部管理，更好地运用内部资源，这些都涉及组织内部目标的实现。如财政部为了实现外部目标，需要通过完成一系列内部目标作为条件，财政部自身需要培训和管理工作人员，加强机关建设，配备办公设备，这些都是财政部的内部管理目标。

（三）战略目标与战术目标

战略目标是行政组织在特定时限后所设想要达到的一种状态，它的未来指向性很强、激励作用明显。行政组织根据上级组织的指示，在其他主体的帮助下，通过组织成员的参与，精心设计和制定战略目标。战略目标的实施需要投入大量的人力、物力，是一个长期的过程。如国家人力资源和社会保障部为了加快高层次人才的培养速度，优化人才结构，制定了一系列人才规划，包括“百千万人才工程”等，这些战略目标需要经过长期努力才能实现。

战术目标是行政组织在短时期内所要达到的一种状态，它具有较强的确定性与量化特性，需要投入的资源不多。战术目标的指向很明确，激励周期短，行政组织对战术目标的制定和实施具有较大的自主权。例如，人力资源和社会保障部每年都要组织的中央、国家机关公务员考试以及周期性的公务员培训，就属于战术目标，这些目标的完成具有较强的程序性，过程容易控制，规律性强。战术目标的管理过程比较简单，绩效与责任容易评估。

二、行政组织目标的类型

根据行政组织目标的内容属性，可以对组织目标进行类别分析，从而全面掌握组织目标的内容，加深对组织目标的认识。

（一）消极目标与积极目标

行政组织的消极目标是一种具有较强的限制性的目标，它主要是用来规制特定主体的某种行为，以免公共利益受到损害。如各级工商行政管理部门和质量技术监督部门为了防止假冒伪劣产品危害消费者的利益、侵犯合法厂家的正当权益、维护市场秩序，往往制定一些针对性强的法律法规并设定执法检查目标，这就是消极目标。消极目标的特点是，它是用来执行既定的法律法规，具有限制性，在一定程度上和时限内会对服务主体的行为带来抑制作用。

与消极目标相对应，积极目标是一种具有较强的发展性和激励性的目标，它主要用来调动特定主体的积极性，从正面引导行为主体朝行政组织希望的方向发展。积极目标的实施会带来整体公共利益的增加。为了促进科技进步，加快科技成果向生产实际的转化，国家编制了一系列科技发展规划，如国家重点研发计划、"十三五"科学技术发展规划，具体规定了科技发展投入要占据当年 GDP（国内生产总值）的 2.5% 的目标以及其他重点发展目标领域。这些科技发展目标的制定，极大地激励着企业的自主科技创新热情。

（二）经济目标、文化目标与社会目标

市场和国家是两种配置资源的基本机制，行政组织是国家的载体和化身，它的外部目标中有一些目标具有经济属性，属于资源配置和利益分配性质。我国各级政府都出台了经济社会发展规划，确定一系列的发展目标，制定相关政策，如编制投资计划、制定产业政策、确定优先发展区域、审批重大建设项目等。财政部、人力资源和社会保障部为了协调各地区的收入分配，会采取制定相应的转移性收入计划、设定具体就业目标等措施。

实现社会的和谐与发展，必须实现人的全面发展，因此，行政组织目标中还包括许多文化目标。为了建设社会主义文化，促进社会全面发展，我国于 2017 年公布了《国家"十三五"时期文化发展改革规划纲要》，主要内容包括指导思想、方针原则和发展目标。各级文化行政部门根据具体情况也制定了相应的文化发展目标。随着我国社会转型的深入进行以及经济社会的发展，文化目标在行政组织目标中所占的地位将逐渐上升。具体的文化目标包括人均图书册数、人均阅读时间、人均歌舞剧演出场次等。

随着文明的发展、社会的成熟以及行政理念的深化，社会目标逐渐成为行政组织目标中的又一重点。社会目标强调公平导向、以人为本。社会目标的主要制定和实施主体是各级政府的民政部门、人力资源和社会保障部门。民政部门制定一系列优抚政策、社会救济政策，人力资源和社会保障部门通过制定合理的就业率目标改善民生状况、加快普及医疗保险与养老保险。其他行政组织也会制定各自的社会目标，如交通运输部会设定目标解决运输服务中存在的质量、速度和票务问题；教育行政主管部门会根据残障人员的特殊情况制定特殊教育发展与服务目标，充分保障公民的受教育权利。

第三节　行政组织的外部目标与内部目标

一、行政组织目标的二分法

以政府为主的行政组织存在的主要理由是解决市场失灵问题，包括提供公共产品、克服外部性、干预自然垄断、弥补交易市场上的信息不完全等缺陷。从管理学或现实的视角看，行政组织除了上述四个方面的外部目标外，还需要具有特定的内部目标。外部目标是行政组织存在和发展的根据和导向，内部目标是行政组织实现外部目标的依托。行政组织需要从所存在的外部系统中获取资源和目标，通过实现特定的内部目标为最终实现外部目标创造现实条件。这是因为，行政组织的外部目标是复杂多变的，而且具有持续性，要持续性地实现外部目标，行政组织必须能够维持和发展自身，从而为实现外部目标提供现实条件，包括机构、场所、人员、资金和服务活动等。

行政组织与社会之间在本质上存在着一种契约关系，即行政组织从社会获取一定的资源，包括公共资金、公共权力、人力资源等，在满足自身需要的同时实现社会所赋予的一系列目标，这些构成了社会对行政组织的输入。这一系列目标主要包括维护社会公平，提高社会生产效率，回应社会公众的要求和提供公共服务。在接受社会输入的同时，行政组织还要向社会输出上述一系列目标。行政组织在转换输入与输出的过程中需要满足特定的内部目标，以令人满意地完成上述转换过程。行政组织的内部目标主要有：管理组织资源，成功地进行绩效管理，实现组织的顺畅运转，推动组织发展，等等。

图 6-1 概括性地展示了行政组织的外部目标与内部目标之间的互动关系。需要指出的是，行政组织与社会之间的输入—输出关系是一个永无休止的循环过程，行政组织需要适应社会的不断变化，通过实现特定的内部目标，从而为令人满意地实现外部目标提供现实条件，将组织自我价值与社会价值结合在一起，在维持这两种价值的平衡中不断向前发展。

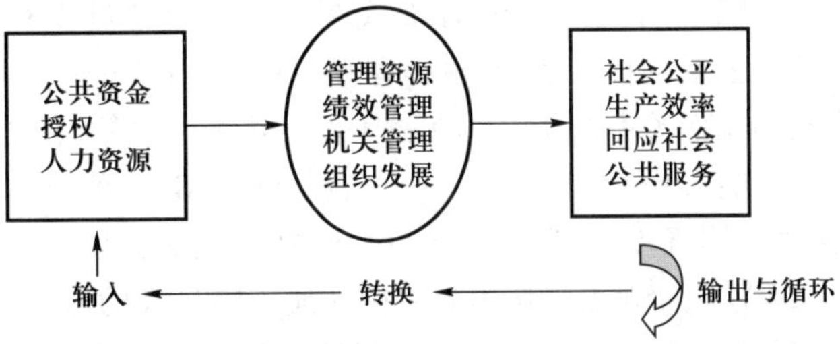

图 6-1 行政组织内外部目标关系示意图

二、行政组织的外部目标

与私人组织不同，行政组织的根本目标是形成、维护和合理分配公共利益，满足社会公众的需要。具体而言，行政组织的外部目标主要包括维护社会公平、提高社会生产效率、回应社会公众的要求和提供公共服务。

（一）维护社会公平

1. 社会公平的内涵。自有文字记载以来，人类社会对公平问题的探索就没有停止过。一般而言，社会公平是指机会公平和结果公平的统一、生产行为激励机制和社会正义供给制度的有机统一。将公平作为一种终极价值追求，反映了行政组织的公共性和崇高使命。同时，公平又是一种工具性价值追求。这是因为，几乎任何人都会持有关于公平的不同看法和观点，这种情况将导致行政组织无所适从，无法真正实现目标。所以，有学者认为行政组织应追求公平的工具性价值。我们认为，行政组织追求的社会公平目标应该是终极价值和工具性价值的统一。把社会公平作为一个工具性的价值追求,其目的在于把公平作为一种生产行为激励机制和正义供给制度,在更大程度上调动整个社会的积极性、主动性和创造性,从而达到公民人性完善和社会和谐发展的终极目的。

2. 维护社会公平的机制。从公共经济学的视角看,社会公平是一个做大蛋糕和分割蛋糕的统一过程。做大蛋糕是分割蛋糕的基础,分割蛋糕是做大蛋糕的归宿和目的,两者之间需要得到协调。行政组织的使命就是提供和维护有利于公平的生产行为激励机制和社会正义供给制度。

生产行为激励机制的内容是,为所有生产主体和个人提供公平、公开、竞争性的生产环境,维持市场秩序,为生产主体实现社会资源的最优化配置提供机制支持。具体而言,行政组织需要为企业型生产主体提供工商行政管理、产权交易、促进市场竞争、打击不正当竞争行为、产品质量检测、税收等服务,为个体型生产主体提供劳动保障、工资福利管理制度和教育培养管理制度等服务。通过这些服务的提供,行政组织可以为社会提供生产行为激励。

社会正义供给制度的内容是,为社会个体享有基本的生存权利提供制度保障,确保人的基本尊严与社会归属,向处于最不利地位的个体提供帮助、改善他们的福利。具体而言,行政组织需要向个体,尤其是处于不利地位的个体提供下列服务:医疗保障服务,养老保险服务,各类社会救济服务,中低收入阶层住房服务,残疾人等弱势群体救助,贫困家庭援助服务等。随着文明的进步和社会的发展,行政组织维护和实现社会公平的标准也将逐渐提高。

(二)提高社会生产效率

1. 社会生产效率的内涵。社会生产效率是衡量一个社会的进步程度和文明状况的公认指标之一,相对于社会公平目标而言,它更为客观。社会生产效率是对一个社会的生产投入与产出、成本与收益的比例关系的衡量。在技术经济语境下,一个社会的生产效率可以通过各种测量单位得到体现:人均 GDP、单位 GDP 能耗、单位 GDP 的成本等。关于社会生产效率的价值存在着两种不同观点:一种观点认为生产效率应该成为一种价值,而且是一种优先于其他价值的价值;①另一种观点则认为效率应从属于满足人的需要,行政组织对效率的追求应服从于对公共利益的追求。② 我们认为,行政组织应致力于协调和平衡对社会公平和社会生产效率的追求,通过特定的制度安排实现两者的和谐共处。

2. 提高社会生产率的机制。提高社会生产率是任何一个主权国家都要面对的迫切问题,这关系到一个国家在国际政治经济体系中的地位和国家经济安全。行政组织提高社会生产率的机制主要包括:编制国民经济和社会发展规划,制定产业政策,调控投资规模和速度,具体运作和监管重大工程项目,提高社会人力资本的存量和质量,协调区域发展,稳定宏观经济形势,改革人事管理体制,开发和保护自然资源,促进科技进步、加快自主创新步伐等。

(三)回应社会公众的要求

1. 回应社会公众要求的内涵。行政组织是为了满足公众对公共服务的需求而设立的,而公众的需求总是不断变化的,因此,行政组织必须灵活地回应社会公众的需求。能否及

① GULICK LUTHER, URWICK L. In Papers on the Science of Administration [J].//GULICK LUTHER. Notes on the Theory of Organization. New York: Institute of Public Administration, Columbia University, 1937: 1-46.

② 登哈特. 新公共服务[M]. 北京:中国人民大学出版社, 2004:69.

时、有效地回应社会公众的需求是判断一个组织运转情况是否良好的主要标准。从某种意义上看，公共行政就是指为谋求实现公众的社会价值而对社会变革进程的管理。回应社会公众的要求是指行政组织通过获取社会公众对政府管理的各种要求，并将这些要求进行整合，然后根据行政组织的实际情况，采取具体行动对这些要求加以满足和实现的行为过程。著名行政学家罗伯特·登哈特(Robert Denhardt)在对英美国家公共行政实务界人士进行走访后得出的结论认为，支撑他们的核心理念是：对组织使命的承诺，服务大众的理念，献身公共服务。①

2. 回应社会公众要求的机制。首先，行政组织应当把回应社会公众作为一种理念坚持下来。当行政组织把效率当作唯一追求的目标时，就会实行自我封闭，就会对社会公众的要求变得迟钝和漠然，这样，行政组织就难以和它服务的社会公众之间开展交流、沟通，无法为社会公众提供参与公共行政的机会。其次，行政组织应当把回应社会公众要求的目标纳入工作议程中去，把任务在组织成员中间进行分解，使组织成员能够根据自己的工作职责自主地回应社会公众的要求。例如，行政首长可以建立接待日，一般成员则可以通过访谈、信函、电话、现场见面会等沟通方式接受公众的咨询、建议等，从而了解和掌握公众的要求。最后，为了促使行政组织成员真正、有效地回应社会公众的要求，行政组织还要建立、完善和实施考核机制，系统、双向、开放地考察其回应效果。同时，行政组织自身也应主动向社会公众和上级组织汇报回应社会公众要求的具体情况。

（四）提供公共服务

1. 提供公共服务的内涵。提供公共服务是行政组织的安身立命之所在，这是它区别于其他组织的显著特征。提供公共服务意味着行政组织向社会公众提供市场主体所不能或不愿意提供的公共产品和服务，它的作用在于通过税收—公共支出机制为社会成员提供均等而持续的服务，保障每个成员的基本生活权利和法律规定的各项公民权利。公共服务的提供有助于维持社会的有序运行，提高社会成员的生活质量和社会文明程度。人类社会的发展史表明了人类正是在公共服务水平不断提高的过程中前进的。也正因为如此，德国著名经济学家拉尔夫·瓦格纳提出了政府职能将随着社会经济的发展而不断丰富，从而导致公共支出随着国民产出的增长而不断增长的判断，即著名的"瓦格纳定律"。

2. 公共服务的主要内容与范围。公共服务的主要内容与范围总是处于不断变动的过程中，同一个国家在不同时期、不同的国家在同一时期向各自的公民提供的公共服务的内容与范围是不同的。一般而言，公共服务的主要内容与范围是：提供经济基础——确认和保护产权及其交易，管理和发行货币，管理工商企业的登记与合并、破产等事项等；提供各种具体的公共服务——提供国家安全，自然灾害救援，维护水陆交通要道，洪水防治等；协调与解决团体冲突——通过各种行政法规和行政裁决解决劳资纠纷，通过劳动法和制定最低工资标准等法律手段保护弱势群体的基本经济利益等；维护公平竞争——制定和执行证券交易法、公司法和公平交易法，调查和处理垄断企业行为等；保护自然资源——制定和执行环保政策，保护稀缺性和不可再生性自然资源，执行能源政策等；向弱势群体提供必需的商品和服务——通过志愿者组织和非营利组织照顾残障人士，在公共设施中为残障人士提供交通和生活便利等；保持经济稳定——调控经济周期，减少经济波动，管理外汇交易和维持国际收

① Denhardt R B. The Pursuit of Significance[M]. Pacific Grove, Calif.: Wadsworth, 1993.

支均衡,参与国际贸易事务等。

3. 提供公共服务的机制。提供公共服务关系到每个社会成员的切身利益,因此,这是一个复杂而重要的实践过程。首先,社会成员通过各种方式向政府表达自己对公共服务的需求,具体方式包括:参与选举活动,向权力机关的代表表达意愿,通过各种媒体向相关机构和其他社会公众传达信息,参与各种利益团体的活动。其次,权力机关、司法机关和行政组织整合这些关于公共服务的需求,制定提供公共服务的政策和制订计划,安排具体的公共项目。最后,以政府行政组织为主通过各种方式执行其政策和计划,管理公共项目。这些方式主要包括:政府采购,契约外包,公私合营,政府授权,政府间合作,公共事业民营化、公司化运营,以及向社区和公民社会授权等。

三、行政组织的内部目标

(一) 管理资源

1. 行政组织的资源。行政组织为了维持正常运转和实现特定目标,必须拥有、管理特定的组织资源。从一般意义上看,行政组织的资源与其他性质的组织的资源具有相似之处,但是也有本质性区别。行政组织的资源主要包括人力资源、公共权力、公共资金、办公设备与人员装备,以及相关物质资源、依法代理国家管理的土地资源等。行政组织较私人组织的最大区别在于它拥有权力机构赋予的公共权力资源,及其延伸出来的公共权威。

根据用途的限定程度的高低,行政组织的资源可以划分为高限定用途、低限定用途和不确定性用途的资源。高限定用途资源主要指人员经费和基本办公费用,低限定用途资源主要指组织被赋予的项目资源和组织所拥有的公共权力,不确定性用途资源主要指行政组织被模糊授权管理的项目资源和跨组织共享的组织资源。行政组织资源管理体现了将组织的高层与中低层管理、政治与行政资源、组织的内外部管理相结合的思想。

2. 行政组织的资源管理。在古典行政理论中,行政组织谈不上资源管理,只是依照规章制度合法地使用组织拥有的资源,资源的运用权力在很大程度上操纵于权力机关手中。当时的思潮是强调权力机关对公共资源的控制,防止行政组织浪费资源,以期降低政府运作的成本、控制政府的规模、减轻纳税人的负担。在新公共管理理论指导下,行政组织的资源被赋予了和私人组织的资源相同的管理使命,即提高资源使用效率,节省管理成本,实现效率最大化,主要途径是实现严格的绩效管理、内部市场化、授权与分权,以及引进竞争机制。新公共服务理论则认为,行政组织应放弃将组织资源利用效率最大化作为第一位的目标,而应把行政组织成员和行政组织所服务的对象作为第一位加以重视的目标。

在公共部门战略管理的视角下,行政组织的资源管理和战略规划能力、公共政策能力和项目管理能力一起构成战略管理的一部分。在行政组织资源管理中,有三个管理层次:高层次管理者是组织的领导层,负责根据行政组织的整体目标拟订资源使用规划;中间层次的管理者负责协调基层组织成员的资源使用要求;基层组织成员负责具体运用组织资源实现具体的组织目标。高限定用途资源的管理主要是根据相关规定依法获取和使用;低限定用途资源的管理则可以采取内部市场化和引进竞争机制以及通过绩效管理、公共项目经理制等途径来提高资源利用效率;不确定用途资源的管理则主要依靠跨组织的协调、组织间的竞争以及合作管理等方式进行。

（二）绩效管理

1. 绩效管理的内涵。绩效管理源自英美等西方国家。绩效管理的引入，体现了行政组织对责任和结果的重视，有利于提升组织效能和合法性。行政组织中的绩效管理是指，绩效管理主体通过设定明确的绩效目标和测量标准，对组织成员及组织自身的工作成效进行测量并据此得出考核结果，采取相应的奖惩措施以提高行政组织绩效的管理活动。与私人组织不同的是，行政组织不仅追求效率、效能和效益，它还要追求公平性、回应性、参与性和公共性。

2. 绩效管理机制。行政组织绩效管理机制是一个复杂的系统，它由绩效管理的主体、原则、测量标准和奖惩制度等因素组成。绩效管理的主体一般指行政组织的领导层、上级组织和社会公众。绩效管理的原则主要是：效率与公平并重，效率与民主兼顾，经济增长与社会发展同步。绩效管理的一级、二级测量标准主要包括：国民经济（GDP 总量、人均生产总值及其增长率、产业结构、就业率与失业率等），人民生活水平（人均收入及其增长率、恩格尔系数、基尼系数和社会保障实施情况等），科教文卫（科技进步、教育发展、文化事业、卫生和防疫、计划生育等），生态环境，社会治安和其他测量标准。① 绩效管理的奖惩制度主要包括：精神奖惩，物质奖惩，晋升级别与职务，降低级别与职务，以及交流培训等方面的奖励和惩罚。这些措施既可以针对组织成员，也可以针对行政组织。

（三）机关管理

1. 机关管理的内涵。机关在这里是指狭义的由行政组织的人员、财务、设备等组成的办公处所，它是行政组织成员的日常工作场所。机关管理指行政组织的领导及其成员为了优化办公环境，有效实现组织目标而依据相关规定对机关的财务、设施和设备等实施的管理活动。机关管理的主要内容有：安全保卫、文秘通信、机关后勤（卫生环保、交通工具、住房等）、财务与资产、对外交往、办公设备、机关成员的福利与医疗保健等方面的事务。

2. 机关管理实践。机关管理实践活动是由行政组织领导、专门负责人员和机构具体实施的，我国各级行政组织分别设有相应级别的机关事务管理局。以国务院机关事务管理局为例，它的主要职责有：研究拟订中央国家机关事务工作的方针政策和规章制度并组织实施；研究拟订中央国家机关后勤体制改革的政策和办法并组织实施；指导后勤服务单位业务，推动机关后勤服务单位的改革和发展；负责中央行政事业单位国有资产的产权界定、统计评估、清产核资和处置，制定相关的规章制度；协调指导中央行政事业单位所属经营单位的国有资产管理工作；负责中央国家机关公务用车的编制、配备、更新、报废；管理外宾赠送国家领导人和各部门的礼品等。机关管理的主要原则是：服务，高效，廉洁，科学化，制度化。目前，随着各级机关事务管理局的设立与完善，我国行政组织的机关管理任务逐渐由各行政组织分散负担转为集中负担，以政府集中采购和国库集中支付为主要形式，管理体制逐渐由计划指令式向市场化和社会化转变，以提高政府采购效率、节约交易成本、发挥规模效应。

（四）组织发展

1. 组织发展的内涵。组织发展是现代组织所面临的一个无法回避的现实问题，开放的组织环境、变动的组织目标迫使各类组织主动积极地寻求发展，从而适应环境、实现组织目标。行政组织发展是指行政组织为适应内外环境及条件的变化，适时、有效地对组织的目

---

① 倪星，余凯. 试论中国政府绩效评估制度的创新[J]. 政治学研究，2004(3)：85-90.

标、结构及组成要素等进行调整和修正。行政组织发展的原因主要有:外部环境的变化——具体指科学技术的进步,行政管理体制的改革,行政法规的更新,社会公众对公共服务的要求的变化,社会经济状况的深刻改变等;组织内部条件的变化——具体指行政技术的进步,人力资源的数量、质量的变化,行政组织规模和结构的调整,政务流程的再造等。组织发展是政府部门提高活力和办事效能,更好地满足社会公众的公共服务要求的一种主要途径,体现了政府管理的进步和行政组织的生命力。

2. 组织发展的机制。(1) 行政组织发展的影响变量、主体与方式。影响行政组织发展的主要变量包括:组织任务的导向性作用,行政组织外部的科学技术和内部的行政技术的长期影响,行政组织结构的深刻影响,组织成员的直接影响。行政组织发展的主体,一种是组织成员自下而上式的组织发展,通过组织成员知识的、态度的、个体行为的改变与发展导致群体行为和组织的整体发展,这种组织发展方式的主体是组织成员;另一种组织发展方式则与此相反,强调具备职位权力的组织领导的作用,自上而下地推动组织发展,这种组织发展方式的主体是组织领导层。根据不同的标准可以将组织发展方式划分为四种类型:根据发展的程度可以分为量变式与质变式;根据发展的对象可以分为正式关系式与非正式关系式;根据组织发展力量来源的不同可以分为主动式与被动式;根据组织发展方案的形成过程可以分为强制式、民主式和参与式。① (2) 行政组织发展的程序、策略与克服阻力的对策。行政组织发展的程序包括:确定组织存在的问题,对这些问题进行分析、判断,根据分析、判断的结果决定是否推动组织发展,然后制订相应的组织发展计划并执行之,最后对组织发展的效果进行评估,形成新的组织发展循环。推动组织发展的策略包括:精心设计,全面发动与有效动员,精心组织。行政组织的发展涉及方方面面的利益,必然遇到各种各样的阻力,因此,需要采取针对性措施克服阻力、确保组织发展得以顺利实现。可供采取的对策主要有:保持组织发展过程的公开性与透明性,建立组织成员之间的互信与沟通、协调机制,开展组织学习、建立共享心智模型,大胆提拔和重用人才、形成有利于人才脱颖而出的竞争激励机制,原则性与灵活性相结合、采取相机而行的策略等。

第四节 行政组织目标管理

一、目标管理的含义

行政组织目标管理是一个系统的循环过程,主要环节包括目标的制定、执行与协调,监督、评估和反馈引发的再循环。需要指出的是,行政组织目标管理并非一个机械式的线性过程,而是一个交叉往复的过程。从静态结构视角理解行政组织目标比较容易,但从动态系统视角实践行政组织目标管理则非常困难,详见图 6-2。

(一) 目标管理的内涵

行政组织目标的管理,它有特定的主体,主要包括行政组织及其成员、相关联的纵向和横向行政组织、其他组织和个人等,视具体情况、具体情势而定。许多学者都在积极研究目标管理的内涵与过程,同时,各国政府也在积极实践着目标管理。行政组织的目标管理来自

① 芮明杰. 管理学:现代的观点[M]. 上海:上海人民出版社, 1999:183-195.

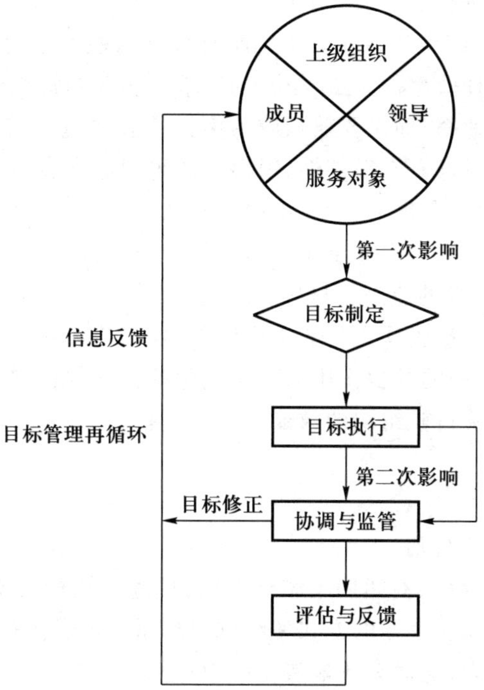

图 6-2　行政组织目标管理流程图

对企业管理的借鉴,具有较为明显的效率导向和理性原则,注重可操作化和量化。

著名的管理学家彼得·德鲁克认为目标管理是“目标”与“管理”的结合,为了使目标可以被管理或方便被管理,在制定目标的过程中就要尽量使目标具有可操作性及量化特性。目标管理中的“目标”需要具备三个属性:目标是什么,目标如何排序,选择实现目标的策略。目标管理中的“管理”需要具备四个属性:目标认知,责任与权力,资源整合,目标决策。

乔治·奥蒂奥纳(George Ordiorne)对目标管理的理解是程序性的,他认为目标管理是一种程序性活动,通过组织上、下层级的管理人员一起来确定组织的共同目标,并以对组织成员的期望结果来规划每一位成员的主要责任范围,同时以此指导各部门的活动,并评估每一位成员的贡献。①

海因茨·韦里奇(Heinz Weihrich)则是从系统工程的视角对目标管理进行了阐释。他认为目标管理是“一套广泛的管理系统,以系统的方式整合诸多管理的关键活动,有意识地引导组织与个人目标的有效完成”②。

综上所述,目标管理是一项围绕组织目标开展的系统管理活动,它的目的在于提高实现组织及其成员个人目标的效率,它采取的主要管理方式包括目标制定过程中的共同参与、目标执行过程中的责任与控制。

---

①　芮明杰. 管理学:现代的观点[M]. 上海:上海人民出版社,1999:183-195.

②　DDIORNE G. Management by Objective: A System of Managerial Leadership[M]. New York: Pitman, 1965:55-56.

（二）目标管理的演进

1. 从企业组织到行政组织的转变。由于所有权上的根本不同，企业组织一向坚持效率和利润导向，对于提高管理效率的方法、技术的追求和实践非常积极。行政组织由于承担着政治责任，无法单独追求效率，而是要兼顾政治多元性和回应性，没有降低成本的动力和竞争压力；加之行政组织的目标具有模糊性，因而行政组织通常表现为效率低下，进取心不足。随着政府面临的财政压力逐渐加大，行政组织面临的提高效率的压力越来越大，实施目标管理的呼声日益高涨。因此，源自企业组织的目标管理被大量引入行政组织中。①

2. 目标管理的工具属性的改进。目标管理具有较强的工具属性，它在实践中不断得到改进和发展，由单纯的以测量工作人员的工作绩效、提高组织效率为目的逐渐向更为深刻和广泛的领域发展。目标管理的其他作用与意义还包括：整合组织与个人目标，重视长期和战略后果，侧重于系统地改善行政组织的效能。

二、目标制定

（一）制定组织目标的原则

1. 民主参与。组织目标具有指向与激励作用，目标的执行需要调动组织成员的责任心与荣誉感，这就需要通过民主参与的方式使组织目标得到成员的认同，使组织成员自愿承担起责任，强化自我控制能力，从而有效地实现组织目标。

2. 系统协调。行政组织是以系统方式存在的，组织自身的不同目标以及不同组织之间的目标需要符合系统和协调的原则，否则会引发冲突和混乱。行政组织所处理的公共事务具有系统性，这些事务的处理需要协调不同的行政组织，因此，行政组织目标的制定需要符合系统和协调原则。如人事部门与财政部门在人才培养目标的设定上就需要协调进行，这样才能使人才培养得到合理的资金支持，更好地实现目标。

3. 定性与定量相结合。定性与定量的结合需要根据具体的目标内容和目标属性而决定。对于战略性行政组织目标而言，应坚持以定性为主、定量为辅的原则，因为战略目标往往具有不确定性和模糊性；对于战术性行政组织目标则应坚持以定量为主、定性为辅的原则，因为战术目标具有重复性和可操作性。

4. 现实可行性。行政组织目标必须具有现实可行性，否则就难以顺利实现，给行政组织及其成员带来压力和挫折感。目标的实现需要耗费一定的组织资源，在确定目标时应将组织理想与组织现实结合起来，充分分析实现组织目标所需要的资源以及组织可以掌握的资源，比较二者之间的差距，从而使组织目标建立在现实可行的基础之上。

（二）制定组织目标的方法与技术

1. 目标分解法。目标分解法的思路是，行政组织可以根据上级行政组织的目标与自身实际情况决定自身的目标。上级组织目标是组织自身目标的高级指向，行政组织应予以执行，但是，这种执行应结合实际并具有创造性。例如，在每年大学招生时，教育部会给各省教育厅下达原则性招生名额，这是纵向目标。作为下级组织的省教育厅应根据教育部的目标和所辖区域的考生情况确定符合自身情况的招生名额，各省教育厅目标的综合就是教育部的目标。

---

① WEIHRICH H. Management Excellence: Productivity through MBO[M]. New York: McGraw-Hill, 1985:16.

2. 目标综合法。目标综合法是一种自下而上的目标制定方法。为了发挥下级行政组织的创造性,激发其责任感并全面了解有关信息,上级行政组织可以通过采集下级行政组织的目标的方法制定自身的目标,这样,既可以体现目标制定中的民主原则,又可以增强目标的可行性。如上级财政部门可以根据下级财政部门的预算计划,集合所掌握的宏观经济信息制定自身的预算计划。

3. 目标滚动法。目标滚动法是一种渐进式目标制定方法,它的思路是在实现组织发展的同时又尽可能地回避风险,在过去信息的基础上逐渐改变现状、实现组织的未来目标。例如,教育部在第 n 年的招生名额是 1 000 名,在决定第 $n+1$ 年的招生名额时可以根据第 n 年的招生结果而具体决定。如果第 n 年的招生目标没有实现,则会缩减第 $n+1$ 年的招生名额;否则,会增加招生名额。

4. 环境适应法。目标滚动法适用比较平稳的、没有剧烈变动的环境。如果环境变化剧烈,行政组织的服务对象或上级组织施加的影响非常大而且直接,则可以选用环境适应法来制定组织目标。例如市民对就业压力的忍受度下降,要求提高就业率的呼声高涨时,人力资源和社会保障部就应在来年制定较高的就业目标或加强就业培训与指导工作的力度。

5. 资源规划法。资源规划法是一种线性思维方式,它的思路是最大化利用组织所掌握的资源,寻找实现组织目标效率最高的资源配置方法。具体方法是:首先确定组织所掌握的资源的数量;其次,测量各种资源的生产率;再次,根据组织目标组合组织资源;最后,决定最优资源配置方法。

三、目标执行

(一) 目标执行的前提条件

目标执行需要具备一些前提条件:

1. 组织及其成员的自我控制能力强。目标管理是一个需要发挥组织及其成员的自觉能动性的开放过程,上级组织及组织领导层对下级组织及其成员行为的监管程度不高,实现目标的主要权力被下放给了下级组织及其成员。因此,组织及其成员的自我控制能力非常重要。如果自我控制能力弱,就会导致目标无法实现或者实现目标的代价很高,并会带来严重的组织冲突。

2. 组织认同感强。在实现组织目标的过程中,组织成员对组织认同感的强弱发挥着重要作用。这是因为组织成员的一些行为无法被组织领导有效监管,或者是监管代价很高,但是,如果组织成员的行为失范,组织成员之间发生冲突或者组织成员的利益与组织整体利益发生冲突,就会造成组织根本利益的损伤。因此,加强组织认同感建设有助于提高实现组织目标的效率。

3. 组织目标得到组织领导的重视。组织领导对组织资源配置具有合法权威,组织目标管理过程离不开组织领导对组织成员的协调与督促,目标实现后对组织成员的客观、公正的评估也需要组织领导的参与。同时,实现组织目标所需要的资源的数量、质量与组织领导对组织目标的重视程度也高度相关。因此,组织目标管理的顺利实现需要得到组织领导的重视。

4. 目标明确。行政组织目标是一个复杂的系统,需要各个子目标之间的协调与整合,组织目标的实现是一个整体最优化问题。所以,必须实现各个具体目标的明确化,确保每一个具体的组织目标都能被承担该目标的组织成员准确无误地完成。组织成员无法有效地实现不明确的目标,不明确的目标会造成组织资源的浪费。

（二）具体开展目标执行

目标的具体执行主要依靠组织成员在自身知识和能力的基础上,利用组织授权和组织资源,在组织领导的协调与监管下自主地开展实践活动。

1. 目标与人力配置。(1) 目标分解。目标需要由具体的组织成员分工负责完成,分工协作的前提是目标的分解,目标需要被分解成适于个人完成和组织评估的单位。具体的目标分解方法可以根据目标的具体属性进行,可以按照流程标准划分,可以按照协作标准划分,也可以根据创新性要求高低的标准划分。(2) 人力配置。需要根据分解后的目标单元属性搜寻、确定合适的组织成员具体承担工作任务,坚持“以事择人”的原则。根据目标单元对人力的要求,参考备选对象的知识、年龄、历史业绩、工作条件等标准,综合评估备选对象的目标完成能力,合理配置目标与人力。

2. 目标与组织资源配置。(1) 分析目标的资源要求。目标的实现需要投入一定的组织资源,合理配置组织资源的基础是对目标进行资源需求分析,应该根据目标的属性分类和需求标准具体进行资源需求分析。(2) 配置组织资源。在分析实现组织目标所需资源之后,就可以根据组织目前所拥有的资源来合理配置资源,尽量提高资源利用效率。首先要对比组织资源存量与需求之间是否存在差距,如果资源过于丰富,则可以将多余的资源上交给上级行政组织或者进行妥善的备用管理;如果资源出现缺口,则应及时向上级组织提出资源增补申请,或者利用其他多余资源进行资源置换。

3. 组织协调与监管。在配置组织目标与人力和组织资源之后,组织成员会根据所掌握的组织资源,利用自身的知识、经验和技能以及组织提供的其他条件实现组织目标。但是,在实现组织目标的过程中,仍然离不开组织领导的协调与监管。两种原因可能会造成协调与监管困难:(1) 目标认同冲突。不同的组织成员对所承担的具体组织目标的认识和理解是不同的,但是,组织目标作为一个整体必须得到一致的认同才可以被有效整合。因此,如果组织成员之间的目标认同发生了冲突,各个具体目标就无法根据整体目标的要求得到整合,会产生整体非理性现象。这就需要组织领导根据对组织整体目标的把握和理解,协调组织成员的活动,维持目标认同的一致。(2) 组织资源紧张。产生组织资源紧张的原因,一是完成组织目标所需的资源总数短缺,各个组织成员为了实现各自的具体目标会相互争夺组织资源;二是组织资源的供给顺序与需求顺序产生冲突,组织成员没有从整体目标出发提出资源需求,而是在资源使用顺序上相互争夺,会干扰目标实现的最优进程对资源的需求,从而妨碍组织整体目标的实现。

4. 目标修正。在组织目标执行过程中,如果组织环境出现超预期的剧烈变化,组织内部发生了短期内难以应付的剧烈变化,就要求行政组织能够迅速修正目标。修正组织目标的主要程序是:(1) 发现问题。在正常执行目标时,组织领导或成员会发现正在执行的目标与组织环境之间发生了严重偏离。如卫生防疫部门的防疫目标中没有包含对某种疾病的防治计划,但这种疾病在辖区或邻近辖区爆发了,于是,卫生防疫部门必须立即修正防疫目标,将这一疾病纳入防疫目标中去。行政组织体制、结构的突然改变也会造成对组织目标的修正。(2) 修正目标。行政组织发现所执行的目标与组织环境或自身的情况出现了严重不符的情况,并作出了需要修正目标的判断后,就要根据新的情况和原始目标来具体修正目标。

修正目标的主要方法是:组织目标扩大,组织目标缩减,组织目标合并或分解,甚至包括组织目标的放弃。目标修正需要配套的人力与资源为之提供支持。

四、目标评估与反馈

(一) 目标评估

1. 评估标准。标准是目标评估的标尺,它对目标评估的结果及其合理性具有根本性影响,目标评估的标准必须根据目标的具体属性来制定。为了提高目标评估结果的权威性和认同程度,应该在目标执行之前就确立评估标准,这样,目标执行人员才具有方向感和动力。一般而言,目标评估标准应体现结果导向和服务对象导向的原则,可以具体分为以下几类:

(1) 回应性标准。有些目标的属性主要是对目标服务对象的要求进行回应,回应的速度与态度非常重要,以至于超越了具体结果或措施。如公安局对于“110”报警电话的回应态度就非常关键。回应性标准之所以非常重要,是因为这关系到行政组织在服务对象心目中的形象问题,关系到行政组织的价值与责任取向。

(2) 数量标准。有些组织目标的实现可以用数量标准来评估,如办公室文件处理、法院案件处理、招生数额、转移支付的款项、公共卫生用品的发放与接种疫苗活动等。

(3) 质量标准。与一般意义上的绩效评估相比,组织目标评估对于具体的每位组织成员而言,具有数量单一性特点,主要是评估目标实现的质量。质量标准是一个抽象标准,需要结合具体目标来赋予其具体标准。例如对外商投资的审批业务,主要需要考察审批的准确性、服务对象满意度等因素。

(4) 成本标准。实现组织目标必然要耗费一定组织资源,因此,可以根据成本标准评估目标实现的效率。成本主要包括投入的人力、有形的组织资源和无形的组织资源。对于人力投入,可以根据薪酬来换算成本;有形组织资源可以直接换算成成本;对于无形组织资源可以通过影子价格或比较的方法进行评估。

(5) 满意度。随着评估理念的发展和技术的完善,对不可量化因素的评估越来越受到重视。由于行政组织具有很强的公共服务属性,无法完全通过量化标准得到全面评估,因此需要借助服务对象的主观评估标准进行全面评估,主要是满意度评估。可以根据目标的不同设置不同类型的满意度评估标准,如服务的获取便利性、服务态度等。

2. 评估方法。在确立评估标准后,选择合理的评估方法进行具体评估同样非常重要。主要的评估方法有:

(1) 数据分析。有些量化标准可以直接通过数据分析进行评估,对获取的信息可以通过计算机等现代分析工具进行客观、及时的评估。

(2) 现场评估。有些目标的实现过程非常重要,会直接影响目标实现的效果,则可以进行现场评估,如评估执行目标的成员的服务方式的合理性与准确性。

(3) 自我评估。为了提高组织成员的评估技能、责任感与自我管理水平,同时又可以节约评估成本,可以通过发放一些统计表格让组织成员自己评估目标实现的效果。

(4) 内部评估。内部评估的主体由组织内部人员构成,一般都是由组织内部专门负责评估事务的成员和组织领导组织实施。内部评估的准确性一般比较高,因为信息充分,对目标的熟悉程度高。但是,内部评估容易受到干扰。

（5）外部评估。外部评估的主体由组织外部的主体构成，一般包括组织聘请的专业技术人员、组织目标的服务对象，以及上级或下级组织。外部评估一般不容易受到干扰，但评估者往往无法获知具体、准确的信息。

（二）目标反馈

目标反馈是目标评估后的步骤，目标反馈可以影响到行政组织目标管理再循环的质量与效果，因此，应该妥善处理评估结果。目标反馈包括两个步骤：奖惩责任人员，提供目标管理信息。

1. 奖惩责任人员。为了激励组织成员的工作热情和创造性，应该根据目标执行前制定的奖惩规定以及目标评估的结果进行奖惩，从而提高行政组织的凝聚力和管理者的权威性。为了奖惩的方便，应当将评估标准和奖惩标准尽可能地量化，从而根据量化评估制定对应的奖惩措施。（1）奖惩标准。奖惩标准可以分为优秀、良好、及格、不及格、差五个等级，从而拉开差距，体现激励作用。（2）奖惩形式。奖惩形式应根据目标属性及其实现效果和组织成员的需求设定，从而提高激励的相容性。奖励形式可以包括奖金、带薪休假奖励、培训奖励、物品奖励、升职、晋级奖励等。惩罚形式与之相对应，可以是：罚款、休假取消或缩减、警告、降级与降职，甚至辞退或开除。

2. 提供目标管理信息。在进行评估与奖惩之后，还需要根据评估结果对目标管理进行整体分析，分析目标制定、执行、协调与监管，以及评估与奖惩中存在的问题、表现出的优点，从而为下一个目标管理循环提供经验和教训，改进未来目标管理的效果。可以提供的信息主要有：目标制定的方法与技术的合理性，目标执行过程中人力、组织资源配置的恰当性，目标执行过程中协调与监管的方式与效果，评估标准与方法的恰当性等。

五、目标管理的效果分析

（一）目标管理的优点

1. 奖励作用明显。由于目标具有较强的时限性与可测量性，因此，可以充分激励组织成员努力以较高的效率实现组织目标，从而获取奖励、避免惩罚，激发组织成员的工作积极性和创造热情。

2. 管理成本低。目标管理的思路是通过民主参与、自我管理来充分发挥组织成员的创造性与才能，减少不必要的组织领导干预，倡导结果取向，这样就可以节约管理成本，减少组织冲突。

3. 资源配置效率高。如果没有明确的组织目标，以及围绕组织目标进行的组织资源配置，组织资源就无法根据效率原则得到合理配置，组织内部会展开激烈的资源争夺。通过将组织目标与组织资源进行统筹配置，可以确保组织资源围绕组织目标得到有效率的配置。

4. 有利于组织发展。通过目标管理，组织可以发现自己拥有了哪些能力，实现了哪些目标，从而有助于组织合理规划可行的未来发展目标，使组织在稳定中实现发展。否则，行政组织无法得知自己已经具备的能力和所处的位置，组织会处于无序状态。

（二）目标管理的不足

1. 容易偏重于短期目标。短期目标具有明确性，实现短期目标的难度小、周期短而且风险小，成绩比较直观，因此，为了在短期内取得成就感，组织尤其是组织领导往往偏重于实现短期目标。为了减少不确定性，甚至会重复实现短期目标。

2. 设置目标存在困难。与企业组织相比，行政组织的目标往往无法准确地量化，总有些因素导致目标具有模糊性和难以测量。如果强行通过一些替代性方法使目标具有量化特征，可能会因此损害目标的意义，造成人为的意义扭曲。例如，文化部门的目标就无法完全量化，我们不能通过电影或电视剧的发行数量判断公民享受到的精神服务的数量或质量，因为通过电影或电视剧的发行数量来判断公民精神享受的目标具有不确定性。

3. 管理权变性差。目标管理是一个系统的过程，各个环节之间衔接很紧，目标与资源的配置高度相关。很多情况下，改变目标的代价非常高，往往不得不继续实行不合理的目标。

4. 容易导致管理缝隙。行政组织中总有些工作任务无法纳入目标管理中，这样，组织成员会对没有纳入目标管理的工作任务漠不关心。因此，目标管理可能会导致管理缝隙。

（三）在行政组织中进行目标管理的注意事项

1. 适于目标管理的组织与情势。一般而言，目标确定性强、周期性强的行政组织比较适合采用目标管理方法，因为这些组织的目标容易得到准确界定，便于目标评估与奖惩。当行政组织遇到急需实现的目标时，可以通过目标管理的激励作用来调动人力与其他资源开展集中攻关活动，提高组织效率和激发组织成员的创新热情。

2. 组织的成熟度与组织成员的素质。一般而言，在成熟的组织中推行目标管理比较容易，执行目标管理的成本也比较低，原因是成熟组织的文化比较稳定，组织认同感高，组织成员间比较熟悉，容易合理配置目标与人力和其他资源。目标管理的实施需要发挥组织成员的自我管理能力，因此，高素质的组织成员更容易自觉地执行组织目标。

3. 合理组合组织目标。为了提高实现组织目标的效率，提高组织士气，应该合理组合组织目标，将战略与战术、内部与外部目标进行科学、合理的组合，推动行政组织和谐发展。

复习思考题

1. 行政组织目标的含义是什么？
2. 行政组织目标有哪些结构和类型？
3. 行政组织的外部目标有哪些？
4. 行政组织的内部目标有哪些？
5. 试述行政组织目标管理的过程。
6. 试辨析行政组织目标管理的优点与不足。

第七章 行政组织结构

第一节 行政组织结构概述

一、行政组织结构的含义

"结构"一词是生物学上的名词,是指一个生物体对所具有的各种要素的科学的特定安排。行政组织结构则是指行政组织各种要素的一种特定安排,即行政组织各要素的排列组合方式。从动态上讲,组织结构是组织自身及其外部影响力量在一定环境下围绕特定目标对行政组织各种要素作出的一种特定安排。

何为行政组织要素,在本书第一章"绪论"中对此有两种提法。第一种提法是行政组织是人、目标、特定的人际关系这三种要素组合而成的。第二种提法是行政组织有物质要素和精神要素两大类。物质要素由人员、经费、物质条件所构成;精神要素由目标、权责结构、人际关系所构成。前一种提法是对组织结构的抽象和概括,后一种提法实际上是前一种提法的具体化和展开。在物质要素中最基本的是人、是行政组织的成员,经费、物质条件皆是为人服务的。精神要素中最基本的是目标和特定的人际关系——权责关系。综合行政组织的物质要素和精神要素中最主要的东西,仍然是人、目标、特定的人际关系这三种要素。本章所要研究的组织结构就是研究行政组织的成员如何按照目标的要求,结成一定的权责分工关系。也就是说,研究行政组织要素如何排列组合成一定的结构。

人、目标、权责这三者的最初结合,就是职位。职位,就是根据工作目标的需要,具有一定权力和相应责任的工作岗位,它由行政组织的个体成员充任。职位是构成行政组织结构的基本要素,行政组织的整体框架,皆由行政组织的各种职位排列组合而成,由它组合形成一个单位、部门、层级、整个国家行政系统这四个层次的行政组织结构。现将其如何具体排列组合为四个层次,分述如下:

第一个层次是由行政组织的基本要素和细胞,即职位——工作人员的排列组合,形成一个行政工作单位。经过有机排列组合后的工作人员已不是单纯的个人,而是充当由其工作目标、责任和权力所决定的特定角色,他在该工作单位的分工关系中所处的地位也转化成职位了。职位就包含了这个工作人员的工作目标、责任、权力,及其在工作单位中所处的地位、作用和关系。因此准确地说,行政组织结构的第一个层次的内容就是工作职位的有机排列组合的方式,并由此形成一个工作单位。工作职位排列组合的有机性,主要要求职位的工作性质相同、程序相关,便于完成该工作单位的总体目标。

第二个层次是由各个工作单位的有机排列组合形成一个工作部门。其排列组合的根据是各单位的目标、责任、权力及其在分工中的地位关系,并以这种组合形成一个部门。工作单位排列组合的有机性,也要体现在每个工作单位的工作性质相同、程序相关,便于完成该部门的总体目标。

第三个层次是由各个行政部门之间的有机排列组合构成一级政府组织。其排列组合的根据是各个工作部门的目标、责任、权力及其在分工中的地位关系,并以此而形成一级政府。各个部门排列组合的有机性,主要体现在各个部门的目标是否与社会的各种需求一致,社会对政府的各种要求能否从各个部门中得到满足。

第四个层次是由各级政府之间的有机排列组合形成一个国家的政府系统。它是各级政府的目标、责任、权力及其在分工中的地位关系的排列组合,并以此综合而成一个国家政府系统的目标和它在整个社会中的地位关系。各级政府有机排列组合成一个国家的政府系统,其有机性要根据各国政府纵向权力分工体制而定。集权制、分权制、均权制国家,对各级政府的目标、责任、权力的排列组合方式皆有所不同。这点在下一章"行政组织体制"中将专门阐述。

行政组织就是由这四个层次的要素排列组合而成的一个国家的整个行政组织系统。行政组织的结构就是行政组织的物质框架,它是行政组织实体的具体表现。这个框架由四个层次组合而成,构成这个框架的实质是分工,是根据目标、责任和权力进行个人的、单位的、部门的、层级的分工。行政组织结构中这四个层次的要素排列组合是紧密相连的。它们之间的排列组合,既是相互联系、相互依存的,又是有严密的逻辑顺序、不可颠倒的。其中以职位排列为基础,以形成一个国家的整体行政组织系统为目的。

二、行政组织结构的功能

在行政机制的运行中,良好的行政组织结构是完成行政组织目标、提高行政效率的物质基础,它有着重要的行政功能,主要体现在以下几个方面:

(一)合理的组织结构能有效地满足行政组织目标的需要

组织是一群人为实现既定的目标而有机地结合的整体。合理的组织结构能使组织中的每一个工作职位、工作单位、部门以及一级政府乃至整个国家行政组织系统的设置,恰到好处地满足行政组织目标的需要。即每个层次都是按照社会需要设置的,它没有虚设的部门、单位、职位,也没有漏设的部门、单位、职位;行政组织的各个岗位、各个部门、各个层级,在分工与协作的有机组合下,能发挥组织个体与群体的智慧和力量,共同为实现既定的组织目标而努力奋斗,最优地实现行政组织目标。

(二)合理的组织结构,有利于稳定工作人员的情绪,调动工作人员的积极性

合理的组织结构,为每个工作人员确定明确的任务、责任和权力,使组织人员既有归属感,又有明确的奋斗方向。合理的组织结构能因事择人,因材施用,使事得其人,人用其当,人尽其才,既能充分满足工作的需要,又能满足工作人员事业心的要求。这就有利于组织人员安心工作,稳定情绪。合理的组织结构,使工作人员之间分工协作关系良好,为建立良好的人际关系提供了组织保障,使其能够心情舒畅地工作。因此,它有利于发挥工作人员的积极性、创造性,并能形成新的协作力量。

（三）合理的组织结构，能使组织保持良好的沟通关系

组织结构是组织的框架，是构成行政信息沟通的主要渠道。合理的组织结构能够发挥行政组织沟通的功能，它能使行政信息的上行沟通、下行沟通、平行沟通乃至斜向沟通均能保持畅通无阻；它有助于消除意见分歧，乃至冲突与摩擦；它易于使人员、单位、部门之间达成思想一致，从而实现行动上的合作；它能加强人们的团体意识、责任心、荣誉感，提高人员的士气和服务精神；它能使上级经常了解下级的情况，便于作出实事求是的决策。

（四）合理的组织结构是提高微观和宏观行政效率的前提条件

行政效率的高低，在很大程度上取决于行政组织结构的设计是否合理。一个结构紊乱、分工不明、职责重叠的组织，不仅使一个部门、单位的行政效率低下，而且也使整个行政组织效率低下。因为任何一个单位要想提高行政效率，不仅要使本单位内部分工协作的结构良好，而且也要别的单位与之相配合，行动协调一致，这就需要整个行政组织系统都有良好的组织结构。唯有如此，才能促进各层级、各部门有效地运用人力、财力、物力、时间，合理地配置资源，以最小的投入求得最大的社会效益，充分发挥行政组织个体和整体的作用，从而更好地提高行政效率。

（五）合理的组织结构有助于推动行政方式的创新

组织结构是职位、权力、责任和行政经费的结合体，不同的组织结构意味着职位数量的不同、权力运行方式和层次的不同、责任配置的不同，以及不同数额的行政经费。合理的组织结构有助于根据行政组织的整体目标合理设置职位，合理安排行政权力的运行方式和责任，从而降低行政成本，往往能够更好地把组织成员、上下级行政组织的积极性、创造性调动起来，通过权责一致和自主权的发挥为行政方式的创新提供条件。行政组织纵向层级的增多，容易遏制行政组织成员和下级行政组织的创造性，造成行政责任的分散和组织目标的偏离，从而压抑组织成员和下级行政组织的创新。20 世纪 80 年代以来的“重塑政府”“突破官僚制”等改革理论就体现了通过降低行政组织的官僚化程度，给予组织成员和下级行政组织更多的权力和责任，从而推动行政方式创新的理念。

三、合理的行政组织结构的标准

为了充分发挥行政组织结构的功能，必须建立合理的组织结构。那么，什么是合理的组织结构呢？一般而言，合理的组织结构应具备如下几个主要条件：

（一）任务与组织平衡

每个职位、单位、部门，一级行政组织的设置，刚好与所要行使的职能、任务相平衡，既能充分地满足工作的需要，又能使每个组织和个人工作量饱满，使事有人做，人有事做，人与事得到最佳组合。任务与组织平衡的外在表现是，组织能够及时有效地实现目标，组织成员能够在额定工作量内完成其职责。

（二）各个组织、人员之间按比例配置

按照各个单位之间、各个人员之间的工作衔接关系及其工作量的比例关系来设置单位和人员，使整个行政工作的流程能够畅通地、按比例地协调发展，各个行政组织工作刚好是互相衔接的，没有因漏设或工作量轻重不均而使工作流程中断或梗塞的现象发生。组织、人员之间的配置比例并非是静态的，而是随着组织外部环境和技术、人员素质以及资金等组织要素的变化而呈动态变化。随着行政方式的创新，行政组织出现了“流程再造”的趋势，主要做法是实现职务扩大化和职务丰富化,通过改变流程提高工作效率、推动组织创新。

(三) 分工明确,合作良好

行政组织结构的实质是以职能为内容进行分工:个人之间、单位之间、部门之间、各级之间的职能分工。分工的目的,一是使各个具体职能能够得到最好的执行,使每个单位和人员能在"专"的基础上"精"。因此分工要明确、清楚,尽量做到专业化,以便于精通业务。二是为了更好的合作,使整个行政组织的职能因分工而得到更好的、相互密切配合的执行。如果分工的目的仅在于前者,不利于后者,那就是破坏整体职能的分工,是行政组织所不能接受的。因此在设计行政组织结构时,在对各个单位、个人之间进行分工时,不仅要做到分工明确,而且要考虑到这种分工是否有利于合作。要使各个单位、个人之间有通畅的沟通渠道和良好的协调关系,并为这种沟通协调提供组织结构上的保证。如在相关业务隶属关系上就要考虑是否有利于合作,而对非隶属关系而又需要相互配合的平级单位,则要考虑建立一个松散的协调委员会这类的机构,或由一个行政组织首脑来负责协调。

(四) 适应环境,具有弹性

现代行政组织是一个适应环境的开放系统,组织系统能否适应环境并且具有弹性,是衡量组织结构是否合理的又一标准。组织结构是组织环境与组织内各系统之间联系的纽带、网络,组织环境制约着组织结构特性,不同的社会环境——尤其是经济环境,要求行政组织内部有不同的职责分工关系,即要求有不同的组织结构。因此,任何行政组织结构都是稳定性与可变性的统一。为了保持合理性,组织结构必须随着环境的变化适时地加以调整,使结构具有适应性、伸缩性和应变性,以适应变化了的新环境的需要。

总之,良好的行政组织结构应该是以职能为中心,在数量上保持合理的比例关系,在质量上相互协调适应,呈现出一个有机的、充满活力的网络整体。

四、行政组织结构的影响因素

行政组织是一个开放的、动态的系统,除了外在环境之外,其结构受多种因素的影响,主要有组织战略、组织规模、组织所利用的技术,等等。

(一) 战略与结构

组织结构是行政组织实现其目标的手段,由于组织目标取决于组织的战略,因此,组织的结构往往围绕组织战略来设计。美国学者钱德勒对组织—结构关系进行了系统研究,他认为组织战略的变化往往导致组织结构的相应变化。简单易行的组织战略往往导致组织结构比较松散、简单和程度较低的正规化,复杂多变的组织战略往往导致组织结构的复杂化和程度较高的正规化,创新性的组织战略往往导致较少的组织层级和较高的组织结构弹性。

(二) 规模与结构

在其他条件不变的情况下,组织规模的扩大往往导致组织结构正规化程度的提高、组织横向幅度更为宽广和纵向层级的增加。规模的扩大往往给组织领导带来更多的内部管理和外部任务压力,因此,组织往往借助于增加组织幅度或层级来应付这些任务和要求。规模较小的组织由于较小的内部管理和外部组织任务压力,往往追求扁平化的组织结构。

(三) 技术、任务与结构

行政组织的存在是为了解决行政问题,将行政投入转化为行政产出,因此,行政组织所使用的技术和所要解决的问题对行政组织结构有着重要的影响。可以从行政组织在运行过程中遇到的例外情况的数量和行政组织为解决例外问题而探索有效方法的过程这两个因素对行政组织结构进行分析。详见表 7-1。

表 7-1 技术、任务与组织结构

问题可分析性		任务可变性	
		少量例外	很多例外
	确定的	常规性技术Ⅰ	工程技术Ⅱ
	非确定的	手艺技术Ⅲ	非常规技术Ⅳ

如果行政组织需要处理的问题可进行系统分析，则适宜采用象限Ⅰ和象限Ⅱ的技术；如果问题只能以知觉、猜测和不能加以分析的经验来处理，则需要采用象限Ⅲ和象限Ⅳ的技术。如果问题是经常出现的、熟悉的，象限Ⅰ或象限Ⅲ的技术更为适合；如果问题是新的、不平常的、不熟悉的，则宜采用象限Ⅱ或象限Ⅳ的技术。常规技术Ⅰ可以通过标准化的协调和控制来实现，这些技术一般与高度正规化和集权化的组织结构相匹配；非常规技术Ⅳ要求行政组织具有较大的灵活性，要求组织结构具有灵活的、便于组织成员沟通的特征；运用手艺技术Ⅲ需要组织结构体现分权化特征；工程技术Ⅱ的运用要求行政组织适当分散决策权限，保持较低的正规化，从而保持组织的灵活性。

第二节　行政组织的纵向结构

一、行政组织的宏观纵向分工

行政组织的宏观纵向分工反映不同层级政府之间的分工。行政组织所管辖的事务，在地域上遍布全国，在内容上涉及社会所有的领域。在如此广大、复杂的范围内行使管理职能是任何一个组织所不能完成的任务。政府为了有效地发挥行政组织的功能，首先要将国家所辖地域分成许多块，由不同的行政组织进行管理（在联邦制国家，是先有联邦成员单位，再有联邦政府）。这就是行政组织的纵向分工，即以层级制为基础的垂直分工。为此，除了设置管理全国社会事务的中央行政组织外，还设有管理局部地区的地方行政组织。现在世界上除了极少数几个人口在万人左右的国家没有设置地方行政组织外，其余的国家均设有地方行政组织。如圣马力诺共和国仅有 2 万人左右，也设有地方行政组织。

宏观纵向分工有以下的特点：行政组织的层级越高，管辖地域的范围越广，其数量越少。如各国最高行政组织，即中央行政机关，只能有一个。层级越低，管辖地域的范围越窄，但组织的数量越多。如我国最基层的政府是乡政府，其数量就以数万计。所以，宏观的垂直分工是以管辖地域的大小为分工的内容。不同层级行政组织之间管辖的职能，既有相同的一面，即每级行政组织都要管政治、经济、文化、教育、社会服务等事务；又有不同的一面，一般而言，凡属全国性的宏观问题，归中央行政组织管；凡属本地方的社会事务，归地方行政组织管。究竟不同层级行政组织之间如何分工，这要看各国纵向权力分配体制而定。低层级的行政组织管辖的区域，在高一层级行政组织所管辖的地域之内，一般而言，这个低层级的政府就属管理本地区的高一层级行政组织领导，但也有例外。在单一制国家，中央行政组织与地方行政组织是垂直领导关系；在联邦制国家，中央联邦行政组织与各联邦成员（一般叫州）的行政组织不是垂直领导关系，联邦成员在不违反联邦宪法的前提下，独自管辖本区域的社会事务。联邦制国家将州以下的政府称为地方政府，州对地方政府一般都是垂直领导关系。由于行政组织数量的多少与层级的高低成反比，层级越低，行政组织数量越多；层级越高，行政组织的数量越少，乃至最高的行政组织只有一个。于是，从总体结构上看，它呈现出一个金字塔型的结构。当今世界上比较大的国家，其行政组织纵向结构一般是四级行政组织。

一国行政组织的宏观纵向分工并非一成不变，而是随着经济社会条件的变化而演进。在我国，唐朝与清朝的宏观纵向组织层次就不同；中华人民共和国成立后，政府层次数量也经历过几次调整。为此，我们需要总结行政组织宏观纵向分工的影响因素。

1. 政体。一般而言，实行中央集权制的国家，由于给予地方政府的自主权较少，中央政府需要处理的行政事务繁多，为了减轻中央政府的工作压力，往往借助于增加行政组织的层次来分散压力。实行联邦制或邦联制的国家，由于权力下放，地方政府的自主权较大，行政事务的处理压力对于中央政府而言较小，因此政府间层次数量较少。如实行中央集权的法国就比实行联邦制的美国的政府间层次多。

2. 国家发展战略。在国家政体既定的情况下，国家的发展战略对行政组织宏观纵向分工发挥着重要影响。当国家需要集中人力、物力应付重大问题时，中央集权的理念往往占据上风，宏观纵向分工往往倾向于减少组织层次，以提高行政效率。反之，则相反。

3. 外部性。政府是提供公共物品和克服外部性的制度设计，政府通过税收—支出机制筹集公共资金用于提供公共物品，矫正外部性。事实上，公共物品的外部性具有差异性，这种差异性体现为外部性的强弱和需求差异的大小。因此，应当根据公共物品的外部性强弱和需求差异的大小设置不同级别的行政组织。外交、国防、社会保障等外部性强、需求差异小的物品与服务应当由中央政府负责提供，高等教育、高速公路等外部性较强、需求差异大的物品与服务应当由地方政府负责提供，而公安、基础教育、环境保护等外部性弱、需求差异大的物品与服务应当由基层政府提供。

二、行政组织的微观纵向分工

行政组织的微观纵向分工是指各级政府或各个部门内部层级的分工。微观纵向分工的原因是：各级政府或各个部门承担本辖区范围内或本部门的行政任务，为完成任务，达到目标，就必须将任务层层分解，直至落实到每一个职位。例如：中央政府内部依职能分工，设有部、司（局）、处三个层级。省级政府内设有厅、处、科三个层级。微观纵向分工的特点是：它们之间的分工关系是以职能的隶属关系为准。中央行政组织的财政部、商务部的职能皆属于中央行政组织总的职能范围之内，故属中央行政组织领导。商务部的计划处、基建处、供应处皆属于管理商业事务总的职能范围之内，故属商务部领导。正因为如此，它们之间形成了领导与被领导的关系，负责子系统的职能单位属于负责总系统职能的单位领导。由于各系统的职能可以分解为许多子系统职能，所以，它们之间的层级领导也呈现出金字塔式的垂直领导关系，详见图 7-1。

上面介绍的是经典的行政组织微观纵向分工。随着公共行政改革的深入，行政组织微观纵向分工出现了新的趋势，有代表性的分工模式包括顾客导向、组织扁平化等。新的分工

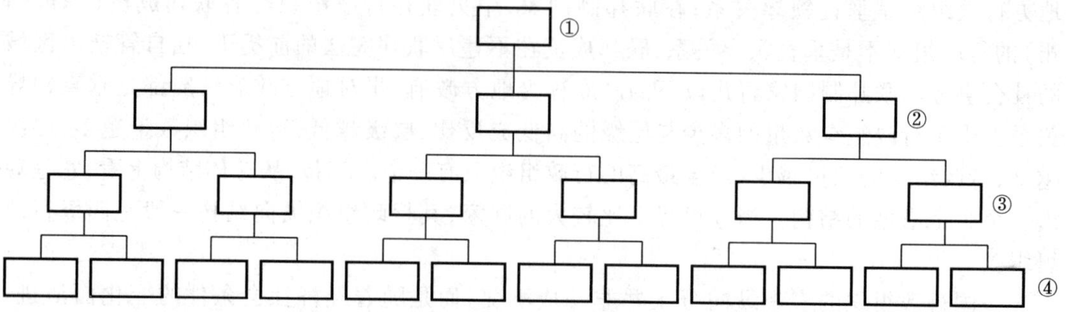

图 7-1 层级领导关系

说明:①代表中央行政组织,或任一级政府;②代表省或州(直辖市、自治区)行政组织,或代表部或厅(局);③代表县(市)行政组织,或代表司或处;④代表乡(镇)行政组织或代表处或科。

强调分权、责任统一和目标导向原则,组织内部的纵向结构表现为重视战略决策和具体执行,将组织的精力和资源向战略分析与决策以及一线的具体执行人员倾斜,从而出现了两头大、中间小的新形态。

三、行政组织纵向分工的职责分配关系

行政组织微观纵向分工的职责分配关系是:最高层次的行政组织为决策层,负责制定本部门行政的总目标、总方针、总政策和总的实施方案,负责本机关人、财、物总的分配及其政策,以尽最大努力满足社会对本部门的需要,最优地完成本部门的工作目标。因此,最高层次的行政组织,是一个开放的、面向社会的行政组织。

中层行政组织为协调指挥层,负责执行本部门最高行政组织制定的总决策、目标、方针和政策,以此为依据结合本单位具体工作对象的实际,制定本单位的具体工作目标、工作方案,并负责组织、协调、指挥等实施工作。因此,中层行政组织为半封闭半开放系统,既要使本层级行政组织与上级行政组织保持一致,又要满足本单位工作对象的具体要求。

基层行政组织为技术操作层,其任务是执行中层行政组织的实施方案,在中层行政组织的协调、指挥之下,负责具体的带技术操作性的工作。其组织基本为封闭型,采用什么技术方法执行任务,纯属行政组织内部问题。

至于行政组织宏观纵向分工的职责分配关系,在下一章“行政组织体制”中有专门阐述,这里不再赘述。

四、行政组织纵向结构的优缺点

行政组织纵向结构形成的行政组织层级制,在行政组织运行中有其优缺点。

其优点是:(1) 分层负责,使各级政府在各自管辖地域范围内,能做到事权集中,统一指挥;(2) 行动迅速,能及时地根据本地情况作出决策,就地组织实施,并有利于就地监督、控制;(3) 能发挥各个层级行政组织的积极性、创造性,根据本地实际情况主动开展工作;(4) 各层级行政首长负责全面管理工作,有利于培养全面型的行政管理人才。

但层级制也有缺点:(1) 各层级行政首长管辖事务过多,责重事繁,难于事事精通;(2) 容易形成地方的块块分割,不利于各地经济和文化的交流与发展;(3) 容易犯地方主义

的错误,不利于中央对地方的宏观控制;(4) 容易导致信息传递失真,难以直接有效地实现组织目标,降低行政组织的反应速度,无法体现结果导向。

第三节　行政组织的横向结构

一、行政组织横向分工的必要性

现代行政管理的特征是在高度分工的同时又高度综合。任何一个国家的行政组织为完成各种行政任务,在纵向分工构成层级化的基础上,必须进一步进行科学的横向分工,以适应分门别类地处理不同行政事务即不同职能的需要。这种横向分工构成了行政组织的横向结构,即行政组织的部门化。

(一) 行政组织横向分工的含义

行政组织的横向分工就是行政组织的部门间分工。横向分工有宏观分工与微观分工之分。宏观的横向分工是指一级政府内的部门分工,微观的横向分工是指一个部门内部的各个机构和职位的划分,它形成组织的机构系列和职位系列。在不同层级的行政组织中均有部门划分,如中央政府有部、委、办,省政府有厅、局、委、办,在每个厅、局、委内又有各个处、室,而在各个处、室内又有各个职位的划分。

(二) 行政组织横向分工的必要性

1. 适应各项社会事务管理的需要。由于任何一个层级行政组织管辖的范围皆涉及本级所辖领域的所有的社会公共事务,其管理事务之复杂是任何一个单一的行政组织所不能胜任的,为此,必须在划分层级的基础上,在各个层级按照社会事务性质的异同,设置平行的不同部门的行政组织。如省政府这一级,必须下设商务、农业、水利等厅,以便有效地管理好这些领域的公共事业。否则,只有省政府这一层级,下属不设各职能部门,就无法全面、有效地履行其职能。

2. 适应行政管理专业化、技术化的需要。由于科学的进步、社会分工的发展,使社会各项公共事务的专业性、技术性程度日益提高,政府要对其进行有效的管理,必须使政府工作人员熟悉这些专业技术知识。为此,也必须使政府职能分部化,使政府工作人员通过分部化的机构设置,专门熟悉这些专业知识,以适应社会日益科技化、专业化的需要。

3. 适应行政管理综合协调、宏观管理的需要。随着生产社会化、生活社会化的发展,人们之间相互依存、相互竞争的关系日益密切,范围也日益扩大,客观上需要政府加强宏观管理,使这些既相互矛盾又相互统一的社会的各个方面能够形成有机的统一体,得到协调、和谐、健康的发展。因此,政府的各种综合协调职能在不断地扩张,这也要求政府组织设置综合协调部门,行使综合管理职能。

4. 适应行政管理程序的需要。为使行政组织、决策、执行、监督、信息反馈等过程专业化、程序化,也必须按这些行政活动的程序设置部门,保证在部门分工的基础上使行政组织的成员精通、熟悉自己程序的业务活动,从而达到提高行政组织效率的目的。

综上所述,行政组织实行的横向分工,是为了便于行政组织分门别类地管理好社会的各项事务,管理好自身的运行程序,提高行政组织的效率,更有效地促进社会的全面发展。

二、行政组织横向分工的种类

行政组织横向分工的种类,一般常用的有下列四种:即按业务性质分工、按管理程序分工、按管理对象分工和按地区分工。

(一)按行政业务性质分工

按业务性质分工,是指根据行政管理的业务性质的异同来组成行政组织单位。例如:财政、外交等均为不同的业务,就以此为基础,设置不同的单位。根据行政业务性质的异同划分行政部门是行政组织平行分部化的基本方式。行政组织中绝大多数部门,皆是按业务性质不同而设置的。按行政业务性质进行分部化的方式,有其优缺点。其优点是:

1. 符合行政分工专业化的原则。每个部门只负责某一项业务工作,有利于行政人员熟悉本专业工作,提高行政效率。

2. 有利于统一行政业务的方针、政策和法规。同一性质的业务由同一单位管理,使行政组织易于统一同一性质的行政业务的方针、政策、法规,避免“政出多门”的混乱状态。

3. 体现事权一致的原则,便于协调。同一性质的行政业务由同一单位管理,做到事权归一,行政工作更易于协调,使本部门能对现有设备、器材、人力作更经济有效的统一调配。

但按行政业务性质进行分部化,也有缺点:

1. 如业务事权过于集中,容易形成条条分割。同一性质的业务工作归同一部门管理,如忽视部门之间的沟通,就不利于不同业务性质工作之间的合作、协调,不利于行政组织总体目标的实现。

2. 如分工过细,易造成部门林立。如对业务性质的分工划分过细,设置部门过多,必然造成部门林立,不利于经济节约的原则,更不利于部门之间的合作、协调。

3. 如业务性质不清,易产生组织冲突。有些业务性质混淆不清,不易作出明确的划分,因此,难以完全科学地根据业务性质的异同设置行政组织。这就使部门之间的职责难以划清,而职责不清则是产生行政组织冲突的最好土壤。

(二)按行政管理程序分工

按管理程序分工,是指按行政管理工作过程的程序不同来分别设置行政组织部门。行政管理过程有咨询、决策、执行、信息反馈和监督等环节,根据这些程序划分行政咨询部门、领导决策部门、执行部门、信息部门和监督部门等,每个部门在管理程序过程中各自发挥其功能作用,使行政管理的功能齐全、管理过程井然有序。如各级政府的首脑机构就是决策部门,各级政府的政策研究室就是各级政府的咨询部门,一般的业务部门就是执行部门,统计局就是信息部门。

按行政管理程序进行分部化,有其优缺点。其优点是:

1. 按程序分工,注重本项工作的技术方法,有利于提高行政人员的专业技术知识。

2. 由于从事该项工作采用同样的技术设备、工作程序,有利于节省人力、物力、财力。

3. 使行政管理中的重要程序由专门机构去完成,有利于提高行政管理的整体效能。

但按行政管理程序进行分部化,也有其缺点:

1. 在该行政组织中的工作人员,久而久之,易产生重技术、轻政策,重过程、轻目的的倾向。

2. 在使用上有一定的局限性,只能对那些有较大独立性的程序才可以设置部门,而多数工作程序则无法独立出来。如每项相同的业务都有它自己的程序,我们不可能依据这些程序都设立独立的部门。

3. 容易导致负责各个程序的行政组织忽视相互间的协调,从而出现推诿、扯皮现象,妨碍行政效率的提高。

(三)按管理对象分工

按管理对象分工是指按行政组织服务的人群、财物为对象进行的部门设置。这一分工方式最常见的是政府经济行业主管部门的设置。如农业农村部、交通运输部,均是按不同对象类别实行分部管理。

按管理对象分部化的优点是:

1. 根据政府管理服务对象分工,可使行政工作专业化,使政府在这一方面工作中能够做到政令统一,能统筹考虑,从各个角度来满足其管理对象的需要,有利于提高行政效率。

2. 使政民关系简化。群众对政府这些部门的工作职责一目了然,易于沟通政民关系。

按管理对象分部化的缺点是:

1. 随着政府管理的对象日益增多,势必导致行政组织部门林立,不利于精简节约。

2. 以管理对象为基础设置部门,容易忽视甚至割裂了管理对象之间的相互联系,可能产生综合性的工作无人管理的现象。尤其是政府经济管理工作以产品划分部门,会割断不同产品之间的生产社会化联系,阻碍生产力的发展。如尼龙生产设备既归石油和化学工业联合协会管理,又归纺织工业联合会管理,容易造成职责不清、相互推诿、相互扯皮等混乱现象。因此,随着生产社会化的发展,社会产品种类日益增多,产品之间的联系日益密切、广泛,此种以产品为对象的分部化管理方式会越来越不适应社会需要。

3. 容易造成行业的本位主义。管理对象多以原行业性质为基础设置部门,考虑问题易从本行业利益出发,有碍于整体的利益,不利于国民经济按比例协调发展。

4. 按服务对象划分部门往往与按业务性质划分部门发生重复、交叉关系。如国务院侨务办公室负责有关归侨的问题,包括私人房地产问题、投资经营企业问题、就业问题,等等。这些问题又分别归有关业务部门管理,这样就可能出现互相推诿责任、踢皮球的情况,降低了工作效率。因此按这种方式划分部门要特别慎重,不是特别重要的对象,不可独立设立部门。

5. 不利于市场经济的发展。按产品设置部门,使政府易于对企业进行微观管理,不利于政企分开,不利于企业自主经营。

(四)按地区分工

按地区分部化,从不同层级看,是纵向分工;从同一层级看,各地方行政组织之间的关系属平行的地区横向分工,这是宏观的地区分部化。微观地区分部化是指中央政府各个部门在各个地方设置派出机关,如铁道部在各个地方设置的各铁路局,本文只分析宏观的地区分工。

在同一层级,按地区设置行政组织的基础是行政区划。行政区域的划分是否科学合理,直接关系到行政组织地区分部化是否科学合理。

行政区划是否科学合理,主要取决于以下三个方面的因素:

1. 要有利于各地区人民和各民族的安定团结。居民中以共同的地理环境、经济和社会联系等因素而自然形成共同的风俗习惯、地方语言、地方心理,由此而形成一个个不同的、内在联系的地方区域。在一个地方的居民之所以能形成这些共同点,是由于共同的地理环境和长期的历史发展所致,并使之自然地联结成一个有机的整体,这是划分行政区划最重要的客观基础。如果我们在行政区划中,人为地将这个有机整体的地方一分为二,或将不同的两个有机体的地方合二为一,都可能破坏当地居民的安定团结,破坏当地的经济、文化,乃至整个社会的健康发展。在这里,要特别注意照顾各个不同民族的聚居情况。一个国家常常不只是一个民族,每个民族都有各自的传统习惯,并且居住比较集中。行政区划应该尽可能以他们的聚居点为基础来划分。在这个基础上建立的地方政府,有利于充分发挥民族的自主性、积极性、创造性,有利于各民族之间的平等和团结。

2. 要有利于国家政权的统一和巩固。行政组织地区分部化的目的,是使地方政府能分担中央政府的负担,而又不致使中央政府失去对地方政府的控制。为此,要特别注意高级地方政府所辖的区域不能过大。否则,易导致高级地方政府的权力过大,削弱中央政府对全国的宏观控制能力,不利于国家政权的统一和巩固。

3. 要有利于调动地方政府的积极性,充分发挥地方政府的作用。为此,各级地方政府所管辖的区域要与各级地方政府的职责权相一致,使其有充分的空间条件行使职能,并能使各地有条件相对独立地发展地方经济、文化、教育事业。区域太小,人力、物力、财力乃至自然资源必然少,无力做大事,这又势必将地方上大的建设事业都落到中央政府头上,不利于中央用主要精力控制宏观。同时,也使地方政府的积极性不能得到充分的发挥。

按地区进行分部化的方式,有其优点:

1. 便于各地方政府因地制宜决定政策,以适应各地不同的需要,避免事事请示汇报,旷日费时,影响工作。

2. 便于一个地区各项工作的协调、互相配合,为发展地方经济、文化而努力。

3. 能分担上级政府的工作,使上级政府能更好地集中精力抓大政方针,有利于国家的统一和民族的团结。

但按地区进行分部化,也有其缺点:

1. 形成区划的客观因素比较原则和抽象,不易具体掌握,因此在划分行政区域时,不可能准确地照顾到各个居民点的具体要求,容易造成各地区之间经济、文化与心理上的矛盾。

2. 各地区行政组织易产生地方主义观念,妨碍国家民族的整体团结和事业的整体发展。

三、行政组织横向结构的优缺点

行政组织横向结构基本上属行政组织的职能制(按地区分工除外),其在行政运行过程中,总体而言有如下的优缺点:

优点是:(1)职能不同,分工管理,使行政组织成员能在“专”的基础上精通业务。(2)从上到下形成“条条”,因此在对同一业务工作进行统一的管理中,易于形成统一的方针政策,有利于社会各项事务有秩序地健康发展。(3)各个部门分工负责,使各个层级的行政首长能集中精力考虑全局的大问题。

缺点是:(1)易形成各个部门“条条”分割,各个不同的业务部门之间难于相互沟通与协调。(2)自上而下的各部门形成的“条条”伸向各个基层,不利于地方层级的行政组织因地制宜地贯彻上级的政策,抑制了地方行政组织的积极性。

第四节　管理层次与管理幅度的关系

一、管理层次与管理幅度的反比例关系

如上所述，行政组织结构有纵向结构和横向结构，纵向结构形成行政组织的层级制，横向结构形成行政组织的职能制。它们之间各有优缺点，互相制约，互相补充，缺一不可。所以，各个国家的行政组织都将层级制和职能制结合起来，既设有层级的行政组织，又将各个层级的行政组织分设为平行的若干部门，力图使它们互相取长补短，发挥它们的优点，避免它们的缺点。于是，在各国行政组织中客观上存在着纵向结构—管理层次与横向结构—管理幅度的关系。

层级制形成管理层次。管理层次体现着决策者与执行者之间的距离。距离越近，上下级之间信息沟通越及时，无误率越高，越能使决策正确，执行准确、迅速，监督和控制及时、有力；反之，则相反。因此，为了提高行政效率，管理层次越少越好。

职能制形成管理幅度。它包括各级政府的分部化，和各级政府所管辖的地区分部化所产生的下级政府的数目。管理幅度，体现着一个单位或一个行政首长能有效地管理的下层单位数或人数。管理幅度越窄，行政首长或领导单位对其管理的效率越高；管理幅度越宽，行政首长或领导单位对其管理的效率越低。这是由于一个单位的人力、时间、处理信息的容量是有限的，不能无限地扩大；一个领导者的精力、时间、知识和能力都是有限的。因此，它们都只能在有限的范围内行使领导权。

那么，在同一个行政组织系统中，管理层次和管理幅度之间有什么样的关系呢？管理幅度以算术级数增加时，管理者和管理对象间可能存在的相互交往的人际关系数将以几何级数增加。在一定的管理幅度下可能存在的联系总数，可用如下公式来表示：

$$C=n[2^{n-1}+(n-1)]$$

其中，C 表示可能存在的联系总数，n 表示管理幅度。假设管理幅度 n 为 3，则 C 为 18。

在一定的管理工作量或地域条件下，管理幅度与管理层次成反比例关系，即管理幅度越大，管理层次就越少；反之，管理幅度越小，则管理层次就越多，这就是行政组织中客观存在的管理层次与管理幅度的规律。例如，在被管理者的总量为 6 的情况下，管理幅度与管理层次将发生如下的变化：如管理层级为一级，被管理单位或人数为 6，领导单位或人数为 1（图 7-2）。如管理层次设为两级，第一级被管理单位或人数为 2，第二级被管理单位或人数为 6（图 7-3）。因此，在设置行政组织结构时，根据管理幅度与管理层次相互关系的规律，当管理幅度能够加大时，就可以减少管理层次，精简行政组织机构，使领导层接近基层，有利于及时处理问题，提高行政效率。但当管理幅度太大，上级机关及领导者超负荷运行时，就

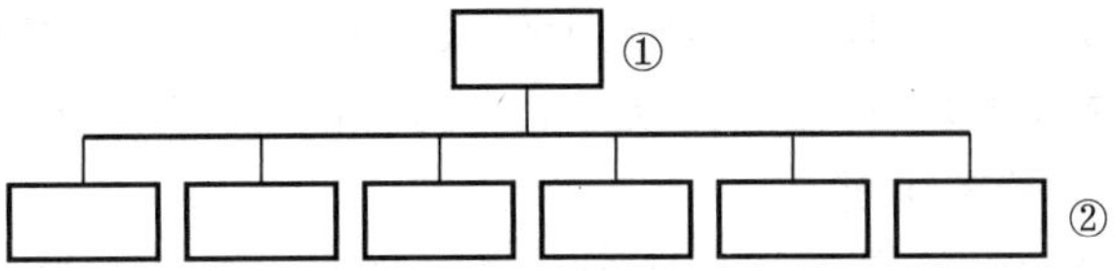

图 7-2　一级管理层次

会影响管理工作的有效性,这时则必须适当增加管理层次,缩小管理幅度,才能使行政管理正常运行。这种选择的科学性体现着管理的艺术,关键在于必须根据国情和行政管理的客观需求加以确定,根据各管理因素的变量关系来确定其最佳的控制点。

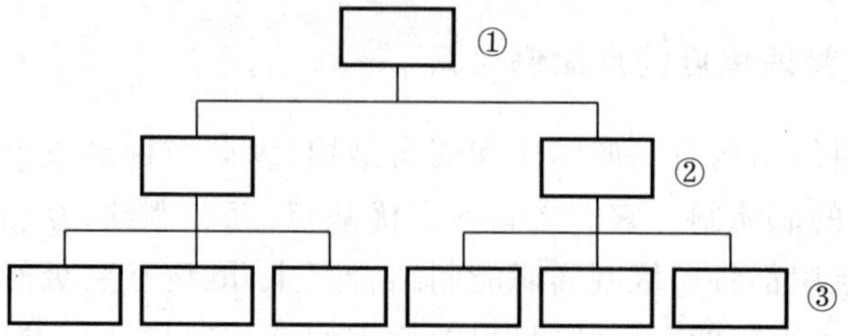

图 7-3　二级管理层次

二、正确处理管理层次和管理幅度的关系

管理幅度和管理层次的合理确定取决于多个因素:

1. 管理幅度与管理层次有关。行政组织的纵向一般可以分为高层、中层和基层三个层次。由于每一层次在行政管理中的地位、职能、管理方式的不同,所管理的幅度也应不同。高层行政组织处于核心地位,起领导作用,其职能是从事决策、计划、协调、监督等政务工作,用宏观管理的方式,以简驭繁,可有较大的管理幅度;中层行政组织处于中介地位,起上传下达的作用,其职能是从事组织、指挥、协调、监督等政务和事务工作,既有决策,又有执行,用中观管理方式来协调管理繁杂的任务,其管理幅度应小于高层行政组织;基层行政组织起执行性作用,其职能是从事大量的、具体的事务性处理工作,是用微观的、技术的管理方式来处理大量繁杂的、具体的行政任务。因此,其管理幅度应小于中层。

2. 下属工作性质及难易程度制约着管理幅度与管理层次。如果所管理的工作有较大的稳定性、常规性、重复性,则领导者的管理幅度可适当加大,层次可减少;如果所管理的工作较复杂、难度大且不稳定,领导者的管理幅度可适当地减少,管理层次则要适当增加。

3. 领导者的领导水平与能力直接制约着管理幅度。管理幅度的大小与领导者的水平和能力成正比例。如果领导者知识渊博、水平高、能力强,领导者的管理幅度可适当加大;反之,领导者的管理幅度应适当减少。与之相适应,管理层次则相应减少或增加。

4. 被管理者的素质高低也制约着管理幅度。如果被领导者的素质高、工作能力强,能独立胜任工作,无须领导经常督促便能圆满完成任务,领导者管理幅度可适当加大。反之,领导者的管理幅度则应适当小些。与之相应,也影响着管理层次的多少。

5. 集权、分权与授权程度影响着管理幅度与管理层次。集权型组织的权力主要集中在上级机关,使上级机关的工作量增大,故其管理幅度不能太宽,其层次必然要加多;分权型组织,权力较松散,上级机关集中管大事,具体事务较少,因此管理幅度可较宽,管理层次则可减少。其次,组织内部是否充分授权,如能充分授权给下级,领导者比较超脱,管理幅度可以加大;反之,不授权或授权不多,均需加大领导的协调、指导、监督等工作量,管理幅度应适当减少。与之相应,则影响管理层次。

6. 下级单位所在地的集中程度及交通和信息传递状况影响着管理幅度。下级机关或人员的工作所在地较集中、交通较方便、信息传递较迅速,领导者可适当加大管理幅度。反之,则可适当减少。

7. 技术设备与工作条件也制约着管理幅度与管理层次。行政组织中配备的技术设备越先进、工作条件越好,领导者的管理幅度可以适当加大。反之则应减少。

上述因素都是确定管理幅度大小与管理层次多少的重要参数。正确处理管理幅度与管理层次二者的关系,应根据各个国家、各个地区、各个部门的具体情况综合确定,总的目标是保持行政管理的有效性。

古典学派认为最高管理者理想的直接领导人数是3—4人,而中低层管理者适宜的管理幅度是8—12人。当然,随着社会经济环境的变化和行政技术的进步,管理幅度可以得到扩大。从目前情况来看,我国中央政府的宏观管理幅度有将近70个管理对象,包括专业部、委、行、署以及省、自治区、直辖市和特别行政区,尚不包括各类直属机构、部委归口管理的国家局和办事机构。省级政府一般有40个左右的工作部门,外加20个左右的地级市,这样,省级政府的管理幅度约为60个管理对象。地级市的工作部门一般为30个,另外管辖6—9个市辖区和县,这样,地级市的管理幅度约为40个。市辖区和县的工作部门一般为30个,另外有10个左右的乡镇。乡镇一般有10个工作部门,另外有20个左右的行政村。同时,我国行政组织的宏观管理层次为5级。我国的地方政府的管理幅度小于中央政府。因此,可以考虑减少1个管理层次,纠正中央和地方政府的管理幅度与管理层次不对称现象。

复习思考题

1. 什么是行政组织结构?合理的行政组织结构的标准是什么?
2. 行政组织结构的影响因素有哪些?
3. 何谓行政组织的纵向分工?其基本优缺点是什么?
4. 试述行政组织横向分工的基本类型及其优缺点。
5. 如何正确处理管理层次和管理幅度之间的关系?

第八章 行政组织体制

第一节 行政组织体制概述

一、行政组织体制的含义

“体制”一词在中文里含义很广，一般而言是指某一个组织的制度及运行方式，其实质是权力关系的制度化、程序化。行政组织是行使国家权力，对社会公共事务进行管理的执行性机构。在它代表国家对社会事务进行管理的时候，首先要将国家权力在行政组织自身内部进行分配，然后各个行政组织依据自身权力的大小对社会公共事务进行管理。而这就是我们研究行政组织体制的对象，即行政组织内部各个层级、各个部门之间的权力分配关系。在人类历史上，行政组织各个层级、各个部门之间的权力关系有多种形式，于是就形成了多种权力分配关系。将多种权力关系制度化，并按此制度所规定的关系运行，就是行政组织体制。

根据人类社会行政管理实践中出现的各种情况，对行政组织体制可以从不同的角度进行划分。从中央政府与地方政府的关系看，有集权制、分权制与均权制；从决策权归属看，有首长制、委员会制与混合制；从层级与部门的关系看，有完整制与分离制；从新出现的城市行政首长的权力关系看，有名誉市长制与市经理制；等等。

二、研究行政组织体制的意义

（一）行政组织体制决定行政组织结构及其运行

上一章分析的行政组织结构所表现出来的层级制的纵向分工和职能制的横向分工，实际上就是行政组织纵向分权和横向分权关系。可以说，行政组织结构是行政组织的载体，而行政组织权力分配关系则是行政组织结构的灵魂和核心，也是整个行政组织运行的动力。没有权力的分配，也就没有结构的分工；没有权力中服从与被服从、指挥与被指挥的关系，行政组织就无法拥有共同的目标和共同的行动。也就是说，如果没有行政组织体制的存在，行政组织就无法正常运行。

（二）行政组织体制影响行政组织的职能发挥

行政组织权力分配关系科学与否、是否与时代需要一致，关系着行政组织阶级职能和社会职能完成的好坏，关系到行政组织效率的高低。因此，我们研究行政组织体制，对各种体制的内容、优缺点及其运用条件进行科学分析，对实现我国行政组织权力分配科学化、健全我国行政组织体制具有重要意义。

第二节　集权制、分权制与均权制

一、集权制、分权制与均权制的含义

根据中央行政组织与地方行政组织权力分配关系的不同，行政组织体制可分为集权制、分权制与均权制。

（一）集权制

集权制，是指行政决策权主要集中于中央级行政组织，中央行政组织对地方行政组织有完全的指挥、监督之权力，地方行政组织接受中央行政组织命令的一种行政组织体制。此种体制的基本特征是中央政府高度集权，严格控制全国各地行政事务，地方政府没有或极少有自主权。

法国是实行集权制较为典型的国家。虽然法国宪法确立了地方自治管理的原则，但其仍为高度集权体制的国家。戴高乐曾说过“高度中央集权长期以来，一直是法国统一的不可缺少的条件”①。1982年以前，法国中央政府对地方政府的控制非常严格，首先表现为地方议会的权力受中央严格控制，省级地方政府的重要事务皆由中央政府决定，无须地方议会讨论；禁止省级议会讨论“政治问题”，中央政府有权废除省议会的法案等。其次，省长皆由总理和内政部长提名、总理任命，是中央政府的代表；市长也一身二任，既是地方行政长官，又是中央代表，他们都负有监督地方政府之职责。最后，中央政府通过财政手段对地方政府进行严格控制。法国中央政府财政收入占全国财政收入的80%左右，地方财政开支的一半来自中央的财政援助。而中央提供财政援助是有条件的，中央以此为手段严格控制地方政府的行为，使其纳入中央政策的目标体系之中。1982年，法国进行了一系列的向地方分权的改革，大大增加了地方政府的职权，但中央政府仍在地方政府中派驻自己的代表，控制、监督地方政府的行为，在总体上仍不失为中央集权制国家。

（二）分权制

分权制，是指地方行政组织对其管辖地区内的地方行政事务有自主决定权，中央行政组织一般不加干涉的一种行政组织体制。该体制的基本特征是地方政府受中央政府的控制较小，在行政业务上具有较大独立性，其地方事务可完全根据地方需要实施管理。

美国实行的联邦制国家结构形式，属于典型的分权制，其州政府的自主权很大。美国联邦政府与州政府之间，各有自己的职权范围，宪法与法律明文规定了分别授予联邦与各州的权力。州政府在自己的职权范围内可独立行使职权，不受联邦政府的任何干预。州长是各州的最高行政长官，由本州选民直接或间接选举产生，对选民负责。州政府以下的地方政府虽然是根据州的法律建立的，但由于它们的主要官员均由地方议会或选民选举产生，因此它们直接对地方议会或选民负责，而非直接对上级政府负责。一些具有法人资格的地方政府则具有更大的自主权，它们除了行政上的独立性之外，还有财务上的独立性：可以自己决定预算，自己决定征税、收费或举债，而无须联邦政府或上级政府的审查。美国的州，在不违背

① 摘自1969年2月4日法国《世界报》。

联邦宪法的前提下，还有独立的立法权。因此美国的州政府，从严格意义上说，不是一般意义上的地方政府。

（三）均权制

均权制，是指中央行政组织与地方行政组织的权力保持平衡，既不偏于集权，也不偏于分权的一种行政组织体制。其基本特征是折中于中央集权与地方分权二者之间，主要根据事权的性质进行合理的划分，凡适宜中央管辖的事务划归中央政府管，凡适宜地方管辖的事务划归地方政府管，并维持中央与地方之间的协调、配合关系。

均权制是一种较为理想的组织体制，其理论依据在孙中山先生的“均权”学说中得到明确的阐述。孙中山先生认为：“政治里头有两个力量：一个是自由力量，一个是维持秩序的力量。政治中的这两个力量，正如物理学里头有离心力与向心力一样。政治里头的自由太过，便成了无政府；束缚太过，便成了专制。自由与专制这两个力量不要各走极端，像物理的离心力与向心力互相保持平衡一样。”①因此，“权之分配，不当以中央或地方为对象，而当以权之性质为对象，权之宜属于中央者属之中央也，权之宜属于地方者属于地方也。”②

“凡事务有全国一致之性质者划归中央，有因地制宜之性质者划归地方，不偏于中央集权或地方分权。”③故均权制者主张凡是有关全国人民之利益的重要事务，应划归中央政府管辖；凡是有关地方局部利益之事务，应划归地方政府管辖。权力的划分，应以不损害地方政府的积极性和不妨碍中央政府对地方政府的宏观控制为原则。将本来可由地方政府办理的事务划归中央政府管，使地方政府处于被动地位，失去主动性、责任心；而中央政府会因此徒增负担，事繁责重，反而忽略了对地方政府的宏观控制。反之，如果划归地方的权力过大，则会使地方政府负担过重，完成其所不能完成的任务；而中央政府则会直接失去对地方政府的宏观控制，不利于全国的统一与团结。

二、集权制、分权制与均权制的优缺点

（一）集权制的优缺点

1. 集权制的优点：(1) 政令统一，统筹全局，防止政出多门。(2) 层级节制，指挥灵便，令行禁止，有利于提高效率。(3) 集中全国的人力、财力、物力用于重点建设，避免人财物分散、盲目建设及资源浪费。

2. 集权制的缺点：(1) 事事听从中央政府安排，必然压抑地方政府的积极性，不利于地方政府因地制宜地处理本地事务。(2) 中央严密控制地方，易导致中央机关专制和个人独裁。(3) 层次繁多，事事层层汇报，易费时误事，不能及时、果断地处理行政事务。(4) 下级对上级唯命是从，过分依赖，不利于下级人员工作责任心及工作能力的培养。(5) 无法有效满足地方对公共物品和服务的差异性需求，妨碍了地方政府行政方式的创新。

（二）分权制的优缺点

1. 分权制的优点：(1) 地方政府能够因地制宜、灵活机动地处理本地事务。(2) 分权分工，可防止上级专断与个人独裁。(3) 分级治事，符合民主原则，可发挥下级人员的主动性，

---

① 摘自孙中山的《五权宪法讲演》。

② 摘自孙中山的《中华民国建设之基础》。

③ 摘自孙中山的《建国大纲》第十七条。

激发其责任心,培养其独立工作能力。(4)可以有效满足地方对公共物品和服务的差异性需求。(5)有利于发挥地方国家权力机关对地方政府的监督作用,培育公民的参与精神,完善对地方政府的监督机制。

2. 分权制的缺点:(1)地方分权过度,易形成地方本位主义,甚至导致国家分裂。(2)分权过度,必导致全国各地经济的畸形发展,加剧地区间的不平衡。(3)地方权限过大,上有政策下有对策,中央统一的政策、法律难以有效贯彻。

(三)均权制的优缺点

1. 均权制的优点:可扬集权制和分权制之长,而避二者之短。既可保证中央的政令统一与指挥灵便,又可因地制宜,充分发挥地方或下级的积极性、主动性。

2. 均权制的缺点:若均权不当,则会扬集权制和分权制之短,而避二者之长。既不利于中央的统一指挥,也不利于地方积极性的发挥。

事实上,各个国家在不同时期会调整中央政府与地方政府的集权与分权程度,以促进经济社会的全面发展。以美国为例,在建国初期,美国奉行"州权至上",在"第二次世界大战"开始至20世纪70年代末,由于要满足战时需要和建设福利社会,联邦政府的职权、部门出现了膨胀趋势。后来,为了提高行政效率,刺激经济社会发展的活力,减轻财政负担,美国又开始"还权于州"。

三、集权制、分权制与均权制的具体运用

(一)制约中央政府与地方政府权力分配关系的主要因素

集权制、分权制、均权制的正确运用,实际上是正确划分中央政府与地方政府的权力分配关系问题。一般而言,影响中央与地方分权关系的主要是两大因素:一是社会的需要,其中主要是经济体制的需要。这是决定任何一个国家中央与地方分权模式的根本因素。二是一个国家的国家结构形式。凡为联邦制国家,一般均实行分权制;凡实行单一制的国家,多实行集权制。

(二)正确处理中央政府与地方政府的权力关系

1. 市场经济对政府职能总的要求。在当今市场经济条件下,市场竞争机制起着配置资源、提高劳动生产率、促进效益分配的功能。正因为市场竞争机制有着这样重要的功能,所以它对经济生活起着基础性的调节作用。但是市场竞争机制也有它的不足与失误,这主要表现在经济增长忽高忽低,失业、通货膨胀等经常出现的不稳定性,收入分配的不公平性,对垄断、公共产品和外部性的非效率性。这些不足与失误要由政府去补充,去纠正。由此决定了政府具有调控宏观经济发展方向、比例、速度的职能,维持市场秩序、纪律的职能,以及各种保障职能——社会公共产品和服务的保障、公民基本生活的保障、环境保护等。这三大职能如何在中央政府与地方政府之间进行分配,这是当今市场经济条件下,中央与地方权力分配关系的基本内容。

2. 市场经济要求中央政府具有国民经济宏观调控和维护市场秩序的职能。由于市场经济是高度社会化的经济,它的社会性、开放性要求在全国乃至全世界形成统一的市场。它天生反对诸侯经济,反对地方分割、地方垄断与地方封锁,它要求全国的生产要素,在全国乃至在全世界范围内进行最优的配置。市场经济的这个要求,只有中央政府才能够承担,只有它才能站在全国利益的立场上,促成市场经济在全国的最优发展。同时,也只有中央政府才

有权力、有条件对全国的经济进行宏观的统一调控。所有这些都是任何一个地方政府所不能做到的,地方政府天然只是地方利益的代表者,它也只是有权力、有条件对纯属地方的事务进行调配。因此,市场经济要求,凡是对国民经济进行宏观调控的事务,都应划归中央政府及其在全国各地的分支机构,地方政府不得染指。

3. 市场经济要求地方政府在中央统一法制规范下主要负责实施本地区的各种保障职能。地方政府主要负责与本地公民生活直接有关的公共事务。这首先体现在要为本地公民提供社会公共产品和公共服务,它包括地区性的邮电、通信、道路、桥梁、水利等基础设施,水、电、气的供应,以及部分高等教育,全部中、初级教育,地方文化、艺术、图书馆和地方治安工作之类的公用事业。(当然,凡是跨地区的全国性的交通、邮电、高速公路、铁路等各项设施的建设,以及国家级的高等教育、科研机构、艺术、体育团体和涉及全国性的政治稳定、社会安定的工作等,归中央政府负责或中央与地方共同负责。)其次,地方政府应在全国法律规范下,负责本地区的社会保障工作。最后,凡属地区性的环境保护工作,由地方政府负责;凡属全国性或跨地区性的环境保护工作,由中央政府负责或与受益地区共同负责。另外,城市政府应以城市规划、建设、管理为中心任务。

4. 中央适度集权与地方适度分权相结合。市场经济要求凡属宏观的经济及社会事务的调节与控制(包括全国市场秩序的维护)都属中央政府及其在各地的分支机构管理,地方政府不得染指;凡属纯地方事务,在中央的统一法制规范下,由地方政府自主决策,独立经办,中央政府一般不加干涉。只有少数事项,由中央与地方共同负责。这种按事权的性质进行分工的体制,除了能适应市场经济的要求外,还有两个很大的优点:第一,它们之间是按职能分工的,不是按管理程序分工的;第二,按职能分工基本上不会造成中央集权过多或地方分权过多的问题。它们之间的权力界线基本上是清楚的,因而也能保持稳定,不会造成一放就乱、一收就死的现象。

第三节 首长制、委员会制与混合制

一、首长制、委员会制与混合制的含义

根据行政组织中掌握最高决策权的人数多寡,行政组织体制可分为首长制、委员会制与混合制。

(一)首长制

首长制,又称一长制或独任制,是指行政组织的法定最高决策权由行政首长一人执掌的行政组织体制。其基本特征是行政首长对行政机关各种事务拥有最终决定权,一人决定一切行政事务,其他领导成员均为行政首长的助手或幕僚,协助行政首长行使职权,只有建议权,而无决定权。

美国的总统制是首长制的典型。如林肯总统某次召集七位部长开会讨论一个重要问题,七位部长均反对林肯的意见,但林肯仍坚持自己的主张,并最后宣布说:“七人反对,一人赞成,赞成者胜利。”当然,权力与责任是一致的,美国的部长不必参加选举,而是由在选举中获胜的总统提名,经国会表决通过得到任命,行政组织的政治责任由总统承担。

（二）委员会制

委员会制，又称合议制，是指行政组织的法定最高决策权由两个以上人员组成的集体或委员会所执掌的一种行政组织体制。其基本特征是行政组织的决策是由两个以上的地位平等的委员所负责，行政组织的最高决策权属于全体委员，一切行政措施均由委员会按照“少数服从多数”的原则集体讨论决定。

瑞士是实行委员会制的典型国家。瑞士的行政权力由合议制机构行使，政府由行政委员会组成，该委员会由议会两院联席会议选举产生，其组成成员地位平等，每个委员主持某一个部的工作；遇到重大问题，均由委员会集体讨论决定。主席由委员们轮流担任。主席是名义上的国家元首，对外代表国家。主席仅负责召集行政委员会会议，并不拥有对重大事务的最后决定权。

（三）混合制

混合制，又称委员会和首长并立制，是指行政组织的事权一部分由委员会集体讨论决定，另一部分由行政首长个人决定的一种行政组织体制。其基本特征是行政组织中既设有合议制的委员会，又设有专门的行政首长，重大问题的决策权由委员会集体讨论行使，具体问题的决策权由行政首长个人行使。

二、首长制、委员会制与混合制的优缺点

（一）首长制的优缺点

1. 首长制的优点：(1) 事权集中，办事果断，指挥统一，行动迅速，有利于行政效率的提高。(2) 责任明确，权责统一，可避免职责不清、互相推诿、无人负责等弊端的产生。(3) 易于保密。

2. 首长制的缺点：(1) 首长个人独揽全权，易形成个人专制。(2) 首长易滥用职权，拉帮结派，营私舞弊。(3) 首长一人智力、精力有限，对问题的考虑难以周详，难免出现“智者千虑，必有一失”之弊。

（二）委员会制的优缺点

1. 委员会制的优点：(1) 能集思广益，容纳各方意见，集中众人智慧，考虑问题较全面。(2) 集体承担责任，有利于协调一致地推行计划。(3) 互相监督，不易营私舞弊。

2. 委员会制的缺点：(1) 责任分散，且不明确，对决策后果易出现争功诿过的现象。(2) 委员之间地位平等，权责相同，难于彼此协调；人多嘴杂，也难以保守国家秘密。

（三）混合制的优缺点

1. 混合制的优点：可同时兼有首长制和委员会制之优点，而避免二者之弊端。既利于权责集中统一，又便于集思广益；既可避免个人独裁，又可避免无人负责。

2. 混合制的缺点：若运用不当，则会同时兼有首长制与委员会制之弊。一方面是个人专断，以权谋私；另一方面则权责不清，争功诿过。

三、首长制、委员会制与混合制的具体运用

首长制、委员会制各有利弊，并无绝对优劣，应视情况而灵活运用，不可偏于一隅。至于如何运用，古今中外的思想家进行了反复探讨，并提出了各自独特的见解。我国明代政治家

张居正曾指出:“天下之事,虑之贵详,行之贵力,谋在于众,断在于独。”①执行中最重要的是办事迅速,交给一人办比交给多人办更好;决策要深思熟虑,交给多人办比交给一人办好。美国行政学家怀特也主张:执行与指挥的事务应采用首长制;制定政策法令宜采用委员会制,因为集体的智慧高于个人的智慧。综上所述,古今中外的思想家在探讨首长制与委员会制的运用时,基本上表明了较类似的看法,即首长制运用于行政、执行、技术、军事等性质的事务;委员会制则运用于顾问、讨论、立法、决策、调节等性质的工作。

目前,新公共管理运动尚没有从根本上撼动建立在传统的科层制基础上的行政组织体制,甚至一些享有盛誉的跨国公司实际上奉行的也是科层制组织体制。当然,新公共管理运动不可避免地给行政组织体制带来观念上的冲击。新公共管理崇尚效率、分权、市场和竞争等理念,它的核心是借助市场机制提高行政效率。新公共管理运动给行政组织体制带来的理念是重视控制、责任、灵活性和中央指导。它并没有完全突破传统的科层制,即使在新公共管理运动开展得如火如荼的英美诸国,其行政组织体制也并没有颠覆传统的科层制,尤其是中央政府体制。当然,其基层行政组织体制的灵活性和弹性较过去有所增强。新公共管理运动主张在确保分权、责任、效率和公共服务质量的基础上实施强有力的指挥,重视提高行政组织的执行力。因此,新公共管理倾向于在行政组织中实施首长制,主张减少组织的层级,扩宽管理幅度,以提高行政效率,明确行政责任,推动组织分权。同时,首长制的实施需要有完善的行政监督与之相配套。

第四节 完整制与分离制

一、完整制与分离制的含义

根据行政组织中同一层级的各个行政部门所隶属领导的不同,行政组织体制可分为完整制与分离制。这只是对地方政府而言,中央政府不存在这个问题。

(一) 完整制

完整制,是指同一层级地方政府的各个行政部门均受同一行政组织首脑机关领导的一种行政组织体制。其基本特征是指挥、控制权集中于本层级的行政组织,本层级地方政府的首脑机关对该层级的所有工作部门实行一元化领导。凡是采用分权制的国家,大多采用完整制,其高级地方政府的行政部门一般均属同级政府首脑机关领导。美国州政府的各行政部门,实行的即是完整制的领导关系,州级各行政部门只属于州政府领导,不受联邦即中央政府各部门的领导。

(二) 分离制

分离制,是指同一层级地方政府的各个行政部门,分属两个以上行政组织领导的行政组织体制。其基本特征是地方政府中的各行政部门,既受同级政府首脑机关领导,又受上级政府同类部门的领导。因此,分离制是实行二元领导的组织体制。我国行政组织体制基本上属于分离制,我国很多行政机关均实行“双重领导”或“双重负责”制。

在分离制的双重领导体制中,有的部门实行以地方政府领导为主,有的实行以上级同类

① 摘自明代张居正的政论文《陈六事疏》。

部门领导为主。如地方政府的财政局，即以本级地方政府领导为主。地方政府的审计局，则以省审计厅领导为主。

二、完整制与分离制的优缺点

（一）完整制的优缺点

1. 完整制的优点：(1) 在同一级政府内权责集中，指挥统一，可令行禁止，防止迟缓推诿。(2) 在同一级政府的统一领导下，各部门相互合作、协调配合，可减少单位间的摩擦与冲突，并避免单位间的工作重复。

2. 完整制的缺点：(1) 权力过分集中于地方政府，易形成一级行政首长的个人专权。(2) 易形成地方本位主义，不利于上级方针政策的贯彻落实，不利于中央政府对全国的宏观控制。

（二）分离制的优缺点

1. 分离制的优点：(1) 领导权力分散，并互相牵制，可防止一级行政首长的独裁专断。(2) 实行二元化领导，既有利于上级方针政策的有效贯彻，也有利于下级政府因地制宜地加以实施。

2. 分离制的缺点：(1) 权力分散，易导致多头指挥、政令冲突，使得任何一个领导机关均指挥不灵。(2) 政出多门，易导致下级无所适从，或利用矛盾为己所用。

三、完整制与分离制的具体运用

完整制与分离制各有利弊，主要应根据国家结构形式——单一制或联邦制的不同而不同。凡联邦制国家，在联邦成员单位（有的叫共和国，有的叫州或自治省）这一级政府内，实行完整制，该级政府各部门只受本级政府领导，不受联邦政府领导；但在成员单位以下的地方政府，仍实行分离制，既受同级政府领导，又受成员单位政府同一部门的领导。在单一制国家，凡实行中央集权制的国家，各级地方政府的各部门均实行分离制，既受同级政府领导，又受上级政府的同一类部门领导。凡实行分权制的国家，高级地方政府的各个部门，一般只受同级政府领导，基本上不受中央政府同一类部门的领导。一般而言，在当今市场经济条件下，高级地方政府主要适宜采用完整制。

我国是单一制国家，各级政府中各个行政部门均实行双重领导体制——分离制，既受同级政府领导，又受上级同类部门领导。这种领导体制，是和我国当时的计划经济体制相适应的，对我国当时的社会主义建设事业起过很重要的推动作用。自我国开始由计划经济体制转向社会主义市场经济体制的改革以后，在中央政府与地方政府之间逐渐实行了按事务的宏观、微观性质进行分工，凡属纯地方性的微观事务，就只属地方政府领导，无须向中央政府一一请示，因此对这些部门可实行完整制领导；而那些纯属宏观调控性的事务，则应由中央政府管理，地方政府不得染指，不存在对这些事务的双重领导问题。只有需中央与地方共同管理的事务部门，才实行分离制，既归本级政府首脑机关领导，又归中央政府同类部门领导。至于地方政府之间的部门领导体制问题，按此理类推，视不同情况分别采取分离制或完整制。唯此才能适应市场经济的需要，从而也才有利于提高行政效率。

第五节　名誉市长制与市经理制

一、名誉市长制的含义、特征及优劣

根据城市政府行政首长的产生及职权不同,在美国行政组织体制中还出现了名誉市长制与市经理制这两种新体制。这种新体制,既涉及行政组织与立法组织的关系,又涉及行政组织内部分权的关系。由于其体制不同于一般,故特作评介。

名誉市长制,又称委员会制,是指城市政府仅设立一个名誉市长,行政及立法实权皆由民选的市议会或民选的委员会所执掌的行政组织体制。其基本特征是否定"权力分立",实现"立法与行政的统一"。市的一切立法与行政权均由民选的市议会或民选的委员会统一行使。市议会或委员会的组成成员中,除一人被指定为"市长"外,其他委员均负责主管市政府各行政部门的具体工作。市长仅为名誉性或礼仪性的,并不掌握行政实权,与其他委员一样,他只领导一个部门的工作。

名誉市长制具有责权集中,机构精简,可有效避免行政与立法机构之间的对立与冲突等优点。但也具有严重的缺点,即没有一个统一负责的行政首长,各行政部门之间的工作难以协调;行政、立法职能由同一委员会行使,使行政失去了立法的控制与监督;议会或委员会的组成人员均由选举产生,难以保证其能力和专长适宜于其所从事的行政工作。现采取此种组织体制的城市越来越少。

二、市经理制的含义、特征及优劣

市经理制,又称委员会—经理制,是指城市的立法权由民选的市委员会或市议会所掌握,再由市委员会或议会聘任一名市经理执掌行政权的行政组织体制。该体制产生于美国。其基本特征与做法是:作为立法机关的市议会或市委员会由选民选举产生,专门负责制定各种政策和法律,并控制财权。市委员会根据市政管理的需要,聘请一位受过专门训练的市政专家为市经理,以专门负责领导与管理市政府的各项行政工作。市议会对市经理有聘任、监督和随时撤换的权力,市经理要执行市委员会的政策和法规,并对之负责。市经理的待遇及任期不定,完全取决于任职期间的工作业绩。

市经理制的优点十分突出,主要表现在以下三个方面:第一,有一个统一而高度负责的行政首长,便于统一指挥,提高行政工作效率;第二,行政首长由市政专家担任,有利于提高城市管理的科学化水平;第三,市经理对民选的市委员会负责,市委员会对选民负责,使得专家的特长与选民的意志得以较好的结合。当然,它也可能产生急于求成的短期行为弊端。但总的而言,其优点十分突出。正因为市经理制具有上述突出优点,其不但被美国近千个城市所采用,而且被德国、加拿大、瑞典等国所仿效。

第六节　行政组织类型

我们可以根据不同的分类标准将行政组织划分为不同的类型,以便于更为深刻地把握行政组织的管理规律。主要的划分标准有:行政职权的大小、行政业务性质、行政活动程序,

等等。

一、以行政职权大小分类

行政机关是对某一具体的行政组织的称谓。以行政职权大小为标准分类，可以将行政组织分为统率机关与被统率机关。

（一）统率机关

1. 统率机关的性质。统率机关即行政首脑机关，是指具有决策、组织、指挥、协调、控制与监督等权力的机关。如我国的国务院与地方各级人民政府。具体而言，就是国务院的正副总理及国务委员，各级人民政府的正副省长、市长、县长、乡长、镇长等组成的各级政府首脑机关。统率机关是各级行政机关的指挥与决策中心，在整个行政机关中发挥统率作用。行政首长是统率机关的代表。

2. 统率机关的职责。（1）计划决策。统率机关及首长根据国家制定的战略目标与总体规划，从实际出发，制订和负责审批本地区行政工作的发展规划，并负责在调查研究的基础上就行政工作的重大问题作出决策。（2）组织指挥。统率机关及首长在行政管理活动中，负有组织指挥本机关一切行政活动之权。它负责对所管辖区域的行政工作进行统一领导，并进行指挥、协调、监督与沟通，以理顺机关与机关、人与人、活动与活动之间的关系，使本级政府整个行政系统密切配合，和谐运转，有效地促进行政目标的实现。（3）选人用人。统率机关及其首长掌有相应的人事任免及奖惩权。他们本着用人与治事相一致及考核与奖惩相统一的原则，选贤任能。同时又根据下属人员的工作情况，奖优罚劣，以充分发挥全体工作人员的积极性与主动性。（4）编制财务预算。“财为庶政之母”，一切行政均离不开财政。行政管理活动必须有一定的财力、物力作保证，才能确保行政决策、计划的实现。统率机关负责编制本级政府全部行政活动及公共开支所需财力的计划，以保证本级政府目标之实现。（5）负有相应的行政责任。统率机关及其首长享有上述权力，同时也负有相应的行政责任。包括行政管理中应负的政治责任、法律责任和行政责任。统率机关要率领全体行政人员卓有成效地开展工作，若工作不力造成了严重损失，即应追究行政责任。如果违法，还应受到法律制裁。（6）积极开展对外联系。行政组织是一个完整的系统，是在开放的环境中运行的。现代领导理论认为，统率机关的一个重要作用就是代表一级政府与上下级政府和相平衡的政府开展联系，进行沟通和协调，传播重要的信息，为自身和被统率机关的正常运行争取支持。

（二）被统率机关

1. 被统率机关的性质。被统率机关是指在行政首长的统一领导下，具体执行统率机关所制定的决策及命令的机关。被统率机关具有执行性与辅助性的特点。除统率机关外的一切行政机关皆属被统率机关。

2. 被统率机关的职责。被统率机关总的职责是忠实地贯彻执行行政首脑机关的决策与命令，圆满地完成行政首长所交办的各项任务。其具体职责有如下四项：首先，依据国家法律与首脑机关的决策，制订具体的实施计划；其次，做好实施决策计划的思想、组织与物质的准备，并根据决策目标将所属人员按精干、效能、统一和权责分明的原则有效地组织起来；再次，在具体执行过程中，要做好指挥、协调、沟通与授权工作，使工作任务能够圆满完成；最后，协助行政首长处理本机关内部的各种日常事务。

二、以行政业务性质分类

在被统率机关内部,又可以按照业务性质将行政机关分为业务机关与辅助机关,在业务机关内部又可分为综合管理机关与专门管理机关。

(一) 业务机关

1. 业务机关的性质。业务机关,指活动内容就是实现整个行政组织的目标、任务的机关,它直接履行政府的政治、经济、文化、教育、卫生、科技、社会服务职能,是与社会民众发生直接关系的组织。我国国务院各部委和地方各级人民政府各厅、局中的有关执行这些职能的部门都是业务机关,如国家发展和改革委员会、教育部、科学技术部、财政部、外交部、农业农村部、自然资源部、公安部等。

2. 业务机关的职责。业务机关在同级政府或上级同类部门的领导下,专门负责领导和管理某一方面的行政事务。其具体职责主要有如下几项:计划、法制建设、执行、考核、报告。

(二) 辅助机关

1. 辅助机关的性质。辅助机关是指活动内容直接为行政首长和业务机关服务、间接为实现整个行政组织目标服务的机关。如各级人民政府办公厅(室)、法制办、信息中心、政策研究室、人事局、统计局、机关事务管理局等,其服务对象不是社会民众,而是行政机关自身。

2. 辅助机关的职责。协助行政首长处理日常事务;深入实际,收集研究信息;上传下达,综合协调;管理本机关的人、财、物。

3. 辅助机关的分类。辅助机关是在行政首长直接领导下的服务机关,根据服务对象的不同,又可分为两大类:(1) 为行政首长服务的办公及参谋机关。办公机关是协助行政首长处理各种日常事务的综合性办事机关,如各级人民政府办公厅(室)等。(2) 为业务机关自身工作和生活服务的机关。这类机关是专门管理业务机关自身存在及活动所必需的各种辅助业务和后勤事务的机关。如国家统计局就是为机关自身工作服务的机关,人力资源和社会保障部、国家监察委员会就是为机关自身工作及管理服务的机关。

(三) 综合性管理机关

1. 综合性管理机关的性质。综合性管理机关是指管理业务具有综合性,管理对象跨部门、跨行业的机关。如国家发改委、财政部、审计署、劳动和社会保障部等。综合性管理机关有助于降低行政成本,节约行政人员编制。

2. 综合性管理机关的职责。综合性管理机关总的职责是对其职权范围内的各种综合性业务进行管理,既有宏观指导、协调、控制和监督,又有比较具体的业务管理。这仅是就其总职责而言。

(四) 专门性管理机关

1. 专门性管理机关的性质。专门性管理机关是指管理业务具有专门性、管理对象比较单一的机关,如教育部、农业农村部、交通运输部等。

2. 专门性管理机关的职责。专门性管理机关是政府某一方面行政权力的直接行使者,是社会某一方面事务的直接管理者。它仅仅负责管理某一个部门或行业的具体业务工作,如我国国家林业和草原局专门管理造林、林业政策的执行及天然森林的保护与采伐等有关林业方面的事务。

3. 专门性管理机关的设置。随着科学技术与经济的发展,社会分工日趋细密,社会生产的部门或行业也日益增多。在此情况下,若设置管理机关时将专业对象分工过细,那么专门性机关必然愈设愈多,其结果必然出现部门林立、机构膨胀的弊端。为避免此弊端的产生,应将专业相近的业务合并到一个部门管理,实行大部制。如西方不少国家,所有工业、商业都由一个部门管理,不再细分机械、电子等工业部,对内、对外贸易部等。与此同时,应将政府对专业对象的管理,从微观、宏观并重转为以宏观管理为主,使工作量减少,从而才能使机构减少、工作效率提高。在这里,"职能转变"是避免专业机构过多过大的核心。

三、以行政活动程序分类

以行政活动程序为标准分类,行政组织可分为决策机关、执行机关、咨询机关、信息机关与监察机关。

(一) 决策机关

决策机关是指在行政活动中作出决定、制定规划、发布命令的机关。如国务院、地方各级人民政府等。决策机关是行政机关体系的统帅,其职权同前述统率机关的职权基本相似。一个行政组织只能有一个决策中心,决策不能多头。否则,就会政出多门,使下属人员无所适从。决策权力集中,容易明确决策责任,有利于降低决策成本、提高决策效率和增强政策方案的协调性。

(二) 执行机关

执行机关是指对决策机关作出的指示、命令、决议等加以贯彻和实施的机关。执行机关是一个相对概念,如国务院各部、委对国务院,地方各级人民政府的各个工作部门对地方各级人民政府首脑机关,都是执行机关。

(三) 咨询机关

咨询机关是指为决策机关提供意见和建议的机关,通常由专家、学者、政府组织的代表、民众代表组成,以保证决策的科学性、民主性。如有些国家的经济研究中心和各种问题研究委员会、审议会等均属于咨询机关性质。咨询机关的主要任务是在广泛调查研究的基础上,对政治、经济、文化、社会等各个领域的问题进行预测、分析与论证,为行政首长决策提供建议或方案,或对需要由首长进行决策的问题进行审议。咨询机关是决策中心的辅助机关,必须从法律上确保其具有建议权和审议权。

(四) 信息机关

信息机关是指专门负责收集、加工、储存与传递有关人、财、物等各方面信息的机关,如统计局等。信息是一种宝贵的资源,现代决策离不开信息;信息的可靠性与及时性,往往直接影响到决策的正确与否。因此,信息机关在现代行政机关体系中占有相当重要的地位。以前,我们对这类机关重视不够,今后应进一步加强信息机关的建设,逐步建立适合我国国情的完善的信息系统。由于信息机关是一个技术性很强的组织,故必须配备训练有素的专门人才。

(五) 监察机关

监察机关分为两种:一是负责对整个行政机关、行政工作人员以及由国家行政机关任命的其他人员(主要指国有企业、事业单位的领导干部)进行监督、检查的机关;二是负责对社会组织、企事业单位和公民遵守国家法律、执行首脑机关发布的决议与命令的情况进行监督、检查的机关。前者如国家监察委员会,后者如市场监督管理局等。对行政机关内外都负有财务监察责任的机关有审计署。对社会民众进行监督、检查的机关，在行政活动程序中属于执行行政职能的执行机关，不属于按行政活动程序分类的监察机关。

四、以其他标准分类

（一）以行政层级分类

以行政层级为标准分类，行政组织可分为中央行政机关与地方行政机关。

1. 中央行政机关。（1）中央行政机关的性质。中央行政机关是指活动范围涉及全国的行政机关，如我国的国务院、朝鲜的政务院、美国的总统等。中央行政机关是一个国家的最高行政机关，全国各级地方行政机关均受其统一领导。（2）中央行政机关的职权。中央行政机关代表整个国家行使国家行政权力，执行全国性公务。它有权依据宪法与法律，管理全国范围内的一切政治、经济、文化和社会事务。

2. 地方行政机关。（1）地方行政机关的性质。地方行政机关是指活动范围仅涉及一定行政地域范围的行政机关，如我国地方各级人民政府、日本的各级地方自治体等。（2）地方行政机关的职权。地方行政机关负责管理特定行政区域内的政治、经济、文化与社会事务。我国地方行政机关是地方各级人民政府，它们根据“双重负责制”（即既要向同级地方人大负责并报告工作，又要对上级行政机关负责并报告工作）的原则开展工作。

（二）以行政组织设置的时间分类

以设置的时间为标准分类，行政组织可分为常设机关与临时机关。常设机关即永久性行政机关，是管理经常性行政事务的机关。国务院各部、委及地方各级人民政府的厅、委、局均属于常设的职能机关。

临时机关是为解决某一临时性专门问题而设置的机关。一旦问题被解决或任务已完成，该类机关随即撤销。需要注意的是，统率性行政机关要加强对临时机关的内部统一管理和综合协调，对临时机关组成人员进行周密的考核和监督，防止考核和监督的疏漏。最后，需要根据任务完成的情况逐步缩减临时机关，从人员和经费上为撤销临时机关做好准备，防止机关数量膨胀。

（三）以行政组织的特殊性分类

以行政组织的特殊性为标准分类，行政组织中绝大多数均为普遍性的机关，但也有一些特殊性质的机关，如派出机关、分支机关与合署办公机关。

1. 派出机关，是指上级人民政府根据工作需要，在其所辖区域内设立的代表机关。如我国的地区行政公署是省政府的派出机关，街道办事处是市辖区政府或不设区的市政府的派出机关。派出机关并非一级地方政权，也无一级独立财政。

2. 分支机关，是指中央机关设在各地的分支机构。如中国人民银行分设于各地的跨省区分行，财政部和审计署分布于全国的驻××省特派员办事处。

3. 合署办公机关，是指两个或两个以上机关，因工作性质较接近、联系较紧密所组成的联合机构。如“中共中央军事委员会”“中华人民共和国军事委员会”，“××省民族事务委员会”“××省宗教事务局”则属于合署办公机关，俗称“两块牌子、一套班子”。

复习思考题

1. 何谓行政组织体制？为什么说它是行政组织结构的灵魂？

2. 均权制有何优缺点？在市场经济条件下，如何正确运用之才能发挥其优点，避免其缺点？

3. 首长制与委员会制各有什么优缺点？应如何具体地加以运用？

4. 市经理制有什么特点？有何值得借鉴的地方？

5. 根据业务性质可以将行政组织划分为哪些种类？

6. 根据活动程序可以将行政组织划分为哪些种类？

第九章 行政组织的设置与自身管理

第一节 行政组织设置的指导思想和原则

一、行政组织设置的指导思想

行政组织设置的原则是指人们在设置或改进某一行政组织时，所要遵循的一般准则或指导规范。它是人们对组织规律的科学总结，反映了组织设置和组织运行的基本要求。行政组织设置的原则，应遵循以下指导思想：

（一）主观性与客观性的对立统一

各种行政组织的理论流派都提出了自己的行政组织设置原则，它们在表现形式上都具有鲜明的主观性色彩，与相关理论流派的逻辑、方法密切相关，甚至受到理论家个人经历与专长的影响。但是，我们也要承认，各流派提出的行政组织设置原则，都具有一定的价值，即具有一定的客观性内容，或多或少地反映了组织设置与发展的某一方面的规律。行政组织设置原则应该是主观性与客观性的对立统一，它要求我们注意各流派的行政组织设置原则既有主观偏见，又包含有对组织规律的认识，因而，要批判性地运用它们来指导实践，并在实践中检验其真伪。

（二）科学性与政治性的对立统一

行政组织设置的原则应反映行政组织发展中的某些普遍、共同规律，因而具有科学性；行政组织设置的原则又必须反映特定社会中统治阶级的根本利益，因而具有政治性。在阶级社会里，行政组织设置原则的科学性与政治性既对立又统一。因此，我们必须注意：第一，自觉地把人民大众的根本利益放在首位，将其作为我国行政组织设置原则的基础；第二，充分认识各流派行政组织原则中的阶级局限性，认真学习与借鉴其中的科学性成分。

（三）稳定性与变动性的对立统一

行政组织设置的原则，作为一种指导性的规范，具有一般的、普遍的性质，它反映了行政组织设置的一般规律，凡是环境与性质相同或相近的行政组织都可运用这些相同或相近的组织原则。但是，行政组织的环境又是复杂、具体、多变的，在不同环境下的同一性质的行政组织、相同环境下的不同的行政组织子系统，都不可能适用完全一样的组织原则。因此，我们既要提出一般的行政组织设置原则，又要根据组织环境的发展变化与组织系统的具体特点，相应地选择和运用不同的具体组织原则；既要反对借口遵循传统而不肯改革旧的组织原则的做法，也要反对借口学习外国经验而照搬、照抄西方组织原则的行为。

二、不同时期的行政组织设置的一般原则

在西方行政管理学发展的不同时期，人们根据各自理论的侧重点，对行政组织的设置提出了各具特色的原则，这些原则从不同角度反映了行政组织设置的规律。而且，随着行政组织理论的发展，人们对行政组织设置规律的认识日趋全面、深入。

（一）传统理论时期的行政组织设置原则

1. 组织目标的原则。任何一个行政组织都必须具有明确的组织目标，并围绕组织目标来设计组织结构、配置组织的人员。

2. 指挥统一的原则。一个下级一般只能有一个上级。要避免多头领导，政出多门。

3. 层级节制与幅度适中的原则。行政组织应区分严格的上下等级，在上下等级之间构成一种稳定的领导与被领导的统属关系。每一个领导所直接控制的下属数目，即管理幅度要适宜，以达到有效控制为限。正常的行政组织结构应是一个金字塔型的统属结构。

4. 权责相称的原则。行政组织成员所享有的职权与职责应保持一致，每一个职位的权责都应有明确的法律说明，法定事权与实际事权也应保持一致。

5. 授权的原则。行政领导要把某些事情的执行权与补充决策权下放给下级。授权的大小，要考虑组织的目标、下级的素质等因素。在授权的时候，责任与控制权等不可授予下级。

6. 专业分工的原则。专业化是现代行政组织的一个基本要求，主要包括部门的专业化与人员的专业化。要根据工作性质与内容的差异来区分各职能部门、幕僚部门。不同性质的职位要由不同的专业人才来担任。

7. 精简节约的原则。行政组织的机构、人员与费用都要贯彻精简节约的原则，要与社会经济发展规模、国民承受能力相适应。

（二）行为科学时期的行政组织设置原则

1. 以人为本的原则。人是行政组织的核心，是其中最活跃的因素。任何组织设计与管理都要着眼于最大限度地满足人的多方面需求，促进其全面发展与优化。

2. 人与组织平衡的原则。行政组织对组织成员的要求以及组织成员对组织的贡献，应与行政组织对人的满足程度基本平衡。

3. 参与、沟通、激励的原则。人是经济人，但更是社会人。行政组织的活力来源于组织成员的全心投入，来源于他们对组织目标的认同感。行政组织要创造各种机制使组织成员介入组织决策与管理的过程，要实现各层级、各部门间的信息传递与交流，达到相互信任与理解；对组织成员的管理方式，激励往往比惩罚更重要。

4. 正式组织与非正式组织互动的原则。在行政组织中，除了法定的正式组织之外，还存在通过友谊、感情等渠道形成的非正式组织。非正式组织既有激发工作热情、缓解紧张情绪等正功能，又有传播谣言、抵制管理等负功能。正式组织与非正式组织处于不停顿的互动之中。行政领导的职责在于引导非正式组织积极的一面，控制其消极的一面。

（三）系统权变理论时期的行政组织设置原则

1. 系统的原则。行政组织是一个系统，其内部是由许多子系统构成的。行政系统本身又是社会大系统乃至自然界大系统之中的一个子系统。行政系统内部各子系统之间要保持其相互联系的整体性，行政系统要受社会大系统乃至自然界大系统的影响和制约。

2. 整体的原则。行政组织作为一个整体，具有不同于各要素机械相加的特性。行政组织的结构合理，则整体功能大于部分之和；反之，则小于部分之和。

3. 开放的原则。行政组织系统要存在与发展，必须与环境实现信息和能量的互换。一个自我封闭的行政组织系统不能从外界获取信息和能量，这样，系统会逐渐走向分化、瓦解和灭亡。

4. 封闭回路的原则。行政组织系统信息的输入、处理、输出与反馈要形成一个完整的封闭回路，各环节相互联系，缺一不可。

5. 权变的原则。当行政组织系统的外部或内部环境发生改变时，其组织原则与管理方法必须随之调整。一个有生命力的行政组织系统，必定是一个善于根据环境的变化进行适应性调节的系统。

三、行政组织设置原则的作用

（一）有助于设计与建立科学、合理的行政组织结构

任何一个行政组织都有基本相同的要素，即人员、目标、权责关系，这三者的排列组合方式决定行政组织结构。组织结构是否合理、科学，对行政组织功能的大小、好坏会产生重大而直接的影响。人们在行政组织的设置过程中，如果能熟练掌握并科学运用行政组织设置原则中的有关内容，就能在设置新的行政组织的过程中，减少盲目性、主观性，增加自觉性、科学性。

（二）有助于指导与规范行政组织的日常管理

行政组织建立之后，最大量、最经常的工作就是日常管理。此时，行政组织设置的原则仍然有着重要的指导作用。如服务原则，以人为本原则，参与、沟通、激励原则等，有助于理顺管理主客体之间的关系，缓解上下级之间的矛盾，最大限度地激发组织成员的工作热情与创造精神；目标原则、指挥统一原则、权责相称原则、整体性原则、管理封闭回路原则等，都有助于强化与严格组织管理，避免或减少组织内耗，缩小组织目标的偏差，从而能提高行政组织整体的效能。

（三）有助于改革与完善行政组织

行政组织设置的原则在改革与完善行政组织的过程中也发挥着重要作用：一是在比较集中的、大幅度的行政组织改革中，根据新的行政组织设置原则指导组织结构的再设计，这是行政组织原则指导改革实践的一种明显的形式；二是在日常的管理中，对照行政组织有关原则的要求，根据内外环境的变化而适时地进行微调。这种微调将行政组织设置原则融合到组织的日常管理中去，是行政组织原则指导行政组织渐进改革的一种较隐蔽的形式，是运用行政组织设置原则的另一种重要途径。

第二节　中国行政组织设置的原则

一、服务原则

为人民服务是我国行政组织设置的根本宗旨，要求将为人民谋利益作为组织设置与组织全部活动的出发点和归宿。各级各类行政组织的建立，目的在于更好地进行创造性的工

作，保障国家主权的独立完整，维护安定团结的政治局面，促进政治、经济、文化建设事业的长期、稳定、协调发展，从而不断满足人民群众日益增长的美好生活需要，促进社会全面发展。

二、职能原则

1. 根据行政组织职能设立相应的机构。行政组织职能是行政组织所要达到的目标或结果。在我国，任何行政组织的设置都要根据客观实际的需要，都是为了完成一定的组织目标，实现特定的组织职能。一定要因事设位、因事择人，反对因人设位、因位生事。只有坚持机构设置与组织职能之间的一致性，才能控制机构的总量，确保机构设置的必要性、严肃性和科学性，才能减少乃至避免内耗，保证行政效率的提高。

2. 围绕组织职能确立组织结构。要根据组织职能的难易程度来确定组织的规模、大小、繁简。在机构的层次划分及部门分工时，要把总职能逐级分解为部门职能和个人职能，根据具体职能来设置机构与职位。只有围绕职能来设计组织结构，才能形成用总职能指导分职能、用分职能支持总职能的良性循环，达到以职能为中心的、既分工又合作的优良组织结构。

3. 根据职能的发展变化，适时地调整行政组织。随着组织目标、组织职能的发展、变化或消亡，我国行政机构的设置也应相应地增加、调整或撤销。在机构设置上、人员编制上，要反对"一劳永逸"的思维，适时的改革与完善应成为组织建设中一项经常性的工作。

三、统一原则

1. 机构设置要统一。我国在国家结构形式上实行的是单一制，各级政府的组织与领导体制、主要职能部门的设置在原则上应该基本一致；不同地区的同级政府内设的行政机构，其名称、级别与功能也应基本统一。机构设置上的统一与规范，有助于国家政令统一而迅速地实施。当然，我国地域广阔、民族众多，各地方的经济、社会发展差距较大，各级政府职能不尽相同，政府机构的设置也必须与其具体职能和当地的具体情况相结合。因此，机构设置的统一原则具有相对性，要反对"一刀切"和片面地追求上下对口、左右对等。机构设置要一切从实际出发，在基本统一中体现地域特殊性。

2. 领导指挥要统一。行政组织中的命令、指挥关系要尽量集中与单一。一般来说，一个下级组织或人员只应听命于一个上级组织或领导。在双重领导或多重领导体制下的行政组织，其命令、指挥关系要区分主次，指挥机关本身也应保持最大限度的协调。同时，一个上级组织或领导也应只指挥、命令它的下一个层次的组织人员。除非特殊情况，一般不要越级下达命令，越级直接指挥。否则，会损伤下级机关及其工作人员的积极性，增加其依赖性和违规意识。

3. 职责与职权要统一。行政组织是各法定职位的集合。职位是因工作需要而设置的工作岗位，是职权与职责的统一。每一个职位所应享有的行政权力与所应承担的行政、法律责任应保持一致，职权与职责都应有法定的、明确的说明。这些说明应具有严肃性和稳定性，不因特定成员的去留而更易。坚持职责与职权的统一，就是要反对权大责小、有权无责和权小责大、有责无权的现象，就是要防止法定职权与实际职权的不一致，就是要与"踢皮球"、无人负责或滥用权力、不负责任的官僚主义现象作坚决的斗争。

四、系统原则

1. 保持整体功能。行政组织系统的结构如何，对系统整体功能的发挥有重大的影响。组织结构合理，则系统的整体功能大于部分之和；组织结构不合理，则系统的整体功能小于部分之和。在我国，要谋求行政组织整体功能的优化，主要是使决策、咨询、执行、监督、信息反馈五大子系统的机构完整，配置合理，形成一个功能完整的动态系统。具体来说，就是要进一步提高中心决策系统的素质与水平，减少不必要的副职、闲职；要调整、充实和加强执行系统，使其人员精干、手段完备、行动快捷；同时还要进一步培育和完善信息反馈、咨询与监督系统，使之既能辅助决策与执行系统的工作，又能保障其正确的工作方向；还要反对头重脚轻，官多兵少，辅助人员多、业务人员少等违反正常比例的做法。

2. 坚持平衡。行政组织是社会乃至自然界大系统中的一个子系统，其设置的原则要随着外界环境的变化而变化，坚持行政组织与外在环境的平衡。同时，行政组织本身要与其成员平衡，要使行政组织成员对组织的贡献与行政组织对成员需要的满足相平衡。只有内外部都达到了平衡，行政组织才能高效率地发挥作用。

3. 坚持开放。行政组织是一个开放的系统。它只有不断地与外界进行信息、人员与物质的交换，才能求得生存和发展。行政组织的自我封闭，即意味着慢性自杀、自取灭亡。我国社会主义制度的确立，使行政组织具有广泛的人民性，它更应坚持开放、反对封闭，更应要求行政组织的决策、人事、执行、监督、信息反馈制度都向人民群众开放，在各个环节上吸收人民群众参与管理和监督，更好地听取人民群众的意见，并据此改进自己的工作、调整自己的行为。尤其是随着社会主义市场经济的发展，平等观念日益深入人心，人们不再把行政组织视为神秘莫测、高高在上的组织，而是视为为纳税人服务的公共行政机关。因此，行政组织更必须在与社会环境不断进行的信息、能量交换中求得生存与发展，在对社会——人民群众的开放中求得生机与活力。

4. 管理封闭回路。行政组织作为一个功能完整的系统，其信息的流通要经历一个输入、处理、输出、反馈的过程。这个头尾相连、螺旋式的发展过程不可中断。我国行政组织的机构设置和工作程序安排，都要保障行政指令和信息流通形成这样的一个封闭回路。

五、效能原则

1. 机构设置和人员编制要尽量精简。机构设置要围绕组织目标，贯彻最低机构数量原则，不设重复无用的机构；人员编制则要贯彻最低职位数量原则，少设副职，不设闲职。精干是提高效率的前提条件。在需要的范围之外，多设一个机构、职位，等于多设一个障碍，只会降低工作效率。

2. 层级与幅度要适中。一方面，为了有效地进行管理，行政组织必须自上而下地划分为不同的行政层级，但层级过多易造成沟通困难，影响效率；另一方面，行政领导由于个人时间、精力与学识的限制，其直接控制的下级数量（即控制幅度）也应有一个合理的限度。超过这个限度就会造成控制松散、指挥乏力的情况，也会影响行政效率。本着精简与效能的原则，在机构设置中应尽量减少不必要的行政层次，同时相应地调整控制的幅度，使两者达到动态适应。

3. 进行专业化分工。专业化分工是指将性质相同或相近的工作归类，划分给某个个人或某个部门去做。对于同一项工作,不能同时交给两个人或两个部门去做,以避免政出多门、分工过细、部门林立的弊端。

4. 简化办事程序。办事程序是行政组织开展工作的顺序和步骤,它对行政效率有着重大的影响。为提高行政效率,应尽量简化办事程序,并使其明确化、具体化,用最少量的时间、程序完成最大量的工作。

六、法治原则

1. 政府机构的设置及其体制要有法律上的根据和保障。这种法律的依据主要体现在《中华人民共和国国务院组织法》和《中华人民共和国地方各级人民代表大会和地方各级人民政府组织法》这两个基本法律文件之中;另外,其他一些具有一定法律效力的各种条例和地方性法规,对于中央政府机构和地方各级政府机构都作了具体的规定。2015 年,《地方各级人民代表大会和地方各级人民政府组织法》修订通过,为政府机构改革与机构设置工作确立了新的符合社会主义市场经济要求的法律规范和法律保障。

2. 机构的设置与变更要依照法定的程序进行。我国的《国务院组织法》和《地方各级人民代表大会和地方各级人民政府组织法》,对政府机构设置的程序均有具体规定,各级人民政府均不得违反,不得擅自增设或减少机构,要坚决杜绝领导者个人决定增设机构的人治现象。

第三节　行政组织自身管理的一般方法

一、行政组织自身管理方法的含义、依据和意义

(一) 行政组织自身管理方法的含义

行政组织自身管理的方法是指行政组织为保障行政目标的实现,对行政组织自身及其成员进行控制与管理的方法、措施和手段的总和。必须指出的是,行政组织的管理方法,事实上包括两个方面的内容:一是行政组织对系统内部的自身管理;二是行政组织对社会的管理。行政组织之所以能够对社会进行管理,是因为政府本身是一个具有高度自组织能力的有机系统,具有自我调节、自我管理的能力。事实上,政府行政组织在管理社会的同时也在管理自身,或者说管理自身是管理社会的前提,政府对社会的管理行为是政府行政组织内部一系列管理环节,如功能配置、机构设置、权责划分和人员配备等优化协调运转的结果,没有政府行政组织自身的科学管理,就不会产生科学高效的政府行为,自然也就不会有适合社会需要的政府角色了。政府行政组织的自身管理能力越强,社会管理功能也就越完善。

(二) 确立行政组织自身管理方法的依据

行政领导采取什么样的方法对行政组织进行管理,要受一系列主、客观条件的限制或制约,这些主、客观条件就是确立行政组织自身管理方法的依据。

1. 经济上的依据。马克思主义认为,一个社会的生产关系的总和构成社会的经济基础,它决定着法律的和政治的上层建筑。行政组织作为上层建筑的一个重要组成部分,其自身管理方法的发展变化自然要受制于经济发展的性质与水平。在奴隶社会和封建社会,自给自足的自然经济占主导地位,政府管理社会的职能单纯,行政组织的结构简单、规模有限,

低下的生产力只能提供同样低下的科学技术手段。这一切就决定了在传统行政组织的自身管理中，行政领导单凭习俗、惯例及个人的学识与经验，就能基本控制行政组织的活动和发展。人类进入现代化的社会化大生产以后，政府的社会管理职能日益繁重。与此相适应，行政组织的结构日渐复杂，规模日趋庞大，科技革命的新发展带来了管理方法与装备的革命性进步。这一切就使得现代行政组织的自身管理，不能再沿用传统的经验管理方法，必须转而采用科学方法，即只有借助于制度规范、科技手段才能迎接行政组织自身管理所面临的巨大挑战。

2. 政治上的依据。这里主要研究政体对行政组织自身管理的影响。政体即国家政权的组织形式，对行政组织自身管理方法具有直接的影响。在专制政体国家，长官意志支配一切，行政组织自身管理的方法一般以强制性的行政命令方法为主，不可能以法律作为行政组织管理的基础。如果说有“法”，也只能是“朕即法”的一家之法；也不可能在对行政组织成员的人格充分尊重的基础上形成上下级的双向沟通；最终就不可能有科学、高效的行政组织管理方法。

在民主政体国家，行政命令方法仍然存在，但它要以法律与法规为基础，行政组织成员的人格尊严得到了保证，通过各种激励手段，可以最大限度地调动行政组织成员的积极性、主动性与创造性。在当代，行政组织自身管理中的民主方法与科学方法，是互为前提的，它们之间统一而不可分割。

3. 理论上的依据。行政组织自身管理的方法与行政组织理论密切相关，组织理论上的差异往往直接导致管理方法上的区别。而组织理论的差异，在这里又集中表现为一点，即如何看待组织中的人。中西方思想家提出的有关人的认识主要有三种：其一，认为人性本恶。好逸恶劳、趋利避害是人的自然本性。人们参加工作的动机完全在于谋求个人的经济利益或满足私欲。出于这种“性恶论”假设，在行政组织自身的管理中一般就采用权力节制、纪律约束、制度规范、经济刺激等管理方法。这一管理方法在西方被称为“X”理论。在中国，荀子则称之为“化性起伪”，即用“礼义”这个人为的“伪”来教化与规范自私的“性”。其二，认为人性本善。人具有生理、心理、社会及自我实现的多方面需求，在一定的条件下，人们会主动、积极地参与各项工作。出于这种“性善论”假设，在行政组织的自身管理中一般就强调人格尊重、人性激发、民主参与、上下沟通的管理办法。这一管理方法在西方被称为“Y理论”。在中国，孟子则称之为扩充“四端”，即通过后天的努力、培育与激发，来扩充人生来就有的“仁义礼智”四种善的萌芽。其三，认为人性有善有恶，亦善亦恶。即作为不同时期、不同对象的人，其人性有善有恶；就是同一个人往往既有好逸恶劳的一面，也有奋发工作的一面。出于这种“有善有恶，亦善亦恶”的人性假设，在行政组织自我管理的过程中，就强调外在强制与内在激发诸方法的灵活运用。这一管理方法在西方被称为“Z 理论”。在中国，战国时代的学者世硕就主张人性本是亦善亦恶的，全在于后天的培养，才使人变成善或恶。

（三）研究行政组织自身管理方法的意义

研究、分析与把握行政组织自身管理的方法，对于行政组织中各项工作的顺利展开，具有十分重要的意义。

1. 行政组织自身管理的方法是行政领导控制与管理行政组织的工具。中国共产党一向注重工作方法的研究，重视工作方法的意义。随着社会主义现代化建设事业的发展，我国行政组织的任务日益繁重，机构日益扩大，人员日益增加，行政组织内部管理的工作千头万绪。行政领导如果不研究、不掌握科学的管理方法，就难以保证行政组织自身协调、高效地运转，难以在行政组织内部做到令行禁止、指挥统一而迅速。所以，掌握行政组织自身管理的科学、民主的方法，是各级行政领导有效控制与管理行政组织的重要工具。

2. 做好行政组织的自身管理是行政组织有效实施社会事务管理的前提。行政组织自身管理的好坏，对行政组织的社会管理效率有着相当重要甚至是决定性的作用。政府对社会的管理是政府自身管理中职能配置、机构设置、权责划分、人员配备等一系列环节的结果。没有政府自身的科学管理，就没有政府对社会的高效管理。

二、行政组织自身管理的一般方法

(一) 规制型管理

规制，即规章制度。规制型管理是一种采用严格的规章制度来约束行政组织成员的行为，以高效完成工作任务的管理方法。规制型管理方法是工业革命的产物，它的出现是人类管理思想史上的巨大进步。在此前的传统农业社会，行政组织的管理往往是领导者凭借个人经验进行的，缺乏合理的分工、明确的制度与严格的制约，管理方法的零散杂乱在组织中造成了混乱无序、人心涣散、滥用权力、徇私舞弊、贪污腐败、“裙带”作风、效率低下等恶果。针对种种缺陷，规制型管理方法强调对行政组织及其成员实行理性化管理，要求在行政组织内部进行专业分工、层级节制和严格规范，并以此作为提高组织绩效、实现组织目标的基本方式。具体而言，规制型管理方法的主要内容是：

1. 组织标准化。为了完成繁重复杂的工作任务，规制型管理在组织中推行标准化方法，以此提高工作绩效。它包括三个方面：(1)分工专业化。这是组织标准化的基础，它要求行政组织内每个职位的工作任务尽可能地简化、单一化，并把组织活动分解为各项比较细致的工序。(2)工作指标化。即对各个职位的工作要求作出说明，规定其完成工作的数量、质量、时间和程序。(3)人员统一化。组织中每个职位上的工作人员必须具有相应的能力，每个职位对任职者的素质和能力都有明确的统一标准，并要经过严格的培训，以使其能按质按量完成职位任务。

2. 工作秩序化。秩序是一切组织存在和发展的基础。规制型管理方法强调在行政组织内部的各要素、环节之间形成有机的联系，使相关组织之间互相协调，密切配合，形成一个无障碍的工作流程。它要求理顺组织内外的各种关系，包括命令服从关系、信息沟通关系、意见反映与反馈关系等。与此同时，它要求彻底清除人的随意性和传统组织的杂乱无章，使行政组织成为一架精密的机器。

3. 管理规范化。规制型管理严格按规章制度行事，坚决抵制人情关系的干扰。它包括：(1)组织成员之间的关系完全以理性准则为指导，坚决排斥一切人为的、情感的、偶然的因素，尤其是排斥不良人际关系的影响。(2)对所有的人都一视同仁，使组织成员具有平等感和公平感。所有的组织成员都必须遵守规则和纪律，不因个人情感的不同而不同。(3)明确规定每一成员的职权范围和协作形式，使各个成员正确行使职权，减少摩擦和冲突。(4)精确计算组织成员的工作成果，以业绩为依据进行奖惩，公正、客观、合理地处理问题。

规制型管理盛行于工业社会，它追求理性和效率，其目的是排除人的情感因素对组织运行的影响，尽可能地消除偶然性，使行政组织成为一种客观系统。这种管理方法力图在无序中建立秩序，适应了工业社会的需要。但是，其缺陷也是十分明显的：第一，规制型管理造就了一种刚性的官僚系统，就像一部机器，没有灵活性和主动精神，只有齿轮之间的被动运转；第二，采用标准化的管理和服务，忽视人的差异性和多样性；第三，排除了竞争的必要与可能，组织成员照章办事，墨守成规，以致造成得过且过、不负责任的结果；第四，依靠条块分割的专业化单位来解决不断出现的新老问题，导致机构不断膨胀，职能交叉重叠。

（二）情感型管理

情感型管理是一种在行政组织中有选择性地增加情感投入，满足组织成员的感情和心理需要，以提高组织绩效水平的管理方法。在某种意义上可以说，情感型管理方法就是一种以人为本的管理方法。在规制型管理中，排斥人的情感是保证整部机器连续正常运转的前提条件。然而，人毕竟不是机器，人是有感情的动物，存在着各种复杂的心理活动和情感需要。在行政组织的管理中，去掉人的某些不当情感是无可非议的。但是，这并不意味着要将人的一切情感都毫无例外地排除掉。随着社会实践的发展，行政管理学者发现，在组织管理中适当地运用一定的情感因素，不仅可以满足组织成员本身的需要，而且可以大幅度地提高组织的绩效水平。

在中国传统文化中，就包含了深厚的以人为本的管理思想，重视个人的感情和心理因素，强调通过个人的修养达到人际关系的协调与组织和谐。其方法主要有：第一，强调亲亲相爱，组织和睦，即君礼臣忠，亲亲敬长，朋友有信；第二，强调自我修养，克己复礼，认为组织成员要努力具备"仁、恕、恭、谦、宽、直、信、忠"等品质，即要有爱心、宽容、恭敬、谦让、宽厚、耿直、信义、忠诚等品质。当个人利益与组织利益发生矛盾时，则应克制自己，服从群体。

西方行为科学在现代科学的基础上丰富了情感型管理的内容，提出了一系列的理论观点。他们在相互的争论与融合中推动了情感型管理方法的精细化、科学化。归纳起来，情感型管理中最基本的方法有四个：

1. 激励。组织是人的集合体，组织的活动是由人来进行的。只有使参与行政活动的每个人始终保持高昂的士气，行政组织才能实现较好的绩效。激励就是对人进行某种刺激，以诱发其高亢情绪的过程。当人受到该刺激后，产生了一定的需求，形成了行为动机，然后就开始行动。需求是激励中的主要因素，没有需求就不能产生行动。情感型管理方法认为人具有多方面、多层次的需求，行政领导者只有针对人的不同需求，分别用物质、尊重与自我实现等内容作为刺激物，才能最大限度地激发人的工作热情。

2. 沟通。情感型管理方法认为人与人之间由于出身、教育、地位、个性等因素的差异，对组织目标等问题的认识往往存在较大的差距与隔阂。为了消除矛盾，达到相互信任和了解，就需要经常地进行纵向与横向、正式与非正式的相互沟通，从而使组织成员之间达到相互了解和信任，形成良好的人际关系，产生强大的内聚力，高效地完成组织目标。沟通是行政组织的血液，正是沟通赋予了行政组织以生命力。如果没有沟通，行政组织的活动就无法进行。

3. 参与。一切管理活动都应该以调动人的积极性、发掘人的潜能为根本。参与管理的方法充分肯定人性的积极面，认为只要让组织成员参与行政组织的管理，他们是乐于工作并寻求全面发展的。参与管理方法认为组织管理的最佳境界，就是组织成员把组织任务当成自身之事。而要达到这种境界，组织与个人之间就应该建立一种相互开放的关系，即个人努力工作，组织创造条件让个人了解并参与制定与之有关的组织目标、计划与规范。

4. 协调。协调是指消除行政组织内、外部的矛盾，减少管理过程中的功能损耗，建立和谐融洽的工作关系，使组织的整体功能得以实现的一种管理方法。协调的管理方法要求及时发现行政组织运行中的矛盾冲突，具体分析其原因，并采用各种措施加以疏导，保证行政组织内部形成一种良好的合作关系，将组织各部门、各成员的努力统一到组织的总体目标上来，和谐一致、高效地完成工作任务。在行政组织的自身管理中，既包括了内部的各部门、各成员、各活动方面之间的协调，又包括了该组织与外部其他组织和环境之间的协调活动。

应该指出，情感型管理方法是为了弥补规制型管理方法的不足而产生的，它深化了人们对组织的理解和认识，推进了行政组织管理的发展与工作效率的提高。然而，情感型管理不应与规制型管理相对立，它是在规制型管理的基础上发挥作用的。同时，从某种意义上说，规制型管理也重视人的因素。规制型管理排斥个人的主观好恶，用同样的规则对待所有的人，为组织成员营造了一种公平竞争的环境。这是对人的最大尊重，使所有组织成员都可以充分发挥自身潜力，投入到业绩创造之中。因此，我们必须正确地把握这两种管理方法之间的关系。

系统与权变组织理论提出的权变管理方法，实际上是指根据不同情况，分别灵活地采用规制型管理和情感型管理方法。

（三）市场化管理

市场化管理是与信息社会相适应的新型管理方法，它主张将市场机制引入行政组织的管理之中，即在行政组织内部形成若干自主性较强的工作单元，创造一种竞争性环境，从而激发组织成员的潜能，提高效率。这种管理方法的理论假定是：公共行政组织和私营组织所面临的任务与问题是相同的，因而可以采用类似的管理手段。而且认为，如果突破僵化规制与等级体系的束缚，公共行政组织成员的创造力和行政才能就会焕然一新。

市场化管理是在规制型管理的基础上发展而来的，既吸收了其优点，又是对其的超越。规制型管理盛行于工业社会，曾经代表着组织方式的理性和效率。它给行政组织带来的逻辑规范，与装配流水线给工厂带来的逻辑规范一样，十分稳定、公平和精确。但是，行政组织的规制型管理，形成了一种典型的官僚体制，它专注于各种规章制度和等级节制的指挥系统，导致中央集权、层次繁多、行动迟缓的弊端。如果环境稳定，任务简单明确，社会需求单一雷同，那么，传统的官僚体制还是可以胜任的。然而，在信息时代，每个人获得的信息量大大超过从前，人的自我价值大幅度提高，人的个性与要求更加多样化和复杂化，事物的变化幅度与速度也大大增加了，规制型管理模式已经不能有效地运转，必须采用新的管理方法。

我们知道，社会的客观需要是行政组织产生、存在、变革的前提和基础。因此，随着市场经济的发展、信息时代的到来，社会环境对行政组织的要求产生了很大的变化，除了要求行政组织将部分功能推向社会、推向市场，实行市场化外，还要求为行政组织自身管理市场化。其具体内容有：

1. 行政组织内部管理的市场化。即在行政组织内部引进市场竞争机制，划分责任中心，形成一个个相对独立的自治性单位。这样，传统的规制型管理放松了，下级政府和工作人员的自由裁量权大大增加，行政组织内部也从过程导向的控制机制转向结果导向的竞争机制。其特点如下：(1)权责明确。责任中心是整个组织中的一个很小的工作单位，它的目标比较具体，可以清楚地衡量出组织成员个人所做努力与组织目标实现程度之间的关系，避免模糊性。(2)结果导向。在规制型管理中，上级既注重下级的工作结果又注重其完成工作的过程。在市场化管理中,上级不必过问各个责任中心完成任务的过程,只需注重其工作的结果。责任中心在力求达到自身目标的同时,就会自动促进组织目标的实现。(3)合同约束。用合同约束代替部分规章约束。合同只重结果,下级自由活动的余地增加,上级的管理工作量也减少了。(4)用户至上。在规制型管理中,组织成员的约束力主要来自上层;在市场化管理中,组织成员的约束力主要来自用户。若用户不满意,责任中心的利益必然会受损失,顾客本身就有了否决权。此时,行政组织成员为用户服务的意识大大强化。

2. 行政组织内部人事制度的市场化。传统的政府公务员制度是在规制型管理时代确立的,有效地消除了官职恩赐制和政党分赃制的弊端。但随着社会的发展,现在政府面临的问题是如何提高管理效率、适应信息社会的需求。在这方面,传统的公务员制度是不够理想的。为此,许多国家仿照私人企业的管理方法,对政府人事制度进行了市场化改革,核心是建立灵活、高效、富有竞争力的用人机制。(1)实行合同雇佣制。与私人企业一样,政府对未来劳动力的需要也具有不确定性。合同雇佣制有助于政府对不确定的环境作出灵活、快捷的反应,可以摆脱传统的公务员终身任职原则的束缚,根据工作需要随时增加或裁减人员。(2)淡化职位分类。职位分类妨碍公务员在政府内部的自由流动,难以达到人力资源的最优配置。市场化管理要求超越职位分类的局限,大幅度地简化职位分类,造就通才,增加灵活性。(3)简化管理规则。大幅度精简烦琐的人事规章,授予第一线人员以足够的自主权,激发其工作积极性和创造性;将公务员录用、晋升等方面的管理权限逐渐转移到各级业务部门手中。(4)改革工资制。大力推行绩效工资制,使公务员的劳动报酬与工作成绩直接挂钩。

3. 行政组织自我服务功能的市场化。即在行政组织内部的自我服务活动中引进市场机制,将政府与社会力量联结起来,通过多元竞争提高政府自我服务的能力,减少服务费用和成本。在内部的自我服务功能上,政府不一定要自己直接经营,而是可以设立特殊的市场,花钱为自己购买服务,并进行宏观管理。比较有效的做法是政府采用一种竞争性的市场招标形式,公营组织、私营组织和政府机构都可以参加投标竞争,赢得合同。例如西方国家的政府采购制度,一方面用控制总预算开支的方法来大力减少具体审批程序,赋予一线业务部门以足够的自主权;另一方面要求凡是超过一定数额的政府采购项目,必须进行公开招标,竞争择优。

第四节　中国行政组织自身管理的方法

中华人民共和国成立以来,通过 70 年的政权建设,已经建立起了结构基本完整、制度基本完备的行政组织体系。但我国又是一个处于社会主义初级阶段的发展中国家,生产力水平还不高,并且发展很不平衡,民主与法制的建设也不够完备,行政领导者的思想素质及专业素质都有待进一步提高。当前经济、政治、社会与历史发展的这一特点,决定了我国行政组织自身管理的方法,既不能只搞人际关系,而忽视纪律、制度、结构的健全与完善;又不能只搞外在强制,而忽视广大组织成员的主动性、积极性与创造性;而必须把行政组织中人的因素、制度的因素、工作目标的因素、技术的因素等综合起来进行考虑。因此,与现实国情相适合,具有中国特色的行政组织管理方法应是民主与集中、重人与重制度、目标与管理的有机统一。

一、民主集中制

中华人民共和国宪法第三条规定:“中华人民共和国的国家机构实行民主集中制的原则。”邓小平也指出:“民主集中制是党和国家的最根本的制度,也是我们传统的制度。坚持这个传统的制度,并且使它更加完善起来,是十分重要的事情,是关系我们党和国家命运的事情。凡是违反这个制度的,都要纠正过来。”①

在行政组织自身管理中,坚持与贯彻民主集中制的方法,主要有如下含义。

(一)民主的方法

民主的方法是指行政组织自身管理的民主,首先是要保障组织成员的民主权利,即每一个组织成员由宪法和法律所规定的各项民主权利要得到充分尊重,任何人不得以任何借口限制或剥夺他们的这些权利。组织成员不分职位高低,在人格上及法律面前应人人平等,并在保密和技术条件允许的情况下,尽可能广泛地发动组织的普通成员参与行政组织的管理。其次是指组织管理的民主程序,即组织管理中的重大问题要通过一定的组织程序进行充分的民主讨论与协商。《国务院组织法》第四条规定:“国务院会议分为国务院全体会议和国务院常务会议。国务院全体会议由国务院全体成员组成。国务院常务会议由总理、副总理、国务委员、秘书长组成。总理召集和主持国务院全体会议和国务院常务会议。国务院工作中的重大问题,必须经国务院常务会议或者国务院全体会议讨论决定。”《宪法》第九十条规定:“国务院各部部长,各委员会主任……召集和主持部务会议或者委员会会议、委务会议,讨论决定本部门工作的重大问题。”《地方各级人民代表大会和地方各级人民政府组织法》第六十三条也规定:“县级以上的地方各级人民政府会议分为全体会议和常务会议……政府工作中的重大问题,须经政府常务会议或者全体会议讨论决定。”最后是指民主、积极的组织气候。行政组织气候,是指机关工作人员由工作态度、思想感情和精神作风所表现出来的一种持久、经常的行为。在行政组织气候中,要营造一种民主的气氛。在行政组织自身管理中,要允许有不同意见,并认真吸取其合理部分,耐心解释其不合理部分。正如邓小平所说:“要重申‘三不主义’:不抓辫子,不扣帽子,不打棍子。”②对行政组织中的问题,一般“只能采取民主手段,不能采取压制、打击的手段”。③ 只有这样,才能形成组织成员个人心情舒畅和组织集体坚强团结、生动活泼的组织风气。

(二)集中的方法

集中的方法是指行政组织自身管理要在高度民主的基础上实行高度集中,首先是全国行政组织要服从中央——国务院的领导,以及统筹处理行政组织内部的各种利益关系。在行政组织的管理中强调民主,绝不意味着搞个人本位、个人利益至上,我们始终要坚持个人服从组织、下级服从上级、少数服从多数、地方各级人民政府服从国务院,不搞“上有政策、下有对策”,这是行政组织自身管理中高度集中的一个重要内容。如果搞极端民主,那将使行政组织内部陷入各单位利益的无休止冲突之中。其次是指严格的组织纪律。孙中山先生指出:“是故所贵夫机关者,全在服从纪律,如机械然,百轮相错,一丝不乱,而机械之行动,

---

① 邓小平. 邓小平文选(第1卷)[M]. 北京:人民出版社, 1994:312.

② 邓小平. 邓小平文选(第2卷)[M]. 北京:人民出版社, 1994:144.

③ 邓小平. 邓小平文选(第2卷)[M]. 北京:人民出版社, 1994:144.

乃臻圆满……盖在政治机关,凡百执事,按级供职,必纪律严明,然后能收身使臂,臂使指之效。"①毛泽东也一再强调,加强纪律性,革命无不胜。再次是指明确的个人负责制。我们在行政组织的自身管理中强调集体领导、民主决策,绝不意味着不要个人负责,恰恰相反,"也许现在和以后一个相当时候,更要着重强调该集中的必须认真集中,以便把效率提高一些……必须把分工负责的制度建立起来……某一件事、某一个方面的事归谁负责,必须由他承担责任,责任要专。"②《宪法》第八十六条就规定:"国务院实行总理负责制。各部、各委员会实行部长、主任负责制。"《宪法》第一百零五条也规定:"地方各级人民政府实行省长、市长、县长、区长、乡长、镇长负责制。"

二、重人与重制度相结合

在行政组织诸要素中,人与制度是两个主要的和基本的方面。其中组织成员是行政组织中最积极、最活跃的因素,对人的管理如何,将直接决定某一行政组织的兴衰。因而对组织成员的管理是行政组织自身管理的关键,是行政组织自身管理的第一要素。同时,也要重视组织制度,良好的组织制度是人发挥积极作用的物质保证。

(一)重视人

中国共产党在长期的革命建设与改革开放事业中,对于做好人的工作积累了丰富的经验,逐步形成了全心全意为人民服务、一切为了群众、一切依靠群众、从群众中来到群众中去的工作路线。本着这一路线的基本精神,吸取传统文化与现代管理方法中的合理因素,我国行政组织自身管理中的重视人的方法主要有如下内容:

1. 尊重人。就是要平等待人,要尊重组织成员的人格和权利,其中特别是要尊重组织成员参与组织决策的权利。行政组织制定政策措施、拟订工作计划、决定重大事项,事前必须充分开展调查研究,广泛听取各方面的意见;事后也必须依靠群众,注意反馈的意见或建议。在听取意见的过程中,对正确的意见要虚心接受和采纳,能解决的问题要及时解决;对不同的意见要认真考虑,做不到的要据实说明;对不正确的意见也要作出解释并加以引导。不允许对群众的意见采取听而不闻、视而不见、文过饰非、敷衍塞责等错误态度,更不允许压制批评、打击报复。这里所指的群众,也包括行政组织成员在内。

2. 理解人。就是要理解每个人的具体处境、思想与行为,承认组织成员性格、爱好与志向上的差异具有一定的合理性。要理解人,首先要了解人、认识人,而要了解人、认识人,就必须反对高高在上的官僚作风、主观主义与形式主义,就必须努力开辟和创造联系群众的新渠道、新形式。只有进行平等、多方位、多形式的沟通,行政领导与组织成员之间,组织成员相互之间才可能真正交朋友,由知面而知心。其次,要理解人,还需要学会变换角色,即要设身处地地为他人着想,不要以自己的地位、处境去武断地推论他人的地位与处境。在不影响工作的前提下,不要强人所难,即孔子所说的"己所不欲,勿施于人。"

3. 关心人。就是要对人满腔热情,诚恳宽厚,要尽最大的努力为组织成员排忧解难。毛泽东早在 20 世纪 30 年代就指出,要"解决群众的穿衣问题,吃饭问题,住房问题,柴米油

---

① 中国社科院近代史研究所. 孙中山全集(第 2 卷)[M]. 北京:中华书局, 1982:334

② 邓小平. 邓小平文选(第 2 卷)[M]. 北京:人民出版社, 1994:282.

盐问题，疾病卫生问题，婚姻问题。总之，一切群众的实际生活问题，都是我们应当注意的问题”①。在新时代的行政组织管理中，关心人除了关心实际生活这一基本问题外，还应包括关心组织成员的政治进步、业务进修、尊严荣誉和全面发展等内容。

（二）重视制度

我们强调在行政组织的自身管理中尊重人、理解人、关心人，把人视为组织管理的第一要素，绝不意味着忽视制度因素在组织自身建设当中的作用。恰恰相反，从某种意义上说，制度是更带有根本性的问题。如果离开制度，就会变成无法可依的人治。对于制度的重要性，邓小平说得很透彻："我们过去发生的各种错误，固然与某些领导人的思想、作风有关，但是组织制度、工作制度方面的问题更重要。这些方面的制度好可以使坏人无法任意横行，制度不好可以使好人无法充分做好事，甚至会走向反面。……这个教训是极其深刻的。不是说个人没有责任，而是说领导制度、组织制度问题更带有根本性、全局性、稳定性和长期性。"②在中国目前的情况下，封建的人治传统影响还相当深厚，行政组织自身管理的一些根本性制度还没有健全，有关的组织法规尚不完备；即使立了法也大多不够精细，法律的弹性过大，法律的可操作性不强，在实践中难以贯彻；甚至能够贯彻的法律也不贯彻，有法不依、执法不严、违法不纠的现象仍经常发生。所以，我们务必保持清醒的头脑，下巨大的决心，以科学的态度和执着的精神来建立、健全行政法规与制度。只有把制度方面的管理抓好了，重人方法才能真正落到实处，达到"民主、功绩、平等"的效果，而不至于走到"特权、血亲、庸俗"的旧路上去。总之，只有相互联系地使用重人与重制度的方法，才能取得良好的结果，才能使行政组织内部出现既有集中又有民主、既有纪律又有自由、既有统一意志又有个人心情舒畅、生动活泼的理想局面。

三、目标管理

行政组织管理中的目标管理方法，是指行政领导和一般组织成员共同参加工作目标的制定，并在工作中实行自我控制以努力完成工作目标的方法。目标管理最早由美国人彼得·德鲁克提出，20 世纪 60 年代以后被成功地运用于日本的企业管理，70 年代以后由于采用了电子计算机技术，使之更趋全面与成熟。我国在行政管理中运用目标管理方法是 20 世纪 80 年代以后的事情。由于这种管理方法强调以目标为指向、以人员为根本、人与事相结合，因而一经与我国行政管理中的人本方法、岗位责任制方法相结合，就表现出强烈的中国特色，并必将具有广阔的发展前景。

（一）目标管理的意义

在行政组织的自身管理中，坚持民主与集中、重人与重制度相结合的方法，组织目标的顺利实现也就有了现实的保障和坚实的基础。行政组织目标，作为某一行政组织所欲达到的指标或结果，对行政组织的管理具有重要的意义与作用，主要表现为：(1) 它规定行政组织前进的方向；(2) 它激励行政组织成员的工作热情；(3) 它提供组织与个人工作考核的依据；(4) 它增进组织内各部门、各层次、各成员间的协调；(5) 它影响行政组织结构的设计与调整，制约组织中人、财、物的具体配备；(6) 它是行政领导对行政组织及其成员进行计划、

---

① 毛泽东. 毛泽东选集(第 1 卷)[M]. 北京:人民出版社, 1991:136-137.

② 邓小平. 邓小平文选(第 2 卷)[M]. 北京:人民出版社, 1994:333.

协调、指挥与控制的前提和基础。

（二）目标管理的种类

行政组织的目标，根据不同标准可以作出不同的分类：（1）根据目标在时间上的不同，行政组织目标可以区分为长期目标、中期目标与短期目标。长期目标的有效期一般在5年以上，中期目标的有效期一般在2—5年，短期目标的有效期一般在2年以下。（2）根据目标结构上的不同，行政组织目标可以分为总目标、部门分目标与个人目标。总目标是行政组织的整体目标，分目标是行政组织中各组成部门的目标，个人目标则是总目标、分目标指导下的个人预期结果。（3）根据目标层次上的不同，行政组织目标可以区分为战略目标与战术目标。战略目标在宏观上决定了组织的根本性任务，是战术目标的指导；战术目标则是战略目标的细化，它确定组织在某一阶段内的具体任务。（4）根据目标形式上的不同，行政组织目标还可以区分为定性目标与定量目标。一般来讲，越是短期目标、分目标、个人目标与战术目标，其内容越应该量化；反之，其他目标的完全量化则有一定困难，只能表现为不同形式、不同程度上的定性与定量的结合。

（三）目标管理的方法

1. 制定目标。制定一个切实可行、科学合理的行政组织目标是目标管理中基础和核心的环节。具体来讲，这一环节首先要求行政组织对其成员给予一定的鼓励，并提供有关信息资料，帮助他们做好参与目标制定的思想和物质准备工作；其次是要求行政领导根据国家的法律、政策和行政管理客体的现状，在广泛的民主协商基础上，制定一个战略性目标。再次是要求各级组织成员根据战略目标的精神提出本单位的目标与个人目标，并同行政领导一起讨论、修改这些目标。最后是要求行政领导和组织成员在对各项目标进行科学评议的基础上，达成一致协议，形成目标任务书。

2. 执行目标。在这一阶段，主要是本着一般监督与自我控制相结合的原则，为实现各项组织目标而进行严格的过程管理。执行过程中管理方法的实质在于，领导不能放弃控制权，以便在必要时候进行有力的协调与纠偏；但行政领导又不要插手分目标与个人目标范围内的具体事务，应该给下级领导及组织成员留有充分的自我控制余地。

3. 检查成果。在某一行政目标达成后要根据目标任务书的各项规定，进行全面、严格的考核与检查。对完成或超额完成任务的，给予物质、精神与晋级的奖励；反之，则要给予必要的惩罚。

4. 反馈。反馈作为一个经常性的环节，既存在于执行过程中，也存在于检查过程中。其目的在于及时发现问题，并给下一轮目标管理提供有益的经验。

5. 应注意的问题：（1）形成整体、单位和个人三位一体的目标网络，使总目标能够指导、控制分目标和个人目标；反过来，使分目标与个人目标又能支持总目标。目标本身要做到尽量明确、具体、标准化。目标的控制手段应与目标本身配套。目标还应具有一定的挑战性。（2）目标制定的过程必须真正贯彻双向沟通、民主协商的精神，要相信一般组织成员的思想觉悟与工作水平。（3）目标的制定与执行过程中应注意权、责、利相结合。使组织成员不仅享有目标的制定权，同时也享有自我控制权，并意识到自己应担负的行政、法律责任。目前，在中国行政组织的自身管理中，特别要注意将目标管理方法与现实中已被证明是行之有效的岗位责任制结合起来。

复习思考题

1. 行政组织设置原则的特点是什么,有何作用?

2. 行政组织设置的一般原则有哪些?

3. 中国行政组织设置的原则有哪些,如何在实践中贯彻执行之?

4. 行政组织自身管理方法的依据是什么?

5. 什么是规制型管理方法,如何评价之?

6. 什么是情感型管理方法,如何评价之?

7. 什么是市场化管理方法,其基本内容有哪些?

8. 我国行政组织自身管理的主要方法是什么?它对提高我国行政组织管理水平有何重要意义?

第十章　组织激励

第一节　组织激励理论的产生

一、组织激励的概念界定

在汉语中，“激励”一词最早出现于《史记·范雎蔡泽列传》，意为“激动鼓励，使振作”；在《现代汉语词典》中，激励有“激发勉励，使振作”“传递动力使其做功或活动”等两类含义。英语中“激励”一词对应的英文单词为“Motivation”，词源于拉丁文“Movere”，有道词典对“Motivation”有“动机”“积极性”“推动”等三组释义。《21世纪大英汉词典》对“Motivation”有“引起的动机；激发起来的积极性（或学习兴趣）”“动力；诱因；刺激”“积极性；干劲；兴趣”“行动方法（或方式）”等四组释义。

在学术界，对激励的认识有心理学、经济学、管理学三种视角，虽然他们的研究具有一定的相通性，但有着各自鲜明的特点。

心理学家一般认为人的一切行动都是由某种动机引起的，动机是人类的一种精神状态，它对人的行动起激发、推动、加强的作用，因此称之为激励。心理学视角从人本的角度、认知的角度来研究激励，认为“激励”是与需要、动机联系在一起的，强调从个体的内部状态（如需要、动机、认知等）分析人手，探索个体行为的动力特征。按时间的推进，心理学视角的激励理论大概可以分为以下几个类别：享乐说、本能说、驱力说、强化说、人本说、认知说、社会学习说等。

经济学视角的“激励”是建立在“理性经济人假设”基础之上的，其激励理论又叫“机制设计”理论，是与“制度经济学”和“企业理论”的发展紧密联系的。经济学视角的激励理论都有一个基本假定：人是追求自身经济利益最大化的。从这个基本假定出发有两个推论：物质报酬越多，个体工作越努力；当报酬一定时，个体总是想方设法偷懒。第一个推论意味着：设计合理的报酬机制是激励个体努力工作的重要手段。第二个推论则意味着：设计有效的监督和惩罚机制是避免个体偷懒的重要手段。其激励理论主要是围绕上述假定和推论而展开的，大致有劳动力市场供求理论、契约经济学理论、委托代理理论、产权理论、人力资本理论等。

管理学视角的激励理论充分吸收和借鉴了心理学的研究成果，把“激励”视为组织在管理过程中的一种职能行为。早在20世纪30年代，美国管理学家卢瑟·古利特就提出管理有七大职能：计划、组织、人事、指挥、协调、报告、预算，其中“指挥”包括“激励”。20世纪60

年代美国管理学会主席乔治·特里更明确指出现代管理的职能为计划、组织、激励和控制。在管理学领域，比较有代表性的“激励”定义有以下几类：

美国管理学家贝雷尔森和斯坦尼尔认为：“一切内心要争取的条件、希望、愿望、动力都构成了对人的激励。它是人类活动的一种内心状态”。① 哈罗德·孔茨把激励看成是“一系列的连锁反应：从感觉的需要出发，引起欲望或所追求的目标，它促使内心紧张（未得到满足的需求），然后引起去实现目标的行动，最后是欲望得到满足”。孔茨认识到人的需要与其所处的环境是密切相关的，有效的激励取决于组织的环境，激励既取决于领导方式和管理实践，又对它们发生影响，人的动机可以是十分复杂并且常常是相互矛盾的，激励是使一种欲望或目标得以实现的动力和努力。孔茨认为“激励”是适用于各种动力、欲求、需要、希望以及其他类似力量的一个通用术语。必须从系统的和随机制宜的观点来看待激励。激励因素体现在企业职务范围之内。所有那些对任何一个组织的管理负有职责的人都必然要把能激励人们尽可能有效地做出贡献的因素体现在整个组织系统中。激励因素就是那些能诱导一个人去进行工作的东西。②

我国学者周三多则将激励定义为“通过影响职工个人需要的实现来提高他们的工作积极性、引导他们在企业经营中的行为”。③

郑绍濂等认为激励是指“激发员工的工作动机，用各种有效的方法去调动员工的积极性和创造性，使员工奋发努力去完成组织的任务、去实现组织的目标”。苏东水认为“组织行为学中的激励主要是指激发人的动机，使人有一股内在的动力，朝着所期望的目标前进的心理活动的过程，是调动积极性的过程”。④

从以上有关“激励”的定义我们可以看出，心理学视角从人本的角度、认知的角度来研究激励，强调从个体的内部状态（如需要、动机、认知等）分析入手，探索个体行为的动力特征，虽然其抓住了“激励的源头”，但其最大的不足在于主要从“个体内部”角度来研究激励，几乎没有涉及“组织目标”等外部因素，因而对于管理设计和过程控制来说，就显得没有方向，甚至是束手无策。经济学视角的激励虽然为我们提供了一个较为“科学”的激励机制设计框架，但由于其理论假设的局限性，导致在实践中缺乏针对性。管理的核心是“人”，因而在对激励的认识和理论发展方面，管理学与心理学的“人本主义”视角是天然相通的，管理学视角的激励着眼于组织目标，强调环境对人的影响，其激励理论在管理实践当中的应用面最广。

综上所述，我们认为，组织激励是指根据人的需要，通过设计适当的奖惩制度，创造必要的环境，借助信息沟通来激发、引导、保持与企业目标一致的行为，抑制和规范偏离的行为的管理过程。组织激励是组织为了组织目标的实现，结合组织成员人的个性特点和管理情境，运用制度设计、领导、组织沟通等手段，来激励和规范员工行为的一种组织管理活动。⑤ 这一定义包含以下几个方面的内容：

---

① 唐纳利，等. 管理学基础——职能·行为·模型［M］. 北京：中国人民大学出版社，1982.

② 孔茨，奥唐奈. 管理学［M］. 贵州人民出版社，1982.

③ 周三多，陈传明，鲁明. 管理学——原理与方法（第三版）［M］. 上海：复旦大学出版社，1999.

④ 郑绍濂，等. 人力资源开发与管理［M］. 上海：复旦大学出版社，1995.

⑤ 杨五洲. 技术创新动因影响技术创新行为的作用机理研究：组织学习与组织激励的双中介模型［M］. 西南财经大学博士学位论文，2014.

(1) 组织激励的出发点是满足组织成员的各种需要。成员的需要有高额的薪酬、优厚的福利、舒适的工作环境、和谐的人际关系等。

(2) 组织激励的方式可以采取奖励和惩罚并举。对于符合组织期望的行为进行奖励,同时对那些不符合组织期望的行为进行惩罚。

(3) 组织激励贯穿于组织成员工作的全过程,激励工作需要耐心。在对员工进行激励时,需要事先对员工个人需要进行了解,把握他们的个性,控制他们的行为过程,评价他们行为结果。赫茨伯格曾经说过"激励员工需要'锲而不舍'"。

(4) 组织激励过程中,信息沟通起重要的作用,贯穿于组织激励工作的始末。有效的信息沟通直接影响着组织激励制度的运用效果和组织激励工作的成本。

(5) 组织激励的最终目的是在实现组织预期目标的同时,也能让组织成员实现其个人目标,即达到组织目标和员工个人目标在客观上的统一。①

二、组织激励的过程

激励的实质就是通过影响人的需求或动机达到引导人的行为的目的,它实际上是一种对人的行为强化过程。因此研究激励,先要了解人的行为过程。心理学家指出,人类的行为基本上都是动机性的行为,也就是说,人的行为都是有一定目的和目标的。而这种动机又起源于人的需求欲望。有需求欲望,就会产生动机,有动机就会有行为。当需要未被满足时就会产生紧张,造成人的身体或心理失去平衡而感到不舒服,进而激发个体的内驱力,这种内驱力将导致寻求特定目标的行为。例如,饥饿时大脑会支配人去寻找食物,口渴时大脑会支配人去寻找水源。这种大脑指挥人去行动的心理过程就是动机。如果最终目标实现,则需要得以满足,紧张得以消除。在这里,行为是为消除不舒服和紧张而达到目标的一种手段。当目标达到之后,原有的需求和动机也就消失了。还比如当一个下属做了一件自认为十分漂亮的事情后,他渴望得到上司或同事的赞赏、认可和肯定,这就是他渴望被上司激励的心理"动机"。这时,如果上司及时而得体地用表扬"激励"了他,他在今后的工作会更卖力,甚至做得更好,这就使他产生了努力工作的"行为",而这种行为肯定会导致好的"结果",最后达到下属和上司都"满意"的成效。

组织激励是"以人为中心的管理的核心",是组织根据人的需要,通过设计适当的奖惩制度,创造必要的环境,借助信息沟通来激发、引导、保持与组织目标一致的行为,抑制和规范偏离组织目标的行为的管理过程,是组织在管理过程中的一种职能行为。管理者运用各种管理手段,刺激员工的需求,激发其动机,以实现预期目标的过程,通常包括外在刺激、内在需求、动机、行为四个要素,激励作用于个体,表现为员工的心理状态,通常具体表现为充满活力、承诺、耐力、技能、专一、享受工作、承担责任等。激励措施发挥作用需由外在措施转化为内在激励,激励的有效性通过刺激措施对人的行为改变与向目标努力得以表现。在微观心理学中,个体由于受到内在和外在因素的刺激而引起某些需求,这些尚未得到满足的需求产生动机,在动机引导下形成实现某些目标的行为,以满足自己的需求,这一行为及其结果又反过来对内外刺激因素以及个体原有的需求形成反馈与影响,进而形成激励、行为、目标的激励实现基本过程。激励实现的心理过程如图 10-1 所示。

---

① 马作宽. 组织激励[M]. 北京:中国经济出版社, 2009.

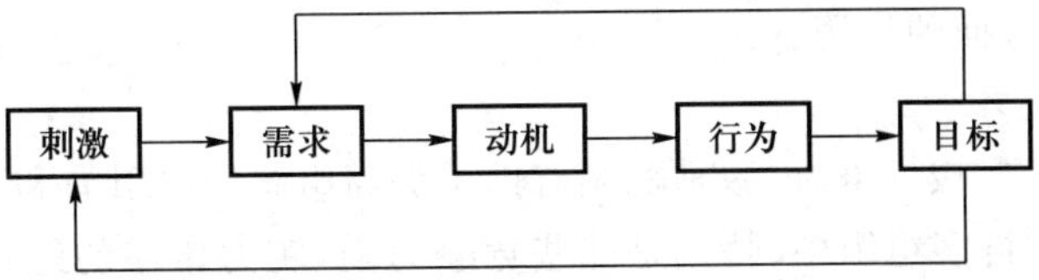

图 10-1　激励实现的心理过程

当分别考虑行为结果是否达成目标对个体心理造成的不同心理反馈时,激励实现的基本过程可以进一步细化为目标达成或未达成情况的激励分解过程,如图 10-2 所示。

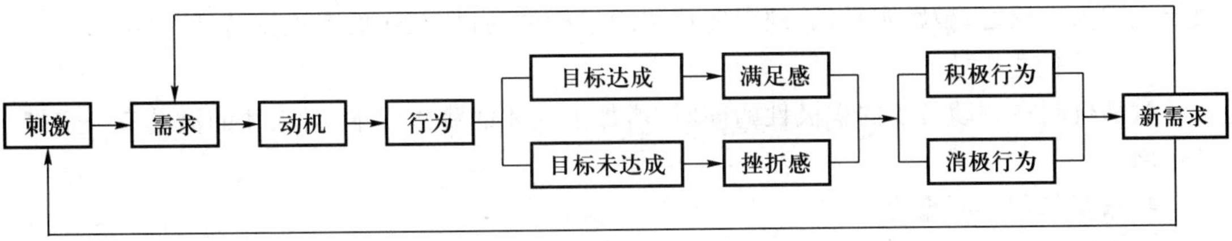

图 10-2　激励实现的心理过程分解

在内外刺激下,为了满足个体的需求,进而引发动机的行为,如果达到预期目标,其需求将因此得到满足,个体亦会产生满足感;如果行为无法达到预期目标,其需求将不被满足,个体产生挫败感。无论需求是否得到满足,都可能使人产生积极或消极的两种行为反应,进而引发新的需求,并通过反馈作为新的满足需求进入下一个新的激励过程。

从组织角度而言,员工的激励过程从分析和刺激员工需求开始,在了解、激发员工的需求后,寻找和选择满足需求的方案,以协调组织与员工的目标、绩效,来引导员工行为,通过绩效考评来实施对员工需求具有显著影响力的奖惩。员工获得奖励或惩罚后,将重新评估自己的需要,这一激励过程中的行为、绩效结果及其奖惩等亦成为对需求主体的新的刺激,如果原需求没有得到满足,则该激励过程可能被重复循环;如果原需求得到满足即产生心理安全感,并产生新的需求,进入新的激励过程。组织激励过程如图 10-3 所示。

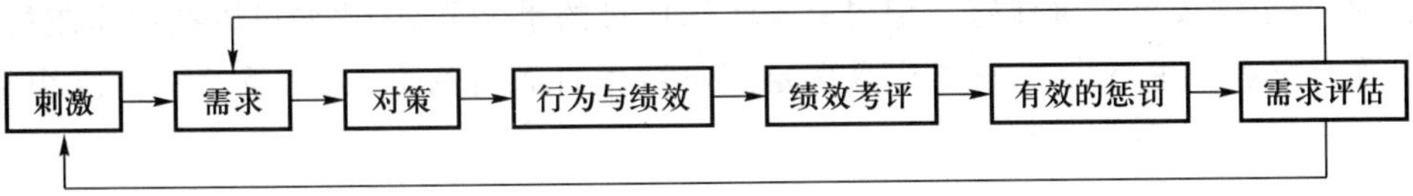

图 10-3　组织激励过程

一般地,员工被激发的动机越强烈,积极性越高,完成目标的努力程度越强,取得的绩效越大。员工受激励的水平是组织效率的重要决定因素之一,是企业生存与发展的关键,管理思想的实质是激励,激励是企业管理的核心问题。

三、组织激励的价值

美国哈佛大学的威廉·詹姆斯教授在对员工激励的研究中发现,按时计酬的分配制度仅能让员工发挥 20%~30%的能力,如果受到充分激励的话,员工的能力可以发挥出 80%~90%,这说明管理中是否采取激励措施,其效率影响相差 60%。对于一个组织来说,科学的

激励,具有以下几个方面的作用:

1. 吸引优秀的人才

当人力市场出现严峻竞争时,激励机制有助于提高组织的吸引力和凝聚力,激励是吸引人才的有效手段。在许多组织中,特别是那些竞争力强、实力雄厚的组织,通过各种优惠政策、丰厚的福利待遇、快捷的晋升途径来吸引组织需要的人才。

2. 调动员工的积极性

管理学家的研究表明,员工的工作绩效不仅取决于他的能力大小,而且取决于激励的水平,即积极性的高低。激励的水平越高,完成目标的努力程度和满意感也越强,所得的工作效能也越高。反之,激励水平低,缺乏完成组织目标的动机,工作效率也就越低。

3. 留住优秀人才

激励机制在调动员工的积极性的同时,增加了人才的跳槽成本,对人才的流动有一定抑制作用。

4. 增强组织的凝聚力

组织是由若干个员工组成的,为了保证组织像部机器一样正常运行,需要管理者运用人性化的管理手段,与员工沟通,使他们感到平等和被尊重,满足员工受尊重和社交等方面的心理需要,从而鼓舞士气,形成良好的组织氛围,最终增强组织的凝聚力和向心力。

四、组织激励的五力模型

组织激励的五力模型是指驱动力、推动力、压力、规范力及自我激励。

1. 驱动力

所谓驱动力就是通过激励激发组织成员的内在成就感、使命感等,使他发自内心来做一件事情。增强组织成员的驱动力可以通过以下途径:积极鼓励组织成员参与组织的管理,让组织成员觉得自己被重视,是组织的一分子,可以建立组织成员合理化建议系统,充分利用榜样的力量,增强组织成员的积极性和竞争意识;采取长期雇佣制,稳定组织成员,增强组织成员的安全感;举行换位思考的活动,鼓励每个组织成员说出自己的想法、意见和改善公司的建议,增强组织成员的责任感。记得有关组织成员的重大节日,比如可以在组织成员生日时赠送贺卡或者一些小礼物,还可以采取定期举行生日派对的形式,尊重每一位组织成员,让组织成员有"主人翁"精神。

2. 推动力

对组织大部分成员来说,他行为动机的出发点就是自己能得到什么好处,工资和福利是首要考虑的。一个员工的忠诚度和他拿多少钱有直接关系。管理者据此可以设计比工资奖金更有效的办法来提高推动力,加强对组织成员的激励。比如组织成员可以把钱借给组织用,组织反过来再给成员一个很好的利息回报,这样就把成员跟组织的利益绑在一起了,不仅增加了成员对组织的忠诚度,对组织也很有好处。组织成员最关心的物质上的激励就是他自己的薪水,可以根据绩效考评作出加薪或者不加薪的决定。

3. 压力

所谓压力是指组织管理者通过引入竞争机制给员工适当的加压来激励员工,使团队表现越来越出色。它可以强烈地刺激每位成员的进取心,使他们力争上游,发挥出最大的潜能。任何组织想要更好地激励员工,调动他们的积极性,除了前面所说的力量之外,还应该学会引入竞争机制，从上到下都要引入竞争机制。我们生活在一个变革的时代，挑战和机遇同在，竞争是它的最显著特征。竞争是一种刺激，一种激励，也意味着新的选择和新的机遇。竞争出生产力，竞争出战斗力。只有主动迎接竞争的挑战，我们才能成为强者。"竞争可以增加知识50%的创造力"。组织之间的竞争可以促进组织经营水平的提高，使社会受益。同样，组织内成员之间的竞争也会促进成员水平以及组织效率的提高。

4. 规范力

这里所讲的规范力是指巧妙地运用员工在成长过程中形成的心理、道德、社会规范，对员工产生积极的影响。规范是指群体所确立的行为标准，可以由组织正式规定，也可以是非正式形成。规范力就是促使行为标准得以执行的力量。巧妙地运用成员在成长过程中形成的心理、道德、社会法律规范，会对激励产生积极的影响。

5. 自我激励

自我激励是指社会成员在成长过程中产生的自我要求和行为规范。自我激励是一种成熟的激励方法，健康的自我激励能够促使社会成员更好地成长，比如榜样激励、目标激励、社会监督激励等。做到自我激励，需要努力做到：一是保持良好的身体状态。身体是"革命的本钱"，一个人如果行动充满了活力，他的精神和情感也会充满了活力。很多推销员、教师、商界高级人物、专业人士以及其他很多人，每天一早起来就做些体能活动，像柔软操、慢跑或骑自行车等，这不但可以增进他们的健康，而且可以提高他们一天活动的精力和热忱。二是用榜样激励自己，当困难来临时，只要我们拿出勇气沉着应对，用榜样的力量激励自己，困难就会成为磨炼我们坚强性格的"磨刀石"。三是树立敌人。给自己树立一个假想敌。比如你的竞争对手，你把你做的事业跟他做一个竞赛，你要超过他。拿破仑·希尔说："向自己挑战。每一次你做一件事，尽你所能做得比你自己上一次的表现更好、更快。"四是让成功帮助成功。就像做事业越是到最后，就越不看自己拿到多少钱，不看别人给自己施加了多少压力，不看别人给自己什么，而是仅仅想赢。比如爬山，上了一个台阶还想上更高的台阶。达到一个高度，还想达到更高的高度，这就是一个自我激励的过程。

第二节　组织激励的主要思想

自20世纪初以来，激励理论经历了由单一金钱刺激到满足多种需要，由激励条件泛化到激励因素明晰，由激励基础研究到激励过程探索的历史演变过程。按照激励侧重和行为关系的不同，可以把组织激励理论归纳划分为四类：内容型激励理论、过程型激励理论、行为改造型激励理论和综合激励理论。①

一、内容型激励理论

研究需求或可满足需求的事物，也称需要理论，主要代表有马斯洛的需求层次理论、奥尔德弗（Clayton Alderfer）的ERG理论、麦克利兰（David McClelland）的成就需要理论、赫茨伯格的激励—保健双因素理论（具体内容见第四章第二节）。

① 杨五洲. 技术创新动因影响技术创新行为的作用机理研究：组织学习与组织激励的双中介模型[D]. 西南财经大学博士学位论文，2014.

1. ERG 理论

1969 年,奥尔德弗提出了 ERG 理论,对马斯洛理论的局限性进行了修正。他认为人的需要包含生存、关系和成长三种需要类型,并用三种类型的第一个英文字母将其命名为理论。奥尔德弗认为,人们共存在三种核心的需要,即生存(Existence)的需要、相互关系(Relatedness)的需要和成长发展(Growth)的需要,因而这一理论被称为“ERG”理论。生存的需要与人们基本的物质生存需要有关,它包括马斯洛提出的生理和安全需要。第二种需要是相互关系的需要,即指人们对于保持重要的人际关系的要求。这种社会和地位的需要的满足是在与其他需要相互作用中达成的,它们与马斯洛的社会需要和自在需要分类中的外在部分是相对应的。最后,奥尔德弗把成长发展的需要独立出来,它表示个人谋求发展的内在愿望,包括马斯洛的自尊需要分类中的内在部分和自我实现层次中所包含的特征。

(1) ERG 理论与马斯洛需要层次理论的区别①

第一,ERG 理论表明了多种需要可以同时并存。在同一时间可能有不止一种需要对人起作用;如果较高层次需要的满足受到抑制的话,那么人们对较低层次的需要的渴望会变得更加强烈,这些需要可以是出自本能的,但多数是后天形成的,是经过学习而获得的。

第二,马斯洛提出的需要层次是一种刚性的阶梯式上升结构,即认为较低层次的需要必须在较高层次的需要满足之前得到充分的满足,二者具有不可逆性。而相反的是,ERG 理论并不认为各类需要层次是刚性结构,比如说,即使一个人的生存和相互关系需要尚未得到完全满足,他仍然可以为成长发展的需要工作,而且这三种需要可以同时起作用。三种需要之间没有明显的界限.它们是一个连续体而不是层次等级关系。ERG 理论并不强调需求层次的顺序,而是认为某种需求在一定时间内对行为起作用,当这种需求得到满足后,可能去追求更高层次的需求,但也可能没有这种上升趋势。人类需求可以越级上升。

第三,ERG 理论还提出了一种叫作“挫折—退化”的思想。马斯洛认为当一个人的某一层次需要尚未得到满足时,他可能会停留在这一需要层次上,直到获得满足为止。相反地,ERG 理论则认为,当一个人在某一更高等级的需要层次受挫时,那么作为替代,他的某一较低层次的需要可能会有所增加。例如,如果一个人社会交往需要得不到满足,可能会增强他对得到更多金钱或更好的工作条件的愿望。与马斯洛需要层次理论相类似的是,ERG 理论认为较低层次的需要满足之后,会引发出对更高层次需要的愿望。不同于需要层次理论的是,ERG 理论认为多种需要可以同时作为激励因素而起作用,并且当满足较高层次需要的企图受挫时,会导致人们向较低层次需要的回归。因此,管理措施应该随着人的需要结构的变化而作出相应的改变,并根据每个人不同的需要制定出相应的管理策略。

(2) 对 ERG 理论的评价②

奥尔德弗的 ERG 理论在需要的分类上并不比马斯洛的理论更完善,对需要的解释也并未超出马斯洛需要层次论的范围。如果认为马斯洛的需要层次理论是带有普遍意义的一般规律,那么,ERG 理论则偏重于带有特殊性的个体差异,这表现在 ERG 理论对不同需要之间联系的限制较少。ERG 理论的特点有:

第一,ERG 理论并不强调需要层次的顺序,认为某种需要在一定时间内对行为起作用,

---

① 罗宾斯. 组织社会学(第 10 版)[M]. 北京:中国人民大学出版社, 2003.

② 马作宽. 组织激励[M]. 北京:中国经济出版社, 2009.

而当这种需要得到满足后，可能去追求更高层次的需要，但也可能没有这种上升趋势。

第二，ERG 理论认为，当较高级需要受到挫折时，可能会退而求其次。对较低级需要的渴望不仅不会减弱，还可能会增强，这就与马斯洛的观点不一致了。

第三，ERG 理论还认为，某种需要在得到基本满足后，其强烈程度不仅不会减弱，还可能会增强，这就与马斯洛的观点不一致了。

(3) ERG 理论的启示①

ERG 理论认为：因受教育的水平、家庭背景、价值观、个性特征、年龄以及社会文化环境的差异，某种需要对某个特定的人的重要程度或产生的驱动力是不同的。各个层次的需要得到的满足越少，则这种需要越为人们所渴望。比如，满足生存需要的工资越低，人们越渴望得到更多的工资；较低层次的需要越是能够得到较多的满足，对较高层次的需要就越渴望。比如，员工的生存需要越是得到满足，对人际关系的需要以及工作成就的需要就越强；较高层次的需要越是满足很少，则对较低层次的需要的渴望也就越多。

管理者要想对员工进行有效的激励，提高组织运作的有效性和高效性，就要将满足员工需要所设置的目标与组织的目标密切结合起来，不仅要掌握充满活力的需要理论，还要善于运用激励员工的管理策略。

作为一名高层管理者，应从调查研究入手，了解和满足下属的需要。对下属的生存需要、相互关系需要和成长发展需要问题的解决，乃是激发其行为，调动其工作积极性，进而实行有效管理的重要方法和途径。

2. 成就需要理论

20 世纪 50 年代，美国心理学家麦克利兰提出人的需要由权力、友好和成就三种类型构成。权力需要强的人对影响和控制他人表现出极大的兴趣；友好需要强的人通常从友爱和情感中获得满足；成就需要强的人渴望成功，但不会接受特别容易或特别难的任务，成就需要强的人不是一个好的领导，好的领导应该是权力需要强的人。

(1) 成就需要(need for achievement)

成就需要指人们追求卓越、实现目标、争取成功的内部驱动力。具有强烈的成就需求的人渴望将事情做得更为完美，获得更大的成功，他们追求的是在争取成功的过程中克服困难的乐趣，以及成功之后的个人的成就感，他们并不看重成功所带来的物质奖励。

决定一个人的成就需要的因素有两个：直接环境和个性。人们的成就需要可以通过教育和培训得到提高。具有高成就需要的人大多是：自己解决问题、不喜欢依赖别人；以目标为中心；制定现实的目标并努力尽快达到；寻求挑战和冒险；渴望得到工作评价的反馈等。

麦克利兰发现高成就需求者有三个主要特点：

第一，高成就需求者喜欢设立具有适度挑战性的目标，不喜欢凭运气获得的成功，不喜欢接受那些在他们看来特别容易或特别困难的工作任务，总是想有所作为。例如：假如让他们选择，以 1/3 的成功概率掷石子或者以 1/3 的完成概率在给定时间内解决问题，他们肯定会选择解决问题，即使掷石子显然工作量小并且成功概率相同。他们宁愿从事问题的解决工作，而不愿让机会或其他什么来左右结果。

第二，高成就需求者在选择目标时会回避过分的难度。他们喜欢中等难度的目标，他们

① 马作宽. 组织激励[M]. 北京：中国经济出版社，2009.

会揣度可能办到的程度,然后再选定一个难度力所能及的目标。

第三,高成就需求者喜欢多少能立即给予反馈的任务。他们希望得到有关工作绩效的及时明确的反馈信息,从而了解自己是否有所进步。比如说他们会选择打高尔夫球或成为商人,而不是当教师或做个人咨询等,高尔夫球手总是很清楚自己的得分,能够随时与平均分、自己昨天的成绩或上周的成绩等做比较。

具有成就需求的人,对工作的胜任感和成功有强烈的要求,热衷于接受挑战,往往为自己树立有一定难度的目标;通过认真的分析和估计对待未来,他们愿意承担责任,并希望得到所从事工作的明确而又迅速的反馈。这类人从工作的完成中得到很大的满足。麦克利兰认为,一个组织如果有很多具有成就需求的人,那么,组织就会发展很快;一个国家如果有很多这样的组织,整个国家的经济发展速度就会高于世界平均水平。

麦克利兰指出,金钱刺激对高成就需求者的影响很复杂。一方面,高成就需求者往往对自己的贡献评价甚高,在选择特定工作时有信心。如果他们在组织工作出色而薪酬很低,他们是不会在这个组织待很长时间的。另一方面,金钱刺激究竟能够对提高他们绩效起多大作用很难说清,金钱固然是成就和能力的鲜明标志,但是如果他们觉得这配不上他们的贡献,就可能引起不满。

(2) 权力需要(need for power)

权力需要指影响、控制、指挥别人行为的需要。权力需求较高的人喜欢对别人“发号施令”,注重争取地位和影响力。他们喜欢具有竞争性和能体现较高地位的场合或情境,他们也会追求出色的成绩,但他们这样做并不像高成就需求的人那样是为了个人的成就感,而是为了获得地位和权力或与自己已具有的权力和地位相称。权力需求是管理成功的基本要素之一。

麦克利兰还将组织中管理者的权力分为两种:一是个人权力。追求个人权力的人表现出来的特征是围绕个人需求行使权力,在工作中需要及时的反馈和倾向于自己亲自操作。麦克利兰提出一个管理者若把他的权力形式建立在个人需求的基础上,不利于他人来继位。二是职位性权力。职位性权力要求管理者与组织共同发展,自觉地接受约束,从体验行使权力的过程中得到一种满足。

(3) 友好需要(need for affiliation)

友好需要也就是“合群”的需要,指人们建立友好和亲密关系的人际关系的意愿。具有高度友好需要的人的特点是:希望和每个人相处融洽甚至关系亲近;喜欢参加各种社会活动;希望被他人喜欢;喜欢加入一些组织和团体;喜欢合作而不是竞争的工作环境,希望彼此之间的沟通与理解,他们对环境中的人际关系更为敏感。有时,友好需要也表现为对失去某些亲密关系的恐惧和对人际冲突的回避。

麦克利兰的友好需要与马斯洛的感情上的需求、奥尔德弗的关系需求基本相同。麦克利兰指出,注重友好需要的管理者容易因为讲究交情和义气而违背或不重视工作原则,从而会导致组织效率下降。

在上述三种需要中,成就需要是最重要的需要。成就需要的高低对一个人、一个组织以致一个国家的发展和成长都起着特别重要的作用。不同的人对成就、权力和友好的需要的排列顺序和在头脑中所占的比重则有所不同,人们的行为主要取决于被环境激起的那些需要。高成就需要的人一般都较为关心事业成败,喜欢挑战性的工作,愿意承担责任,敢冒风险,并且希望得到对他们所做工作的具体反馈。

在大量的研究基础上,麦克利兰认为成就需要和工作绩效二者之间具有以下的关系:

第一,具有高成就需要的人更喜欢具有个人责任、能独立负责、能够获得信息反馈和适度的冒险性的工作环境,例如进行创业、管理大型组织中的一个独立部门等。他们会从这种环境中获得高度的激励。

第二,具有高成就需要者不一定是优秀的管理者,因为,高成就需要者感兴趣的是个人如何做好,而不是如何影响其他人做好。

第三,友好需要和权力需要与管理者的成功有密切关系。最优秀的管理者有着高权力需要和低友好需要。

第四,员工的成就需要可以通过培训来激发。管理者可以通过直接选拔的方式找到一名高成就需求者,或者通过培训的方式培养自己原有的下属。

麦克利兰的成就动机理论在组织管理中具有应用价值。首先,在人员的选拔和安置上,通过测量和评价一个人动机体系的特征对于如何分派工作和安排职位有重要的意义。其次,由于具有不同需求的人需要不同的激励方式,了解员工的需求与动机有利于建立合理激励机制。最后,麦克利兰认为动机是可以训练和激发的,因此可以训练和提高员工的成就动机,以提高生产率。

二、过程型激励理论

过程型激励理论研究人们对目标意义认识、达标可能性看法的心理加工过程,主要代表有洛克的目标设置理论、弗鲁姆的期望理论、亚当斯的公平理论等。

1. 目标设置理论

1968 年美国行为科学家洛克首次提出目标设置理论。目标设置理论认为目标也是激励人行动的主要原因,目标具有导向性,完成目标可以满足人的情绪和愿望,具体的、具有挑战性的目标能激发人的工作热情,具有一定难度和挑战性的目标,一旦被人们所接受,能激发个体的自我效能感,产生较大的激励作用。洛克和莱瑟姆开发了目标设置与绩效的模型,模型描述了清晰、具有难度的目标能使人重视任务,充分调动自身的各种能力,强化工作实施过程中的努力付出、方向坚持,达成绩效目标后的恰当奖励,能促使员工产生满意感,增强个人工作胜任感,强化下一次接受具有挑战性目标的意愿。

2. 期望理论

1964 年,弗鲁姆在《工作与激励》一书中提出期望理论。期望理论假设人的每一次行动决策都会挑选对自己有利又力所能及的行为付诸行动。弗鲁姆认为,激励性取决于效价和期望,是二者的乘积。效价指完成某项工作可能获得的奖励大小,期望则指评价自身能力可以完成某项工作的可能性。激励性的大小不单独取决于效价或期望,只有当员工同时认为行为结果能获得的奖励具有激励性并能兑现,且自己可能完成该项任务时,方能产生激励效用。

基于期望理论的研究,主要是在从事某一项工作的同时,将组织目标达成,基于工作组织的目标结合下,将自己的目标达成,自己某些方面的需要获得满足。① 期望理论的产生,

---

① 赵引秀. 浅析我国公务员激励机制存在的问题及对策[J]. 宜春学院学报, 2011,33(10):25-26,82.

往往是结合激发力量,并做好结果期望概率的确定。激励的力量用 M 表示,个体对工作的效价用 V 表示,期望值用 E 表示,其公式如下所示:

$$M = V \times E$$

在对期望值进行分析过程,如下所示:

E(高)×V(高)= M(高)

E(低)×V(高)= M(低)

E(高)×V(低)= M(低)

E(低)×V(低)= M(高)

基于期望理论的分析,不仅仅将员工的期望水平提高就可以实现激励的目的,同时将员工的效价水平提高也能将激励的目的实现。这个公式说明:假如一个人把某种目标的价值看得很大,估计能实现的概率也很高,那么这个目标激发动机的力量越强烈。

怎样使激发力量达到最高值。弗鲁姆提出了人的期望模式:"个人努力—个人成绩(绩效)—组织奖励(报酬)—个人需要"。在这个期望模式中的四个因素,需要兼顾三个方面的关系。

(1) 努力和绩效的关系。人们总是希望通过一定的努力达到预期的目标,如果个人主观认为达到目标的概率很高,就会有信心,并激发出很强的工作力量;反之,如果他认为目标太高,通过努力也不会有很好的绩效时,就失去了内在的动力,导致工作消极。

(2) 绩效与奖励的关系。人们总是期望在达到预期目标后,能够得到适当的合理奖励,如奖金、晋升、提级、表扬等。组织的目标,如果没有相应的有效的物质和精神奖励来强化,时间一长,积极性就会消失。

(3) 奖励和个人需要关系。对于不同的人,采用同一种奖励办法能满足的需要程度不同,能激发出的工作动力也就不同。奖励什么要适合各种人的不同需要。要采取多种形式的奖励,满足各种需要,最大限度地挖掘人的潜力,最有效地提高工作效率。

期望理论认为,推动人们去实现目标的力量,是两个变量的乘积,如果其中有一个变量为零,激励的效用就等于零。效价是组织和团队的目标达到后,对个人有什么好处或价值,及其对价值大小的主观估计。期望值是对达到组织目标的可能性大小,以及组织目标达到后兑现个人要求可能性大小的主观估计。这两种估计在实践过程中会不断修正和变化,发生所谓"感情调整"。比如,我认为我有能力完成这项任务,完成任务后我估计老板肯定会兑现他给我晋升工资的诺言,而增加工资正是我的期望,所以,我工作的积极性肯定很高;反之,任何一个变量的变化,都会影响到工作的积极性。管理者的任务就是要使这种调整有利于获得最大的激发力量。因此,期望理论是过程型激励理论。

研究激励过程中,一条途径是研究人们需要的缺乏,运用马斯洛的需要层次理论,找出人们所感觉到的某种缺乏的需要,并以满足这些需要为动力,来激励他们从事组织所要求的工作;另一条途径是从个人追求目标的观点来研究个人对目标的期望,这就是期望理论。依照这一条途径,则所谓的激励,即是推动个人向其期望目标而前进的一种动力。期望理论侧重于"外在目标"。需要理论着眼于"内在缺乏"。本质上这两种途径是互相关联和一致的,都认为激励的过程是在于:实现外在目标的同时又满足内在需要。

不过,期望理论的核心是研究需要和目标之间的规律的。期望理论认为,一个人产生最佳动机的条件是:他认为他的努力极可能导致很好的表现;很好的表现极可能导致一定的成果;这个成果对他有积极的吸引力。这就是说,一个人已受他心目中的期望激励。

可以推断出:这个人内心已经建立了有关现在的行为与将来的成绩和报酬之间的某种联系。因此,要获得所希望的行为,就必须在他表现出这种行为时,及时地给予肯定、奖励和表扬,使之再度出现。同样,想消除某一行为,就必须在表现出这种行为时给予负强化,如批评惩处。

期望理论的应用主要体现在激励方面,这启示管理者不要泛泛地采用一般的激励措施,而应当采用效价最大的激励措施,而且应尽可能加大其效价的综合值,适当加大不同人实际所得效价的差值,加大组织期望行为与非期望行为之间的效价差值。在激励过程中,还要适当控制期望概率和实际概率,加强期望心理的疏导。期望概率过大,容易产生挫折;期望概率过小,又会减少激励力量;而实际概率应使大多数人受益,最好实际概率大于平均的个人期望概率,并与效价相适应。如下属对报酬持有不同的价值观,要重视下属的个人效价。

期望理论对组织管理具有启迪作用,它明确地提出员工的激励水平与组织设置的目标效价和可实现的概率有关,这对组织采取措施调动员工的积极性具有现实的意义。首先,组织应重视生产目标的结果和奖酬对员工的激励作用,既充分考虑设置目标的合理性,增强大多数员工对实现目标的信心,又设立适当的奖金定额,使目标对员工有真正的吸引力。其次,要重视目标效价与个人需要的联系,将满足低层次需要(如发奖金、提高福利待遇等)与满足高层次需要(如加强工作的挑战性、给予某些称号等)结合运用;同时,要通过宣传教育引导员工认识组织与其切身利益的一致性,提高员工对组织目标及其奖酬效价的认识水平。最后,组织应通过各种方式为员工提高个人能力创造条件,以增加员工对目标的期望值。

期望理论另外一个非常重要的应用,就是应用在促销上,促销就是提供一种激发力,激发力=效价×期望值。促销要提高销量,但是前提是在顾客满意条件下,所以期望值不应当高于顾客购买后实际感受到的,也就是说,促销真正发挥作用的应当是效价,应当在效价上做文章。

3. 公平理论

1963年和1965年,亚当斯分别在《对于公平的理解》以及《在社会交换中的不公平》两篇文章中提到了公平理论。公平理论假设人际交往就像商品交易一样,是一个交换过程,人们都期望在交易过程中得到公平的待遇,自己的投入回报比应该具有公平性。员工通常会通过四种对比以寻求公平感:自我—内部,员工在当前组织中处于不同职位上的经验;自我—外部,员工在当前组织以外的职位或情境中的经验;他人—内部,员工所在组织内部的其他个体或群体;他人—外部,员工所在组织之外的其他个体或群体。当员工感到不公平时,将会改变自己的投入、改变自己的产出、歪曲对自我的认知、歪曲对他人的认知、重新选择参照对象或者离开所在企业。亚当斯提出公平理论,主要是结合公平理论的基础条件,在回答员工公平感对行为影响问题时,主要在结合薪酬回报的基础上,分析员工的努力程度,体现公平性的原则;结合投入产出的过程,并避免不公平投入行为的产生,避免不良情绪的产生。员工被动性工作的开展,难免存在不良的情绪,同时也有着不佳的工作精力,员工工作效率将会不断下降。

公平理论对我们的重要启示如下:

首先,影响激励效果的不仅有报酬的绝对值,还有报酬的相对值。

其次,激励时应力求公平,使员工投入回报比等式在客观上成立,尽管有主观判断的误差，也不致造成严重的不公平感。

最后，在激励过程中应注意对被激励者公平心理的引导，使其树立正确的公平观，一是要认识到绝对的公平是不存在的，二是不要盲目攀比。为了避免员工产生不公平的感觉，组织往往采取各种手段，在组织中造成一种公平合理的气氛，使员工产生一种主观上的公平感。如有的组织采用保密工资的办法，使员工相互不了解彼此的收支比率，以免员工互相比较而产生不公平感。

三、行为改造型激励理论

行为改造型激励理论是在条件反射理论基础上发展起来的理论，研究行为结果对行为的强化或抑制作用及其规律。该理论认为行为是行为结果的函数，行为的积极结果增强行为；行为的消极结果削弱行为。主要代表有斯金纳的强化理论和凯利的归因理论。

1. 强化理论

1938 年，斯金纳在《有机体的行为》一书中提出了强化理论。强化理论属于行为主义观点，认为强化可以塑造行为，强化物就是能影响行为频率的刺激物。斯金纳认为，对行为进行改变可通过四种方法来实现：正强化，当出现组织需要的行为时，立刻给予物质或精神的奖励，以促进该行为再次出现；负强化，预先告知某种行为是不希望出现的，从而避免因不良行为出现而导致的恶性结果；惩罚，对不希望出现的行为，在发生后给予惩罚，以减少或阻止该行为的再次出现；衰减，对过去进行强化的行为，在一段时间内不强化，降低该行为的出现频率，直至消失。

(1) 强化理论具体应用的行为原则

第一，经过强化的行为趋向于重复发生。所谓强化因素就是会使某种行为在将来重复发生的可能性增加的任何一种“后果”。例如，当某种行为的后果是受人称赞时，就增加了这种行为重复发生的可能性。

第二，要依照强化对象的不同采用不同的强化措施。人们的年龄、性别、职业、学历、经历不同，需要就不同，强化方式也应不一样。如有的人更重视物质奖励，有的人更重视精神奖励，就应区分情况，采用不同的强化措施。

第三，分阶段设立目标，并对目标予以明确规定和表述。首先要设立一个明确的、鼓舞人心而又切实可行的目标，同时，还要将目标分解成许多小目标，完成每个小目标都要及时给予强化，这样通过不断的激励可以增强行动者的信心，有利于目标的实现。

第四，及时反馈。就是通过某种形式和途径，及时将工作结果告诉行动者。在行为发生以后尽快采取适当的强化方法，才能取得好的激励效果。比如，一位管理者要求一位员工做某件事，但是却忘了向员工致谢，即使员工工作完成得很出色。缺乏及时的积极强化会削弱员工将来接受委派的行为，甚至导致这种行为的“消亡”。或者，如果员工的一项工作完成得很糟糕，但管理者却忽视了针对这一糟糕的绩效进行及时的指责，员工可能会认为其对工作感到满意，并继续在此层次上工作，即消极强化。

第五，正强化比负强化更有效。在强化手段的运用上，应以正强化为主；同时，必要时也要对坏的行为给予惩罚，做到奖惩结合。

强化理论只讨论外部因素或环境刺激对行为的影响，忽略人的内在因素和主观能动性对环境的反作用，具有机械论的色彩。但是，强化理论有助于对人们行为的理解和引导。

（2）强化的类型

强化包括正强化、负强化和自然消退三种类型。

第一，正强化，又称积极强化。当人们采取某种行为时，能从他人那里得到某种令其感到愉快的结果，这种结果反过来又成为推进人们趋向或重复此种行为的力量。例如，组织用某种具有吸引力的结果（如奖金、休假、晋级、认可、表扬等），以表示对员工努力进行安全生产的行为的肯定，从而增强员工进一步遵守安全规程进行安全生产的行为。

第二，负强化，又称消极强化。它是指通过某种不符合要求的行为所引起的不愉快的后果，对该行为予以否定。若员工能按所要求的方式行动，就可减少或消除令人不愉快的处境，从而也增大了员工符合要求的行为重复出现的可能性。例如，组织安全管理人员告知工人不遵守安全规程，就要受到批评，甚至得不到安全奖励，于是工人为了避免此种不期望的结果，而认真按操作规程进行安全作业。惩罚是负强化的一种典型方式，即在消极行为发生后，以某种带有强制性、威慑性的手段（如批评、行政处分、经济处罚等）给人带来不愉快的结果，或者取消现有的令人愉快和满意的条件，以表示对某种不符合要求的行为的否定。

第三，自然消退，又称衰减。它是指对原先可接受的某种行为强化的撤销。由于在一定时间内不予强化，此行为将自然下降并逐渐消退。例如，组织曾对员工加班加点完成生产定额给予奖酬，后经研究认为这样不利于员工的身体健康和组织的长远利益，因此不再发放加班加点奖酬，从而使加班加点的员工逐步减少。

正强化是用于加强所期望的个人行为；负强化和自然消退的目的是为了减少和消除不期望发生的行为。这三种类型的强化相互联系、相互补充，构成了强化的体系，并成为一种制约或影响人的行为的特殊环境因素。

（3）强化理论的应用

在组织安全管理中，应用强化理论来指导安全工作，对保障安全生产的正常进行可起到积极作用，需注意以下五个方面：

第一，应以正强化方式为主。设置鼓舞人心的组织目标，但要注意将组织的整体目标和员工个人目标、最终目标和阶段目标等相结合，并对在完成个人目标或阶段目标工作中取得明显成效或贡献者，给予及时的物质和精神奖励（强化物），以求充分地发挥强化作用。

第二，采用负强化（尤其是惩罚）手段要慎重。负强化应用得当会促进安全生产，应用不得当则会带来一些消极影响，可能使人由于不愉快的感受而出现悲观、恐惧等心理反应，甚至发生对抗性消极行为。运用负强化时，应尊重事实，讲究方式方法，处罚依据准确公正，这样可尽量消除其副作用。将负强化与正强化结合应用一般能取得更好的效果。

第三，注意强化的时效性。及时强化可提高安全行为的强化反应程度，但及时强化并不意味着随时都要进行强化。不定期的非预料的间断性强化，往往可取得更好的效果。

第四，因人制宜，采用不同的强化方式。不同的强化机制和强化物所产生的效应会因人的不同的个性特征和需求层次而有所差异。

第五，利用信息反馈增强强化的效果。定期反馈可使员工了解自己参加安全生产活动的绩效及其结果，既可使员工得到鼓励，增强信心，又有利于及时发现问题，分析原因，修正所为。

2. 归因理论①

(1) 归因理论的内涵

早期对归因理论基本内涵以及所解决的问题的界定最具代表性的人物是弗里茨·海德(Fritz Heider,1896—1988)的人际知觉归因理论和伯纳德·韦纳(Bernard Weiner,1935—)的成就动机归因理论。海德认为每个人的行为都是有一定的原因的,这个原因要么是外界环境的客观原因,要么是个体自身的主观原因,对这些原因的推测和描述就是归因。并且对同一事件,由于不同人的归因定向不同,对被归因对象行为会产生不同的预测结果。

1958 年,海德在他的著作《人际关系心理学》中,从通俗心理学的角度首次提出了归因理论,主要解决的是日常生活中人们如何找出事件的原因。海德认为人有两种强烈的动机:一是形成对周围环境一贯性理解的需要;二是控制环境的需要。而要满足这两个需求,人们必须有能力预测他人将如何行动。因此海德指出,每个人(不只是心理学家)都试图解释别人的行为,并都具有针对他人的行为的理论。海德认为事件的原因无外乎有两种:一是内因,比如情绪、态度、人格、能力等;二是外因,比如外界影响力、天气、情境等。一般人在解释别人的行为时,倾向于性格归因;在解释自己的行为时,倾向于情景归因。

韦纳在 1974 年提出,归因理论是关于判断和解释他人或自己的行为结果的原因的一种动机理论。韦纳从认知心理学的角度把成功和失败的原因划分为三个维度,比海德的思想有所发展,并且有助于人们对成就行为的原因进行分析。他认为,我们对成功和失败的归因,会对以后的行为产生重大影响。按照韦纳归因理论的解释,人的个性差异和成败经验等影响着他的归因;人对前次成就的归因将会影响到他对下一次成就行为的期望、情绪和努力程度等;个人的期望、情绪和努力程度对成就行为有很大的影响。

美国心理学家哈罗德·凯利(Harold Kelley,1921—2003)在 1973 年提出,归因理论是人们在看到"为什么"这类问题时,提出的因果关系解释。这个理论涉及他们在做出因果解释的时候需要的信息,以及他们利用这些信息怎样回答这些因果问题。这个理论主要是社会心理学科的,只用来解决社会感知问题:如果一个人表现得特别腼腆安静,那么就可推测他是内向孤僻的人,并且会一直表现得不接触人群吗?或者这只是在某种情况下才这样?如果某个明星总是鼓励大家要保护珍稀动物,那么这反映了他的真实观点,还只是为了树立他热心公益的公众形象,私下他还是会食用珍稀动物?除了社会和自我感知有关,归因理论还和心理认知论有关。

综上所述,归因理论研究的是人们对事件所做出的因果推断,以及推断结果对人们的信息处理和行为态度产生的影响。

(2) 影响归因的因素

第一,信息因素。他人信息一致性,即其他人对给定事件中的看法和信息,是影响人们做出归因推断的重要因素。一致性信息涉及行为主体做出的归因推断信息、其他人在这个事件上的所作所为,或者其他人在行为主体相同的情境下将会做出的行为反应等一些系列信息。如果其他人的行为与行动者的行为相一致,行为主体的行为就会被归因于外在环境因素。

还有一些信息因素,例如感知信息一致性、行为感知、原因与效应之间的相似性、信息显

① 陈厚. 时间间隔对在线评论影响效应研究:基于归因理论的视角[D]. 武汉大学博士论文, 2015:35-38.

著性，都会影响归因推断。信息的一致性考虑到了内部归因和外部归因的差异性。如果一个人的行为以一种既定的一致方式表现，那么个人行为就可能会被归因于个人特质；但是，如果一个人的行为表现得前后不一致，那么这种前后不一致的行为就可能被归因于外在环境因素。对一个人行为的感知还可能受到观测者对行为主体所处环境情境的知识水平的影响。原因与效应之间相似性则认为结果与原因之间存在着一般关系。

第二，因果关系信念。与直接的信息相反，信念对于特定效应产生的原因带有一些迷信色彩。凯利等人在 1980 年合作发表的文献综述中，提出一个人可能对特定效应有一个预期，结果使得他们能够在事情没有评估所需的信息时，仍然会得出自己的解释。如果带着已有的信念去对信息进行处理，那么现有的迷信和预期势必会影响信息处理的客观性。信念可能包括对一个行为主体的预期，若行为主体的实际行为结果与预期一致时，就会导致人们将行为结果的原因归结于行为主体的性格或能力；若是行为主体的实际行为结果与预期并不一致时，就会导致人们将行为结果的原因归结于行为外部环境因素。

第三，动机因素。即人们达成特定结果或者结论的动机。在动机上的个体差异被认为能够影响观察者对他人行为的感知。对于因果归因与动机之间关系假设研究，最具影响力的是美国社会心理学家 E.琼斯（1928—1993）等人在 1966 年发表的论文，在这篇文章中记录了作者做的一个十分有趣而又经典的实验。研究人员告诉被试者们，他们将要被安排与一个异性朋友约会。然后，被试者们观看一段一群人讨论的影像，这群人中就有他们将要约会的对象。研究人员最后发现，人们往往会对他们将要约会的人投以更多的关注，更为重要的是，相对于视频中的其他人，被试会对未来约会对象做出更为极端的性格推测，而且还对自己做出的推断十分自信。最后，研究人员将该种性格推断的差异归因于实验中被试对未来的约会产生的更强的归因动机。

第四，归因偏差。总的来说，一般认为行为主体倾向于将他们的行为归因于情境因素，而观察者则倾向于将他们的行为归因于个人特质，也即所谓的基础归因偏差。造成这种现象的主要原因有两个：认知差异和动机差异。

认知差异被认为是由于观察者和行为主体之间的信息差异，事件感知方式上的差异，以及时间处理方式上的差异。许多研究证实发现，观察者倾向于假设行为主体的行为在不同情境下是一致的，而行为主体则认为他们的行为会根据情境限制的不同而变化。观察者对行为主体行为的归因还会受到对行为主体所了解的信息多寡的影响。也就是说，对于不是很了解的他人，观察者会对他们的行为做出更多的内在归因，即归因于他们的性格特质；而对那些十分熟知的行为主体，则更倾向于将他们的行为归因于外在情境因素。

动机差异认为行为主体和观察者在对事件进行因果解释时存在着利益差异，导致归因结果上产生一些差异。这些差异被假设与个人利益上的差异有关。其他动机差异还包括归因准确度、自我展现动机，以及预测将来行为的需求动机。

四、综合型激励理论

综合型激励理论，主要是将上述几类激励理论进行结合，把内外激励因素都考虑进去，系统地描述激励全过程，以期对人的行为作出更为全面的解释，克服单个激励理论的片面性。代表性理论有莱曼·波特（Lyman Porter）和爱德华·劳勒（Edward Lawler）的综合激励模式理论、罗伯特·豪斯（Robert House）的激励力量理论、布朗（R. A. Baron）的 VIE 理论。

1. 综合激励模式理论

1968 年,波特和劳勒在弗鲁姆的期望理论和亚当斯的公平理论基础上,引申出综合激励模型。该模型包括努力、绩效、能力、环境、认识、奖励和满足等多种因素。该理论认为:个人是否努力及努力程度除受奖励价值影响外,还受个人察觉出的努力程度及奖励的概率的影响,个人绩效受能力及对任务的了解度影响;个人应得奖励应当以工作绩效为价值标准,尽量提出主观评估因素;个人对奖励是否满意及满意度取决于被激励者对公平性的察觉;满意度将反馈到下个任务。波特和劳勒的综合激励模式比较全面地说明了激励和绩效之间不是简单的因果关系,要使激励能产生预期效果,就必须考虑奖励内容、奖励制度、组织分工、目标设置、公平考核等一系列综合性因素,并注意个人满意度的反馈。

该模式不仅说明了激励模式的各个因素,特别是它将内在激励与外在激励结合在一起,并在传统的报酬与满足感之间引进了"公平的报酬"这个中间变量,揭示了员工在获得奖酬后仍然不感到满足的原因。如图 10-4 所示:

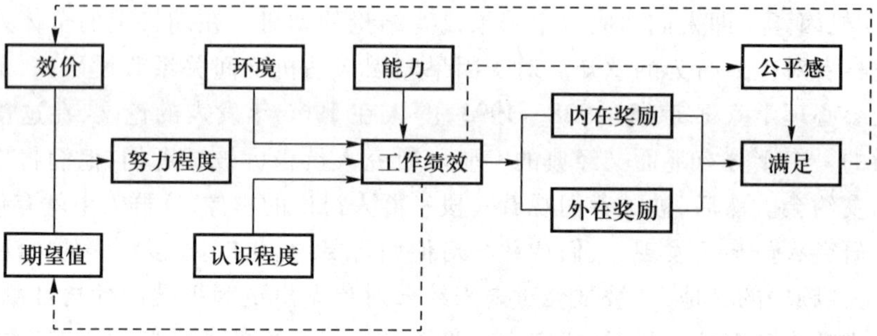

图 10-4 波特和劳勒的综合激励模型

(1) 综合激励模型的基本内容

在这个模式中,波特与劳勒把激励过程看成外部刺激、个体内部条件、行为表现、行为结果相互作用的统一过程。一般人都认为,有了满足才有绩效。而他们则强调,先有绩效才能获得满足,奖励是以绩效为前提的,人们对绩效与奖励的满足程度反过来又影响以后的激励价值。人们对某一作业的努力程度,是由完成该作业时所获得的激励价值和个人感到做出努力后可能获得奖励的期望概率所决定的。很显然,对个体的激励价值愈高,其期望概率越高,则他完成作业的努力程度也越大。同时,人们活动的结果既依赖于个人的努力程度,也依赖于个体的品质、能力以及个体对自己工作作用的知觉。一个人在作出了成绩后,得到两类报酬。一是外在报酬,包括工资、地位、提升、安全感等。按照马斯洛需求层次理论,外在报酬往往满足的是一些低层次的需要。另一种报酬是内在报酬。即一个人由于工作成绩良好而给予自己的报酬,如感到对社会作出了贡献,对自我存在意义及能力的肯定等。它对应的是一些高层次的需要的满足,而且与工作成绩是直接相关的。波特和劳勒的激励模式还进一步分析了个人对工作的满足与活动结果的相互关系。他们指出,对工作的满足依赖于所获得的激励同期望结果的一致性。如果激励等于或者大于期望所获得的结果,那么个体便会感到满足。如果激励和绩效之间的联系减弱,那么人们就会丧失信心。

这里有两点需要注意的是:奖励要以绩效为前提,不是先有奖励后有绩效,而是必须先完成组织任务才能给予精神的、物质的奖励。当员工看到他们的奖励与绩效关联性很差时,奖励将不能成为提高绩效的刺激物；其次，奖惩措施是否会产生满意，取决于被激励者认为获得的报酬是否公正。如果他认为符合公平原则，当然会感到满意，否则就会感到不满。众所周知的事实是，满意将导致进一步的努力。

（2）综合激励模型的因素

波特和劳勒认为，在内容激励和过程性激励因素之外，从激励开始到产生工作绩效之间有三个因素非常重要。

第一，能力和素质。一个人的能力对完成任务起着巨大的作用，因此，作为管理者必须要慧眼识才，把人才放在最能发挥其长处的岗位上，如果放错了岗位，不仅浪费了人才，还会直接导致不良的工作效果。

第二，工作条件。选好人才后，还必须要为其发挥才干创造必要的条件，配备必要的资源。

第三，角色感知。为了让员工做出优异的绩效，作为管理者必须要帮助员工充分了解该角色、该岗位或者该项任务对他的具体要求，也就是说，让员工充分地把握好岗位的目的和要求。

波特和劳勒的激励理论是迄今一种比较全面的激励模型。它告诉我们，激励和绩效之间并不是简单的因果关系，要形成激励→努力→绩效→奖励→满足并从满足回馈努力这样的良性循环取得预期的效果，这取决于奖励内容、奖惩制度、组织分工、目标导向行动的设置、管理水平、考核的公正性、领导作风及个人心理期望等多种综合性因素。

2. 激励力量理论

1981 年，豪斯在期望理论基础上，引入内在激励与外在激励，提出了一个整合模型：激励力量=任务内在激励+任务外在激励。任务内在激励指工作本身能满足的个人成就感和满足感；任务外在激励指完成任务后能获得的物质性的激励物，例如薪资等。

豪斯把期望理论和双因素理论进行了综合，提出了综合激励理论。该理论的核心可用公式来表示：

$$F=V_{it}+E_{ia}*V_{ia}+E_{ia}*\sum(E_{ej}*V_{ej})$$

F 为激励力量，V_{it}为任务本身所提供的内在报酬的效价。i 为内在，t 为任务本身。E_{ia}为完成任务的内在期望概率，即主观上对完成任务可能性的估计。a 表示完成（内含的因素有：任务的难度、明确性、员工的能力、组织的支持等）。V_{ia}是表示为完成任务的内在评价或效价。$E_{ia}*V_{ia}$构成了弗鲁姆期望理论的基本模式，综合反映了员工工作完成后引起的激励强度。$E_{ia}*\sum(E_{ej}*V_{ej})$中，$E_{ia}$为完成任务后获得相应外在报酬的期望概率。$e$ 表示外在的，j 表示喜悦和快乐。V_{ej}表示为完成任务后获得相应外在报酬的效价。$E_{ia}*\sum(E_{ej}*V_{ej})$则综合反映了各种可能的外在奖励所引起的激励效果之和。

豪斯的公式强调了任务本身效价的内激励作用；突出了完成工作任务内在的期望值与效价；兼顾了因任务完成而获取外在奖酬所引起的激励，对主管人员将会有极大的启迪。要提高人们的积极性，必须从内、外激励两个方面入手。内在的激励因素包括对任务本身所提供的报酬效价；对任务能否完成的期望值以及完成任务的效价。外在的激励因素包括完成任务所带来的外在报酬的效价。

3. VIE 理论

1986 年，布朗（R. A. Baron）在《组织中的行为》一书中提出了效价（Value）—手段（Instrument)—期望(Expectancy)理论,简称 VIE 理论。布朗认为激励是人们以下三种信念的结果:一个人努力的结果是绩效(期望);一个人因有绩效这一个媒介而得到报酬(手段);一个人得到报酬后,看到报酬的价值(效价)。

如果效价、手段、期望三者都高,那么激励程度也高。如果三者中有一个是零,那么绩效也等于零。例如,某员工相信只要他努力就一定能取得好的成绩,好的成绩一定会导致报酬,但这一报酬的效价是零,即被他看得不值一钱,那么对他来说激励也是零,他绝不会为此而做出努力。激励是期望、手段和效价的乘积,激励只是工作绩效的几个决定因素之一。①

管理人员必须做到:

(1) 弄清工人的期望。只有了解经过努力能达到绩效的可能性,才有可能激励员工。员工在工作中有什么问题?什么问题影响绩效?解决问题后能提高多少效率?为此,应在管理人员与员工之间建立双向沟通渠道。在定期的绩效评定会上,管理人员要注意倾听员工关于提高工作效率的建议,员工则要考虑管理人员关于生产条件及改进方法的建议。

(2) 把报酬与绩效联系起来。对员工说清楚,什么样的行为将导致什么样的报酬、待遇和奖金。奖酬办法越明确、越具体,员工建立的信念就越切合实际。“重赏之下必有勇夫”这在一定程度上反映了报酬与绩效的联系,以及由此而产生的信念。

(3) 考虑报酬的效价,即员工所得报酬必须是对他们有意义的。报酬不一定是金钱,现今的员工向往多种的报酬方式:有人希望增加工贷,有人喜欢享受休假,有人则愿意得到较好的住房和福利。管理人员如果实行多种奖励办法,必定会受到员工的欢迎,因为此时虽然奖酬的绝对值可能相等,但其由效价所产生的信念则各异。员工可以从多种办法中选取他们所盼望已久的报酬,其激励效果必然大为增加。

4. 综合激励模型的特点

(1) 个人是否努力以及努力的程度不仅仅取决于奖励的价值,而且还受到个人觉察出来的努力和受到奖励的概率的影响。如果个人有比较确切的把握完成任务或曾经完成过并获得相当价值的奖励的话,那么他将乐意付出相当的或更高的努力。

(2) 工作的实际绩效取决于能力的大小、努力程度以及对所需完成任务理解的深度。对于那些比较复杂的任务来说,个人能力以及对此项任务的理解较之其实际付出的努力对所能达到绩效的影响更大。

(3) 奖励要以绩效为前提,不是先有奖励后有绩效,而是必须先完成组织任务才能给予精神的、物质的奖励。当员工看到他们的奖励与成绩关联性很差时,奖励就不能成为提高绩效的刺激物。

(4) 奖惩措施是否会产生满意,取决于被激励者认为获得的报酬是否公正。如果他认为符合公平原则,当然会感到满意,否则就会感到不满。众所周知的事实是,满意将导致进一步的努力。

(5) 个人是否满意以及满意的程度将会反馈到其完成下一个任务的努力过程中。满意会导致进一步的努力,而不满意则会导致努力程度的降低甚至离开工作岗位。

---

① 布朗. 组织中的行为[M]. 吴玉,译. 北京:商务印书馆, 1986.

第三节　组织激励的特质与功能

一、组织激励的特质

激励是组织管理的基本职能之一，是组织实现目标的重要手段。激励是一种组织行为，它通过组织奖惩措施的实施，对组织成员的动机、意愿和行为过程进行调节，从而保证组织目标的实现。

行政组织激励研究是一个时代课题，关系着中国未来的政治建构与发展。在当代中国，社会主义性质在政治上体现为人民当家作主，国家及其政府的责任是保护人民的合法权益。在社会主义制度下，行政组织激励是一项光荣而伟大的政治任务，它的最终目标是更好地维护广大人民群众的利益。社会主义的优越性体现在发达的生产力，这种生产力在经济上能够创造极大的财富，是实现共同富裕的基础；社会主义的优越性还体现在人的高度发展，它包含人的积极性、主动性、创造性等能力的提升。对行政体系来讲，人的发展意味着行政主体的工作效率、能力、方式、方法的完善和提高。然而，当前政府行政体系中大量出现的低效、浪费、贪腐等问题，产生了极其恶劣的社会影响，行政动力的缺乏、行政价值的忽视对人们的意识形态领域造成了极大的震撼，更为严重的是，行政组织体系中的种种问题会导致人们对社会主义制度优越性的质疑。

1. 组织激励的层级性

任何一个组织都包含若干层级，不同的层级目标任务不同，人员情况差异明显，信息占有量不同，关注的领域各自有别，因此采取激励的方式和手段应有所不同，理想的激励效果才会达到。所谓激励效果，是指一个组织激励行为的有效性，当组织对其成员实施了某种激励行为后，所得到的效果是否实现了组织预定的目标。因此，激励的效果必须与组织的目标同向，并服务于组织目标。通过对各个层级的有效激励，形成充分的合力，使组织的工作效率提高，员工工作热情高涨，并保持这种热情的持久性。

高层管理组织处于组织结构的顶层，人员素质较高，要解决的问题通常涉及组织生存与发展的大事，要求管理人员的工作和决策具有全局性和创造性，如何使员工具有成就感是这一层次激励的主要内容，激励效果体现在管理人员的创新管理、企业文化等方面的塑造上。组织的基层员工激励应更多地体现为满足员工生存、生活、安全的基本需求，从更为具体的工作条件、工资待遇的改善上入手，激励效果则体现为员工工作效率的提高、工作质量的改善和员工对组织工作的认同上等。组织的中层是联结组织决策者与基层的纽带，协调、沟通是其重要职责，组织对中层人员的激励，既要满足其基本生活需要，更要适当地给予成就感、荣誉感。三个层次激励的区分只是相对的，只是侧重点不同而已，因为高层人员也要生存、生活，而基层人员也需要成就感。

在一个组织里，激励效果很大程度上取决于领导者。领导者要了解员工的个性和他们的品格以及需求，帮助员工看到他们在为组织目标做出贡献的同时，也能够获得满足他们自身需要的报酬。当然，崇尚人本管理并不意味着就可以忽视制度管理。组织领导者应使人本管理与制度管理相辅相成、互为补充。制度管理是人本管理的前提和基础。没有规章制度的企业必然是无序的、混乱的。

制度经济学认为,有效的制度有利于减少交易成本,从根本上保证激励的有效性。而制度的激励功能是通过产权界定来实现的。在经济学的意义上,"产权是一种通过社会强制而实现的对某种经济物品的多种用途进行选择的权利"。有效的产权制度可以促使产权主体使用产权来谋取自身利益,并且使这种利益不断内在化。产权制度还规定了个人动机应如何实现,确定了人们生产劳动和产品分配的规则,并能确保创新利润归于创新者。

与此同时,领导者要着力创建组织文化,使组织形成共有的价值观体系,包括组织共有的价值观念、行为方式、道德规范、习惯、仪式、精神、作风等。组织文化是一个组织的灵魂,对组织中的员工行为具有导向和激励作用,使员工增强归属感、认同感和自豪感。一个优秀的组织,就是要创造一种能够使全体员工认同的核心价值观和使命感,一个能够促进员工奋发向上的心理环境,一个能够确保组织效率不断提高、积极推动组织变革的组织文化。以增强组织凝聚力并使组织永葆青春。

2. 组织激励的互动性

正是由于组织具有层级性,员工的激励才具有互动性。企业作为一个社会组织,企业所有者激励与企业内部的全员激励是相互影响的。二者的互动更有利于组织效率的提高。最初的企业激励更多关注的是企业所有者,而很少考虑企业员工。随着企业的发展,许多学者或管理者充分认识到,企业员工的激励程度与企业绩效有着正相关性。管理者在通过激励提高员工绩效的同时,也存在一个与自身相关的问题——对管理者的激励。事实上,对高层管理者的激励,已经提到了一个至关重要的位置。只有高层管理者的积极性提高了,他才更有动力去激励其员工,二者相互影响。

经济学意义上的委托—代理理论从另一个角度回答了组织激励的双向互动性。只要存在组织,一定程度上就会形成委托—代理关系,这就必然存在着相互激励的问题。委托—代理理论通过考察委托人和代理人所面临的风险分享、收益和动力机制之间的关系,从而提供一个有效的设计激励机制的原理。

在委托—代理中存在着两方面的典型问题:一是代理问题。代理问题中最突出的是逆向选择问题。逆向选择又称事前机会主义,是指在签约之前,信息的非对称性已经存在,契约的一方已拥有私人信息,该方利用自身的信息优势使契约的签订有益于自己而不利于别人。二是道德风险。道德风险又称败德行为,是反映在签约之后,代理人利用自身拥有而且未被委托人观察到的私人信息,改变签订合同前的行为模式,从中获取更大的预期收益,使自身效用最大化,与此同时却损害了委托人或其他代理人的效用。

委托—代理理论的实质是建立一种激励与约束机制,使代理人能够在实现自身利益最大化的同时尽可能地维护委托人的利益,保证代理人目标和委托人目标的一致性,同时使委托人有充分监督代理人的积极性,以维护委托代理关系的正常运转。委托人防御代理问题的关键就在于如何界定代理人权责利范围。设计激励机制的思路主要有两种:一是基于对代理人行为实行监控,通过委托人对代理人的监督来抑制由代理人的机会主义倾向所导致的有损于委托人利益的行为,以实现对道德风险和逆向选择现象的控制;二是基于行为结果对代理人进行有效的控制,最后基于代理效果进行利益分享或分担。

由此提出赋予代理者一定程度的剩余索取权,以此进行激励,同时辅之经理市场进行声誉激励,也就是说,实现物质激励和精神激励的有机结合,使管理者能够与所有者结成利益共同体。

3. 组织激励的多元性

激励的对象是人，是一个组织的所有工作人员，而每个人又是有差异的，要进行有效的激励，就要研究被激励者的心理，清楚他们最需要什么，这样的激励才具有针对性。如果主体对客体的激励方式只是货币，由于边际效用递减，随着时间的推移和激励次数的增多，要达到相同的激励效果，花费的成本就会变得越来越多。因此，在实施激励的过程中，应当对激励客体实施恰当的激励组合，特别是要注意通过激励组合的变动，推动激励客体的激励效用曲线由低向高移动。激励的方式是多维的复合体，根据不同的人群特点选择最适当的激励方式组合。这些激励方式包括物质激励、晋升激励、荣誉激励、信任激励、目标激励、责任激励、成就激励、情感激励等。

物质激励与责任激励相辅相成。在充分肯定组织成员作为“经济人”的基础上，将其所承担的责任及其所取得的成果与其所应获得的物质利益挂钩，以此强化组织成员的责任意识。提高组织成员的工资、奖金、津贴等外在利益，高绩效、高报酬；低绩效、低报酬。同时，要明确单一的物质激励不是万能的。成员对物质利益抱怨的背后可能隐藏着对精神待遇不满的现实。提高物质待遇可以暂时弥补成员对精神待遇的不满，但它并不能从根本上解决由于成员对精神待遇的不满而造成的管理上的冲突。改善员工管理，赋予员工管理和控制自己工作自由的权利就显得更为重要。

以成就激励来推动员工的荣誉感。成就激励是组织成员在工作过程中，通过管理者创设的各种激励措施使自己的价值与潜能得到充分实现而产生的一种成就意识，具有工作的荣誉感，促使工作不断创新的激励形式。这要在组织制度设计上为成员参与管理提供方便，为每一个岗位制定详细的岗位职责和权利，让成员参与到制定工作目标的决策中来。

提升能力与情感激励。为组织人员提供培训机会，促使组织人员提升自己的人力资本存量，使员工感到一种信任，对组织充满感激之情。通过学习培训重新认识自我、创造自我。并鼓励他们学以致用，创造更好的绩效，发挥出更大的自我价值，实现自我。

晋升激励创造竞争氛围。竞争与激励是一对孪生兄弟，晋升激励要实行分类、分等、分级的考核，以满足不同职位的需要。由重视文化知识转变为重视素质和能力，使人才具备开拓能力、应变能力和适应能力。完善竞争上岗制度，员工职务升迁应主要通过考绩与内部竞争考试的途径来实现，这样有利于调动各级员工的积极性，也能体现公平公正的原则。

除了激励对象、方式外，激励时机与场合的选择也十分重要。激励具有时效性。应讲究激励的时间艺术，遵循及时原则。一个适当的、及时的激励行为，可以使员工的优良行为得到及时的强化与巩固，保护和提高其积极性，挖掘其潜能，提高组织效率，从而改善组织的激励效果。一般而言，激励的场合应以公开为宜。公开的激励，会使组织成员在得到既定激励的同时，也获得自信心、成就感和荣誉感，促进组织形成一种积极上进的风气和团结竞争的团队精神。

二、组织激励的现实功能

1. 激励能够调动人的热情和积极性①

“我们对历史最初的一瞥，便使我们深信人类的行动都发生于他们的需要、他们的热

① 朱颖慧. 行政激励的理论逻辑与实践范式[D]. 武汉理工大学博士论文，2013:74-75.

情、他们的兴趣、他们的个性和才能;当然,这类的需要、热情和兴趣,便是一切行动的唯一的源泉——在这种活动的场面上主要有力的因素。""假如没有热情,世界上一切伟大的事业都不会成功。"①假如没有热情,一切人间奇迹将化为乌有,热情是激励人参与生产活动、推动历史前进的精神驱力。热情内生于心,外表于言行态度,直接的结果就是产生人对外部世界主动研究、探索与行动的积极性,所以,热情与积极性总是相伴而生的。通常,激励能够有效调动人的热情与积极性,使之得到加倍的释放。对一个国家来讲,人民的热情和积极性能够改天换地,颠覆旧王朝,创立新国家。列宁认为,正是因为共产主义的理想和信念激发了无产阶级最强烈的斗争动力,群众的热情、积极性和英勇精神得到了最大程度的发挥,苏维埃革命才能在一个贫穷落后的国家取得辉煌的胜利。人被激发出来的热情与积极性能够发挥如此巨大的功效,对各学科的研究人员、各领域的管理人员来讲既是个诱惑又是个挑战,因为"你可以买到一个人的时间,你可以雇佣一个人到指定的岗位,你可以买到按时或按日计算的技术操作,但你买不到热情,买不到创造性,买不到全身心的投入,你不得不设法去争取这些"。② 买不到的东西往往是无价的,无价的宝贝对人们来说是稀有而珍贵的,是需要额外付出时间精力去追求的,这足以解释激励何以成为人们积极研究、实验、推广的目标了。

2. 激励能激发人的潜能,提高人的能力

人的潜能是一种潜在的能力,它是处于人的视线范围之外的神秘之物,难以感知与测定;然而,当它被意外激发时,能使人瞬间拥有超人的能量。马斯洛对潜能外化出的创造力非常重视,认为人格对创造力的发挥起到很大作用。他在《自我实现者的创造力》一文中将创造力分为"特殊天才的创造力"和"自我实现者的创造力",认为后者更多地是由人格造成的。自我实现者的创造力使其能看见常人所忽视的新颖的、未加工的、个别的东西,并有一种不加掩饰地和无抑制地表达自己想法和冲动的能力,这种自然的行为是自我实现者创造力的本质表现,使得他们拥有一份摆脱陈规旧俗的自由。有人说,人的潜能像肌肉一样,肌肉不用就会萎缩,人的潜能不用就会自我毁灭。人的能力与其潜力的关系已被多方论证,潜力开发得越多,人的能力就越强,所以,如何激励潜能将成为重大课题。从某种角度讲,对激励潜能的研究饱含着人类对自身未来发展的重视与希望。

3. 激励能提高个体的工作绩效,营造良好的组织氛围,增强组织的整体效能

对个体来讲,激励能够产生效率化的行为,其效率高于制度或契约所要求的一般性效率。个体的工作绩效是个人取得的工作成绩,是对所在组织的目标达成具有效益、具有贡献的部分。它可以具体为任务在数量、质量及效率方面完成的情况,也可以通过上级和同事对自己工作状况的评价表现出来。管理学的理论认为,影响个体工作绩效的有四种因素:激励、技能、环境与机会,我们可以用的公式来 $P=F(SOME)$ 表示,其中,P 代表绩效(Performance),S 代表技能(Skill),O 代表机会(Opportunity),M 代表激励(Motivate)。E 代表环境(Environment)。绩效产生于技能、机会、激励、环境四个变量形成的函数。在同一个稳定的组织系统中,在组织成员学历技能相当、机会平等的情况下,激励的有无、强弱直接关系到组织成员对工作的激情、主动性和创造性,影响其工作绩效的发挥。

组织氛围是一种看不见、摸不着却又确实存在的东西,它是组织文化与人际氛围互动而

---

① 黑格尔. 历史哲学[M]. 北京:三联书店, 1956:58-59.

② 申来津. 精神激励的权变理论[D]. 武汉:武汉理工大学出版社, 2003:39.

形成的无形大网，影响着组织成员的一言一行。组织氛围可以是一个组织在长期发展过程中积淀下来的习惯，也可以是组织发展中日益生成的独特的价值观念。从某种意义上讲，以组织氛围为核心而形成的组织成员行为规范、道德标准、群体意识等往往会形成一种不可估量的激励力量，影响到整个组织的发展方向。总之，激励的功能性可以帮助人们实现自我超越，使人们获得高于精力和体力“正常”百分比的成绩。

三、组织激励理论的缺陷

用组织激励的基本理论来研究组织问题固然推进了组织理论研究的发展，但它并非尽善尽美。首先，组织激励理论家们多是抽象地研究人的本性和人的行为，并用封闭的观点来研究组织，没有将其与组织条件、外部环境、社会制度或生产关系联系起来；其次，组织激励理论研究的对象是人，人有思想、有意识、变化多样，差异甚大，从而带来研究结果的可靠性及置信度等问题；最后，组织激励理论提出的一些命题，如强化理论，只讨论外部因素或环境刺激对行为的影响，忽略人的内在因素和主观能动性对环境的反作用，具有机械论的色彩等，受到现代组织理论家们的批判。因此，组织激励理论存在着一定的局限性。

复习思考题

1. 比较马斯洛的需求层次理论和奥尔德弗的 ERG 理论、赫茨伯格的双因素理论的相似性和差异性。
2. 简述麦克利兰提出的三种需要，它们与组织成员的行为有什么关系？
3. 赫茨伯格的双因素理论对组织管理者有什么意义？
4. 简述亚当斯公平理论的主要内容。它在管理实践中有什么作用？
5. 识别期望理论中的各项变量。

第十一章　创建学习型组织

第一节　学习型组织理论的产生

一、学习型组织的源起

在21世纪的今天，学习型组织作为一种有别于传统组织模式的全新组织管理理念，已经受到了相当广泛的关注。“学习型组织”最初的构想来源于麻省理工学院斯隆管理学院的系统动力学家杰伊·福里斯特(Jay Forrester,1918—2016)在1965年写的一篇文章《企业的新设计》。作为“系统动力学”创始人的福里斯特，他采用系统动力学的方法，融合了自然科学中深奥的混沌理论(chaos theory)及复杂性科学等，不断深入思考社会、企业及其他组织形态复杂变化的本质。进而，福里斯特在《企业的新设计》这篇文章里，运用系统动力学的基本原理，非常具体地构想出了未来组织的一些基本特征，包括组织结构扁平化、组织信息化、组织更具开放性、员工与管理者的关系逐渐由从属关系转向工作伙伴关系、组织不断学习、不断地调整组织内部的结构关系等。

彼得·圣吉作为福里斯特的学生，一直致力于研究如何以系统动力学为基础来建立一种更理想的组织。系统动力学研究表明，一般大企业的平均寿命只有40岁，在历史舞台上只有瞬间的辉煌。这是因为，外界风云突变，组织内部的管理思想、组织结构、组织文化等许多方面却还保持着静态的“惯性”。圣吉认为所有组织面临的主要问题，究其实质，就是因为他们是“很差劲的学习者”。圣吉进一步指出，一个组织常常存在多项基本的学习“智障”，如“局限思考”“归罪于外”“缺乏整体思考的主动积极性”“专注于个别事件”“对于缓慢而来的威胁视而不察”等。在研究过程中，他除了进一步融入更多整体动态搭配的细节性技术外，还将一些新的创造性管理技术结合起来。在近十年的时间里，圣吉对数千家企业进行了详细研究，并对一批企业作了辅导，从而积累了不少成功的案例。正是在研究企业管理发展的过程中，汇集其他人的新思想，圣吉提出了新的管理理念——“学习型组织”。他指出现代企业组织所欠缺的就是系统思考的能力。它是一种整体动态的搭配能力，缺乏它会使得许多组织无法有效学习。之所以会如此，正是因为现代组织分工、负责的方式将组织切割，使人们的行动与其时空上相距较远。当不需要为自己的行为结果负责时，人们就不会去修正其行为，也就是无法有效地学习。圣吉认为，当今社会已经进入了信息时代，企业要想在社会变革和市场经济大潮中立于不败之地，成为学习型组织是个必然的发展趋势。也就是说，每个组织必须比竞争对手学习得更快更好，才能在竞争中处于优势，才能长远地生存下去。

任何一项新事物的出现都有着深厚的背景和渊源，都扎根于各种各样理论基础和实践基础的土壤之中。因此，尽管不可忽视作者本身的努力，但从一定程度上看，彼得·圣吉提出学习型组织理论是站在众多巨人肩膀之上，站在历史发展趋势的助推器之前，是顺应时代背景的要求而为。学习型组织理论的产生，除了圣吉及其老师的直接努力，还应该归因于以下六点，包括时代背景、物质基础、理论基础、管理理念、社会风潮、人文条件。

（一）时代背景：传统科层制组织模式逐渐不适应时代发展的步伐

20 世纪 70 年代以来，世界发生了翻天覆地的变化，经历着从工业经济时代向知识经济时代的转变过程。与此同时，随着生存大背景的变化，全世界的企业组织都受到了前所未有的挑战。组织中那种传统的科层制组织管理模式也就逐渐不适应时代变迁的脚步。

当今世界企业的组织模式，主要有两种类型，一类是等级权力控制型，也即传统的科层制组织，另一类是非等级权力控制型，即学习型组织。等级权力控制是以等级为基础，以权力为特征，对上级负责的垂直型单向线性系统。它强调“制度+控制”，使人“更勤奋地工作”，达到提高组织生产效率、增加利润的目的。权力控制型企业管理在工业经济时代前期发挥了有效作用，它对生产、工作的行为和有效指挥具有积极意义。但在工业经济时代后期，尤其是进入信息时代、知识经济时代以后，这种管理模式越来越不能适应组织在科技迅速发展、市场瞬息万变的竞争中取胜的需要。因而，一种更有效的、能顺应发展需要的管理模式的出现也是顺势而为。学习型组织理论就是在这样一个时代大背景下产生的。

（二）物质基础：新技术革命带来了客观环境的巨大飞跃

随着信息沟通技术的巨大发展，以微电子技术为基础的新技术革命正在广度和深度上不断推动着科技进步和社会经济生活的变化，特别是日新月异的信息网络技术的发展，已逐步形成了全球范围的网络。人们在同一时间内可以同时获取在网络内的任何信息。这一变化大大促进了全球经济一体化的进程。现在资金、技术、设备等都在全球范围内以前所未有的速度流动和转让。市场的国际化造成了竞争的国际化。组织的生存能力取决于它的应变能力，组织要生存和发展首先必须适应这种新的客观环境。

（三）理论基础：相关学科理论萌生了学习型组织理论的胚芽

学习型组织理论并非一夜之间横空出世，而是孕育于深厚的理论土壤之中，它是人性理论、经济学理论、组织结构理论以及学习理念发展到新阶段的共同产物。①

管理学理论认为，任何一种组织形式都是建立在组织中对人性特定假设基础上的。随着人的不断发展，对人性的假设也不断发展。从 20 世纪初泰勒等人的“经济人”到 20 世纪 30 年代梅奥等人的“社会人”，再到 20 世纪 50 年代西蒙等人的“管理人”以及马斯洛的需求层次论中“自我实现人”。此外还有“复杂人”“组织人”“文化人”等的认识。为了满足人不断发展的需求，20 世纪 90 年代产生的学习型组织理论把对人性的认识又提升到了一个更高的层次——“自我超越的人”。因而，遵循人性理论发展的轨迹，学习型组织理论正是人本管理理论不断发展的产物，学习型组织是人本管理发展到高级阶段组织模式的一个代表。

经济学理论认为，每一个经济时代都有其最重要的经济资源，拥有和运用这种资源服务社会和市场的能力将决定组织的竞争能力和市场经营的成败。农业经济时代，土地是最重

① 教军章，等. 公共行政组织论[M]. 哈尔滨：黑龙江人民出版社，2005：204-206.

要的经济资源;工业经济时代,资本成为最重要的经济资源;而在21世纪的知识经济时代,知识则成为最重要的经济资源。这就要求组织从每一个人到整个组织都要成为拥有知识并依靠知识创造财富的组织,知识的积累和学习是导致技术变革、构成经济增长和生产率增长的重要原动力。在这种需求之下,学习型组织的出现就成为历史的必然。

随着信息技术的发展,人类开始进入知识经济时代。以泰勒的科学管理原理为基础、以亚当·斯密(Adam Smith,1723—1790)的分工理论为主导的,强调职能分工、强调"金字塔"式的等级权力控制型的传统组织管理理论愈来愈不适应瞬息万变的市场经济条件下的激烈竞争的需要,愈来愈不适应生产力发展的需要。经济学家、管理学家、企业家都在孜孜不倦地研究、探索、寻找一种能适应时代发展要求的新的管理理论和管理模式。于是,学习型组织的理论应运而生。

尽管前三种理论的发展促进了学习型组织的产生,但学习理念变革是其直接诱因。学习的概念始于心理学的研究。传统的学习理论认为,学习意味着个人通过吸收新的经验更精确地描述世界,认知在很大程度上就是进行信息处理。这种观点把学习仅仅作为一个简单的吸收信息和处理信息的过程,没有看到学习活动的主体和客体之间的相互关系。与之相反,现代学习理论——系统学习理论认为,学习是一种能够改变世界的系统性、创造性的活动。人作为学习过程中的主体是有其积极作用的,他们不仅仅因为某种事物的存在或其存在的必然方式才认识事物。从系统的角度看待人的学习过程,可以发现人现有的知识存量和知识结构对其当前的学习活动起着决定作用,并且对未来知识的学习和组织发展也起着很大的作用。个体学习和组织学习不断地改变着组织的现状,使之与变化的环境保持一致。以系统思考为基础进行组织修炼的学习型组织,通过改变思考方式和学习方式满足了现代学习理论的要求,使其自身的出现成为必然。

(四)管理理念:从"物本"管理到"人本"管理

过去,对组织而言紧缺资源是资金,有了资金才能建厂房、购设备、买原材料,组织系统也才能运行。而人只是用来运作这些物质资源的,工业时代的战略资源是资本,企业管理理念是"物本"管理理念。如前所述,随着物质基础和客观环境的迅速发展,在经济全球化的新形势下,资金、技术、专利、先进设备已能在全球范围内流转,需要这些物质资源的企业或国家,可以在全球市场上采购或转让。唯一不能转让的是一个国家的人民尤其是企业员工的文化技术和业务素质。组织掌握新技术、新业务的人才愈多,就愈能成为世纪的胜利者。在信息时代,战略资源是拥有信息、知识和创造力的人才。只有不断努力提高员工的知识和业务水平,才能改善组织的整体素质,组织在竞争中才有可能胜人一筹。员工智慧的投入,形成组织信息的领先、创新的源泉,它将为组织带来财富。现在人力资源的重要性已提到突出地位,人力资本概念提出的"人是组织最大的资产"观念不断地得到认同和强化,开发人力资源正成为许多国家的重要国策及组织的首要战略。

(五)社会风潮:"学习成风",终身教育、终身学习等观念渐成主流

产业革命和新技术革命,使得一次性的传统学校教育暴露出自身无法克服的弊端,使得员工坚持终身学习、接受终身教育成为必然趋势。无论是组织还是员工,都把不间断的业务学习、职业培训、继续教育作为增强竞争力并使之立于不败之地的支柱。在现代社会,终身教育已成为一种客观要求,而终身学习也已成为一种生活方式,通过终身学习,人们学会生存和持续发展。1983年5月在德国汉堡举行的终身教育会议,把终身教育归结为"当代社会的一种绝对必要,是使全体人民在未来得到和谐发展的唯一途径,是更新劳动力知识技术的战略投资"。在联合国教科文组织的积极倡导和推动下,越来越多的国家开始把终身教育理论作为本国教育改革的基本原则和指导思想。①

在组织中,终身教育的基本理念是为每个员工在其一生任何阶段提供各种可能的学习机会。这是人类历史上最具影响力和冲击力的思潮。越来越多的现代企业领导人开始意识到,企业作为维系成人的一种主要社会组织,应该成为实现终身教育理念的团体,为员工们提供各种学习机会,从而使他们不断地学会如何表现自己、如何与人交流、如何探索世界以及如何自始至终地完善自己。可以说,当代终身教育、终身学习等社会思潮为学习型组织理论的孕育和发展提供了丰富的养分。

(六)人文条件:社会价值观由"物质主义"转变为"后物质主义"

随着工业化社会的不断演进,社会物质财富的日益丰富,人们的价值观发生了深刻的变化。这种变化,则是由罗纳德·英格尔哈特(Ronald Inglehart)提出的从"物质主义价值观"到"后物质主义价值观"(Post-material Value)的转变。后物质主义价值观主要指在人们的价值判断和行为选择中,倾向于非物质性价值取向,如增加决策的基层民主参与、美化环境、关注个人责任和自我发展等观念。而且,在对一些西方国家的研究中发现,在经济和安全得到保障的时期,年轻一代特别倾向于更高意义上的非物质性价值取向。在后物质主义价值观的影响下,人们的工作观也从物质主义向后物质主义转变。也就是说,人类的工作观会因物质的丰足而逐渐改变,从所谓的"工具性"工作观(工作为达到目的之手段),转变为较为注重"精神层面"的工作观(寻求工作的"内在价值")。这种提高工作满足度体现人的价值的工作观与学习型组织关注人的精神需求的思想相一致。

在"后物质主义价值观"下,现代人不再仅仅为维持生计而工作,而更多的是为充分展现自己的个性、体现个人的价值、追求工作本身意义而工作。这种从追求物质层面的价值观向追求精神层面的价值观的转变,使学习与工作之间的融合成为可能。

二、学习型组织的定义

自1990年彼得·圣吉提出"学习型组织"之后,十几年来这个词已经成为这个时代的流行语。但对于如何准确定义学习型组织,国内外学界并没有统一的说法,对于"学习型组织究竟是什么样的组织"均有不同界说。

国外一些学者是如何定义学习型组织的。首先在彼得·圣吉那本被称为"21世纪的管理圣经"——《第五项修炼》中,学习型组织是一个"不断创新、进步的组织,在其中,大家得以不断突破自己的能力上限,创造真心向往的结果,培养全新、前瞻而开阔的思考方式,全力实现共同的抱负,以及不断一起学习如何共同学习。"② 提出五种学习型理论的哈佛商学院的大卫·加尔文(David A. Garvin)教授在1993年指出:"学习型组织是指善于获取、创造、转移知识,并以新知识、新见解为指导,勇于修正自己行为的一种组织。"③ 美国的财富杂志(Fortune)将"学习型组织"概括为扁平、精简、弹性化,能够设法使各阶层人员全心投入,并

① 胡协和,杨小珍. 学习型组织和学习化社区[M]. 南昌:江西人民出版社, 2002: 92.

② 圣吉. 第五项修炼:学习型组织的艺术与实务(第二版)[M]. 郭进隆,译. 上海:上海三联书店, 1998: 2.

③ GARVIN DAVID. Building a Learning Organization [J]. Harvard Business Review, 1993(8): 78-91.

能不断学习,创造未来的组织。管理大师斯蒂芬·P. 罗宾斯(Stephen P. Robins)认为:“学习型组织是一个不断开发与变革能力的组织。”① 提出组织学习系统理论的美国学者马夸特(Marquadt)在1996年指出,“系统地看,学习型组织是能够有力地进行集体学习,不断改善自身收集、管理与运用知识的能力,以获得成功的一种组织”。提出创新制胜理论的井口吕野中(Ikujiro Nonaka)用“知识创造型公司”来描述学习型组织,指出知识创造型公司的特征是“发明新知识不是一项专门的活动……它是行动的一种方式,是存在的一种方式,在其中,每个人都是知识工作者”。沃特金斯和马席克认为:“学习型组织就是通过不断学习来改革组织本身的组织。学习在个人、团体、组织或组织共同体中产生。学习是持续性的并可以战略性地加以运用的过程,而且可以统一到工作中或者跟工作同时进展。学习不仅导致知识、信念、行动的变化,还增强了组织的革新能力和成长能力。因此,我们可以把学习型组织定义为是把学习共享系统组合起来的组织。”②

国内学者的界说。周德孚认为,所谓学习型组织是指通过培养弥漫于整个组织的学习气氛,充分发挥员工的创造性思维能力而建立起来的一种有机的、高度柔性的、扁平化的、符合人性的、能持续发展的组织。③ 教军章等认为:“学习型组织是指以创新性的组织共同学习为核心理念,通过创造性思维方式的形成来创建组织系统学习的能力、方法和氛围,使组织个体和整体的创新价值与适应价值得到有机发挥,以产生持续发展与和谐发展效果的社会组织形式。”④ 郁义鸿在其著作《组织修炼》中认为:“学习型组织是把学习系统组合起来的组织。”⑤ 陈国权认为:“学习型组织是指能够有意识、系统和持续地通过不断创造、积累和利用知识资源,努力改变或重新设计自身以适应不断变化的内外环境,从而保持可持续竞争优势的组织。”⑥

分析并比较以上众学者对学习型组织概念的界定,可以看出尽管具体说法并不统一,但是其中一些大同小异的关键点还是有迹可循的。首先是均强调学习型组织中“学习”特别是“组织学习”的重要性;其次是均指出组织内部文化、组织结构等方面是要有利于组织学习创新的;再次是均强调组织内全员一心,为着共同的愿景而努力;最后是都强调学习型组织重视学习,但不拘泥于为学习而学习,而是要达到有创造性、创新性的学习。因此,综上所述,我们可以对学习型组织做以下界定:学习型组织是一种高度柔性的、有机的、扁平精简的、弹性化且人性化的组织,通过在组织内部形成全员学习的组织文化,充分激发组织成员个体和组织整体的创新性思维和创造性能力,从而全力实现组织的共同愿景,取得可持续的组织发展。

三、学习型组织与组织学习

组织学习与学习型组织是两个意义不尽相同但又紧密关联的概念。简单来说,组织学

① 罗宾斯. 组织行为学[M]. 孙健敏,李原,译. 北京:世界知识出版社,1996:565.

② 沃特金斯,马席克. 21世纪学习型组织——企业领导的管理艺术[M]. 沈德汉,等,译. 上海:世界图书出版公司,2000.

③ 周德孚. 学习型组织[M]. 上海:上海财经大学出版社,1998:20.

④ 教军章,等. 公共行政组织论[M]. 哈尔滨:黑龙江人民出版社,2005:209.

⑤ 郁义鸿. 组织修炼[M]. 上海:上海译文出版社,1998.

⑥ 陈国权. 学习型组织的过程模型、本质特征与设计原则[J]. 中国管理科学,2002(4):86-94.

习是一个组织成为学习型组织的必要非充分条件,而形成一个真正的学习型组织还需要许多其他因素。

“组织学习”(organizational learning)的概念实际上是从“个体学习”(personal learning)借鉴引申而来的。组织是由个体构成的,个体学习是组织学习重要的前提和基础。但另一方面,组织学习又不是个体学习的简单累加。组织没有“大脑”,但它确实有记忆和认知系统,通过这些功能,组织可以形成并保持特定的行为模式、思维准则、文化以及价值观等。当代管理理论大师阿吉里斯指出组织学习主要是具有共同思维模式的个体行为的结果。组织学习过程比个体学习过程更为复杂。组织学习是一个持续的过程,是组织通过各种途径和方式,不断地获取知识、在组织内传递知识并创造出新知识,以增强组织自身实力,带来行为或绩效的改善的过程。另外,组织不只是被动地受个体学习过程的影响,而且可以主动地影响其成员的学习。因此,必须把个体视为一个有机系统的一部分,个体学习与组织学习之间存在相互影响、相互制约的关系。

任何组织都在从事一定的组织学习活动,不管其是有意还是无意,学习的内容是多还是少。组织管理学家戴维·赫斯特(David Hurst)把刚刚诞生的、小规模的现代组织比作原始的“猎人社会”。他说,处于这一时期的组织注重学习各种东西,学习掌握高难技术,学习对不同顾客的要求做出反应,学习筹措幼年企业发展所需的资金等。赫斯特把这个阶段的组织称为“非正规的学习型组织”。组织学习活动发生在学习型组织的各个层次、各个阶段,组织学习是一个组织成为学习型组织的必要条件,但“正规”的学习型组织还有其他许多素质要求。

由于对组织学习的研究要早于对学习型组织的研究,因而学习型组织理论在一定程度上借鉴和发展了组织学习理论的许多思想和观点。马夸特认为,当讨论学习型组织时,焦点在于“what(什么)”:描述如同一个共同体般学习与生产的组织所具有的系统、规则及特征。而组织学习的焦点则在于“how(怎样)”:组织建立并且利用知识的技能与过程。因此,组织学习集中在对组织内部个人和集体学习的方法分析上,侧重于理解和掌握组织中学习的本质和过程;而学习型组织作为一种新型的管理模式,是精神或文化表征的展现,它更多地注重于如何识别、促进和评估组织内的学习过程,推动组织变革,创造和保持竞争优势。英国经济学家情报社等在《未来组织设计》一书中也对“有组织的学习”和“学习型组织”两个层面之间的关系做了解释,“学习型组织没有固定的模式。……不过,几乎在每一个公司都可以发现‘有组织的学习’支持范畴的至少一个因素:领导、文化、结构和过程、把人作为资产来管理。有理由相信,一个公司包含的这些元素越多,那么它距离成为一个学习型组织就越近。”①

四、学习型组织与传统科层制组织

由对 1994—1997 年连续四年入围世界 500 强的世界顶尖企业的前 10 名作的一个对比看,按学习型与科层制分别进行排序,各取前 3 名比较发现,不论是利润绝对数还是销售利润率,学习型企业都比科层制的企业要高出 30 倍。由此可以看出学习型组织与科层制组织

① 经济学家情报社,等. 未来组织设计[M]. 王小波,等,译. 北京:新华出版社,2000:220.

之间的差别，下面用表 11-1 加以概括说明①：

表 11-1 学习型组织与科层制组织对比

主要选项＼组织类型	学习型组织	科层制组织
组织核心	共同愿景	共同目标
成功标准	持续经营或发展	最大利润或效率
竞争优势	学习能力	组织效率
决策重心	下移	偏上
组织层级	较少	较多
组织制度	柔性（灵活性）	刚性（强制性）
组织结构	扁平团队式	直线职能式
组织关系	平等和谐	等级鲜明
组织界限	渗透式	固定式
管理风格	参与式	专制式
组织文化	开放、合作	服从、竞争
组织成员	多样化	相似性
组织人才观	合作	竞争
组织人数	少	多
组织奖励	团队+个人	个人

从上表可以发现，尽管在实际上，传统科层制组织并非必然是一种呆板的低效组织，学习型组织也并不一定就总是高效灵活的组织，但是无论从实践还是从理论逻辑来考证，由于组织的核心价值观发生了根本性变化，从而使组织结构形态、运行机制、内部关系、组织文化及其管理方式等均发生了变革，这种变革是凝聚着创新精神的体现。从人本管理角度看，学习型组织确实在"放松规制"上给予组织及其成员以能动地发挥才能的更多机遇和条件，这为组织管理效率的提高和持续稳定发展奠定了基础。从这些方面看学习型组织远远优于科层制组织，也由此在近十几年内得到推崇和广受好评。

然而我们也应该看到，尽管二者存在着很大的区别，但并不意味着它们之间是风马牛不相及。事实上，"组织学习 90%是发生在科层制组织内部"。应该说学习型组织只是一种新的管理理念，并非一种全新的组织类型或组织形态，也没有一种与之完全相匹配的全新的最佳组织结构。相反，科层制组织可以通过管理理念的改变来达到组织学习的效果，进而向学习型组织模式改进。学习型组织远非不可想象、不可捉摸的抽象的空中楼阁，它的基点依然是科层制。因此，当代科层制组织可以在保持稳定性和秩序性的前提下来调整自己，使自己可以进行组织学习和有效创新。

① 教书章，等. 公共行政组织论［M］. 哈尔滨：黑龙江人民出版社，2005：212.

第二节　学习型组织的建立与发展

一、组织的学习智障

彼得·圣吉曾对企业组织做了大量调查研究，发现在许多团体中，每个成员的智商都在120以上，而团体的整体智商却只有60。原因就在组织系统内部，在于对系统的动态性复杂认识不清，以致形成了组织学习的许多智障，使组织被一种看不见的巨大力量所侵蚀，从而在竞争中丧失了机遇。按照圣吉的研究，这些学习智障主要有以下七点：

（一）局限思考

人们长期以来一直接受固守本职的观念。多数人认为自己对于整体只有很小或毫无影响的能力。他们在自己的工作岗位上埋头苦干，结果把自己的责任局限于职务范围之内。然而，很多问题往往是出在部门与部门之间的互动关系上，而不在于部门本身的表现。有时部门的工作都做好了，整个组织反而出了大问题。因此，千万不能只固守自己的小部门，一定要克服"局限思考"的倾向。

（二）归罪于外

当工作出了问题，我们往往倾向于归罪于外。这种倾向在企业是最为明显的。销售部门责怪制造部门："我们一直达不到销售目标的原因，是我们的产品品质无法跟别人竞争。"制造部门则责怪设计部门；设计部门又回头责怪销售部门："如果他们不干扰我们的设计，让我们尽情发挥去设计产品，我们已经是世界的领导者。"归罪于外，实际上是局限思考的副产品，是以片面的方式来看外在世界。他们看不见自身行动的影响到底怎样延伸到职务范围以外。当有些行动的影响回过头来伤害到自己，他们还误认为这些问题是由外部引起的。

（三）缺乏整体思考的主动积极性

主动积极解决问题的意思是：我们不应一再拖延，而必须有所行动，并在问题扩大成为危机之前，加以解决。它被视为消极被动的解毒剂。采取主动积极的行动常能解决问题；但是在处理复杂问题时，这样做常常会适得其反。通常人们会认为对于问题最好能够事先主动采取预防或解决的措施，然而，不当地主动解决问题很可能会徒劳无功，甚至会因我们自己的推波助澜而促使问题加速恶化。事实上，真正地主动解决问题是必须先考虑清楚问题的形态与结构，确认所用的方法能够解决问题，然后再采取行动，而不能单靠着"直觉"来做决策。

（四）专注于个别事件

我们时常可以在报纸上看到类似这样的新闻：昨日一场暴雨造成某山区公路严重塌方。也许，我们可以说这场灾害是因为暴雨的缘故，但这个说法也可能同时使我们忽略了其他隐藏在事件背后的长期性原因。又有多少人仔细想过，之所以会塌方可能是因为滥垦滥伐、水土保持不佳，或是车辆超载超重、维修经费不足，甚或是地壳变动引起地基不稳等长期因素所造成的。一般人常将日常生活的遭遇看成一件又一件的孤立事件，总认为每一事件都会有一个明显的原因，至于一些虽然重要但隐藏在事件背后、长期而复杂的原因，反而容易被人所忽略。

（五）习而不察

研究表明，导致许多公司失败的原因，常常是对于缓缓而来的致命威胁视而不见、习而不察。一个公司在发生剧变时往往会有反应，而对发生缓慢的事件往往麻木不仁。“温水煮青蛙”是习而不察的一个典型例子。正如前面所提到，有些威胁的产生是渐进而缓慢的，我们如果不能学习观察这些缓慢渐进的过程，将难以避免悲剧的发生。换句话说，你若是每十分钟才看一次这个世界，就无法看到其余九分钟所逐渐改变的一些事物；如果你不能观察到那些缓慢渐进的改变便难逃如同温水中的青蛙一样的命运。

（六）完全凭经验学习

通常最有效的学习方法来自亲身体验。从学习爬行、走路到夹菜吃饭，采取某个行动之后，先看看行动后果，再采取新的行动。但是，如果我们不再能立刻观察到自己的行动后果怎么办？组织中所做的大部分决策，可能要几个月甚至几年后才会看到结果，而这个结果可能就是造成组织其他部门问题的原因。传统组织习惯于就最近的情况来探讨问题发生的原因，往往无法找到真正的问题症结所在。这是由于真实世界中许多问题的因果环环相扣，而且在时间和空间上复杂交错，所以我们不能完全依赖经验来学习。

（七）团队的迷思

一般认为，能向以上六大“智障”挑战的，应该是团队。所谓团队通常由不同部门的一群有智慧、有经验和有专长的人所组成。这批人在一起，理论上应该能将组织中跨部门的复杂问题理出头绪。但是现实又怎样呢？组织中的团队常把时间花在争权夺利或避免任何使自己失去颜面的事情发生上面。他们佯装为了维护组织的团结和谐而压制不同的意见，而共同的决定更是七折八扣的妥协反映每个人勉强能接受的，或是某一个人强加于团队的决定。这样就无法让每个人亮出心中的假设，使团队学习出现智障。

阿吉里斯长期研究团队学习行为，他认为大部分团队都会在压力面前出现“智障”，其表现为：(1) 为了保护自己，不提没有把握的问题；(2) 为了维护团结，不提分歧性问题。(3) 为了不使人难堪，不提质疑性问题。(4) 为了使大家接受，只作折中性结论。

如何使这些有着各种学习智障、学习乏力的组织转变为学习型组织，使之保持优势，并得到创新的发展？彼得·圣吉对此开了一个“处方”，他在那本连续三年名列美国畅销书金榜的《第五项修炼——学习型组织的艺术与实务》一书中，对于如何创建“学习型组织”，提出了五项修炼。

二、第一项修炼——自我超越（Personal Mastery）

自我超越是建立与发展学习型组织的第一项修炼。自我超越的修炼是学习型组织的精神基础。自我超越是一项关注个人成长的修炼，它是指突破个人能力极限的自我实现，或技巧的娴熟。追求自我超越，是学习不断理清并加深个人的真正愿望，集中精力，培养耐心，并客观地观察现实；是鼓励人们做事要精益求精，努力实现心灵深处的愿望。不断“自我超越”的人，能够不断实现他们内心深处最想实现的愿望。组织整体对于学习的意愿与能力是基于个别成员对于学习的意愿与能力。此项修炼兼容并蓄了东方和西方的精神传统。彼得·圣吉举例说：“对于想改变组织，但是又觉得自己人微言轻，成就不了什么大事的人而言，自我超越提供了一个选择——你永远可以努力发展自我，超越自我。”具有自我超越意识的人，能够认知其自身真正的愿望，并为实现此愿望不断扩展其能力。组织中个体的自我超越的修炼包括以下几点：

（一）建立个人愿景

所谓愿景，是指一幅人们想创造且方向正确的未来蓝图，是一种期望的未来景象或愿望。愿景是发乎内心的终极目标，它描述的是具体的、特定的结果。个人愿景是个人发自内心的追求及其终极目标，它是个人工作和生活的精神层面。建立个人愿景，就是要看清自己想要的是什么。

（二）保持创造性张力

愿景与现实的差距（见图 11-1），是创造力的源泉；愿景已经建立，余下的就是如何努力去实现这个愿景。愿景和现状的差距可能是一种把人向愿景推动的力量，也就是“创造力张力”。创造性张力是自我超越修炼的中心原则。自我超越的精髓便是学习如何在生命中产生和延续创造性张力。产生创造性张力的重要前提之一是认清目前的真实情况。

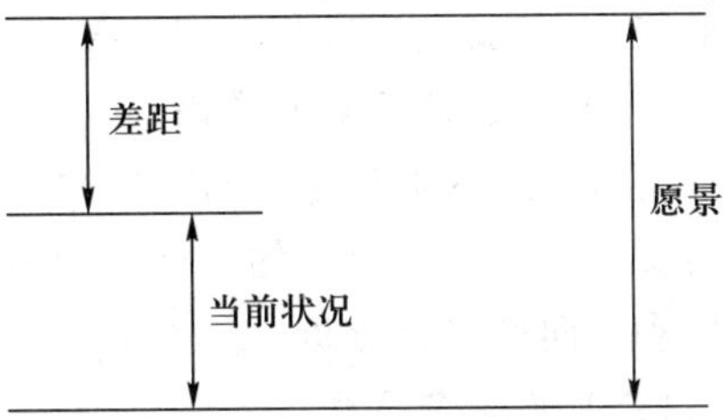

图 11-1　愿景与当前状况的差距

（三）看清结构性冲突

多数人包括许多非常成功的人，都有一些根深蒂固的、与自我超越相反的陈见，这些信念往往隐藏在意识的底层，这就是相信自己没有能力实现内心想要达到的目标或认为自己没有资格得到想要的。这两种矛盾在个人心理上形成强大的、结构性的负面力量，阻止人们迈向成功。解决这类结构性冲突的有效措施是运用个人的意志力，全神贯注地去排除在达成目标过程中存在的各种阻力。

（四）诚实地面对真相

诚实地面对真相不是追求一项绝对的真理，而是消除看清真实状况的障碍，并不断对心中隐含的假设加以挑战，也就是不断加深对事情背后结构的了解和认识。自我超越层次高的人，对于自己行为背后的结构性冲突，特别能看得清楚。

（五）运用潜意识

在自我超越修炼的实践过程中，隐含在人们心灵中的另外一个面向是潜意识。自我超越层次高的人能在意识与潜意识之间发展出默契的关系，使内心真正关注的目标清晰地展现在人们的脑海。例如，世界级的游泳健将发现，想象自己的手比实际的大两倍，自己的脚掌有蹼，确实能游得更快。

组织中个体的自我超越要抓好三个“要”：一要开展境界教育；二要把工具性工作观转变为创造性工作观；三要向极限挑战。还要注意三个“不”：一对员工不是想方设法地控制，而是想方设法地启发；二对影响变革的力量不是想方设法地压制，而是想方设法地令其转变；三对员工和自己的要求不是“反应”，而是“创造”。

三、第二项修炼——改善心智模式（Improving Mental Models）

心智模式是根深蒂固于人们心中，影响人们如何认识周围世界以及如何采取行动的许多假设、陈见和印象。心智模式无时无刻不在影响着人们所“看见”的事物，我国《列子》中的寓言“失斧疑邻”就是最好的例子。同时，心智模式不仅影响人们如何认识这个世界，更重要的是它还影响人们的行为。心智模式的特点主要有三个：根深蒂固；影响认知和行为；

每个人的心智模式都必定有欠缺之处。

心智模式是一种思维定式,我们这里所说的思维定式并非是一个贬义词,而是指我们认识事物的方法和习惯不同的心智模式,导致不同的行为方式。当我们的心智模式与认知事物发展的情况相符时,能有效地指导行动;反之,当我们的心智模式与认知事物发展的情况不相符,就会使自己头脑中好的构想无法实现。所以,我们要保留心智模式中科学的部分,纠正不科学的部分,以求取得好的成果。改善心智模式的修炼,主要是增强组织运用心智模式的能力,尤其是反思和探询的技巧。具体包括以下几点:

(一) 辨认跳跃式的推论

辨认跳跃式的推论,即认真分析自己是如何从粗浅的直接的观察跳到概括性的结论的。这需要对自己已经得到的某种结论所依据的原始资料进行客观分析,对所得到的结论的准确性和导向性进行分析。

(二) 练习左手栏

练习左手栏是指对自己所经历的事件以及处理方式,坦诚地写出内心的隐含、假设,以此来检查心智模式在处理事件过程中所扮演的角色并予以改进的一项修炼技巧。

(三) 兼顾探询与辩护

这是一种在多人之间进行开诚布公地探讨问题的技术。它一方面允许别人对未知和不明的情况进行询问,另一方面允许对自己的观点进行辩护,在这样面对面的交流过程中,逐步暴露各自的心智模式并加以改进。

(四) 对比拥护的理论与使用的理论

通常,在人们拥护的理论(人们所说的)与人们使用的理论(实际支配人们行为的理论)之间存在着差距。差距的出现本身是一种正常现象,差距不是造成问题的根源,问题的根源是不能诚实地面对和说出这个差距。除非承认心中拥护的理论与现实行为之间的差距,否则无法学习。因此,对多数人来说,重要的是要找出这个差距,并对其进行分析,然后设法缩小这个差距。

四、第三项修炼——共同愿景(Shared Vision)

共同愿景即是组织中大家共同持有的意象或景象。如果人们只是在心中个别持有相同的愿景,但彼此却不曾真诚地分享过对方的愿景,这并不算共同愿景。当人们真正共有愿景时,这个共同的愿景会将他们紧紧地联结起来。个人愿景的力量来自一个人对愿景的深度关切,而共同愿景的力量则来自组织全体成员对愿景的共同关切。

圣吉指出,如果没有共同愿景,就不会有学习型组织。如果没有一个拉力把人们拉向真正想实现的目标,维持现状的力量将牢不可破。共同愿景是一个方向舵,能够使学习过程在遭遇混乱或阻力时继续沿着正确的路线前进。学习可能是困难而艰苦的,但有了共同愿景,人们将更能发现思考的盲点,放弃固有的看法,承认个人与组织的缺点。共同愿景能培养出人们勇于承担风险与不断尝试的精神。建立共同愿景的修炼,是一项持续进行、永无止境的工作。主要包括以下一些内容:

(一) 鼓励建立个人愿景

共同愿景是由个人愿景汇聚而成的。组织共同的愿景必须从个人的愿景出发,个人愿景是组织愿景的基石。如果人们没有自己的愿景,他们所能做的就仅仅是附和别人的愿景,结果只能是顺从，绝不是发自内心的意愿。因此，组织要建立共同愿景，必须持续不断地鼓励其成员发展自己的个人愿景。

（二）在组织内塑造整体图像

圣吉将组织愿景比作一张激光全息立体影像底片。当一群人都能分享组织的某个愿景时，每个人都有一个完整的组织图像，每个人都对整体分担责任，而不仅只对自己那一小部分负责，组织愿景的实现要靠大家共同努力。但是正如激光全息立体影像底片的每一小片并非完全相同，每一小片都代表了从不同角度所看到的整个图像；同样地，每个人所持有的整体愿景也都有其不同之处，因为每个人都有独自观看大愿景的角度。当有更多人分享共同愿景时，将形成全体成员的整体图像。愿景本身虽不会发生根本性的改变，但是愿景变得更加生动、更加真实，因而人们能够真正在心中想象愿景逐渐实现的景象。

（三）融入企业理念

建立共同愿景实际上只是组织基本理念的一部分，其他内容还包括目的、使命与核心价值观。愿景若与人们每天信守的价值观不一致，不仅无法激发真正的热忱，反而有可能会因挫败、失望而对愿景采取嘲讽的态度。因此，它必须与企业理念的其他内容，如目的、使命与核心价值观融汇在一起。

（四）学习双向沟通技术

在组织中，要达到彼此的愿景能真正地被分享与融汇，不是一蹴而就的。共同愿景是由个人愿景互相推动而形成的。愿景若要能够真正共有，需要经过不断交谈，这样个人不仅能自由自在地表达他们的想法，并可以学会如何聆听其他人的想法，在聆听之间逐渐融汇出更好的构想。

（五）忠于事实

就像在自我超越修炼中强调必须客观分析现实情况一样，建立共同愿景也必须客观分析组织所面临的客观现实，并将客观现实与共同愿景之间的差距转化为组织的创造性张力。学习型组织的建立并不是去追求一个虚无缥缈而动人的愿景，而是踏踏实实地工作，不断检验愿景，不断追求真相。

五、第四项修炼——团队学习（Team Learning）

团队学习是发展组织成员整体搭配与实现共同目标能力的过程。它是学习型组织最基本的学习形式。在现代组织中，所谓的团队是指一小群具有不同技能的人相互依存地工作在一起，这群人认同于某一共同目标，为了达成此目标，他们贡献自己的能力，扮演好自己的角色，彼此分工合作，沟通协调，齐心努力，并为这一目标的达到与否共同承担成败的责任。如果团队不能学习，组织就不能学习，也就无所谓学习型组织了。团队学习的修炼要学会运用深度汇谈（即真诚交流）与讨论。这是两种不同的团队交谈方式。

（一）深度会谈

这个词在希腊文中叫“dialogos”，“dia”意指“透过”，“logos”意指“文字或意义”。在深度会谈时，人们自由和有创造性地探讨复杂而重要的问题，亮出自己心中的全部假设，撇开个人的主观思维彼此用心聆听，并对各自的想法进行自由交流，达到一起思考的境地。为了确保有效的深度会谈，一般认为以下三项条件是必要的：悬挂假设；所有参与者必须视彼此为工作伙伴；一个深度会谈的辅导者必须做好一个“过程顾问”的许多基本工作。

（二）讨论

讨论是提出不同的看法，并加以辩护。在学习型组织中，讨论指观点的充分撞击，最后形成一个较为统一的认识和观点。在有效的讨论活动中，人人都是赢家，个人可以获得独自无法达到的见解。用学习型组织的术语来说，以共同意义为基础的"新心智"开始呈现，一个代表组织共同意义的汇集开始不断发展壮大。

深度会谈与讨论基本上是能互补的。通常，人们用深度会谈来探讨复杂的问题，用讨论来就某些问题达成协议。一个学习型的团体要善于交叉运用深度会谈与讨论这两种方式的能力。

在团队学习过程中，常常会因为组织成员的习惯性防卫而降低学习的质量。习惯性防卫是根深蒂固的习性，用来保护自己或他人免于因为说出真正的想法而处于窘境或受到威胁。只有当团队能够以"自我揭露"和"兼顾反思与探询"成功地处理习惯性防卫时，团队成员才可以更加了解彼此的思考，更好地进行团队学习。

六、第五项修炼——系统思考（Systems Thinking）

系统思考要求人们运用系统的观点看待组织的发展。它引导人们，从看局部到纵观整体，从看事件的表面到洞察其变化背后的结构，以及从静态的分析到认识各种因素的相互影响，进而寻找一种动态的平衡。系统思考通过系统的、整体的、动态的思维方式来代替人们过去机械的、片段的、静态的思维方式。系统思考要求组织成员将遇到的问题在整个组织内加以考虑，从组织整体利益和长远利益出发寻找恰当的解决方法。

系统思考是五项修炼的核心和基石，它提供了一种完善的思维方式。圣吉在《第五项修炼》一书中共列出了十一点系统思考的法则：(1) 今日的问题来自于昨日的解；(2) 越用力推则系统反弹力越大；(3) 恶化之前常先好转；(4) 显而易见的解往往无效；(5) 权宜之计的对策可能比问题更糟；(6) 欲速则不达；(7) 因与果在时空上并不紧密相连；(8) 寻找小而有效的杠杆解；(9) 鱼与熊掌可以兼得；(10) 系统具有整体性而不可分割；(11) 不可绝对归罪于外。①

同时，圣吉还提出了九种系统基模。系统基模是帮助人们进行系统思考的辅助工具，利用系统基模，人们可以逐渐看清某些事情变化背后因果反馈环路的大概轮廓。系统基模是由以圣吉为代表的一群杰出学者，将人类过去几十年在社会科学、经济学等人文科学以及自然界、工程界等领域的许多系统理论知识，再加上运用系统动力学为组织作诊断的各种案例，逐一整理而成的。这些基模包括了：(1) 反应迟缓的调节环路基模；(2) 成长上限基模；(3) 舍本逐末基模（特例：转嫁负担给帮助者）；(4) 目标侵蚀基模；(5) 恶性竞争基模；(6) 富者愈富基模；(7) 共同悲剧基模；(8) 饮鸩止渴基模；(9) 成长与投入不足基模。②

系统思考要求整体地、动态地、本质地思考问题。事物之间不仅具有一定的关联性，而且还具有一种发展演变的关联效应，就像蝴蝶扇动翅膀而产生的微弱气息，最终有可能形成一种气流，这就是气象学家爱德华·洛伦茨（Edward Lorenz）提出的"蝴蝶效应"。蝴蝶效应所描述的对初始条件有敏感依赖性的事件，在现实生活中是广泛存在的。若对于一些小事

---

① 圣吉. 第五项修炼：学习型组织的艺术与实务（第二版）[M]. 郭进隆，译. 上海：上海三联书店，1998：63-74.

② 圣吉. 第五项修炼：学习型组织的艺术与实务（第二版）[M]. 郭进隆，译. 上海，上海三联书店，1998：123-140.

不给予重视,它们很可能经过系统会被不断放大而导致重大的挫折。

七、整合五项修炼,创建学习型组织

(一)系统思考与其他四项修炼的关系

在上述学习型组织的五项修炼中,圣吉把第五项修炼"系统思考"视为核心技能,这是因为系统思考能融合其他各项修炼成一体,并能不断提醒人们:融合整体能得到大于各部分总和的效果。改善心智模式、团队学习、自我超越和建立共同愿景的几项修炼都离不开系统思考。

1. 自我超越与系统思考是相辅相成的。一方面,系统思考能帮助人们更客观地了解所处世界的微妙结构,而这种对现实的观察是自我超越修炼时不可缺少的;另一方面,有了系统思考,组织成员还需要有自我超越的修炼,才能真正打破本位主义,并愿意亮出内心隐藏的假设,与其他组织成员更好地交流。此外,从组织的角度而言,圣吉指出,有些组织之所以抵制成员的自我超越,是惧怕其威胁到组织既有的秩序或制度。所以,系统思考与自我超越修炼必须同时进行,这样每个人将会更深刻地体会到自己与其他成员的相互依存关系,将会变得更加宽容,进而对组织产生一体感。否则,有可能使整体表现更差。

2. 系统思考对于有效确立和改善心智模式也同样重要。系统思考如果没有心智模式这项修炼,它的力量将大为减弱。心智模式专注于如何暴露隐藏的假设,系统思考专注于如何重新架构假设以突出产生问题的真正原因。融合系统思考与心智模式所得到的回报是,不仅改善我们的心智模式,还改变我们的思考方式。

3. 如果没有系统思考的配合,建立共同愿景的修炼会缺乏重要的支撑。愿景帮助人们描绘出他们想要创造的未来,而系统思考则帮助人们看清自己是如何创造了现在。如果缺少了系统思考,我们的愿景将止于对未来不着边际的描述,而对各方面如何整合运用缺乏深刻的理解。

4. 系统思考的观点和工具对团体学习极为重要。因为重要的团体管理工作,如发展的策略、塑造愿景、设计政策与组织结构等,实际上都需要克服无比的复杂性。此外,这个复杂性并不是静止不动的,而是在不断改变的。而系统基模就为管理团体提供了一种有效处理复杂性语言的坚实基础。

5. 系统思考也需要有自我超越、改善心智模式、共同愿景与团队学习四项修炼来发挥它的潜力。自我超越则是反射个人对周围影响的一面镜子,缺少自我超越的修炼,人们将陷入"压力—反应"式的结构困境;改善心智模式专注于以开放的方式,体会和认知人们在认识方面存在的缺陷;建立共同愿景能够培养成员对团体的长期承诺;团队学习是发展团队力量,是使团队力量超过个人力量加总的技术。

(二)五项修炼的整合

系统思考是学习型组织的灵魂。它为个人或组织提供了一个健全的大脑,一种完善的思维方式,自我超越、改善心智模式、建立共同愿景、团队学习,都因为有了系统思考的存在而连在一起,共同达到组织的目标。其中,改善心智模式和团队学习这两项修炼是基础,自我超越和建立共同愿景这两项修炼形成向上张力,第五项修炼——系统思考是创建学习型组织的核心。五项修炼的地位、作用与相互关系见图 11-2:

一个组织若能成功整合五项修炼,便能缔造出一个学习型组织。当然,整合五项修炼,

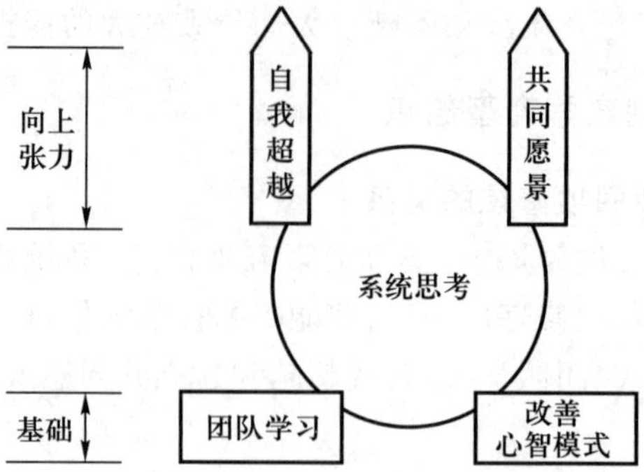

图 11-2　五项修炼的地位、作用与相互关系

不是以缔造出一个学习型组织为最终目的，而是要引导出一个实验与进步的新观念，使组织日新月异、不断创造未来。

第三节　创建学习型政府组织

一、在政府中创建学习型组织的必要性

学习型组织的管理理念，鲜明地体现了知识经济时代对组织管理模式变化的要求。作为一种新型的管理理论和组织理论，适用于各种组织。它不仅有助于组织的改革和发展，而且对其他组织的创新和发展也有所启发。该理论可运用于开发各种组织（如家庭、社区、机关、城市以及村组等），反省当前存在于组织中的学习障碍，创造未来的潜能。学习型政府作为一个全新的理念，是对传统行政管理模式和管理方法的重新定位和调整，把学习型组织理论应用到政府机构中，其价值和意义深远而重大。

（一）创建学习型组织是政府应对全球化挑战的需要

随着全球化的到来，政府面临的环境发生了重大的变化，这给政府带来了前所未有的严峻挑战。全球化趋势发端于工业社会，而凸显于后工业社会。这种趋势给政府带来的挑战主要有两点：一是政府决策环境的扩大而导致需要考虑的变量因素增多；二是政府要面对日益激烈的全球政府效能竞争。为了更好地应对这些挑战，就必须提高政府能力。而要提高政府能力，除了要加强自身的汲取资源的能力、提高政策制定及执行的能力以外，还必须提高政府的学习能力。而学习型组织理论中的学习管理有利于提高政府组织的学习能力。所以，政府为了提高自己的学习能力，就必须尽快引入学习型组织的管理模式和方法，把自己建设成为学习型的政府。

（二）创建学习型组织是增强政府核心竞争力的需要

当今社会，知识与信息更新正在以前所未有的速度加快进行。从长远来看，政府要保持竞争优势，唯一的办法就是要能够比竞争对手学得更快。未来社会，成功者将是那些在竞争中比对手学习得更快的组织和个人。国与国之间、地区与地区之间的竞争越来越取决于相应的政府学习、创新能力的竞争。政府作为行政组织，承担着管理国家事务和社会公共事务的重任，面对知识经济浪潮的冲击，政府必须积极主动采取措施来适应时代的发展，才能处

于不败之地。为此，创建学习型政府已经形成了一种共识。因而，政府必须建立和完善符合时代要求的政府管理体制，探索新方法、新模式，提高政府效能。政府只有不断学习，善于学习，才能找到解决之道。

（三）创建学习型组织是政府改革和创新的辅助手段

20 世纪 80 年代以来，世界上很多国家的政府为了改善绩效、改变被动的局面，进行了一系列的改革，这些改革促成了一股强劲的“政府再造”浪潮。这股“政府再造”浪潮主要表现为：一是市场化，就是在政府内部及政府的职能输出方面引进市场竞争的原则；二是放松规制，就是要“摈弃繁文缛节，摆脱那种驱使人只对规则负责的旧体制，创立一种激励人对结果负责的新体制”；三是分权化，就是要使政府的政策决策、政策执行的权力重心下移以及中心分散化，以调动下级组织及成员的积极性，防止过分集权带来的诸多失误。但是这些改造在实践上客观地需要一种辅助机制，使组织能够在改造后能不断适应新的形势，而学习型组织理论中的学习管理能适合这种需要，它能使政府在解除旧的体制的束缚后，建立起一种“干中学，学中干”的机制，以适应新的环境变化和挑战。

（四）创建学习型组织是提高政府公务员素质的重要途径

公务员制度自建立以来，以其法治、有序、易于运作而成为各国政府的一项基本的制度。公务员的素质决定行政管理水平的高低和行政效率的高低。可以说，公务员是政府活动中最具有活力的元素，现代化的政府管理水平在很大程度上取决于公务员素质的提高和精神的铸就。但是，必须看到在公务员制度的具体实行过程中，公务员素质的提升面临如下几个问题：首先是工作和学习的分离，也就是公务员的工作主要是根据上级指示，按有关规定和标准按部就班完成的，在这个过程中，公务员很少有自觉主动的与工作紧密相结合的学习。虽然也有对公务员的培训，但缺乏不间断的全过程的学习；且公务员虽然也有个人学习，但常常与工作并不紧密相连，这种学习没有形成工作上的团体的学习。其次是家庭和工作的分离。在政府组织中也是一样，公务员常常在工作、家庭的两端摇摆不定。最后是个人目标与组织目标的分离，在政府组织中，组织目标和个人目标的分离同样存在，这些分离所造成的对立状态，不仅使政府组织的效率不高，而且也影响了公务员自身的长远发展和生活质量。传统公务员制度的机械的做法不能满足公务员真正发展的需要，使他们陷于自我与组织的不协调甚至是对立的状态之中。而学习型组织理论的以愿景为要旨的学习管理为政府组织指出了一条道路。通过愿景形成的学习管理，在政府中可以形成学习和工作不可分离的局面，可以形成政府组织成员工作和家庭不再分离而是融为一体的局面。政府如果引入学习型组织的管理模式和方法，建立学习型政府，必然会大大促进公务员素质的提高，大大提高政府组织的士气，从而也可以大大提高政府的工作绩效。

（五）政府创建学习型组织是创建学习型社会的关键所在

要创建学习型社会，首先就要创建学习型政府。因为在创建学习型社会的过程中，政府起着主导作用，政府的倡导作用和榜样示范作用是某种社会风尚形成的主要推动力，政府是社会的管理者、组织者和领导者，是改革的支持者和倡导者。一方面，政府要为学习型社会的建设制定终身教育的法律法规政策，把学习型社会的创建纳入国家的法制轨道上来。另一方面，健全学习成果考核机制、评估机制、激励机制、奖惩机制、认证机制等，从而为建立学习型社会提供政策制度上的保障措施。政府组织拥有其他组织所不能及的各种社会资源，为政府创建学习型组织提供了有力保障，只有政府率先建立起了学习型政府，才能引领其他组织的效仿，推动学习型社会的形成。

二、在政府中创建学习型组织的障碍与难点

尽管创建学习型组织对于政府而言，是一项具有必要性和紧迫性的改革措施。但由于政府自身的特殊性，使得在政府中创建学习型组织不仅具有一般组织所可能面临的困境，而且还有着其特有的障碍和难点。以下四点便是政府创建学习型组织的过程中将会遇到的障碍和难点：

（一）政府组织中的体制性障碍

政府组织的体制性障碍是创建学习型组织的瓶颈。马克斯·韦伯的科层制组织模式在政府中得到广泛的应用，但是这种组织结构的等级性、封闭性和管理的非人性却严重地阻碍了学习型组织的创建，并且会挫伤政府组织成员学习的主动性、积极性和创造性，因为科层制组织与学习型组织所要求的精简、扁平、弹性、人性等格格不入。而且科层制组织有着较严格的法律法规限制，使得政府内部缺乏必要的自主性，因而会导致政府组织行为缺乏必要的多样性，而自主性和必要的多样性恰恰是学习型组织所珍视的价值。在政府组织中，由于上述因素的存在，使得一些学习工作中的创新行为可能被认为是有悖于公共权威和法律的，一些为创新而付出的代价包括某些不可避免的失败也可能被认为是不能容忍的。

此外，政府的强政治性也会阻碍学习型组织的创建。虽然传统公共行政强调政府组织的技术执行性，但政府组织实际上是处于政治因素的包围之中的。政府必须面对公众舆论的抨击和质疑，利益相关者的不同主张，各种利益集团的操纵，政客的干涉，政治领袖的导向性原则，权威网络中的关键人物的信仰和主张。政府的强政治性会导致政府组织中充满权力斗争，策略行为、权力斗争必然会使组织内部充满强制和虚伪，这些都将严重地阻碍政府中创建学习型组织的活动。

（二）政府组织成员的“自利经济人”倾向

公共选择理论认为，政府组织有着追求非公共利益的倾向，政府组织成员是具有“自利经济人”倾向的个人，并非是完全为公众服务、只讲奉献不讲索取的“公共人”，他们都拥有价值偏好和私利。其扮演的经济人角色决定了政府组织成员必然会以自身利益的最大化为目标来开展工作，尽力谋求自身的发展，而在科层制组织中则表现为对权力的角逐、以权谋利的热衷，而不是对提供优质的公共服务和实现公共利益的执着。因而，在这种情形下，政府内部是很难形成共同愿景和开展团队学习的，创建具有系统性的学习型组织更是难上加难。

（三）政府组织中的“官僚文化”

政府组织的特殊性，还会在组织内产生一种特殊的“官僚文化”。在这种组织文化氛围下，开展学习型组织管理模式会遇到一系列的心理文化障碍。政府组织中能够引起和制造变革与学习的，通常是组织上层或组织的决策层。而任何学习与变革都意味着发现和提出问题，而上级往往是不太喜欢问题的，因为问题似乎说明他们没有将事情领导好，因而下级都惧怕提出问题，哪怕是人人皆知的问题。而这恰恰是学习型组织的大敌，可以说是无法启动学习进程的根源。同时，政府内部所奉行的墨守成规和循规蹈矩也抑制了组织中创新和学习的原动力。进而这些“官僚文化”就衍生出组织学习的惰性，不仅表现为学习意识淡薄，政府组织成员对学习的重要性认识远远落后于对人际关系的认识，而且表现为学习认识

偏差，没有把学习视为是“团队学习”“终身学习”和“创造性学习”，对于在政府中创建学习型组织有着严重的阻碍作用。

（四）政府组织中的技术障碍

技术障碍是影响学习型政府创建的另一个重要因素。技术障碍主要体现在电子政务建设的不完善性上和应用的滞后性上。建设的不完善主要集中在缺乏功能强大的中央政府门户网站。应用的滞后性一方面体现在“网络建设超前于应用、信息利用滞后于开发、软件产品游离于需求”；另一方面，“数字鸿沟”问题也严重制约着电子政务的应用程度，进而影响着政府与公众平等对话的实现。此外，电子政务的建设和应用未能很好地承载政府职能转变、行政效能提高、政府的回应力增强等方面的功能。

三、创建学习型政府组织的措施

（一）改善政府心智模式，为创建学习型组织打造坚实基础

改善政府心智模式，就是改善政府的思维方式、假设和成见，这是政府迈向学习型组织的重要途径。当前，我国政府的心智模式依然陈旧落后，离创建学习型组织的要求还相差甚远。在“以人为本”的全新理念的指导下，必须弱化权力意识，强化服务意识，切实为公众提供优质服务，提高行政效率。建立行为规范、运转协调、公正透明、廉洁高效和诚信负责的公共服务型政府，是我国政府适应新形势所要实现的基本目标，也是学习型政府的目标所在。具体做法是：从官本位思想观念中解放出来，树立“民本位”思维观念；从集权控制型思维观念中解放出来，树立分权自主型思维观念；从“行政—管制型”思维观念中解放出来，树立“规则—服务型”思维观念；从人治思维观念中解放出来，树立法治行政思维观念；从片面、局部和静态的行政思维观念中解放出来，树立全局、系统和动态的行政思维观念；从隐蔽性行政思维观念中解放出来，树立阳光、透明的行政思维观念；从完全的精英政治思维观念中解放出来，树立大众参与的民主政治思维观念等。

（二）激励政府组织成员自我超越，形成创建学习型组织的向上张力

自我超越是政府成员不断战胜自我、发展自我、完善自我的重要途径，为学习型组织的创建提供了向上的张力。政府成员要做到自我超越，需要从以下几个方面入手：(1) 确立起科学的个人目标，个人目标必须明确清晰、不笼统，必须切合个人工作的实际、体现个人的价值追求，必须考虑长远、照顾全局。(2) 确立激励机制，从物质和精神两个方面不断激励政府成员积极进取、不断进步。(3) 克服诸如心结、盲点和设防等学习障碍。

（三）创建共同愿景，在政府组织成员中树立全局观念和打造团队精神

政府组织的共同愿景代表政府组织成员共同想要创造的结果，为学习提供了重点和方向，能够激发员工为了组织而牺牲自己个人的某些利益和目的，它将创造出众人一体的感觉，并遍布到组织全部的活动中，使各种不同的活动融汇起来，从而在组织中创造出巨大的凝聚力。它是政府的精神支柱，是培养政府凝聚力的旗帜，是促进政府成员能持续进行学习的力量源泉，是营建我国政府学习型组织的重要内容。政府如果不能创建共同愿景、组织成员没有共同的价值观，就会一盘散沙，就不会有统一意志和行动，当然也就不会有战斗力和生命力。因此，在学习型组织创建过程中，应高度重视政府组织共同愿景的创建。

（四）建立良好的组织学习机制，促进政府组织的团队学习

对政府组织而言，怎样才能建立一个良好的组织学习机制，促进团队学习呢？对于政府组织而言,要建立良好的学习机制应着重解决好这样几个问题:(1) 调整行政组织内部的上下级关系,构筑科学合理的行政组织结构,使行政组织结构趋向扁平化,将上下级之间的服从关系转变为承诺机制。(2) 建立人人参与领导的工作机制,使每个组织成员都能有机会参与到对某项工作的具体领导,建立组织成员间的平等感,为上下级之间的平等对话奠定基础。(3) 建立矛盾平衡机制,让工作和学习合二为一,把最终业绩的改进作为组织学习、学习管理的首要出发点和归宿点。(4) 打造全新的学习理念,树立终身学习的观念。政府组织的发展是一个持续学习的过程,是学习—认识—提高—创新—反思—再学习的一个无止境的过程,这个过程贯穿于政府组织生命的始终。政府组织成员应树立"学习是发展"的意识和主动学习、团体学习、全过程学习、终身学习、创新学习、学习是乐趣等观念,使学习成为基本的工作方式。

(五) 建立和完善政府学习机制的相关配套机制

竞争激励是不可忽视的学习动力,因而作为组织学习机制的配套机制,也是不可或缺的。这就需要通过运用各种有效手段,激发政府公务员的学习热情,调动他们的积极性和主动性,发挥他们的创造精神和潜能。具体措施有:(1) 引入政府雇员制。政府雇员可以是长期的、短期的或临时的,这样就突破了传统用人制度的窠臼,将政府公务员职位的常任制与非常任制结合起来,实现人力资源的有效配置,以促进整个政府组织活力的焕发。(2) 实行晋升考试制。相对而言,实行考试的方法可促进晋升竞争的公开、公正、公平,目的就是要给晋升者造成一定的压力,促使其继续学习,保持竞争心态,充分挖掘自身潜能。(3) 建立和完善工作满意度激励机制。提高政府组织成员工作满意度是在更高层次上满足政府成员的需求,让其对工作产生认同感、责任感和成就感,激发其进取心。

此外,应继续完善公务员培训机制的建设,把公务员在培训期间的学习成绩和鉴定作为其任职和晋升的依据之一,确保培训的实际效果。

(六) 合理运用信息技术,加强电子政府的建设,开展电子学习

政府必须充分利用先进的信息技术,来不断提高公务员的知识水平和业务素质,优化和完善政府的业务流程,提高工作效率,降低运作成本,增加政府决策的透明度,增强政府学习能力,提升核心竞争力,努力建设成一个覆盖广、多功能、全方位的学习型政府。电子政府的建设不仅有利于政府组织与公众的互动,有利于改善公共服务的提供方式,而且也有利于改善政府内部行为的质量。其中重要的一点就是促成电子学习。电子学习可以达到随时随地最新学习、个性化学习、协作和交互的学习、可评估的学习、低成本的学习。通过电子学习的屏蔽环境、安全界面、网络空间,可以有效地消除政府组织中因过分政治化和结构障碍等给学习管理带来的负面影响。

复习思考题

1. 学习型组织的理念是如何产生的,其产生背景是怎样的?
2. 学习型组织的定义是什么?请简要叙述它与组织学习之间的差别。
3. 学习型组织与传统科层制组织模式之间的不同之处是什么?
4. 组织的学习智障主要表现在哪些方面?
5. 如何开展自我超越修炼?如何开展改善心智模式修炼?如何开展建立共同愿景修

炼？如何开展团队学习修炼？

6. 如何将系统思考与其他四项修炼有机整合建构学习型组织？

7. 为什么要在政府内部创建学习型组织？

8. 在政府中创建学习型组织会遇到哪些障碍和难点？

9. 如何在政府中创建学习型组织？

第十二章　政府流程再造

第一节　政府流程再造概述

一、政府流程再造的起源

自20世纪80年代中期以来,随着发达国家从工业社会向后工业社会的转型,以及全球化和信息化的迅猛发展,以美英为代表的西方国家相继掀起了行政改革浪潮。财政的压力、民主的呼声、来自私营部门的竞争和第三部门的兴起都促使政府对自身的投入、产品和过程重新进行审视。在此过程中,政府将宪政精神重新引入公共行政研究和实践领域,重新凸显了公共部门中价值的重要性,并学习借鉴了私人部门的一些管理理念和手段,以对传统的公共行政管理体制进行重塑。其中,借鉴私人部门业务流程再造的政府流程再造,近年来在世界范围内的政府管理改革中异军突起:在政府机构重组和理念重塑之后,各国公共行政改革又不约而同地将政府流程尤其是公共服务流程作为改革重点,并率先出现在美国、加拿大、澳大利亚等新公共行政改革起步较早的国家的改革日程表上①。此外,其他国家包括中国在内也在改革公共服务的提供流程和方式上进行了大量有益的尝试。

政府流程再造(Government Process Reengineering,简称GPR)的基本思想来源于20世纪90年代迈克尔·哈默(Michael Hammer)和詹母斯·钱皮(James Champy)提出的"业务流程再造(Business Process Reengineering,简称BPR)"理论。1990年美国麻省理工学院的信息科技专家迈克尔·哈默博士在《哈佛商业评论》上发表了题为《再造:不是自动化改造,而是推倒重来》的论文,在这篇文章里,哈默博士指出企业习以为常的业务流程大多是根据早年的观念而建立起来的,许多业务流程已经没有存在的价值,为了适应新的环境,我们就要对流程进行重新思考并设计,这是哈默博士首次提出的业务流程再造观点。他指出业务流程再造(Business Process Reengineering,简称BPR)是指对企业的业务流程作根本性的思考和彻底重建,其目的是在成本、质量、服务和速度等方面取得显著性的改善,使得企业能最大限度地适应以顾客、竞争、变化为特征的现代企业经营环境。1993年,哈默博士与麻省剑桥的CSC索引咨询集团的董事长詹姆斯·钱皮合著出版了《再造企业:经营革命宣言》一书,在此书中系统阐述了业务流程再造的思想。该书强调业务流程再造具有四个重要特征:(1)根本性的;(2)彻底的:不是改进,而是革命;(3)显著性的:不是提高,而是飞跃;

---

① 金竹青.政府流程再造:现代公共服务路径创新[M].北京:国家行政学院出版社,2008:3.

(4) 以流程为中心的。① 而在这四个特征中,流程是最重要的。业务流程再造一经产生便席卷全世界,一时间便形成了一股崭新的管理革新浪潮。1993 年托马斯·达文波特(Thomas H. Davenport)发表著作《流程创新:通过信息技术的再造》进一步阐述业务流程再造思想。于是,学术界将哈默、钱皮和达文波特视为业务流程再造理论的创始人。

政府流程再造(GPR)是在业务流程再造(BPR)的基础上提出的。政府流程再造模式的基本理念仍是以业务流程为关注对象,并根据政府管理流程的特点进行具体的应用。在现有研究文献中,迄今尚未出现过值得普遍认同和颇具权威的"政府流程再造"的严格界定,但也有一些比较有代表性的相关定义。

政府流程的概念于 1908 年由美国著名政治家和哲学家亚瑟·本特利(Arthur Bentley, 1870—1957)在《政府流程:社会压力研究》一书中首先提出。他把社会运动和政府流程解释为"一个团体的活动,一种利益的表现以及一种压力的行使"。

20 世纪 30 年代,美国著名政治学家查尔斯·爱德华·梅里亚姆(Charles Edward Merriam, 1874—1953)和哈罗德·拉斯韦尔(Harold Lasswell, 1902—1978)明确提出:"政府流程"是对政府活动的行为、运转、程序以及各构成要素,特别是社会各利益团体之间以及他们和政府之间的交互关系的研究。②

美国公共管理学会将政府流程再造定义为:"在政治氛围中检查、反思、重新设计未来的公共服务,通过持续不断地评价、调整和改进流程,不管从公众还是政府职员的角度来看都实现了组织绩效的巨大改善。"③

国内学者姜晓萍认为,政府流程再造是指在引入现代企业业务流程再造理念和方法的基础上,以"公众需求"为核心,对政府部门原有组织机构、服务流程进行全面、彻底的重组,形成政府组织内部决策、执行、监督的有机联系和互动,以适应政府部门外部环境的变化,谋求组织绩效的显著提高,使公共产品或服务更能取得社会公众的认可和满意。④

作为在政府管理中的延伸,政府流程再造在实质上体现在以下方面:从政府流程再造的目标看,作为一种新的管理理念应用于政府管理中,其根本目标还是在于通过对政府流程的梳理和重组,以显著提高政府组织绩效。而政府流程再造的着眼点在于一个个政府流程,把政府流程作为最基本单位,以剖析政府组织的整体运作过程和管理模式。而通过对管理流程的优化和重新设计以实现对政府运作模式的全面转变和绩效的提高。虽然政府流程再造是以政府流程作为基本单位进行分析研究的,但是,流程再造的最终结果必然引起整个组织结构的变化,其最终落脚点还是在于政府机构的变革与重组。事实上与 BPR 一样,GPR 是通过变革组织经营流程,使各个流程的价值增加最大化,内容最小化,从而获得绩效跃进提高的过程。该方法既适用于单独的流程,也适用于整个组织。⑤

二、政府流程再造的内涵

作为一种新的变革潮流,政府流程再造意味着一种后官僚时代的新举措,作为政府部门

① 哈默,钱皮. 公司再造——企业管理革命的宣言[M]. 王珊珊,等,译. 上海:上海译文出版社, 1998.

② 孟庆国. 电子政务理论与实践[M]. 北京:清华大学出版社, 2006: 52-53.

③ 孟庆国. 电子政务理论与实践[M]. 北京:清华大学出版社, 2006: 58.

④ 姜晓萍. 政府流程再造的基础理论与现实意义[J]. 中国行政管理, 2006(5): 37-41.

⑤ 董新宇, 苏竣. 电子政务与政府流程再造——兼谈新公共管理[J]. 公共管理学报, 2004(4): 47-48.

管理的新方式,政府流程再造为政府部门管理与改革提供了新视野。政府流程再造所涵盖的意义不仅仅只是单纯的业务流程的简化,更多的是政府组织理念的更新,在跨越传统官僚主义理念的过程中,政府流程再造意味着对政府组织作为社会细胞的根本意义和目标的反思与追求,意味着从职能管理到面向流程管理的转变,意味着全新的政府组织运行方式以及构成模式。总的看来,政府流程再造的基本内涵就是:以公众为出发点,以流程为中心,以“服务链”为纽带,以扁平化组织模式为目标来塑造政府流程。①

(一)以公众为出发点

政府流程再造是由政府内外环境变化共同作用的结果,但它的直接驱动力是政府为了更快更好地满足公众不断变化的需求。如果意识不到这一点,政府流程再造一开始就会偏离方向,以错误的目标来创造新流程或取消旧流程将毫无意义。

因此,政府流程再造要强调以目标公众为出发点,彻底改变传统政府以“自我为中心”的管理理念与方式,重视公众和利益相关者。公众利益是政府决策的中心,政府决策始于公众对于公众利益的要求。公众可以分三类,第一类是政府的项目、服务或产品的接受者;第二类是公共部门当中为社会提供项目、服务或产品的人或单位;第三类是与该机构合作提供项目、服务或产品的其他组织或机构。利益相关者是对项目、服务或产品能产生影响的个人和集团,他们会在政治支持、政策影响和融资等方面有很大的发言权②。政府流程再造最重要的就是为政府构建一个“把公众需求放在中心地位”的有效流程体系,要求政府的项目、服务或产品的提供要有强烈的当事人取向(Strong Client Orientation),流程设计要以方便公众获取服务为出发点,要站在顾客(公众)的立场上来审视各种业务流程,以满足顾客(公众)需要为中心来设计政府业务流程和组织结构,用优质的服务来提升政府的竞争力。

政府流程的再造的根本目的在于要塑造一个具有公共服务精神的政府,政府要给予公众更多的选择权利并聆听其意见,让公众参与到公共行政决策和公共事务管理中去,实现政府和公众之间良好的交流和互动,同时促进公共服务机关之间的联系。这一根本性的转变是政府流程再造的本质特性所在。

(二)以流程为中心

传统的政府组织,我们看到的是林立的部门,政府流程再造就是把隐藏在各个部门后面的流程放到了管理工作的前台,一切工作都要以“流程”为中心,而不以一个专业职能部门为中心进行,注重整体流程优化的系统性。具体而言,传统的以职能为中心的观念把业务流程人为地割裂开来,使业务流程消失在具有不同职能的部门和人员之中,导致多头指挥,影响作业效率,使公众无所适从,缺乏整体观念和有效的整合,产生了许多不创造价值的活动。以流程为中心,就是要排除对“流程”运行不利的障碍,克服瓶颈制约环节,整合破碎的流程,合并多余的部门及重叠的“流程”和活动,强调政府各部门之间业务、信息、服务的整合和协同办公,部门分割将被削弱。

可见,政府流程再造实际上是系统思想在再造政府流程过程中的具体实施,它注重整体流程的系统优化,强调整体全局最优而不是单个环节或作业任务的最优。这种优化的衡量标准是要理顺业务流程,强调流程中每一个环节的活动尽可能实现最大化增值,尽可能减少

① 叶勇. 政府流程再造的概念约定[J]. 福州大学学报(哲学社会科学版),2009(2):32-34.

② 张锐昕. 电子政府概论[M]. 北京:中国人民大学出版社,2004:192-193.

无效的或不增值的活动,并从整体流程全局最优(而不是局部最优)为目标来设计和优化流程中的各项活动,消除本位主义和利益分散主义。

另外,政府流程再造要求将决策点定位于政府流程执行的地方,这就强调了业务处理流程上的公务员的素质,并强调了将职能性的层级结构转化为跨功能性的工作团队,要充分发挥个人和团队相结合的作用,通过个人主动性、积极性以及创造性的发挥与团队成员的高度合作,保证政府业务流程高效、有序、顺畅地工作。因此,政府流程再造必然要求建立以人为主体的流程化"有机组织",在有机组织中充分发挥每个人的主观能动性与潜能。

(三)以"服务链"为纽带

政府流程再造要求政府以服务为龙头,以是否直接面对公众提供服务为界限,将政府部门分为前台和后台。前台直接面对外部订单为公众提供服务,后台为前台提供服务。前台一方面是公众服务的供应商,同时又是后台所提供服务的客户,以此类推形成整条服务链。整体来看,在政府内部各岗位之间,以服务为"齿轮"进行相互链接,形成一个全员服务链,最终将政府的服务呈现在公众面前。

"服务链"其基本思路如下:(1)把政府内部的上下级和部门之间的业务关系由原来的单纯行政机制转变成平等的相互服务关系,政府内部的每个部门和公务员既是服务的提供者又是服务的接受者,即互为"客户",但公众是他们共同服务的最终客户。(2)把公众的每一次服务请求当成是公众向政府下的一次"订单"(称为"外部订单"),把每次政府提供服务的过程看成是一次执行"订单"的过程,政府提供服务获得的"支付"是公众对政府的满意、拥护和忠诚。(3)把"外部订单"转变成政府相关服务部门或公务员的一系列的"内部订单",从而形成以"订单"为中心,上下级和岗位之间相互咬合、自行调节运行的"服务链"。在网络空间上,作为"服务链"上的一个节点,每个部门或公务员实际是在收到订单后的规定时间内提供一个响应数据(如对一个问题的答复、一个审批的结果等),因此,"服务链"变成了一个"服务响应数据链",简称为"服务响应链"。基于"服务链"的政府流程再造,采用了面向"数据响应"的思想设计新的流程,变"权力导向"为"数据导向",只对"数据"不对人,绕开了一些障碍,降低了实施难度。另外,根据数据响应时间的统计结果可以准确地考核部门和公务员的服务绩效,为监控政府流程再造的实施效果奠定了基础。①

总而言之,政府流程再造就是要建构一种链式流程,围绕结果而非职能组织流程,"使职能永远处于流动状态"②,从而为社会公众提供以"服务链"为纽带的"一站式"服务。

(四)以"扁平化"组织模式为目标

政府流程再造的对象虽然是工作流程,不是组织结构,但必然伴随着组织结构的变革,它明确将以流程为主导的"扁平化—适应型"组织体制替代传统的"金字塔—鸽笼式"的科层制组织结构提上政府流程再造日程。在顾客社会中,政府流程再造应构建一种能够提供便捷服务、灵活回应顾客需求、具有动态适应性的政府组织结构。

这种结构具有以下特点:(1)扁平化。以流程为中心的组织结构注重行政服务与事务处理的通畅性与无阻碍,强调线式流程,改善垂直领导,扩大管理幅度,减少管理的层级;

---

① 陈明亮. 中国电子政务建设模式和政府流程再造探讨[J]. 浙江大学学报(人文社会科学版),2003(4).

② 路易斯·亨利·沙利文为了说明围绕结果进行组织的本质,阐述了"使职能永远处于流动状态"这一基本的结构性原则。见:林登. 无缝隙政府:公共部门再造指南[M]. 汪大海、吴群芳,译. 北京:中国人民大学出版社,2002:70.

(2) 弹性化。弹性化的行政组织注重结构的高度分化和决策权、控制权的下放，同时促使政府人员跨越功能界限，将专业职能部门转变为综合职能部门；(3) 开放性。政府组织结构是一个开放的系统，能够有效地回应外在环境的变动与要求，能够经过输入、输出和反馈的过程维持自组织的平衡，便于内外部的信息沟通与资讯交流；(4) 动态适应性。主要表现在能够适应时代的变化并满足社会的需求，能够灵活运用权变的观点迅速地解决公共问题，应对公共危机，从而大幅度提高行政效能。

三、政府流程再造的产生背景

政府流程再造作为20世纪末新一轮政府改革的重点，其产生背景可以归纳为以下四个方面①：

（一）官僚制弊病日益突出

信息技术的发展无疑为政府工作效率的提高提供了技术前提和基础。但是，快速发展的科学技术虽然加快了处理问题的速度，却无法从根本上解决组织结构的层级节制及职能分立所带来的沟通和协调问题，也不能使原本关注过程的工作人员变得更加关注产品和服务的质量。在这一系列问题之后，除了体制不完备带来的障碍，其深层次的根源应归于传统官僚组织的固有弊病及其惯性所产生的种种低效、不畅甚至冲突。

官僚制曾以其理性效率、专业分工、层级节制等优势，使企业、政府和社会组织承担复杂任务成为可能，从而成为主要的社会组织形式。然而，自20世纪90年代以来，这一体制却前所未有地遭到了来自各方面的挑战。人们对官僚制的批判主要集中在它以过程为中心的组织本位，层级节制产生的职能分割、协调不畅、反应迟缓，官僚机构自身不断膨胀的欲望导致的财政赤字居高不下，以及非人性化、腐败等一系列问题。产生这些现象的原因在于：传统官僚制行政体制在更大意义上是内向型的，是与其“目标置换”相一致的，传统官僚制将部门和职位的目标作为工作追求，因此，在工作中往往倾向于将各种管理细节复杂化，以保证组织自身的正常运转，但政府的根本意义在于其能否为社会创造价值，能否为公众创造有价值的服务。因此，传统官僚制行政体制的一大弊病就在于它以形式的理性置换了实质的理性，使“理性”和“效率”常常成为官僚制行政体制牺牲社会利益和整体利益的借口。

随着经济社会的迅速变化，传统官僚制所一再伸张的自我优势已掩盖不住它日益明显的弊端；另一方面，政府和企业当今所面临的形势和任务比以往任何时候都要复杂，政府和企业都需要不断地增设新的职能和机构以应付不断涌现的新的社会经济现象，结果导致了组织规模日益膨胀，并由此带来了沟通、协调上的困难以及反应能力低下等一系列致命的问题。改革的出路似乎只有走出传统官僚制体制，重新思考组织结构和运行方式，从而满足新时代的新标准——速度、便利、效率、选择、多样性、弹性、参与、人性化，以及不断增长的生产力，以使自己变得更有竞争力、更有活力、更有效益。因此，政府流程再造就在这一背景下成为重要议题，并对传统官僚制形成了巨大的挑战。

（二）信息技术的发展与进步所带来的影响

科技进步和信息技术的发展，给人们的生产和生活带来了巨大的变化。当人们感受到信息技术的广泛应用对社会生产过程的各种积极影响，以及它为个人的日常生活之丰富和

---

① 金竹青. 政府流程再造：现代公共服务路径创新［M］. 北京：国家行政学院出版社，2008：5-15.

便捷所提供的无限可能性之后，自然也希望利用技术带来的速度和效率来提升包括政府在内的官僚制组织的表现。网络的出现和普及，为政治民主提供了新的技术基础。网络为公民提供了积极参与政治的技术手段。它使公民能够通过网络迅速找到志同道合者，发起动议；它为公民参政提供了极大的便利；它使公民参与政治的范围更为广泛。以网络为主体的新的媒介形式不仅增加了公民的权利与政治参与能力，而且网络的出现消除了城市、地区及国家之间的有形疆界，世界范围内目标相同、兴趣相近的个体，都可以通过网络进行交往，参与政府治理的各项活动。在信息时代，人们在家中就可以参与政府事务的讨论或影响决策制定的过程，公民行政参与的范围更加广泛。加速政府信息化，并且，以网络和信息技术为基础构建电子化政府，已成为各国政府再造的战略性措施。公众参与政府决策的变化直接带来了政府自身行为方式的改变，而这正是政府流程再造发生的最大背景之一。

（三）世界范围内政府改革浪潮方兴未艾

在公共管理领域，最恒久不变的就是“变化”本身。自 20 世纪 70 年代中期以后，国际公共管理领域中出现了一个比较显著的趋势①，这就是始于西方国家的“政府再造”运动，这股浪潮席卷西方乃至全世界，改革的内容也涉及公共管理尤其是行政管理体制、过程、程序及技术等各个方面。西方各主要国家纷纷根据本国的实际，制定了各自的“政府再造”方案，代表工业化国家的经济合作与发展组织（OECD）在 1993 年的一份调查中，发现它的 24 个成员国都处于政府改革的浪潮中②。

总结各国的政府再造运动，其主要措施都是围绕“效率”“顾客”“企业化”“灵活性”等几个核心词汇展开的。美国学者中的特里夏・英格拉姆（P. Ingraham）把当代西方政府改革的内容和措施概括为四个方面③：(1) 预算和财政改革；(2) 结构改革；(3) 程序或技术层面的改革；(4) 相互关系方面的改革。另一位美国学者盖伊彼得斯（Guy Peters）则从组织结构、人事管理、政策制定和公共利益四个方面来讨论当代西方行政改革的走向及内容④。“政府再造”一词，在很大程度上表明了如今人们在行政改革问题上的观念更新。根据德国行政学者塞顿托夫（H. Siedentopf）的观点，政府再造是通过“再造工程”去重塑社会，以引导、管制及控制经济、社会的发展。政府再造不只是注意政府在“量”方面的成长，而更重要的是要实现“质”方面的改善和提高。这些对政府改革的要求都促成了政府流程再造的诞生。

（四）企业管理理论和实践的发展

从泰勒的科学管理开始，企业管理的理念和方法一直都是政府管理改革的先导和思想来源，新公共管理运动更是直接提出了“企业化政府”的概念，其开宗明义地提倡将企业管理的创新理念和行之有效的方法移植到政府管理领域。在各国的政府管理创新实践中都能看到诸如绩效管理、全面质量管理、标杆管理、绩效预算等源于企业管理方法的身影。尽管被批评为“管理主义”，但企业管理的理论和方法在政府改革中的广泛运用已经成为政府改革运动的突出特点，而且这些方法在政府部门的运用，虽然在理论上和实践中确有值得商榷

---

① HOOD CHRISTOPHER. A Public Management for All Seasons [M]. London: Public Administration, 1991 (Spring): 3-19.

② 陈振明. 政府再造——公共部门管理改革的战略与战术 [J]. 东南学术, 2002(5): 16.

③ 国家行政学院国际合作交流部. 西方国家行政改革述评 [M]. 北京:国家行政学院出版社, 1998:42.

④ 国家行政学院国际合作交流部. 西方国家行政改革述评 [M]. 北京:国家行政学院出版社, 1998:2.

之处，但其成果亦是世人有目共睹的。业务流程再造，作为企业管理创新的成果之一，也成为此次政府改革运动借力的理论来源之一。在新公共管理理论的秉持者眼中，政府管理剥离其政治性后，具有一般管理的共同特点，公共部门和私人部门的管理存在共通之处，所以私人部门的管理理念和方法自然也就可以适用于公共部门。这也是“政府流程再造”运动兴起的背景之一。

四、政府流程再造的特点

基于政府流程再造的定义与内涵，可以发现政府流程再造从不同的角度赋予了自身独有的特征，其中主要表现在以下几个方面：

（一）政府流程再造是多向互动的系统工程

政府流程再造既非工作流程的简化或重组，也非单纯依靠信息技术实现部门的整合或联动，而是对政府部门的行政理念、发展目标、行为准则、治理模式、制约机制的整体再造。它涉及政府部门内部机构之间、政府部门之间、政府与社会组织之间、政府与社会公众之间的沟通与互动，必然会带来政府部门在组织结构、决策程序、运行机制、评估体系、激励机制等方面的显著变化。① 因此，地方政府流程再造不是在原有流程上的简单修修补补，而是一场彻底、深刻和持续的内部革命。

（二）政府流程再造强调政府绩效和服务质量的显著提高

从国外的经验来看，政府流程优化与再造后，政府工作绩效可以提高 40%～60%，甚至更多。② 具体而言，政府流程再造就是要通过再造政府组织结构、打破条块分割体制和部门界限来建立虚拟政府，实现政府部门资源共享、跨部门的网络化管理和协同办公；强调运用网络信息技术打破传统层级传递信息和书面审核的工作方式，使政府行政组织的金字塔结构转变成扁平式、无中心式的网络结构，从而使政府与公众和企业之间的交流、互动都变得十分容易，大大提高了政府管理的回应、决策、沟通能力，并从根本上把政府治理从封闭的行政系统中拓展出来。政府流程再造将那些没有关联的、权限上分离的、地理上经常分散的组织或者服务整合起来，以至于表面上看来天衣无缝，“虚拟”指的就是这样一种整合功能。③ 随着整合过程的继续，管辖权的概念可能会发生变化，整合化的信息处理不仅大大加速了跨机构业务、信息和服务的流动，而且还通过大幅度降低交易成本而改变了一些权限规则。

因此，政府流程再造强调给政府在工作流程、规章制度、工作内容、工作技能、决策制定、组织结构、信息和服务传递方式等方面带来变化，并通过这些变化降低成本，使质量、服务和速度等绩效指标显著提高。④

（三）政府流程再造强调对现代网络信息技术的应用

政府流程再造理念得以推广并能付诸实践，在很大程度上有赖于信息产业的兴起和信息技术在业务流程的重新设计、再造整合中的广泛介入，使原有流程得以简化。有效地运用网络信息技术，可以实现政府与公众之间交互式的信息传输和一站式不受时空限制的在线

---

① 姜晓萍. 政府流程再造的基础理论与现实意义［J］. 中国行政管理，2006(5)：37-41.

② 张锐昕. 电子政府概论［M］. 北京：中国人民大学出版社，2004：259.

③ 芳汀. 构建虚拟政府：信息技术与制度创新［M］. 邵国松，译. 北京：中国人民大学出版社，2004：30.

④ 蔡立辉. 电子政务：信息时代的政府再造［M］. 北京：中国社会科学出版社，2006：119-120.

服务，实现政府通过网络提供“一站到底式”和“7×24”式的服务，扭转传统政府管理模式下企业和公众对政府提供的服务常常处于一种被动状态的局面；[①]把过去只能在物理空间里行使的政府职能，通过数字化的方式延伸出去，将原来需要大量人力处理的行政事务，可以在数字化设备和虚拟空间中轻松地、自动地进行；可以改变信息收集、传递、处理和利用的方式，将集中式的信息处理改变为分散式处理，加快信息传递的速度，实现信息的充分共享，提高系统的反应能力；可以有机地整合政府内部各职能部门，将政府部门整合为一个协同工作的整体，提高政府的决策速度和应变能力，为公众提供便捷的电子化服务。

总之，网络信息技术是政府流程再造的物质基础，同时又是政府流程再造的技术基础。在政府流程再造过程中网络信息技术担任着重要角色，它不仅可以大幅度提高原有系统的效率，同时它还会对原有政府流程的结构与方式上产生根本性的影响。因此，只有充分发挥网络信息技术的潜能，利用信息技术简化、改变政府业务流程，并以此为基础变革政府组织结构，达到政府组织扁平化、大幅度提高政府绩效的目的，并且从根本上解决以往政府公共服务技术手段落后的问题。

第二节　政府流程再造的组织与实施

一、政府流程再造的过程

政府流程再造要求政府以服务为龙头，以是否直接面对公众提供服务为界限。整体来看，在政府内部各岗位之间，以服务为“齿轮”进行相互链接，形成一个全员服务链，最终将政府的服务呈现在公众面前。[②] 政府流程再造可以划分为准备阶段、项目启动与计划阶段、分析诊断阶段、新的政府业务流程设计阶段、实施阶段、检测评估阶段等[③]。

（一）准备阶段

首先是要明确政府流程再造的目的和范围，这是政府流程再造的准备阶段，也是流程再造成功的基础环节。在任何时候，流程本身并不应该是再造的目的，再造应致力于提高绩效、改善服务。与任何组织的流程再造一样，政府公共服务的流程再造也应该从具体公共服务事项的目的开始，首先界定这项服务所涉及的流程和范围，为流程改革设定一个边界，也从一开始就为改革涉及的人员和部门提供一个明确提示：我将成为本次再造流程的组成部分之一。

根据我国政府工作的特点，目前比较适宜进行流程再造的业务主要包括以下几个方面[④]：(1) 公共服务产品的交付；(2) 项目批复；(3) 信息的查询和交付；(4) 执照和许可证的获取；(5) 投诉管理；(6) 合同管理；(7) 企业和个人的能力与信用认可；(8) 公共安全应急指挥系统；(9) 刑事和审判管理；(10) 空间地理信息共享。这些政府业务之所以适宜采用流程再造，首先，它们都属于具体事务执行的流程，而不是公共政策的形成和制定等充满

---

① 蔡立辉. 电子政务：信息时代的政府再造 [M]. 北京：中国社会科学出版社，2006：120.

② 杨路明，等. 电子政务 [M]. 北京：电子工业出版社，2007：273-274.

③ 金竹青. 政府流程再造：现代公共服务路径创新 [M]. 北京：国家行政学院出版社，2008：131-156.

④ 陈蓉，孟国庆. 电子政务流程再造的必然性和选择性 [J]. 情报科学，2006(5)：115.

了政治灵活性、涉及众多利益相关者的公共管理过程,政府流程再造必然要以最容易突破的政府事务性流程为起点,再逐步深化和扩展;其次,因为它们都存在若干突出的业务流主线,存在一个主导功能和分工比较明晰齐全、关键流程容易辨别的政府部门,以此为基础明确不同机构业务间的关联规则、序列模式和依赖关系,并进一步形成面向特定的用户的"功能区";最后,由于它们都有明确的公共服务用户需求作为引导,需求相对明确、流程改进方向明显的政府业务容易实现再造。

(二)项目启动与计划阶段

确定了哪些流程需要再造之后,政府流程再造进入启动和计划阶段。

1. 成立业务流程再造小组

一般来说,政府流程再造都会成立专门的改革领导小组,来指导和协调整个组织的改革过程,在一些具有创新精神的政府部门中,还会组建改革指导委员会、改革执行小组等其他改革小组。

2. 制订流程再造实施计划

项目实施计划是起步阶段的重要步骤,这个过程主要运用两个方面的技术:项目预算技术和项目计划技术。在实施计划中,应对以下内容进行分析:进行业务流程再造的背景和必要性;组织流程再造项目的主要内容和任务包括将涉及哪些业务、哪些流程,预期进行何种程度的再造,实现何种目标;组织实施流程再造所拟采用信息系统的设想;进行流程再造的现有基础;流程再造将涉及的组织机构和人员安排;流程再造项目的实施进度计划;项目预算;组织实施业务流程再造预期的效益分析;流程再造可能遭遇的风险及应对措施等。

3. 就公众对本部门所提供公共服务的需求进行分析

"顾客"(或者说产品或服务的提供对象)是业务流程再造的核心与出发点。因此,同样地,要就公众对政府部门所提供的产品和服务的需求进行分析,并以此为出发点来重新设计流程。

4. 设置政府流程再造的绩效目标

组织的绩效目标由整体目标及一系列围绕着该目标的具体绩效指标组成。而政府流程再造的整体绩效指标相对于组织原先的绩效表现要有跨越性的提高,这是流程再造所强调的根本。我们在结合流程现实和环境状况的同时,要敢于谋求流程改进的最大限度的可能空间——你把目标定得多高,你就有可能爬得多高。之后,要以这个目标为指向,审慎地设计绩效目标之下的各项指标,以使通过这些指标的测量来真实反映组织流程绩效状况,并促使以根据这些指标开展的组织奖惩能够更好地激励和改善再造后的政府业务流程。

(三)分析诊断阶段

一般情况下,政府再造活动涉及的是某个职能部门或职能部门内部的某个处室,甚至是某项工作某个行动,几乎不可能从整体上对一级政府进行流程再造。而由于长期从事单一工作的局限性,易使职能部门、组织和个人的视野变得狭窄,关注局部的职能和目标而忽略了政府的战略目标,甚至忽略了公共服务目的。因此,对现有的公共服务及相关支持流程的描述和分析能够使组织和组织成员对组织目标有一个明确的理解和认识。

1. 对现有流程的描述

对现有流程的描述分为三个步骤:(1) 提出业务流程清单,也就是确定有哪些流程、流程之间的界限,然后才是对工作的描述。这点对今后的流程再造工作至关重要,一般由部门领导牵头整理出部门业务流程的主线,界定出关键和核心业务有哪些,进而确定主要业务流程,并确定这些流程之间的关系,由流程管理团队确认流程清单。(2) 对流程要素的描述,即针对清单上的每一流程,由流程管理团队及业务部门的专职项目人员会同业务部门业务人员,分析并识别现有业务活动、活动之间的关系、活动需要接受哪些信息、产生哪些数据(表单)、数据传送的路线、活动涉及哪些岗位等。(3) 绘制流程图。流程图是常用的组织流程描述工具。一般用方框代表事件,箭头代表流程方向,椭圆代表流程的开端和结束,菱形代表决策步骤。通过这些符号来对流程进行描绘,可以使流程的各个步骤及整个过程清晰明了,一目了然。

2. 对现有流程存在的问题进行分析和诊断

在对现有流程进行描述的基础上,还应该对这些流程的问题进行分析和诊断,具体可以从以下三个方面入手:(1) 找出目前政府流程存在的主要问题。如影响行政运行效率的主要因素往往是政府职能条块分割,行政管理成本太高,流程周期太长,以及基本流程结构不适应政府信息化的要求等。(2) 分析现有流程存在问题的产生缘由。在发现流程中存在的问题后,还要查清问题的缘由,即找出问题的产生是由流程本身内部的混乱造成的,还是由于流程之间的关系不协调造成的。引起问题的原因很多,对于政府组织而言,这些原因可能更多地存在于管理方面。(3) 分析政府对外的流程及内部流程之间的协调性。政府在分析流程时,需要考虑政府面向公众服务的流程与政府部门内部流程间的相互关系,看看两者是否具有动态适应性。

在查清流程中的问题和产生原因后,还应对流程的重要性、问题的迫切性和改造的可行性进行分析论证,以便合理安排流程整合的先后顺序。一般来说,限于政府的人力、物力、财力,不可能对所有的流程同时进行改造,作为优先改造对象的是对公众利益影响最大的流程。

(四) 新的政府业务流程设计阶段

这一阶段需要对以下七个方面进行有机整合,包括计划、部门、岗位、制度、绩效、报告、信息技术。具体而言,要在四个步骤中将这七个方面很好地结合起来。

1. 分析并定义新流程的初步方案

首先是在审慎分析的基础上,对新流程方案进行界定。在新流程方案设计之前,要对目前存在的问题进行深入了解和分析,目的是找出解决问题的可能空间以及现实的条件限制,保证问题得以逐步改善和解决。在此基础上,就可以对新流程进行初步的设计,提出初步设计方案。这个过程中应着重思考以下问题:现有流程中,哪些可以清除,哪些可以简化,哪些可以整合,哪些可以实现自动化的?① 这四方面行动可以用"E(Eliminate,清除)、S(Simplify,简化)、I(Integrate,整合)、A(Automate,自动化)"来概括,简称为"ESIA"。这是减少流程中非增值活动以及调整流程的核心增值活动的实用原则②。

2. 建立新流程的原型和设计方案

在对新流程的方案进行初步设计的基础上,要进一步细化,也即新流程"严密化"的过程。这个过程要围绕计划、部门、岗位、制度、绩效、报告、信息技术七个方面的今昔功能进行

① 王玉荣. 流程管理[M]. 北京:机械工业出版社,2004:165.

② 王玉荣. 流程管理[M]. 北京:机械工业出版社,2004:166.

深入分析。新流程的"严密化"过程使得流程的运作与再造优化的方案具有可操作性,且行之有效,它是流程设计过程中不可或缺的重要环节。这个过程成功的关键是充分调动组织全体工作人员,特别是流程再造变革相关人员的知识与经验,他们对具体工作的理解与支持是目标流程设计得以严密有效且强有力的支撑。

3. 设计人力资源

与任何改革一样,在流程管理改革中,人力资源也绝不是一个细枝末节的问题,亦非可以放在事后考虑的问题,而是与流程管理改革中的绩效目标、信息系统等任何方面都同样重要的问题。培训、教育、交流沟通和转变管理,这些工作都应当归入组织业务流程再造的人力资源方面的重要项目,要预先对这些项目进行有计划的精心设计。而且我们必须要有这样的心理准备,一方面这些人力资源项目将会耗费大量的成本,但是,这份投入是必须得到保证的,至少不能少于整个项目预算的三分之一(整个项目预算平均分作 3 份,一份用于流程再造计划方案的设计与实施,一份用于开发支持流程再造的技术手段,一份用于解决人力资源问题);另一方面,流程再造必然会带来组织原有人力资源状态的重大改变。

4. 信息系统的分析和设计

政府流程再造在很大程度上需要通过最终投入使用的信息管理系统得以体现。因此,要将目标流程与组织的信息系统紧密地融合在一起,设计适合于组织特点及其业务需要的信息系统平台。在解决方案的设计中,要把握三个方面:一是目标流程的高效实现;二是实际环境的充分考虑;三是信息系统应在编码、结构、参数因素上做到审慎周到的考虑,尽可能考虑到可能的情况,为以后的变化和改进留出系统接口。

(五)流程再造实施阶段

1. 重组组织结构及其运行机制

流程的运转离不开作为组织机体架构的组织结构。如果传统的以职能分工为基础的组织中结构决定了流程,那么在再造后的流程型组织中,就应该是流程决定结构。流程再造实施的第一步,就是要根据目标流程对组织的结构进行重新调整,一方面,打破组织原有的职能界限,在职能互动整合的节点以组建工作团队的形式代替传统的职能部门的形式,以团队合作代替部门业务往来;另一方面,根据再造优化后的流程,对原有的职能部门进行撤并,将承担原先流程中多余步骤的职能及其部门撤销,或并入其他经流程优化后职能需得到加强的部门。

2. 信息系统的实施

任何组织尤其是政府组织,在运用信息管理软件对组织业务流程进行改造时,必须牢牢锁定组织目标,设计出适合本组织的模块组合。而且,在实施的过程中,在解决组织具体问题时,首先应该考虑系统功能是否解决,参数设置能否实现,这是最自然地运行信息管理软件的方法,能够从根本上保证系统的集成性、完整性、准确性;其次才考虑对系统进行技术上的改造和二次开发。

3. 培训员工

培训是改革中统一思想、重塑组织文化的有效途径。政府业务流程再造作为组织的一项涉及组织全体成员的、关乎流程方面的专业性工作,其中对政府工作人员的培训大多着重于三个方面:理念培训、知识培训和技术技能的培训。组织成员思想转变到接受新的观点并熟练掌握和运用新的知识和技能的过程,无形中承载着组织文化转变的过程,这个过程并非一蹴而就的。因此,在开展培训时要从理念到知识再到技能,有计划、有步骤地进行,并掌握成年人的学习心理、学习习惯及学习行为的规律,以实现顺利推进,完成整个组织从理念到知识再到技能的“转移”过程。

4. 新旧流程切换

设计方案再完美,也都只是停留在纸面上的蓝图,要真正实现流程再造,还必须进行流程切换。严格说来,前面的这些步骤,其实都是为组织的业务流程再造提供思想、人员、文化、方案、软件系统等各方面的准备,而新旧流程切换这个阶段是真正的流程再造的核心实施阶段。

随着项目的推进,组织流程再造的工作重点将从“论证”逐渐转变为循序渐进地“推动”,即根据项目计划中每个阶段的目标,一步步继承性地开展工作,从而逐渐逼近流程再造的总体目标。与任何其他改革一样,流程再造并不能一蹴而就,甚至正是由于其改革对组织所产生的剧烈影响,流程再造更需要小心谨慎、稳步推进。在此过程中要克服焦急浮躁、一步求成的心理。若片面地追求流程再造的一次成功率,往往过于理想化。在实践中要允许组织成员有一个与新理念、新知识和使用新的技能逐渐地磨合的过程,否则很可能“欲速则不达”。

(六)对流程再造结果的检测评估阶段

组织的业务流程再造实施后,要评价再造成功与否,一方面,可以从直观感受方面直接获得结果,如员工的工作热情、公共服务的投诉情况、公众的满意度等。但是,要得到客观具有说服力的结论,还需要对再造后的组织业务流程的绩效进行评估。对组织流程的绩效评估的另一方面,要着力于对流程输出各项指标的评估,如流程持续时间、顾客投诉率、业务一次性办结率、顾客与工作人员的接触点等。但更重要的,任何组织的业务流程再造都是一个持续改进的过程,流程再造所追求的不仅仅只是一时流程输出结果的提升,而应该是组织绩效和公共服务质量的持续改善。

要实现“持续改善”,就要靠一套“运行绩效监控指标”来发挥作用。一般来说,在业务流程再造进程中,组织可以建立四个层次的目标指向,以循序渐进地实现。第一层次,组织的信息、需求、资源、文件、人员等流程中的各种因素的集成运营开始起步,规范化管理开始进入实践阶段。第二层次,多个流程运转良好,重复劳动减少,某些部门工作压力开始降低。第三层次,组织内大多数流程运作良好,部门协同与沟通增强,多个部门效率提高,可以比较方便地取得决策支持信息。第四层次,组织绝大多数业务流程高效运作,能够积极协同应变,在公众满意度、公共服务事项办结效率、政府工作成本下降等方面不断取得显著成效。在具体应用过程中,这一阶段可以由单位的人事部门或流程再造推动小组来主导,必要时各监控要点所对应的“测评参与者”参与进来,每季度或每月进行一次,可以先由相应测评对象自评,再由责任部门进行复评。

二、政府流程再造的目标价值分析

党的十八届三中全会公报指出,全面深化改革的总目标是完善和发展中国特色社会主义制度,推进国家治理体系和治理能力现代化。到 2020 年,在重要领域和关键环节改革上取得决定性成果,形成系统完备、科学规范、运行有效的制度体系,使各方面制度更加成熟更加定型。① 为了适应我国社会主义市场经济发展的要求，政府必须加快自身的改革和建设。政府流程再造对于我国加快政府职能转变，深化政府机构改革，提高政府行政绩效、降低政府行政成本，推进电子政务建设等都具有重要的意义。

（一）政府流程再造是实现政府职能转变的需要

在现代国家中，政府职能主要包括经济调节、市场监管、社会管理和公共服务等四个方面。近年来，我国经济发展很快，但是，社会发展指数、社会福利系数、幸福度等还有很多不尽如人意的地方，之所以出现了经济、社会发展不够平衡的问题，一个重要原因就在于我国的政府职能还没有真正转变到位。为此，今后必须做到以下几点：（1）健全宏观调控体系。健全以国家发展战略和规划为导向、以财政政策和货币政策为主要手段的宏观调控体系，推进宏观调控目标制定和政策手段运用机制化。（2）全面正确履行政府职能。进一步简政放权，深化行政审批制度改革，最大限度减少中央政府对微观事务的管理。（3）优化政府组织结构。转变政府职能必须深化机构改革。优化政府机构设置、职能配置、工作流程，完善决策权、执行权、监督权，建立既相互制约又相互协调的行政运行机制。

政府流程再造是在对政府定位、目标和治理理念等的重新认识和把握的基础上，对业务流程重新进行彻底的思考、分析和设计。树立"有限责任政府"的理念，加快审批制度的改革和推行政务公开，必将促进政府治理理念的变革和政府职能的转变。政府职能的转变最终将体现在微观运行的具体业务上，而微观业务的改变在很大程度上将通过政府流程再造来实现。

（二）政府流程再造是推动政府机构改革的需要

改革开放以来，我国先后进行了八次大的政府机构改革，可是在前三次改革之后，机构和人员的数量均有一定程度的反弹。相比之下，后五次改革后的反弹较小，其主要原因就在于社会主义市场经济体制的逐步确立，使政府部门的职能和业务发生了改变，而职能和业务的改变才是政府机构改革取得实效的关键。机构改革是政府改革的深层次问题，当代政府盛行的组织结构是马克斯·韦伯官僚制模式，其最显著的特征是横向上的职责专门化和纵向上的职位等级制，从而形成分工细致、等级严格的纵横交错的庞大的金字塔体系。官僚制是大工业时代的产物，随着工业社会向信息社会的转型，这种组织形式越来越暴露出严重的问题，必须从根本上进行变革。政府流程再造源于企业的"流程再造"技术，企业通过"流程再造"实现企业机构变革，建立扁平化的新型企业组织的成功实践，为通过政府流程再造推动政府机构改革，提供了很好的经验和例证。当前，按照精简、统一、效能的原则以及决策、执行、监督相协调和适度分离的要求，我国的政府机构还有待进一步改革，政府流程再造将是推动我国政府机构改革的一把利器。

（三）政府流程再造是提高行政绩效、降低行政成本的需要

提高行政绩效、降低行政成本是 20 世纪 80 年代以来行政管理改革的目标之一。当代世界各国都面临着政府规模难以遏制的膨胀和财政支出难以为继的压力，相比之下，我国行政管理经费增长之快，行政成本之高，已经达到世界罕见的地步。1978 年我国行政管理支出占财政总支出的比重只有 4.71%，但随后呈持续上升趋势，且长期保持在 10%以上，在

① 新华社. 中国共产党第十八届中央委员会第三次全体会议公报[EB/OL].[2013-11-12].http://politics.people.com.cn/n/2013/1112/c1024-23519136.html

2007年曾甚至一度高达24.54%。随后,随着中央改革力度的不断加大,特别是党的十八大以来新一届政府大力削减"三公"经费和行政开支,这一比例逐渐下降,但较发达国家的平均比例仍然偏高。① 传统政府的运作效率遵循政府边际成本递增的法则,即政府管理的范围越大,管理的层次就越多,机构设置就越多,人员编制和经费开支就越大。在我国,行政成本过高是一个长期未能根治的痼疾,由于行政效率低,所以不得不增加人员编制和经费,结果导致机构膨胀、人浮于事,造成行政成本增加而效率不升反降。对于我国这样一个人口众多的大国,如果一味地运用"小政府、大社会"的方法,则又会出现由于政府无法承担应负的社会职责和功能而管理失控的严重后果。政府流程再造在新的政府治理理念的指导下,使用先进的信息技术等对原有的业务流程进行整合、重组和优化,甚至按照新的行政理念和需要创造新的工作流程,这样不仅可以扩大政府的服务和管理范围,而且还可以通过新的业务流程为用户提供质量更好、界面更简单完整、使用更方便快捷、效率和透明度更高、功能更强的服务,使政府的行政成本随着服务范围的扩大和服务效率的提高不升反降,使政府与用户更加接近、更易沟通,使政府行政的边际成本趋于递减。

(四) 政府流程再造是推进电子政务建设的需要

电子政务建设是实现政府流程再造的重要形式。"十二五"期间,我国电子政务建设稳步推进,在基础设施、应用系统、政务信息资源、社会管理和公共服务、网络与信息安全、发展支撑能力等各个领域都取得了一些进展。然而,分散建设的现象仍未得到根本遏制,低水平重复、投资浪费等现象没有得到明显改观,政务信息资源建设和共享协同进展也较慢,制约电子政务发展的"老三难"(资源共享难、互联互通难、业务协同难)问题始终未能得到有效解决。从国际排名看,这一时期,我国电子政务发展水平稳中有升,但总体仍处于全球中等水平,与一流发展水平国家的差距依然十分明显。② "十三五"以来,在中央"互联网+政务服务"等系列战略部署的推动下,我国的电子政务发展水平进一步提升,但从全球来看,我国的电子政务水平仍然处于中等水平。在联合国发布的《2016年全球电子政务调查报告》和《2018年全球电子政务调查报告》中,我国的电子政务综合指数排名分别为第63名和第65名。这说明我国与发达国家相比,仍然有较大差距。电子政务的发展水平在很大程度上取决于政府流程再造的水平,只有在政府流程再造方面取得突破,才能从根本上解决我国电子政务建设中长期存在的"重建设、轻应用""重管理、轻服务"和"老三难"问题③,从而进一步推进我国电子政务发展水平,缩小我国与发达国家在电子政务建设上的差距。

三、政府流程再造与电子政务之间的关系

无论是既有文献还是政府实践中,电子政务与政府流程再造都是密不可分的,无论从目标取向、涉及的领域,还是实施过程等都有许多相似甚至相同之处:二者都是以信息技术在政府部门的应用为基础,并以此为平台进行政府内部工作流程和外部公共服务的改革,它们

---

① 胡绍雨,谢胜. 我国公共支出预算绩效管理改革:国际借鉴与国内溯源[J]. 深圳大学学报(人文社会科学版),2017(06):128-134.

② 杨道玲,王璟璇. 中国电子政务"十二五"的进展回顾与评价[J]. 电子政务,2015(4):3-10.

③ 杨道玲,王璟璇. 中国电子政务"十三五"面临的机遇与挑战[J]. 电子政务,2015(4):11-17.

也都强调不能进行单一的信息化或流程改革，而是要从政府改革的总体目标和公众的需求出发，对政府内部事务和公共服务项目从整体上进行整合和再造。从这个意义上说，电子政务与政府流程再造之间在很多层面上是相互包含的。因此，无论是研究电子政务还是政府流程再造，都不能回避对这二者关系的探讨和辨析。①

（一）政府流程再造是电子政务的逻辑前提

政府流程再造与电子政务虽然都以信息技术的发展为基础，有许多相似相通之处，其各自的发展过程也紧密地结合在一起。但如果将政府流程再造与电子政务共同置于政府改革的大背景之下，以更为宏观的视角考察二者的关系，可以发现，政府流程再造是政府改革的理念创新，电子政务是信息技术于政府部门运用并引起政府管理变革的综合性结果和现象集合。因而作为政府改革的革新理念之一，政府流程再造在逻辑顺序上要高于和先于作为政府改革现象和结果出现的电子政务概念。

政府流程再造是政府在改革过程中针对传统官僚制的弊端而提出的主动性改革策略。从其内涵而言，它不仅是一种政府改革的路径和具体的操作方法，更是一种全新的改革理念。而尽管在当前的政府改革进程中占有重要一席，电子政务概念本身缺乏必要的价值内涵，并不能像流程再造一样作为政府改革的价值目标出现，它实际上是随着信息技术在政府部门的应用而必然出现的一个结果，也可以说，它是在流程再造、顾客导向、企业化、分权、竞争等各种创新理念指导下的政府改革的一种新形态。我们将电子政务作为政府改革的战略规划重点和目标，但它仅仅是战略目标而已，而不是改革本身的目的。正如许多国家和政府都建立了一站式的公共服务，但我们不是为了实现电子政务而采取一站式服务，我们的目的是为了更好地服务于公众。任何抽离政府改革的价值内涵而单纯以电子政务作为目标的政府改革，都将注定以失败告终。虽然在实践中政府流程再造常与电子政务交织在一起，但从理论上说，其在时间序列上应该是先于后者的。

电子政务应以政府业务流程再造为前提，要从国民经济和社会发展中亟待解决的问题入手，打破部门界限，梳理出相应的核心业务流，重点推进跨部门的综合应用，尽可能不再按部门搞电子政务重大系统建设，要以政府的业务流为主线，规划电子政务系统。否则，我国电子政务建设将走入“死胡同”。②

（二）电子政务的发展是影响政府流程再造的重要因素

尽管流程再造在时间逻辑上应先于电子政务，但流程再造是以信息技术的应用为基础和前提的，并且如前面章节一再提到的，政府流程再造绝不是一蹴而就的过程，它的发展离不开信息技术的环境。因此，从实践上看它也必然与政府信息化交织在一起，并存在于电子政务的背景之下。信息技术的进步以及电子政务的发展程度，对政府流程再造的广度和深度无疑有着重要影响。

电子政务的发展，必然会给政府工作流程带来新的变化。由于电子政务的实施，必然会导致政府原有的一些流程发生改变，这都是政府在进行流程再造中要考虑的因素。政府管理的复杂性带来的电子政务结构的复杂性对政府流程再造提出新的要求。随着政务活动的扩展，政府的管理流程也从单一流程扩展到部门内部、部门间甚至区域内。

---

① 金竹青. 政府流程再造：现代公共服务路径创新［M］. 北京：国家行政学院出版社，2008：82-94.

② 施建忠. 40位政府信息化主管的忧虑——65%地方电子政务需完善［J］. 信息系统工程，2005(9)：109.

传统的政府流程在面对公民个人时是串联作业，无论从业务在部门之间的流转，还是在部门内部的运行，基本上各个步骤都是按照时间序列依次传递的；而电子政务则为同一信息的跨越时空的共享和同步处理提供了可能。但由于每一个部门的管理业务本身又是一个相对独立的系统，业务差别很大，要使这些不同业务部门的政府机构之间实现互通互联，做到一站式服务，是一个非常复杂的问题，在电子政务发展的高级阶段，即在线互动和服务集成阶段，这一问题表现得尤为突出，而这无疑是政府流程再造在新的技术条件下面临的最大挑战。

此外，政府流程再造除了审视和考察组织原有的不合理流程，在电子政务背景下，还需要重新思考两类流程。一类是在没有上电子政务系统前是合理流程，但是电子政务系统不能支持，如果不进行再造，将影响电子政务系统的推进；第二类是已经存在，电子政务系统也能够支持，但是没有获得最好效应的流程。尤其是第二类流程，在电子政务系统运行前很难被发现，而且没有电子政务系统的依托，也无法进行再造。在实践中，更多的需要再造政府流程的是第二类流程，而这类流程的隐蔽性和复杂性，无疑将为政府流程再造的顺利推进设置更多的障碍。

因此，政府流程再造是实施电子政务的逻辑前提，而电子政务则是构成信息社会政府流程再造运行背景的关键因素之一。政府流程再造的顺利推进无疑将为电子政务的实施扫清组织结构甚至部分体制和文化的障碍，从而有力地推动政府电子政务目标的实现；而信息技术的发达和电子政务的发展则为政府流程再造提供了更有利的技术背景和更高的起点，同时，它所带来的政府流程的新变化也将更多的困难和挑战摆在了政府流程再造实践的面前，而政府流程再造，作为新一轮政府改革的重要趋势和路径，面对这些问题时无法采取回避态度，只能直面应对，并学着克服。

第三节　中国政府流程再造的实践

一、中国政府流程再造的实践进展

近年来，党和国家高度重视政府治理体系的优化与转型，尤其是十九届三中全会中共中央做出关于深化党和国家机构改革的决定，开启了新一轮党和国家机构职能体系革新，这次国家机构的增设与撤并是基于结构、职能、流程的综合战略部署和系统改革，与政府流程再造密切相关。实际上，自 20 世纪 90 年代业务流程再造理论引入公共部门改革以来，我国政府就开始将政府流程再造作为政府改革的战略工具，积极开展关于政府流程优化改革的实践探索。政府流程再造以信息技术的革新和发展为前提和基础，信息化时代下的流程再造改革与政府信息化的过程是相互交织在一起的，所以，我们可以看到政府流程再造的外在表现往往与电子政务的发展历程有着诸多契合之处。因此，可以透过电子政务的发展历程来看政府流程再造改革的阶段性特征，政府流程再造的改革实践可以分为三个阶段①：

① 吴昌杰. 政府流程再造：我国国家治理现代化的技术支撑［J］. 安徽行政学院学报，2018(4)：41-46.

（一）初始阶段：效率政府建设时期

这一阶段的特征是单一部门内部的流程调整，主要体现在某些政府流程的精简或者取消。在技术层面上，表现为政务上网和办公自动化为主的技术革新。计算机科学技术的发展给政务系统的自动化带来了机遇，推动了政府系统进入办公自动化时代。办公自动化系统的普遍应用之后，以前许多重复性的复杂工作可以由计算机完成，工作人员从这些烦琐的事务中解脱出来而将精力投入到其他更需要人力资源的工作领域中，在一定程度上节约了政府办公成本，提高了行政效率。同时，通过政府网站和政府数据库建设，政务上网给予公民足不出户就可以在网上信息平台办理某项业务的便利，大大地提高了行政服务水平。这些电子政务的初级技术对于政府流程优化有一定程度上的促进作用，简化了一部分政府工作，使一部分原本烦琐的政务流程得以删除和简化；同时拉近了政府与公民的物理空间距离，使得公共服务的流程更加简捷和优化。从政府机构改革方面来看，同时期的精简政府机构改革与流程优化改革相辅相成。20 世纪 90 年代以来，我国为适应市场经济体制改革发展启动了数轮精简机构改革，到 21 世纪初，国务院政府机构从 40 个精简到 29 个，国务院减编接近 50%。在这样的改革背景下，精简机构与流程优化互相影响，流程优化改革减少了政府人员的工作量，简化了工作的流程，为政府控编减编、精简系统提供了潜力和空间；而精简机构的改革需求也为流程改革提供了动力支持。尽管该阶段的改革实践取得了一定的成就，但对于流程再造改革而言只是刚刚起步的初始阶段，流程改革的程度也仅限于调整而达不到“再造”的水平，流程改革所带来的效应和变化也是有限的，仍然未能突破官僚制的束缚和失灵困境。

（二）深化阶段：整体性政府建设时期

这一阶段的特征是跨部门的流程优化，在跨部门、跨层级的大范围内实现政府信息、资源共享和协同办公。在技术层面，一站式、集成化的、虚拟的或者实体的综合公共服务平台是流程再造的重要载体。新加坡的“电子公民中心”、我国的一站式服务中心、加拿大的“政府在线”工程、澳大利亚的“公共服务连接中心”都属于这一类。新加坡电子服务中心将各类公共服务综合打包以“服务包”的形式向民众提供“从摇篮到坟墓”的全程服务，用户只需根据流程指示接受所需政府信息和服务；我国的一站式服务中心是将多个部门服务窗口统一安排在一个政务大厅里，民众只用一次就能把所有手续全部办理完成。近期多地推行的“最多跑一次”深化行政审批制度改革成效卓著，将办证、登记、挂号、过户、结算、报批项目、资质认定等具体事项整合到行政服务大厅中，形成了比较完整、成熟的制度规范和运行体系，争取让民众最多跑一次就可以办理相关事项。例如，近年来浙江省把运用“互联网+”技术作为“最多跑一次”改革的必备要素，通过推进政务标准化，促进不同部门、不同层级和不同区域政府的数据共享，形成了整体性政府的改革模式，在提高行政效率、规范权力运行和降低体制成本等方面都取得了显著成效。① 这类以民众需求为中心的流程设计，打破了政府职能和部门界限，将相关政府部门提供的公共服务项目整合在一起，不仅极大地方便了公众，降低了公众在获取公共服务过程中的难度和成本，也有效地打破了传统官僚制的壁垒，促进了部门之间的信息共享和沟通协作，理顺了政府流程关系，在建立“流程化政府”方面取得了巨大成就，提高了政府公共服务

---

① 郁建兴，高翔. 浙江省“最多跑一次”改革的基本经验与未来［J］. 浙江社会科学，2018(4)：76-85.

供给的效率。在这一阶段，流程再造实践很好地适应了整体性治理理论的出现和发展。新公共管理的治理方式强调绩效、外包、分权和分散化，而整体性治理理论产生于对新公共管理的碎片化改革的批判，其主要着眼于政府部门和机构的整体性协作，为建设协同政府提供了一系列主张，强调将碎片化的政府部门和权力整合起来，为民众提供一站式的、集成式的服务。① 强调跨部门间合作的流程再造改革与整体性治理思想不谋而合，二者的关键都在于部门协同机制的建立与发展，而不断发展的信息技术为这种协同机制的建立提供了技术支撑，通过虚拟或者实体的“连接中心”将分散的各职能部门连接起来，以每一种公共服务需求为导向确定部门组合，再造跨部门之间的业务流程，创新部门之间数据信息沟通交流方式和工作行为模式。

（三）突破阶段：智慧政府建设时期

在政府流程再造的第二个发展阶段中，一直强调部门之间协同工作，能够提高工作效率和服务水平，实现政府的整体最优化。然而，事实上，部门协同一直都是比较理想的目标，现实的部门协同由于各种制约因素还仅仅停留在不成熟阶段。信息孤岛问题是最主要的现实制约因素之一。我国在建设电子政务工程的过程中，很多政府部门，包括社保、公安、民政、医保、公积金等都独立地建立了自己的信息管理系统和数据库，但由于部门利益纠葛，信息共享存在壁垒，而且每个部门都是根据各自的工作需要而建立的数据库，各个数据库和系统关联度不高，设计和管理的规范和标准也大多不一致，导致信息共享程度很难有效提升，无法真正破解信息孤岛问题。随着时代不断进步和技术持续发展，人类已经进入“大数据时代”，原有的信息孤岛问题不仅可以得到解决，而且还可能带来政府治理模式与能力的重大变革、提升②，推动政府流程再造改革实现跨越式发展。

当下，传感器、物联网、云计算、大数据和可视化等数据处理技术的突飞猛进使得所有行为和事物被量化成为可能，整个社会所产生的数据正呈几何级数增长，而这些“大数据”和“大数据技术”逐渐被看作战略性资源和工具，成为建设“智慧政府”的重要基础。智慧政府就是指在大数据和人工智能技术的支持下，建立智慧数据平台整合和共享信息，建立一个以数据为核心，“政府—市场—社会”多元协作共治的治理格局。③ 政府机构、流程、机制、模式等方面的综合改革是智慧政府建设的应有之义，大数据驱动智慧政府建设的过程也是政府流程再造的过程。例如，上海市为及时掌握全市食品安全动态情况，加强食品监管能力，建立了基于移动技术的“餐饮电子化监管”系统，不仅可以积累现场实时执法记录和数据，而且建立了覆盖企业已达 2 000 多家的视频溯源体系，每日上报业务数据 6 万多条，可提供从屠宰场、批发市场、配送终端、标准化菜场、超市大卖场、团体采购进销的肉类、蔬菜、淡水鱼、粮食的追溯信息，为构建食品安全的智慧化监管流程奠定了坚实的基础。上海市还通过事中事后监管“一张网”建设，实现“行政审批信息全上网、综合监管信息全入库、行政监管部门全覆盖”，通过多部门的信息互联共享和业务整合，实现多部门综合监管，形成政府内部部门协同监管的新型市场监管格局，从而节省

---

① 竺乾威. 从新公共管理到整体性治理[J]. 中国行政管理，2008(10)：52-58.

② 司林波，刘畅. 智慧政府治理：大数据时代政府治理变革之道[J]. 电子政务，2018(5)：85-92.

③ 胡税根，王汇宇. 智慧政府治理的概念、性质与功能分析[J]. 厦门大学学报：哲学社会科学版，2017(3)：99-106.

了治理资源，提升了政府的行政效能。在大数据技术和智慧政府理念的驱动下，政府的行为模式被重塑，数据技术使治理对象和服务目标更加清晰化，以数据为中心的治理模式将会成为主导，从被动服务到主动服务，从有限管理到智慧治理，政府流程的再造也就成为必然了。

二、中国政府流程再造面临的挑战与问题

实践探索表明，我国政府流程再造在某种程度上确实可以改变过去以任务分工和计划控制为核心的流程设计理念，简化行政程序，压缩政府层级，实现流程的跨部门化和集约化管理，为民众提供便捷和实惠的服务。

近些年来，虽然我国的政府流程再造已经有了较大程度的发展，但总体来看，政府流程再造工程仍然处于探索实践阶段，与政府流程再造的理想目标相比，依然存在诸多不容忽略的问题与不足，这些问题将成为我国未来政府流程再造进一步发展的重要障碍。

（一）地方政府流程再造动力失衡

我国地方政府创新往往以解决问题的被动式政府流程再造和贯彻上级及中央的决策的命令—控制型驱动为主。一方面，政府流程再造是由于组织外部压力所导致的变革与再造。虽然这些政府流程再造的实践在一定程度上解决了当时面临的亟待解决的问题，缓和了社会矛盾，但内在动力的欠缺有可能会导致地方政府流程再造的持续力减弱；另一方面，通过对地方政府流程再造的实践梳理，可以看出，上级和中央政府的文件精神、大政方针，很大程度上决定了地方政府流程再造的方向及时间进展。在我国，上级及中央的政策影响更加突出，没有上级的支撑与推动，很多政府流程再造实践无法顺利开展。地方政府如果无法从根本上获得政府流程再造的内在动力，仅仅停留在被动式应激反应的层次，迫于现实中的种种问题与矛盾而进行政府流程再造，那么地方政府流程再造永远慢于现实的需要，地方政府流程就不能很好地适应日新月异的社会形势，进而推动服务型政府建设。①

（二）政府系统复杂，职能部门间存在目标差异

在政府流程再造过程中，很大部分的流程再造都存在于跨部门之间。跨部门流程中各相关职能部门为共同解决问题走到一起，但依然将各自的职能和责任置于首位，兼之部门利益的考虑，它们在合作中所持有的目标亦有差异，有时甚至是冲突的。当信息平台建设由于种种因素的限制在短时间内不能同时满足这二者的要求时，这种诉求差异则有可能转化为内在冲突。在传统的科层制组织中，各部门的权力意识较强，而在一站式或者一窗式服务建设中，有些部门或个别官员会有“被夺权”的顾虑，而这一点也影响到部门之间的合作与发展。② 如何弥合跨部门合作中这种目标差异是跨部门流程再造必须解决的问题之一。因此，成功的跨部门流程再造常常要进行大量的沟通、协调、教育、培训工作，使各职能部门在认识上达成一致，从而促进合作的展开和推进。③

（三）信息技术改造与行政体制存在脱节

我国地方政府流程再造往往是建立在电子政务的基础上的。结合我国目前电子政务

---

① 梅寒. 我国地方政府流程再造问题研究[D]. 南京大学硕士论文，2016.

② 刘新萍. 电子治理的发展趋势：基于信息技术应用的政府流程再造[J]. 电子政务，2014(02)：60-68.

③ 金竹青. 中国政府流程再造之问题与挑战分析[J]. 云南行政学院学报，2008(5)：99.

发展的情况来看，大多数地方政府仅仅扮演着信息技术和产品的消费者的角色，电子政务建设与行政改革的需要存在着许多有待适应的地方。一是以电子政务建设为基础的政府流程再造并没有很好地适应政府职能转变，政府职能转变提出后，宏观管理、公共服务功能凸显，如何使以电子政务建设为基础的政府流程再造借助电子政务的技术支撑，提高宏观管理的能力和公共服务提供的质量，是当前政府流程再造的当务之急。二是电子政务的建设并没有和政府业务流程再造相适应，不够贴合提高行政效率的需求。不少部门存在着这样的认识误区，认为有网络系统、管理软件就是电子政务，电子政务建设只是花钱更新硬件和软件，而不去真正进行实质的建设，造成利用率低下，带来极大的浪费。还有就是各级政府部门建设信息系统时各自为政、标准不一，并未进行互联互通，这样一来，造成信息不能共享，跨部门业务协同性自然就差，安全可靠性更值得怀疑。有些政府部门电子政务建设非但无助于改进工作方式、提高工作效率，反而增加行政成本，加剧部门之间的推脱、扯皮现象。

（四）绩效评估制度不完善，人为割裂流程

完善的绩效评估制度是引导和指示组织行为的标尺。由于采用以“流程”为工作重点，政府流程再造对以“官本位”为基础的专业职能及人力资源管理体制产生了极其猛烈甚至是残酷无情的冲击，分析并量化工作流程将是一项复杂及崭新的挑战。目前，传统政府部门的绩效考评制度缺乏单一衡量整体绩效的指标，仍然以职能为单位进行评估，评估重点是各部门和部门内各岗位，没有人专职对具体的流程进行评估，而是把流程人为地割裂，使流程成为“片段式”的任务流，忽视结果与成本，使得整个绩效评估体系在复杂多变的环境中变得力不从心。①

我国政府流程再造已经取得了很大的成功，但与企业业务流程再造一样，政府流程再造遇到了诸多问题和困难，且由于政府在官僚制结构、制度、人员、文化等方面的复杂性和惰性更甚于企业形态的组织，改革将会更为艰巨。因此，要有清醒的认识和充分的心理准备。从具体实践上看，政府流程再造最根本的风险或许在于，我们要如何在解构原有官僚制组织结构和文化的同时，又不破坏原有制度设计中能够彰显和保障公共精神的那些构想以及价值，同时又能在新的社会、经济、技术背景下，与整个发展社会趋势保持一致，并能够成为引领社会变革的方向和指标，这是我国政府流程再造改革中必须正视的挑战，也是必经的道路。

复习思考题

1. 什么是政府流程再造（GPR）？它与企业的业务流程再造（BPR）有什么不同？
2. 政府流程再造的内涵包括哪些内容？
3. 政府流程再造产生于什么样的背景之下？
4. 试述政府流程再造的特点。
5. 如何开展政府流程再造？请试述政府流程再造的六个阶段。
6. 政府流程再造具有怎样的目标价值？

---

① 叶勇. 政府流程再造的概念约定［J］. 福州大学学报（哲学社会科学版），2009(2)：138-139.

7. 试述政府绩效评估与电子政务之间的关系以及相互影响。
8. 试述我国政府流程再造的进展情况。
9. 我国政府流程再造中存在哪些挑战？请提出你自己对此问题的对策分析。

第十三章　行政组织改革

第一节　当代美国行政组织的改革

一、美国行政组织改革的背景

（一）从第二次世界大战后到 20 世纪 70 年代末，美国政府行政职能的扩张引起公众的不满

美国政府行政职能的扩张，缘于两方面的原因：一是战前政府职能扩张的惯性；二是第二次世界大战时的动员体制，战后两极对峙的政治现实，福利国家的建立，又进一步强化了政府职能扩张的趋势。为化解 1929—1933 年的席卷全球的经济危机带来的不利影响，政府开始采取积极措施全面地干预经济生活，其目的是试图将整个社会从危机中解脱出来，帮助企业摆脱危机，还民众以富足的生活。同时为消除人们的后顾之忧，政府也开始为民众提供就业、医疗、养老等福利性的保障。经济与社会职能的设置与扩张，一方面初步化解了经济危机，消除了人们的担心，政府职能扩张在一定程度上还适应了当时社会政治发展的需要；但另一方面，也导致了政府职能的膨胀、机构的增加，致使政府部门管治乏力，效率低下，增加了民众的财政压力。在危机之痛渐渐淡去之后，人们发现扩大了职能的政府也并没有如当初所希望的那样能消弭政府管理中的问题，有时甚至还造成了政府对私域空间的挤压与侵犯。人们对政府的不满日益强烈，但政府职能扩张的惯性并未因不满而有所抑制，甚至更加激烈，给本已不堪重负的纳税人带来了更加沉重的负担，政府财政也难以为继。人们发出了改革政府、压缩政府职能、精简政府机构、建立廉洁高效政府的呼声。

（二）美国政府规制过多过滥，抑制了组织及其工作人员的积极性和创造性

自 1883 年的《彭德尔顿法》颁布实施以来，美国政府为加强管理，制定、强化了大量的行政规章、制度和条例，用以约束、规范行政机构、公务人员、民间组织及公民。到了 20 世纪 70 年代，美国政府的有关规章制度之多几乎达到了泛滥的地步。仅美国政府制定的工商规制条例的篇幅在 1970 年到 1979 年就增加了两倍；联邦法典的页数增加了 2/3；联邦规制记录 1970 年达到 424 000 页，至 1977 年这个数字则上升到 742 000 页。不仅企业受到政府过多的规制约束和钳制，政府行政机构的内部管理所依据的规章制度也是浩繁之极。其中，《联邦人事手册》多达 1 万余页，农业部所依据的人事法律、条例、指南、判例及内部条例重达 405.824 千克。极其复杂的人事制度把人事职位分成 4 599 个系列、15 个级别，每个级别又分为 10 等。《联邦采购条例》有 1 600 页，具体部门必须遵循的条例有 2 900 多页，有些规

定琐碎到令人瞠目结舌的地步,如其中的《国防部采购条例》中有12页谈如何购买奶油夹心甜饼,14页谈如何购买水果蛋糕。特别是,由于知识信息时代的到来,政府公务员素质普遍提高,对很多事务他们完全有能力独立决策和经办,但过多的规章制度,却使他们在具体的行政管理过程中即使应付自如,也不敢越雷池半步,只能循于规章而耽于主动。另外,过分的管制也容易滋生腐败和寻租行为。行政管理中最需要的积极性、主动性和创造性在强大的规章制度的压抑下日趋减少,其行政效率之低、对民众的呼吁等的反应也就可想而知。

(三)信息技术的发展为行政组织的变革创造了有利条件

信息技术的发展,不仅仅加快了信息的传递速度,拉近了决策层与基层管理者的距离,更主要的是带来了组织结构的扁平化,引起了组织流程改变与管理观念的转变。随着电子政务建设的推进,原来适应工业社会的科层组织结构已不能满足现实行政管理的需要,构建适应信息社会的行政组织形态并借此改进政府的管理已日益具有紧迫性与现实意义。人们希望借助信息技术的发展,一改政府效率低下、反应乏力的不足,并构建一个面向未来、具有新的管理机制的行政组织。1993年,美国提出"国家信息基础设施(National Information Infrastructure)"方案,旨在全美建成信息高速公路,创建美国国家信息基础结构,把政府、企业、家庭、个体联系起来,构成互联互通的信息网络,其功能在于促进私营部门投资、推进公共服务、促进技术创新、改善政府采购等多个方面的发展。经过多年的发展,国家信息基础设施积极纳入多方面的相关数据,对美国的经济、社会产生了广泛影响。

(四)国际环境的变化也促使美国行政组织出现了一些新变化

外部环境影响到行政组织的生存与发展,重大国际事件也会促使行政组织在功能、政策、机构设置等方面进行相应调整。冷战后,美国是当之无愧的世界头号强国,但其经济、科技的强大并没有消除其遭受袭击的危险。"9·11"事件可以说是对美国单边外交政策的一个极端反应。为打击恐怖主义,维护国土安全,美国制定了国际反恐战略。在配合其反恐需要的同时,为继续保持美国在世界上科技、经济与军事大国的独霸地位,美国也强化了其对外的安全、军事等职能。美国联邦政府的行政组织职能与机构也作出了新的调整,主要是加强了美国本土的安全保护职能。

二、美国行政组织改革的主要内容

(一)政府职能市场化

所谓政府职能市场化,是指在对政府职能重新界定后,将原来属于政府的一部分职能交给社会组织或民间团体去承担,由市场机制发挥作用。具体而言,主要表现在两个方面。

1. 公共服务民营化。政府不再垄断公共服务的供给,政府的责任只是确定这些公共服务部门所提供服务的质量和价格标准,以保证私营企业既能提供优质的公共服务,又无法利用提供公共服务的机会谋取不正当的利益,以保障社会公平。政府公营的公共服务部门私有化,减少了管理公营企业的职能和机构。同时,公共服务部门因私有化,引入了竞争机制,增加了顾客选择的机会,从而提高了公共服务的效率,降低了公共服务的成本。公共服务是21世纪政府改革的重点,包括了教育、医疗、养老、科技、文化等多个领域的事业发展。美国联邦政府采用的是市场导向的公共服务体系,强调政府、市场、社会的平等参与,并根据服务的实际需求进行灵活调整,其中,政府的角色主要是实施经济调节、市场监管、社会管理等职能活动,确保公共服务的经济性和效率性原则。

2. 政府业务合同化。对那些仍属于政府职能范围的事务，尝试通过政府合同的方式"外包"。政府只是有选择性地确定"外包"项目、组织招投标、签订合同并监督合同的执行、制订相关的规范等。通过有选择性的"外包"，既减少了政府直接从事提供服务的管理机构和人员，又通过市场竞争，节省了行政经费，更主要的还在于打破了政府对公共服务的垄断，推进了服务的多元化。另外，针对社会福利开支居高不下却又不能减少其数量与品种的困境，通过市场机制的引入，压缩社会福利项目，把一些社会福利项目交给私人机构办理，以达到收缩政府的社会职能的目的；还放松了对私营工商企业的管制，收缩了政府的经济职能和裁撤了相应的机构。

（二）放松规制

1. 消减陈旧规制。一是实施严格的法律审查制度，规定每项规章的有效期间，到了规定的日期，须对其进行审查，除非得到再次批准，否则宣布此项规章失效。二是建立审查委员会，检查政府组织的规章或活动，剔除过时的内容。1982 年，里根总统发布 12291 号行政令，成立"信息管制事务办公室"，根据成本与收益的比较，对管制部门提交的新规章进行审核。布什政府基本上坚持了 12291 号行政令的改革框架，撤销了 13 000 多个管制规则，降低了管制成本和代价。1993 年，克林顿签发 12866 号行政令，阐述新的管制理念——管制制度在于发挥私营部门和市场机制对经济增长的根本推动作用。小布什政府遵循了 12866 号行政令体现出来的管制新理念，只在具体管制项目和操作方案上进行了调整和改革。这些放松经济性管制的改革对减少政府干预、增强企业活力作用明显。三是实施科学有效的监管策略，自 20 世纪初企业所得税和反托拉斯法的推进，政府的监管和法律规制常常被视为企业发展的一个障碍，美国商界对政府日益复杂和限制性不断加强的法律监管持有反对态度。而在美国金融危机爆发后，美国政府于 2009 年提出了"金融规制改革"方案，强调政府的功能和角色，对金融市场实施全面监管。

2. 改革预算制度。自 1789 年美国预算制度建立以来，其预算管理先后经历了国会主导预算管理过程、总统主导预算管理过程、国会和总统共同控制预算管理过程的历史时期。面对超支造成的财政赤字，预算改革成为美国行政改革的重点：一是改年度预算制度为两年期预算制度，增加预算时间的灵活性；二是在核定预算的基础上，鼓励各组织部门以最小的成本办最多的事，节约的成本可以保留 50% 自用，并将预算管理办法从过去的以控制审批项目为主转变为注重结果为主；三是在制定预算时综合考虑其他部门的财政收支情况，实行跨部门预算。

3. 简化政府采购方式。如 1993 年的《戈尔报告》就提出六条建议：重新起草采购条例、简化采购过程、通过"电子市场"简化采购程序、小额采购由部门自主决策、更多地依赖商业市场、制定新的《联邦采购法》等。财政部门不去干预具体的采购方式、采购的品种与品牌，只从采购资金方面予以控制。2017 年 3 月 13 日，美国总统特朗普签署了名为"重组行政部门全面计划"的行政令，要求美国联邦政府各部门在 180 天内提交重组计划，以增进政府工作的效率、削减政府开支。其中，一个重要做法就是借鉴私营部门管理模式，以结果为导向，提升政府采购效率和质量，简化政府采购程序。

4. 改革人事制度。减轻对公务员过分的规制，简化职位分类规制，简化公务员辞退制度，废除 1 万余页的《联邦人事手册》。1883 年通过的《彭德尔顿法》(Pendleton Act)确立了美国文官制度的基本内容，打破了之前文官制度中功绩制的弊病，以市场化手段进行弹性管理。之后,卡特总统在 1977 年 5 月创建了由文官委员会和联邦管理预算局共同领导的“联邦人事管理计划”,内容涵盖了人事管理的录用、晋升、考核、薪酬等管理活动。高级文官制度正式确立的标志是 1978 年《文官制度改革法案》,根据其中的内容,建立直属总统的人事管理署,由该部门负责掌管人事决策和工资控制权。到了 1993 年,克林顿政府主导了“重塑政府”运动,进一步治理了官僚机构的低效率问题。近年来,美国在文官制度中也突出了对弱势群体的照顾,如 2011 年 8 月 18 日,美国总统奥巴马签署了行政命令,要求联邦政府在雇佣过程中要更多体现对弱势群体的照顾。

(三)放权与分权并行

美国的联邦政府和州政府实际拥有的权力,随着历史条件的变化和社会经济的发展在宪法原则的总体框架下发生着变化。自 1981 年里根推行新联邦主义开始,政府间的制度设计是一种以分权为取向的制度设计,而在 20 世纪 90 年代则主要体现为克林顿政府推动的放松管制改革实践。克林顿政府通过放松对州与地方政府的规制、加强对社区的重视来实现权力的平衡,提高政府的绩效。

一是授权于州与地方政府。在遵从宪法中有关联邦与州及地方政府的权力划分框架下,在具体的行政领域充分授权。结合电子技术的应用,改革科层制的官僚组织,减少信息传递的中间环节,压平层级,给负责具体工作的人以决策权,引导所有的政府雇员对行为结果负责。二是分权给下级行政组织和部门主管人员,让其有聘雇人员、核定薪资的权力,以调动其积极性,强化激励。

(四)精简机构

1. 合并机构、精简人员,减少财政支出。美国联邦人事管理署统计,1962 年美国联邦政府公务员有 251 万人,之后这一数量一直呈上升趋势。到 2013 年,美国联邦政府层面的公务员达到 274.5 万人,州和地方政府层面的公务员达到了 1 905.5 万人。为了进一步控制政府规模,特朗普总统上任后冻结了联邦政府人员编制,并进一步运用商业理念改革政府职能。

2. 设立创新基金。对机构和职位的设置贯穿“以最少的钱办最多的事”的原则,对减少了机构数目或改变了机构设计模式的人员和组织予以奖励。创新基金由政府财政拨款,也可接收社会捐款。

3. 建立电子政府。推行办公自动化和无纸化,运用计算机技术和网络管理手段,提高政府收集、处理信息的能力,以此推动政府人员的精简。

三、美国行政组织改革的特点

美国行政组织改革以放松规制为其突出特点,但放松规制的改革也受到了来自国会、政府内部的阻力。他们抓住放松规制不利于行政组织自我控制的一面,对放松规制提出了质疑。同时放松规制本身也不可能解决官僚体制所固有的一切问题。因而,放松规制的改革仍处于实践尝试之中。即便如此,美国放松规制的改革对各国行政组织改革仍有重要借鉴意义。

放松规制的改革为私营部门管理理念的导入提供了空间,如引进效率观念、服务意识和竞争机制,尤其是在政府部门中强调成本与效益、顾客至上等理念,意义重大。随着政府规制的放松,也激活了政府内部的创新元素,为各国行政组织改革开拓了新的思路。

美国放松规制的改革适应了信息时代政府管理的需求,也是解决规制过多过滥的问题的必然选择。美国自第二次世界大战后以来,制定了浩繁的规制条例,过多过滥的规制必然要抑制人们的主动性和创新精神。但应看到,美国经过长期的实践,各级政府组织和公务员都基本上养成了按规制行事的方式和习惯。可以说,规制不再只是表面上的条例,它已内化为人们的生活习惯和信条,已构成制度文明的一部分。遵守规制也已成为一种行政文化,废除过多的规制并不会导致人们习惯的改变。因此,放松规制不是不要规章制度,放松不必要的规章制度仍是以必要的规章制度为基础的,只有这样,才不会导致随意性的泛滥。但是,在有些国家,情况就不一样。特别是在发展中国家,许多政府管理的规章条例还未形成体系,已有的规制还没有内化为公务员的信念,还没有转化为自觉的行为。因此,各国不能盲目地跟在美国后面喊"放松规制"。只有当本国的规章制度已形成完备的体系、已内化为人们的内心信念,并使公务员养成自觉遵守规制的行为习惯时,再进行以废除没必要的规制为内容的行政组织改革才是可行的。

美国放松规制的改革,并不是放松或废除所有的规制。作为官僚体制的重要特征,规制的作用是其他东西所不可替代的。规制能最大限度地抑制个人的痴心妄想、恣意妄为,给社会以规范与秩序,因此,即使在以知识和信息为管理基础的新时期,规制的作用也是不可忽视的。美国放松的只是那些对社会经济领域和行政组织自我管理的过细过滥的规制,而不是所有的规制。对那些社会政治统治方面的规制不是放松了,而是有所加强;对那些公共服务的职能不是减弱了,而只是转变了它的行使方式,这也是西方行政改革的共同点。事实上,美国在废除那些过时、陈旧的规制的同时,还在根据行政管理中的新问题不断制定新的规章条例,如公共安全方面。

第二节　当代英国行政组织的改革

一、英国行政组织改革的背景

英国被认为是当代行政改革的先驱,其行政改革也一直是世人瞩目的焦点。从 1979 年撒切尔夫人执政开始,到 1997 年工党布莱尔政府上台,再到卡梅伦政府执政,英国行政改革经历了从"竞争性政府"到"开放公共服务"的转变。

(一) 撒切尔夫人的"竞争性政府"改革

英国当代行政组织的改革主要从 1979 年撒切尔夫人执政时开始。撒切尔政府的行政改革基于人们对公共部门和"官僚"的怀疑与不信任。这种怀疑与不信任源于这样一种认识,即政府并不总是主动积极地去追求社会公共利益,更多地却是关注政府组织自身和公务员个人的利益。为了获取更大利益,行政组织会不惜扩大社会不需要的职能,过度干预社会生活,构建庞大的机构以便从财政开支中捞取更多的好处。因此,政府管了许多管不了、管不好的事,到处充斥着浪费、低效率、官僚主义;中央政府软弱,对地方政府失去应有控制等。与此同时,与政府部门低效率、高浪费的现象形成鲜明对比的却是私营部门管理的高绩效。受此影响,英国的现代保守主义坚信借用私营部门的管理原则、技术和方法,包括管理人员,来改革政府定会取得良好的效果。

撒切尔政府改革主要是借助私营部门的管理方法来改革政府公共部门,它以提高政府管理效率、转变政府职能为目标，以引进市场机制和竞争为手段，目的是打造一个“竞争性政府”。改革的主要方向是公共服务的市场化。撒切尔主义公共管理新思维的特征可以归结为四条：一是崇尚市场机制和市场力量，主张尽量减少政府干预；二是主张廉价小政府，节省开支，减少税收从而激励私人资本投资，导致经济繁荣；三是加强对高级文官的政治控制，大力削减公务员数量；四是政府引入私营部门的管理方法，鼓励公私之间的竞争，鼓励公共事务向私营部门的转移。这次改革，为英国带来了新的行政文化，引进了新的管理模式，并开启了行政改革的新时代。

（二）布莱尔的“合作型政府”改革

1997 年上台的布莱尔政府的改革背景则是建立在对以往行政改革的经验的反思之上。撒切尔夫人的改革固然为英国公共部门的管理带来了新的理念与文化，但也带来了诸多的问题，如企业管理模式在与公共组织兼容过程中产生了摩擦；企业文化在改造政府的同时带来了伦理上的争议；竞争机制的引入带来了活力的同时，却忽视了部门之间的合作与协调，带来了碎片化的制度结构，影响了公共行政部门的管治效率。代表工党的布莱尔上台所推行的改革，试图既借鉴企业竞争文化以推进公共服务的高效率，又能超越新自由主义的框架，希望秉承工党所主张的“第三条道路”，在保有充分竞争的同时唤起对社会公正、平等等伦理价值的重新关注。同时，信息技术的革新和全球化的压力也是“全能政府”所面临的挑战。工党认为，全球化带来的新的问题如果仍是沿用先前的行政改革思路是无法应对的，必须寻求新的方法。只有充分利用信息技术的优势，又积极创造政府内部和政府之间的各种合作，才能迎接全球化时代的挑战。

英国行政改革政策的连续性并没有随政党的更替而抛弃。保守党推行的以市场化和“新公共管理”为主要方向的改革，基本上被工党政府所继承。市场机制和竞争、市场原则和引进私营部门管理技术，依然是工党政府提高公共服务水平和质量的主要手段。工党的“第三条道路”只是在继续保守党政府的改革大方向的前提下，顺应环境变化的需要并总结前段改革经验的基础上，进行了渐进调整。布莱尔政府的行政改革纲领在 1999 年出台的《政府现代化》白皮书中明确了三个目标：确保政策制定的高度协调和具有战略性；以公共服务的使用者而非提供者为中心，确保公共服务更符合人民的需要；确保公共服务提供的高效率和高质量。围绕这三个目标，改革集中于五个领域：政策制定；公共服务的回应性，即与公民需求的高度衔接；公共服务提供的效率和质量；信息时代的政府，即大力发展电子政务；公务员制度改革。

（三）卡梅伦的“开放公共服务”改革

英国卡梅伦政府于 2011 年颁布了《开放公共服务白皮书》，重点对政府公共服务模式进行整体规划，在“大社会、小政府”的理念下，英国卡梅伦政府希望强化社会的自我有序运作，鼓励并拓宽公共服务的提供渠道。具体做法包括：一是去中心化，积极发挥非营利组织在社会公共服务中的作用，把公共服务的选择权和控制权归还给公民社会，以保障多样化需求的满足；二是分权治理，政府在公共服务领域方面不再是主导一切的定位，而是积极同供应商、社会组织、公众等相关利益群体进行共同管理；三是强化问责，为保证公共服务成效，政府建立更为明晰的问责机制来接受公众监督，以确保委托服务的高效率和高质量。总体来看，英国当前开展的公共服务改革，构造出了选择多样化、供给多元化和机会均等化的结构，在强化社会建设的理念下，建立了英国政府职能改革的新模式。在此过程中，政府职能发生了很大变化，尤其在公共服务方面，更强调委托和购买的间接供给，为理顺政府市场关系提供了新的思路，在服务型政府的建设方面做出了新的努力。虽然“开放公共服务”在理念上做到了全面和细致，但在推行过程中也面临种种困难。

二、英国行政组织改革的主要内容

（一）重新界定和优化行政组织职能，将部分职能市场化

这项改革着眼于政府与社会的关系，目的是要通过减少政府职能，实现政府从社会的部分撤退，建立小政府模式。主要做法是：（1）政府角色定位与职能优化。重新检讨政府与社会的关系，通过引入竞争机制给政府“瘦身”，政府从对社会事务的垄断中全面撤退，回归小政府模式。其主要手段是非国有化和公共服务市场化。（2）公共服务领域的市场机制。对不能完全推向市场的政府职能实行不同形式的社会化，如合同外包制、内部市场机制等，期望通过竞争激励公共雇员，提高公共部门绩效。改革的主要手段是合同出租和非国有化，即把原先由政府包揽提供服务的职责民营化，将其投入市场，由市场竞争主体来提供。而对那些不能推向社会的政府职能则通过合同的形式，以竞争招标方式，交给社会承担，以提高行政管理效率，更好地满足顾客需要，同时达到精简政府机构的目的。

在撒切尔夫人改革之前，合同制在英国早已小规模地存在于基层政府对诸如垃圾收集等一些公共服务的领域中。20 世纪 70 年代末保守党执政以来，这种由私人领域提供公共服务的方式才得到发展。1980 年，保守党政府通过《地方政府计划和土地法案》，要求地方政府和社会组织以竞争的方式获得房屋和道路的建设权利。1988 年，保守党政府通过《地方政府法案》，扩大了地方政府以合同的方式、竞争的方式，向其内部组织、社区志愿组织、私人组织提供服务项目的范围，它涉及教育、医疗卫生、社会保障、环境保护、公共交通、就业等领域，希望通过合同出租，促进竞争，实现政府目标。甚至在监狱管理等国家传统的基本职能领域，也有以合同方式让民间组织管理的新思路。2010 年以来，民营化、市场化、放松管制、执行机构、分权等理念是指导英国行政改革实践的关键词，其改革目标朝着“大社会治理”的方向不断发展。

（二）以加强中央宏观调控权为宗旨，调整中央与地方行政组织之间的关系

在英国，中央政府一向对地方政府控制较弱，宏观调控的执行权多让位于地方政府，以致宏观调控乏力。为改变这种不合理的状况，自 1979 年至 1994 年，议会先后通过了 150 余项法令旨在削弱地方自主权，加强中央对地方事务的控制，使宏观决策权、执行权向中央集中。与此同时，削减地方税以增加中央政府的财政支配能力。英国政府间关系由此从中央与地方讨价还价，中央受制于地方开始步入中央集权化时期。但由于长期的传统观念及缺乏沟通和信任，中央的管理者大多认为地方人员缺乏法律精神和良好的管理素质，因此经常通过强制性的命令方式来推行合作的理念，使地方管理者感到士气受挫。中央与地方之间的冲突仍然存在，并且成为推行“合作型政府”的障碍。自卡梅伦政府的开放公共服务改革以来，实质上更加关注中央与地方、政府与市场的良性互动。在此基础上，为保证宏观目标的实现，英国政府在开放公共服务框架中，还着力建立了一整套的保障配套措施。

（三）以效率为中心，改革行政组织的内部管理体制

这项改革包括组织结构、工作程序、监督机制、公共责任机制、管理方法等方面。这主要

表现在：

1. 雷纳效率分析小组[①]的改革方案。雷纳以务实的态度，对那些人们习以为常的问题提出质询。效率评估小组在评估机构中推动争论或辩论，以寻求更好的方法，进而达成一致的认识，最后具体实施认识一致的改革措施。通过让公务员参与效率的评估与分析，使改革的要求发自内部，因而取得了较好的效果。

2. 在政府各组成部门内部设立专门负责执行的机构，执行政策和提供服务。虽说执行机构与决策机构分离的改革在美国、瑞典已尝试多年，但英国改革却赋予执行机构以新的内容。最具有英国特色的是设立独立的执行机构。1988 年，英国政府开始推行“下一步行动方案”，其主旨是将决策与执行分离，主要形式是在部门内部设立独立的执行机构，履行政策执行和服务提供职能。这一改革减轻了部长的工作负荷，使之能集中精力考虑重大政策问题；提高了高级文官的服务经验和管理技能；打破了公务员统一的录用体制、统一的工资级别、统一的考核标准，实行了多样化管理，有利于履行多样化的职责；赋予了管理者以充分的自主权，使之能充分发挥积极性和创造性，实现组织目标；增加了财务管理和人事管理方面的灵活性；提高了透明度，改革了责任机制和加强了公众对公共服务部门的监督；等等。执行机构在中央各部制定的政策和资源框架文件下履行职责。执行机构负责人在机构编制、人员录用标准和程序、工资级别和待遇、内部组织结构、财务管理等方面拥有充分的自主权。通过此项改革，英国行政管理的工作目标出现了从“规则为本”到“结果为本”的转变；上下级部门之间从隶属关系到契约关系的转变；控制机构从投入、过程控制到结果控制的转变；权力从集中向分权制度化的转变。例如，卡梅伦政府设立的效率和改革小组（Efficiency and Reform Group），目的在于更好地降低成本，并有效推进改革的相关工作。

（四）重视信息技术对行政改革的支持

撒切尔政府时期，英国行政组织改革以加强中央宏观调控权为宗旨，以加强各部首长对部门工作的领导为目的，建立“部长管理信息系统”。这一信息系统要求部长与科级人员之间建立直接和规范化的信息沟通渠道，要求对下层单位订立目标责任制度、绩效评估制度，要求下级对部长遵循全面的信息反馈制度，以便各部首长能更深入地了解、指导、监控本部门的工作。这也为取消某些中间层次、分权给下级创造了条件。部长管理信息系统极大地提高了工作效率，如环境事务部在建立这一系统后的四年内，在工作任务不减、裁员 29%的情况下，工作质量还有所提高。

为提高行政效率，英国近几届政府都注重电子政府的建设。英国的电子政府建设开始于梅杰政府时期，在梅杰政府时期提出了绿皮书《政府指导：用电子方式提供政府服务的说明书》。布莱尔政府接受了这份绿皮书的基本原则，并且在此基础上于 1999 年推出了《政府现代化》白皮书，正式把电子政府建设同政府改革相结合。电子政府突破了纯粹的技术层面，不仅制定了提供公共服务全面战略，而且同政府改革相结合，成为推行政务公开的具体实施途径。2000 年 2 月 14 日，英国中央信息技术单位发表了名为《电子公民、电子商务、电子政府：信息时代公共服务的战略框架》的咨询文件，更加明确了从社会整体角度运用电

---

① 1979 年，撒切尔上台执政后，立即任命雷纳爵士为首相的效率顾问，成立效率分析小组，负责行政改革的调研和推行工作，对中央政府各部门运作情况进行全面的调查、研究和评价。

子技术完善公共服务的战略。

重视和充分利用信息技术以促进行政改革也是工党布莱尔政府的做法。所不同的是工党政府视信息技术为改善政府间分裂状态、促成部门合作的有效方式，尤其是在加强中央政府与地方政府之间的联系、改进政策制定和公共服务输出、鼓励公私部门之间的合作等方面，给信息技术赋予了更多的使命。布莱尔政府在《政府现代化》白皮书中承诺：2005 年 50%的公共服务输出采取电子化方式，到 2008 年则完全覆盖。政府希望充分利用信息技术为打造“合作政府”提供强大的科技支持。2012 年，英国政府推动“数字政府战略”，旨在以数字化、信息化技术推进公共服务。2015 年启动“数字政府即平台”的计划，运用“GOV.UK”网站来实现跨政府部门的高效协同，从而实现信息的共享和快速便捷的数字服务。2017 年，内阁办公室和数字政府服务局共同发布了《政府转型战略 2017—2020》，持续推进政府的数字化转型工作。

（五）改革人事制度

对公务员人事制度的改革一直以来都是两党政府的核心目标。撒切尔政府引入竞争机制和企业经营理念，确立绩效管理的激励方式，这一系列的改革为工党的布莱尔政府的公务员队伍建设奠定了基础。工党政府在继续利用撒切尔政府的改革成果的同时，还注意改变各部门的执行机构在得到更大自主权的同时缺乏合作精神与协调观念以及孤立、分裂的状况，并在公务机构中倡导“合作政府”的改革理念，以培养公务员的合作精神。

其具体做法有：(1) 确立和完善以结果导向的绩效评估体系，改善以往目标与薪酬缺乏联系的现象。(2) 简化工资评价体系，改革薪酬制度，给予地方管理者在制定薪酬标准上的更大的灵活性，改变职位与职能分离的现象。(3) 构建学习型的政府组织。加大培训和发展的投入，1999 年 6 月成立集研究、培训、咨询于一体的管理与政策研究中心(CMPS)，专门负责对最高级公务员的市场化培训；同时，打破官僚制对公务员尤其是第一线的执行人员创新能力的束缚，鼓励人才创新，吸引外部人才加盟政府。(4) 实行分类培训计划。在鼓励竞争的同时，坚持公正、客观和平等的公共服务价值，制定培养公务员队伍中的女性、伤残人士和少数民族高级公务员计划。执行机构的设立，从根本上动摇了传统的文官制度。短期合同制动摇了文官的终身任职制；统一的等级工资制被以工作结果确定工资及奖励的制度所代替；政府组织的排外性被抑制，可以任命私营组织的成员参与政府的行政管理工作。

（六）增强政府的回应性，优化公共服务

保守党政府的引入竞争机制来提高公共服务质量的做法为工党政府所沿袭，但工党政府也对过去推崇竞争的做法进行了检讨，采取实用的态度来使用竞争手段，注意理清公共服务的类别及其提供的有效性。如对公共服务采取有区别的提供方法，或由公共部门提供，或采取契约出租方式，或由公私部门合作方式提供。在界定服务提供的合适主体之后，进一步改进绩效评估和审查的原则，鼓励整体评估的途径，侧重结果导向的评估和服务标准。同时，削减对公私部门的不必要的负担和解除规制，以此鼓励革新和扩大服务提供主体的自由度，如提供公共服务协议(PSA)以确定各部门的任务框架，鼓励公共部门合作。为增强政府的回应性，政府专门成立了公民评论小组，在收集信息的基础上，政府努力促进部门合作，推出整合服务，改变以往因为部门分立而造成的服务输出混乱的情况；建立高效的投诉机制以及 24 小时全程服务规章；将一站式服务扩大到社会保障服务的各个方面。

三、英国行政组织改革的特点

英国是推行市场化行政改革最早的国家,可以说,它是当代西方行政改革的先驱。英国的改革强调在政府职能、职能行使方式中引进市场机制,从而使政府职能和机构规模有所缩减。英国行政组织改革强调行政组织内部要以效率为中心,强化中央的宏观调控与控制功能,这对同样属于单一制国家结构形式的中国的行政组织改革有重要的参考价值。

1. 英国行政组织改革非常注重学习私营企业的管理经验。政府管理很长一段时间是自得其乐地进行画地为牢式的管理,它高高在上,对其他非公领域的管理理论与方法处于漠视状态,造成它激励不足、不计成本的管理思维。英国行政组织的改革突破公私界限,大胆地引入私营企业的管理经验,学习私营部门的管理方法,甚至直接运用企业人事聘用方法聘用私营部门的管理者帮助设计公共部门改革方案。这些突破常规的改革思维,不拘一格地放下身段学习不同领域的管理方法的做法,值得我们深思。

2. 英国的行政组织改革注重循序渐进。英国的行政组织改革方案内容很全面也很激进,但其改革方案的实施又比较稳妥,分阶段执行,每个阶段都有阶段性目标,稳扎稳打,一个计划紧接一个计划,一个方案衔接一个方案,成熟一个实施一个,不以时间为限,却有时间可期。从"雷纳效率分析小组",到"下一步行动方案",到"部长管理信息系统",再到"财务管理新方案""公民宪章运动""竞争求质量运动",一直到后来的《政府现代化》白皮书,可以看出在不同的阶段,改革的侧重点有所不同,追求的目标有所不同,改革的主要形式有所不同,但不同阶段之间有着有机的联系,且对每一重大改革措施都进行独立的评估,以保证下一步改革具有坚实的基础。这种步步落实、层层推进的做法保证了改革的连续性,避免了执行改革方案的随意性,有利于改革目标的实现。

3. 改革方案具有很强的针对性和操作性。英国行政改革力度较大,效果比较明显,其主要的经验就在于改革顺应时代发展,注意吸收人类各领域的管理智慧,注重改革方案设计。如在政策和社会关系上,改革方案顺应民意,体现了政府退却、公共服务市场化和社会化等理念;在政府内部管理上,吸收借鉴企业管理经验,体现了以公民为中心、服务导向、结果为本、市场机构为基础等理念。为使改革顺利进行并有效率,专门聘请了私营企业的管理专家参与改革,成立了专门负责调查、研究行政组织改革的机构,通过充分、无牵制性的调研,制定的方案较有针对性,注意在改革中运用新的管理原则、新技术、新方法;发动相关部门、企业、知识界、受管理对象的广泛参与,反复磨合后的方案具有较强的操作性。这种针对性还来自现实管理中的一些细小环节,如对文件份数的计算、对会议经费是否值得的考问、对服务对象反馈意见的回访与跟踪等,都从细微处着手,使改革方案的设计显得周详细致。

当然,英国行政改革也遇到了一些困难与问题。如分权化导致了政府缺乏整合协调能力,执行机构存在各自为政现象;决策与执行机构分开后,执行机构增多,决策机构与执行机构之间如何协调成为问题等。

第三节 当代日本行政组织的改革

一、日本行政组织改革的背景

日本现代行政体制发端于明治维新时期,到1955年完全确立了日本政府主导型市场经济发展模式。从日本战后政治史来看,当代日本行政改革是第三次大改革。日本第三次大改革是仿照英、美的新自由主义改革进行的。20世纪80年代中曾根首相对国铁和电信公社等的民营化改革可以说是揭开了日本第三次改革的序幕;桥本改革是日本第三次改革的全方位改革的开始;小泉改革是第三次改革的继续和深化,因为小泉改革在许多方面,特别是在财政体制改革、社会保障体制改革、教育改革以及经济结构改革、不良债权的处理等方面与桥本改革几乎是重合的。

在日本,几乎每届内阁首相都曾提出要进行"改革"。以往的改革或者叫作"行政改革",或者叫作"财政改革""税制改革",等等,名目繁多,但都是有明确的特定领域的。1996年,桥本内阁提出包括行政改革在内的六大改革项目,并于1998年由国会通过了主要以《行政改革会议最终报告》为基础的《中央省厅(等)改革法》,明确规定了行政改革的基本原则和具体的改革措施。2001年1月,日本中央政府的机构改组最终完成,新的政府体制正式启动。原来的1府22省厅被综合改编成1府1委12省厅。小泉上台时,即2001年5月7日的改革叫作"小泉结构改革"或"小泉改革",所谓"结构改革"意即"没有禁区的改革",是"彻底的改革"。小泉改革的理论基础是新自由主义,提出了"五大目标",其内容涵盖了包括外交、安全行政改革在内的七个方面。安倍晋三担任首相后,日本政府于2013年内阁会议决定新设"行政改革推进总部",安倍晋三担任总部长,旨在积极推进行政改革,通过真正的政治主导打造出全新的日本。由于日本政府面临严峻的财政困境,政府体制改革也是围绕降低公共财政负担展开。并且,随着新公共管理在全球范围内的发展,日本的公共部门也延续这一改革路径,将非营利组织纳入公共服务中,把公共事务部分委托给社会,通过公共服务的部分市场化运作,减轻政府供给成本。

日本在第二次世界大战后进行了多次行政改革,每次的改革动因与目的也有所不同,但同作为战后的改革仍有大致相同的背景。

1. 过度的规制抑制了民间的创新和活力。第二次世界大战后,在向工业化经济转型的过程中,为扶植、保护国内产业,日本政府实施了广泛的行政规制,并逐步形成了"统制型"的政府规制模式,其特点是政府对市场功能的替代。政府通过市场准入限制、价格管制、数量限制等规制方式直接对微观经济活动进行全面、深入的干预。20世纪80年代之后,伴随着日本经济的高速发展,国内国际情况发生了巨大的变化,继续实施"统制型"规制和"保护型"行政的前提条件已经发生了改变,规制的必要性和合理性已不复存在,原有的规制体系开始走向其反面,成为阻碍日本进一步提高经济活力的重要因素。如日本的行政规制限制了公平竞争,保护了产业垄断;规制体系庞大,规制机构臃肿,规制效率低下;规制依据和规制过程不透明,政企关系不清,寻租现象滋生。这些弊端表明,日本传统的行政规制已经不能适应其经济发展之要求,过度的规制使得日本的企业过分依赖政府、轻视市场,结果使企业失去了活力,阻碍了国民经济的发展。

2. 随着经济增长速度的减慢，日本出现了持续的财政困难和财政赤字。进入20世纪70年代后，日本经济出现增长乏力的迹象，同时财政状况不断恶化。日本中央政府和地方政府的长期债务余额到2001年已接近700万亿日元，超过国内生产总值的1.5倍，财政支出远大于收入。20世纪90年代以后，日本劳动生产率大幅度下降，经济陷入长期萧条。受西方发达国家自由主义改革潮流的影响和推动，日本开始重新审视政府在社会和经济活动中的作用，逐步推行了以"小政府"为目标，以市场化、减少政府干预为主要内容的行政组织改革。2001年4月上台的小泉首相，他推行的改革被认为是继日本明治维新和战后改革后的第三次大改革。其改革原因也是由于20世纪80年代中期以后，随着经济全球化的不断深化，日本在高速增长时期行之有效的经济体制、经济结构和经济制度已经明显地不适应形势发展的需要，希望通过本轮改革能对那些不适应生产力发展的经济结构和制度、规制进行改革，以解决日本的"制度疲劳"问题。

3. 中央政府对地方政府干预较大，限制了地方自治和市民自治的健康发展。中央集中的财力过大，加重了地方政府对中央政府的依赖，束缚了地方政府因地制宜的积极性、创造性的发挥。日本是一个单一制国家，实行地方自治制度。现全日本有1都、1道、2府和43县、670个市、1 993个町和569个村。日本的地方自治制度是"二战"以后才逐渐建立和完善起来的，地方政府被当作中央政府的一个执行机关。都、道、府、县必须接纳一定数量的国家公务员，他们的工作受地方政府监督，但是人事上归中央政府管理。并且，大量的中央财政收入作为地方交付税和财政补贴发放给地方政府，使得地方对中央的财政依赖程度加强。中央和地方关系总的来说是"三分自治，七分集权"，中央对地方通过立法、行政和财政三种手段实施很强的控制。为改革中央过分集权的体制，日本在战后进行了不断的改革。1995年，村山内阁颁布了《地方分权推进法》，拉开了日本地方分权改革的帷幕；同年又成立了"地方分权推进委员会"，主要负责研究地方分权方面的问题。

4. 国际环境的变化对政府提出了挑战。国际化的进展、国际竞争的日趋激烈以及科学技术的飞速发展，要求政府更有效率和效益、更加经济地运行。公众对其他国家行政改革的努力也有相当的了解，他们不希望自己的政府在改革浪潮中无动于衷。政治家和政府官员也不希望给公众留下一个因循守旧、不事创新的形象，改革便成了一个必然的选择。

5. 社会问题的日趋繁多和严重，使日本政府面临着新的难题。随着战后经济的高速发展，日本也建立了完善的社会保障制度。但进入20世纪70年代，日本经济发展出现了困难，社会步入"少子化"的时代，就业、福利、养老等都成为日本政府所要解决的问题，而传统的管理方式已应付不了这些纷至沓来的问题，如何建立一个面向21世纪的行政体制成为一个重要课题。由此推动了日本行政组织的改革。

二、日本行政组织改革的主要内容

（一）放松国家规制，调整官民关系，缩减政府职能及机构

主要是政府向社会放权，尽量减少政府的规制活动，市场和民间充分发挥其功效，也即是所谓的自由化的改革。自由化是由1981年成立的第二次临时行政调查会提出的。到20世纪90年代，缓和规制的要求越发强烈，日本政府为此进行了大规模的、全面的放松规制改革。到1996年，日本政府实施的规制缓和措施已达1 797项。日本政府根据社会经济条件的变化，对经济性规制的改革坚持了自由的原则。一是对于社会性规制，根据政策目标的要

求,将其控制在最低限度,从事前控制型的规制向事后监督型的规制转变。由政府部门进行的有关检验、鉴定、规格、标准等方面的事务,尽可能地交给民间部门去办,向社会放权。让实施规制的部门从政府部门中独立出来,在明确各自责任的同时,发挥民间部门处理规制事务的作用,这不仅减轻了政府负担,而且提高了行政效率。二是实行规制的公开化,将政府规制的原则和规定公布于众,规制实施后的结果,原则上也予以公布,并承担向社会作出说明的责任。为方便国民并减轻其负担,有关办理许可和认可手续的部门则推进窗口业务的一元化,简化办事手续,简化提交材料的种类。三是注意同世界其他国家规制措施的比较、整合。

2001 年,小泉上台后所推行的"结构改革"也将规制改革纳入改革计划。改革在"民间能做的事情,由民间去做"的原则下,在所有领域都放松规制。具体进行的改革领域有:特殊法人改革或民营化;削减对特殊法人的补助金等;研究邮政事业的民营化;对公共金融功能进行彻底的改革;在医疗、护理、福祉、教育等领域也引入竞争机制,推动医疗、育儿等与国民生活密切相关的领域和商业需求较高领域的规制改革、结构特区改革,以扩大消费者的选择范围、创业渠道和扩大就业。在废除和放松事前规制的同时,还要充实事后检查体制。2013 年,日本首相安倍晋三公布了经济增长战略第三轮计划,认为放松管制是经济增长战略的首要任务,表示电力、医疗、基础设施等国营行业需要大胆开放,其核心在于激活民营企业活力,并推进公共事业领域的监管改革。

(二)推动地方分权,重新调整中央与地方的关系

1. 改革中央和地方的财政分配关系,加大地方政府的财权。其基本前提是要建立新的地方财政制度,把相当一部分财政收入来源和权力下放到地方。有关中央政府对地方财政补贴制度,每隔 10 年进行一次调整,还要严格限制新增种类。另外,尊重地方征税的自主权,着手研究中央和地方的中长期财政收入分配方案;交付给地方使用的税收,在确保稳定的基础之上,简化手续,允许地方对交付额度的计算方法提出异议;在协商的前提下,废除中央政府限制地方发行公债的许可制度等。

2001 年,小泉改革提出地方自立、提高地方活力计划。为了发挥地方的潜力,促进市町村的合并与重组,同时为了提高财政支出效率和明确利益、负担关系,进行地方财政改革。削减国库补助负担金,改革地方交付税制度。在地方公益企业引入民间经营方式,对承担护理、福祉、城镇建设以及废物再利用等事业的非营利性组织进行支援,支持有能力的经营实体参与地区经济事务。2015 年,日本首相安倍晋三在内阁会议表示,要进一步推进地方分权改革,旨在向地方转移权力。一个典型的例子是,由日本都道府县及市町村设立"地方版"公共职业介绍所,地方可自行判断设置办事窗口,无需向中央申报。

2. 重新划分地方自治事务,实行"道州制",扩大地方政府的规模和管理范围。日本的地方分权改革的指导思想是,明确国家和地方政府的职能分担,居民身边的行政事务尽量交由地方处理。主要做法有:一是废除中央委托事务制度,中央和地方建立平等的协作关系,积极推动中央向地方的权力转移。根据《地方分权法》,将原中央政府的机关委任事务的 54.7%改为地方政府的自治事务,将其余 45.3%改为法定委托事务。二是合理调整补助金制度,确保地方财政税收。尊重地方课税自主权,着手研究中央和地方的中长期财政收入分配方案。在协商的前提下,废除地方公债的许可制度。三是建立处理国家与地方的纠纷机制。在首相府设立"国家—地方纠纷处理委员会",公平独立地审查中央与地方的矛盾。四是中央政府应通过协商方式处理与地方政府的关系，并把影响控制在最小范围内，向地方政府施加影响，发出指令时必须以书面形式说明理由。五是建立和完善地方公共团体的行政制度，积极推进地方行政改革，对地方自治事务进行调整、撤销或合并，推进市、町、村的合并。六是对中央政府的地方派出机构进行合理化改革。事务量减少的要缩编，加快对其组织和事务结构的调整。在处理都、道、府、县与市、町、村的地方政府间关系上，除了跨地区的事务之外，其余都由基层政府处理。依照国家地方纠纷处理条例，对地方政府间的矛盾调解制度进行修正。改革地方议会，使其充满活力。推进市民的政治参与，并使其多元化。

地方分权推进计划囊括了对中央与地方权力的调整、地方财政制度的改革、地方行政管理体制的改革等方面，是个多层面、全方位的自治化改革计划。显然，它对变革中央主导型的日本政府体系结构起到了巨大的推动作用。

（三）建立防止行政机构膨胀的机制

日本从 1967 年以来，30 多年从未增加公务员编制，反而减少了 4 万多人。1967 年的公务员有 90 万人，到 1994 年则只有 86 万人。公务员编制之所以能够减少，是因为实施了削减编制的法规，通过组织法和编制法，以及严格的财政控制手段，使各机构、各部门不得贸然和随意地增加人员。

在行政组织机构的控制上，奉行"加一减一"的原则，即新设一个组织就必须废除一个现存的同等组织。机构的数目，由国家行政组织法设定最高限度，不得增加，否则，将追究法律责任。为适应国民建立"小政府"的要求，日本行政改革会议于 1996 年 11 月 21 日提出了当时机构重组方案，设立 1 府、10 省、27 个厅或委员会，比先前减少 6 个省、厅，精简 14%；各省的内设机构（官房，局）也有所缩减，业务量大的省也没超过 10 个局，官房和局的总数要从先前的 128 个削减到 90 个；局下面的课，由 1 200 个削减 15%，为 1 000 个左右；公务员人数在 10 年内最少削减 10%。近年来，日本地方政府在机构和职员管理上主要秉持精简的原则，一方面机构总数很少，许多事务交由社会中介组织承担，日本的都、道、府、县政府部门内设机构平均在 10 个左右；另一方面财政供养人员规模相对较少，例如日本内阁人事局于 2015 年公布了国家公务员定员审查结果，通过政府部门机构改革，当年日本公务员数为 29.69 万人，相比于 2014 年有所减少。

（四）建立公务员交流制度，纠正条条行政的弊端

日本为避免各个部门条条争权的弊端，采取了大规模、有计划、有系统地推动中央机关、驻外机关、地方政府之间的干部职员的交流制度。录用条例规定：中央各机关的所有职员被录用并工作三年之后，原则上都必须到中央其他机关工作两年，到驻外机构或国际机构工作三年。各地方公共团体和政府之间也有人员交流的相应规定，从而较好地消除了条条行政的部门利益观念，也有利于培养全面型的管理人才。

三、日本行政组织改革的特点

1. 行政组织改革过程中强调民主参与和公开透明。日本行政组织的改革，是在经济界、学术界的积极推动和影响下展开的。在地方分权的改革中，经济界、学术界的影响及其对地方分权推进委员会活动的积极参与，使日本行政改革的措施，赢得了全社会的理解和支持，并在全社会形成了对改革方向、方法的共识，使改革有了实质性进展。

2. 注重依法改革。日本行政组织改革中引人注目的地方很多，其中，依法改革、以法制作为改革基础与支撑是其行政改革能取得成效的条件与保证。日本历次改革均有法可依，无法不得施行，连实行改革的具体日程也写进了基本法。行政改革的法治化程度高，排除了行政改革的随意性。如机构设置与改革中的编制法，就很好地防止了行政机构的膨胀。30多年来，日本的公务员编制不但没有增加，反而减少了，这在全世界都属罕见。日本控制行政编制的方法、手段，实在值得各国学习。日本的公务员交流的制度化也很新颖，如让公务员定期在政府各部门轮流任职，既有利于减少部门的本位主义，又有利于公务员的全面发展。

3. 根据形势的发展，积极主动地进行行政改革。如20世纪80年代日本的规制改革之初，日本经济的高速发展掩盖了日本传统规制体系的弊端。日本政府和学界也以"日本模式"为自豪，对规制改革并不热心。1990年，日本泡沫经济破灭之后，进入了近10年的经济萧条期，日本政府和学界开始认真反思传统的统制型规制体制。尤其是经过1997年的亚洲金融风暴之后，日本原有的规制体制的弊端日益突出。于是，日本的一些政治家和经济学家力主改革原有规制体系，积极主动地制定了一系列的规制改革方案，逐步取代了被动改革的局面。

第四节　当代中国行政组织的改革

一、当代中国行政组织改革的背景

中国行政组织的改革自1978年起进入了一个新的阶段，它是在一种全新的社会背景下展开的。

1. 社会主义市场经济体制的逐步建立，要求行政组织进行相应的改革。党的十一届三中全会以后，我国开始市场化的改革进程，经过多年的摸索，提出要在中国建立社会主义市场经济体制。与经济体制的转变相适应，要求行政组织也要由适应计划经济的行政组织体制转变为适应社会主义市场经济的行政组织体制。这是推动我国行政组织改革的首要的、直接的动因。

2. 民主化政治体制的改革为我国行政组织的改革提供了广阔的空间。经济体制改革的开展并取得成功，激发了人们改革政治体制的要求。同时，经济体制改革中遇到的深层次问题，也需要通过政治体制的改革予以解决，经济体制改革的成果也需要通过政治体制改革来确认和保证。于是，政治体制改革也在经济体制改革的推动下，在各个领域得以展开。党政关系、政企关系、人大与政府的关系都在不同程度地沿着民主化的方向作出了调整。这种调整促进了行政管理体制的科学化，促进了行政组织的改革，使得行政组织改革有了一个广阔的政治背景。

3. 传统的行政组织体制，使行政效率低下，导致社会公众不满，为行政组织改革提供了社会动力。我国高度集中的行政管理体制在市场化的改革进程中，日益暴露出其不足：表面上政府无所不包、无所不能，实际情况却是管了很多管不了、管不好的事；政府机构庞大、部门林立、机构臃肿、人浮于事、事浮于人，使财政不堪负荷，官僚主义盛行，效率低下，甚至为腐败滋生提供了温床。由此引起群众极大不满，建立精干、高效、廉洁的行政组织体制日益成为社会公众的呼声。

4. 国外行政改革的理论与实践给我国行政组织改革提供了有益的经验和借鉴。从20世纪70年代开始,世界各国都在开展轰轰烈烈的行政组织改革。理论界的推波助澜、实践者卓有成效的尝试,给我国行政组织改革注入了新的观念、开拓了新的视野、启迪了新的思维。如市场观念、合同承包、企业家政府等观念和理论,都在不同程度上深化了我们对政府缺陷的认识,有利于我国自觉地按国情进行行政组织改革。

5. 知识经济时代的到来,给我国的行政组织改革带来了机遇和挑战。以信息、技术和知识为主要特征的知识经济需要与之相适应的公共行政管理体制。实践表明,与工业社会相适应的官僚机器越来越难以在信息高速发展的社会中运行。新经济形态下的行政组织要求组织结构简单、层次较少,才能达到反应灵敏、运转协调、高效廉洁的要求,世界各国的行政组织改革都在致力于这一目标,加速我国行政组织的改革正是顺应这一时代发展潮流的需要。

二、中国行政组织改革的主要内容

改革开放以来,我国行政组织改革主要在四个方面展开:

(一)理顺行政组织与其他组织的职能关系

1. 理顺行政组织与权力机关的职能关系。我国的人民代表大会制度规定:全国人民代表大会是国家的最高权力机关。国家的行政机关由它产生,对它负责,受它监督。行政机关负责执行权力机关——人民代表大会的法律和决定,履行国家行政管理职能。但长期以来,人大和政府之间的这种职能关系未得到完全的贯彻,主要表现在:人大对政府的监督权、质询权和罢免权未能充分行使。从政府方面而言,政府主动接受人大的监督不够,特别是在人大闭会期间。出现这种现象的原因,一是人大在组织上比较弱,致使宪法赋予的权力在行使上没有组织保障,人大有力不从心之感;二是政府如何接受人大的监督,如何向人大负责,都缺乏具体的法律规定,以致执行起来难以操作;三是政府工作人员尤其是领导人员,长期以来接受党的领导观念较强,而接受人大监督的观念、要对人民负责的观念较弱。

改革以来,人大加强了自己对政府的监督权、质询权、任免权和财政决定权;政府也主动地健全了向人大的报告制度,初步理顺了政府与人大的关系。随着行政组织改革的深化和民主政治的发展,行政组织接受人大监督、质询的制度还会逐步加强和健全。

2. 理顺行政组织与执政党的职能关系。改革党的领导体制一直伴随改革的进程一步步走向深入。首先是废除党的领导干部职务终身制;其次是党政职能分工,改革党对政府的具体领导体制。一方面,党对政府要实行政治领导、组织领导和思想领导;另一方面,在此前提下,政府要独立地行使自己的职能,不能将自己的具体工作交由党委去办,要切实理顺党政关系。随着今后政治体制改革和行政组织改革的深入,还应进一步将接受党的领导和独立行使行政职能具体化、制度化,使之具有较强的可操作性。

3. 理顺行政组织与企业的职能关系。我国行政组织与企业的职能关系,最突出的问题是"以政代企""政企不分"。为克服这种现象,适应我国市场化的经济体制改革的需要,从1984年起我国开始提出政企分开、政府向企业放权、落实企业的14项自主权的改革举措。20世纪90年代又提出了建立现代企业制度,把企业建设成一个产权明晰、职责明确、行为规范、管理科学的独立法人实体,明确其市场主体地位。这些措施对减少政府对企业的干预和企业对政府的依赖,明确各自的权限和作用,起到了重要作用。当然,要实现真正的政企分开,需要一系列的具体法规的制定和完善,它仍是我们今后行政组织改革必须正视的问题。

4. 理顺行政组织与社会事业单位的职能关系。我国政府对事业单位的具体问题管得过细过死,同时宏观管理又有失控现象,因此应该实行政事职能分开,正确划分政府与事业单位的管理职责。政府在加强宏观管理的同时,逐步将事业单位微观管理权还权于社会,扩大和加强各类事业单位的自主权。改革以来,我国除加强现有事业单位的自主权外,还大力发展了社会中介组织。将政府部分职能交给这些社会中介组织去履行,如成立行业协会、同业公会,大力健全律师服务机构、税务代理机构等中介组织,共担原先由政府承担的职责。这种做法取得了较好的效果,既锻炼了公民的自我管理能力,宣传了社会法制观念,也减轻了政府的沉重负担。

5. 理顺行政组织与社会团体组织的职能关系。一是在农村和城市的基层组织中,健全各种村民委员会和居委会等自治性组织的制度。二是大力发挥工会、共青团、妇联、文联、作协、科协等群团组织的作用。通过群众自治,改变政府包办群众性事务的传统做法,真正让人民群众有自治自理、当家作主的权利,从而极大地推动了我国民主政治向更高层次的发展。三是改变了政府过去对群众性团体多以行政手段管理为主的方式,开始主要依靠法律手段来规范其活动和目标,引导这些群众性团体在法制范围内自主进行管理。

(二)理顺行政组织内部的职能关系

1. 理顺纵向的中央政府与地方政府的职能关系。我国中央政府与地方政府之间的职能关系,中央一直比较重视,从 20 世纪 50 年代开始,每隔一段时间就作出一些调整。但这些调整较多地限于企业所属的领导关系上,没有从根本上解决中央政府集权过大、地方政府分权太小的矛盾。党的十一届三中全会以来,实行权力下放,中央与地方的事权划分发生了一系列变化。实行分税制后,从财政上初步划清了中央与地方的财政权限,调动了中央与地方两个层级的积极性。在事权划分上,明确了这样一种划分方法,即凡是地方能管、应管的事,都归地方管;余下的大事,地方管不了、管不好的事由中央管。开始改变过去的中央管决策、地方管执行的分工体制,初步实行了按事务性质分工的思路,即宏观管理问题一律由中央行政组织负责,如外交、国防、财政货币政策等都收权到中央;凡纯地方事务交由地方政府去办。这种中央与地方的分工体制不仅有利于中央与地方职责分明,有利于提高管理效率,也适应了市场经济的要求,并开始尝试用法律的形式规范中央政府与地方政府的职责权限,以科学地规范中央与地方的关系。

2. 理顺横向的专业的微观管理部门和综合的宏观管理部门的关系。中华人民共和国成立以来,我国的行政组织结构在横向分工方面一开始就是以职能和主管对象作为标准划分部门的,这是符合行政管理学原理的。但对企业进行直接和微观的管理,致使这些部门分工过细、部门增加太多。同时,由于这种按专业分部的办法没有统一且切实可行的标准,有时同一行业分归不同的部门管理。再者,由于专业管理部门过多、过强,致使政府综合职能部门难以协调专业主管部门的有关工作,出现了综合职能部门和专业主管部门之间的关系不协调、职责不清楚、政策相互矛盾、下级无所适从的现象。对此,我国改革的着力点是,将行政组织的职能由对经济以及整个社会事务的微观管理为主,转向以宏观管理为主。加强综合的宏观管理职能及其部门,撤并专业的微观管理职能及其部门,将专业部门合并为大行业部门,从以产品管理为主改为以大行业的综合管理为主。

经过这一系列的调整和转换，清除了部门之间不合理的职能交叉和重复，划清了政府各部门的职能权限，建立了科学的职能体系，达到了合理配置职能的目的，逐步理顺了政府综合部门与专业部门之间的职能关系。

3. 理顺横向的决策、执行部门与监督、信息部门之间的关系。过去重决策和执行，轻监督和信息，致使决策、执行部门强大、信息部门弱小，监督部门在 20 世纪 60 年代甚至被取消。改革后，我国恢复并加强了监督部门，在国务院下设了监察部，并于 2018 年成立了国家监察委员会，大大加强了其职责、权限。信息统计部门的职权也日益加强，从而使决策、执行和监督、信息部门逐渐获得了平衡。在 2003 年的改革中，仅对银行业的监管而言，就理顺了人民银行与银监会（2003 年成立，2018 年改称银保监会）的关系，人民银行不再承担金融监管职能，而只负责加强制定和执行货币政策的职能，而将监管职责交给了银监会（现称银保监会）。

（三）行政组织职能转变

我国行政组织职能的转变是随着改革的发展而不断深入的。在改革之前乃至改革之初，我们在进行行政组织改革时，只注重了机构改革，没有认识到职能转变对机构的决定作用。因此，每次机构改革之后又陷入精简与膨胀的怪圈。在几次反复之后，人们认识到是职能的扩张导致了机构的膨胀，机构改革必须与职能转变联系起来，而职能转变的关键是政企分开、政府不再对企业进行微观管理。

没有行政组织职能的转变，机构改革不可能取得成功，也不可能建立起真正的符合社会发展要求的行政管理体制。因此，从 1988 年起，我国就提出机构改革要以转变政府职能为中心的新思路。1993 年，党中央、国务院正式提出机构改革的目标是建立适应社会主义市场经济体制的行政体制，并将适应社会主义市场经济体制的行政组织职能初步界定为“统筹规划、掌握政策、信息引导、组织协调、提供服务、检查监督”。1998 年，国务院机构改革方案又进一步提出政府职能转变的三个努力方向，即宏观调控、社会管理和公共服务，从而更加明确了政府如何适应社会主义市场经济体制的要求。循着这条思路，行政组织职能的范围大为缩小，政府的任务就是关注社会宏观发展的大事，专司“掌舵”而不是“划桨”。2003 年，职能整合的领域则涉及国有资产、宏观经济管理、金融、食品卫生等事关国计民生的“重量级”部门，合并了交叉的职能，而且按照“决策、执行、监督”对各部门进行重新排序，特别加强了监管的职能。

（四）行政组织机构的改革

1982 年以来，我国国务院和地方各级政府共进行了八次较大规模的机构改革。现将国务院的八次机构改革情况简介如下：

1. 1982 年的国务院机构改革。1982 年的国务院机构改革，是在粉碎“四人帮”以后，全党经过拨乱反正，全面开创我国现代化建设新局面的历史条件下提出的。当时的国家机关部门林立、机构臃肿、人浮于事、领导班子老化、副职越设越多、工作效率低下。由于当时还未明确提出经济体制改革，故这次改革的指导思想是精简机构、提高效率。改革的主要内容是：(1) 改革国务院领导体制。国务院副总理由 13 人减为 2 人，同时设置国务委员，由国务院总理、副总理、国务委员和秘书长组成国务院常务会议。(2) 精简机构。将国务院工作机构由 100 个裁并为 60 个，增设国家体改委，共计 61 个部门。(3) 精简领导班子。一是按照革命化、年轻化、知识化、专业化的干部“四化”方针，选贤任能；二是减少部委、司、局级副职人数，各部委只设正副首长 3~5 人（计委、经委、外交部除外），司局长只设正副职 2~3 人；

三是规定正副部长和司长的任职年龄,部长任职年龄一般不超过 65 岁,副部长和司局长一般不超过 60 岁。(4) 废除实际存在的领导干部职务终身制,实行干部离休退休制度。(5) 紧缩编制,轮训干部。当时国务院及所属各部门机关人员共有 51 000 多人,确定按 25%精简。但同时提出:对各部门的编制,只定编不定人,以便轮训富余人员。

2. 1988 年的国务院机构改革。1984 年《中共中央关于经济体制改革的决定》明确提出:实行政企职责分开,要求政府机构按照政企分开、转变职能、简政放权的原则进行改革。1982 年机构改革时,国务院将工作机构由 100 个减为 61 个。可到了 1988 年,国务院工作机构又增加到了 72 个。此外,又成立了 12 个部委归口管理机构,增设了一批非常设机构、政企不分的公司、政事不分的事业单位等,形成了一种膨胀的态势。因此有必要通过机构改革进行精简和整顿。这次政府机构改革的主要内容有五项:(1) 转变职能。按照政企分开的原则,弱化直接管理职能,减少具体审批事务,加强决策、咨询、调节、监督和信息等职能,使政府对企业由直接管理逐步转到间接管理,从微观管理逐步转到宏观管理,从部门管理逐步转到行业管理。(2) 下放权力。主要是政府向企业、事业单位和人民团体下放权力,中央政府向地方政府下放权力。(3) 调整机构。主要是调整专业经济管理部门和综合部门中的专业管理司局,调整党政重复设置的机构和政治体制改革要求调整的机构。国务院有工作部门 72 个,经过调整,减为 68 个,但比 1982 年精简时的 61 个机构仍多 7 个。(4) 精简人员。总体上按 20%的比例进行精简,减下来的人员有些充实到缺人和需加强的部门,较多的人转到公司、协会等企事业单位和社会团体组织中去工作,达到离退休年龄的,按期办理离休退休手续。同时将机关后勤等人员另列行政附属编制。(5) 搞好配套改革。在改革政府机构的同时,推进干部人事制度改革,抓紧建立和逐步实施国家公务员制度。

3. 1993 年的国务院机构改革。改革方案经党的十四届二中全会通过和七届全国人大一次会议批准,于当年组织实施,第二年宣告完成改革任务。这次改革的指导思想是,把适应建立社会主义市场经济体制和加快市场经济发展作为机构改革的目标,按照政企分开和精简、统一、效能的原则,要求在转变职能、理顺关系、精兵简政、提高效率方面取得明显进展。而改革的实际结果却收效不大。

1988 年国务院机构改革后,国务院机构总数又由 68 个增加到 70 个,这次精简为 59 个。从表面上看,精简 11 个力度不小。实际上,最重要的部委只减少了 1 个,而这一个部委也未真正撤销,只是由政府部门改为事业单位。而且在部委中,还将 1988 年已合并的专业经济主管部门重新拆开分设。被减少的 10 个国务院直属机构和办事机构只是换了归属单位,划归党中央或部委管理。在人员精简上,当时国务院仍有在编人员 48 000 余人,要求精简 20%,但也未真正执行。因此大家认为这次机构改革力度不大,成果小。

4. 1998 年的国务院机构改革。这次机构改革的目标是,建立办事高效、运转协调、行为规范、管理科学的行政管理体系,完善国家公务员制度,建设高素质、专业化的行政管理干部队伍,逐步建立适应社会主义市场经济体制的有中国特色的行政管理体制。全国各级政府机构改革要求在三年内完成,国务院机构改革于第一年(1998 年)完成。改革的具体内容是:(1) 精简人员编制 50%左右。当然不是所有部门"一刀切",对各部门而言,精简人员编制数量有多有少。(2) 强化宏观调控部门。国家计划委员会更名为国家发展计划委员会,扩大了国家经贸委的职能。(3) 精简专业经济管理部门。撤销煤炭部、机械部、冶金部、国内贸易部、轻工总会和纺织总会、石油和化工总公司,改为国家经贸委的下属职能局,这些局不再直接管企业;将国家粮食储备局改为国家发展计划委员会管理的国家局;将林业部改组为国家林业局,列入国务院直属机构系统。(4) 强化社会保障和资源保护部门。组建劳动和社会保障部、国土资源部。(5) 简化了某些文体部门,将国家体委、广播电影电视部降格成国务院直属局。

经过上述调整,国务院机构做了重大精简,其中最重要的是国务院所属部委由 40 个减到 29 个,幅度之大是历次机构改革所没有的。

对地方各级政府的改革要求原则上与国务院机构改革指导方针一致,同样要求精简人员 50%,对机构的增、减、调整基本与国务院相同,尤其是高级地方政府——省政府,应基本与国务院一致;省以下地方政府,按照市场经济需要的原则,结合本地的实际情况,由省政府决定机构的调整。

5. 2003 年的国务院机构改革。这次国务院行政体制改革,是在过去五年改革的基础上进行的。为巩固过去五年的政府机构改革已经取得的成效,维持国务院机构设置格局的相对稳定,推动经济和社会的发展,这次改革机构变动不多,但仍具有重要意义。根据新的机构改革方案,国务院组成部门由 29 个减少到 28 个,职能整合涉及的领域有国有资产、宏观经济管理、金融、食品卫生等事关国计民生的重量级部门,合并了交叉的职能,特别加强了监管的职能,使政府在制定平等游戏规则的同时,真正扮演一个权威而公正的裁判角色。

2003 年国务院机构改革的重点是:(1) 深化国有资产管理体制改革,设立国务院国有资产监督管理委员会。(2) 完善宏观调控体系,将国家发展计划委员会改组为国家发展和改革委员会。(3) 健全金融监管体制,设立中国银行业监督管理委员会。(4) 继续推进流通管理体制改革,组建商务部。(5) 加强食品安全和安全生产监管体制建设,组建国家食品药品监督管理局,将国家安全生产监督管理局改为国务院直属机构。为进一步强化对安全生产的监管,将国家经贸委管理的国家安全生产监督管理局改为国务院直属机构,负责安全生产的综合监督管理和对煤矿的安全监察。(6) 将国家计划生育委员会更名为国家人口和计划生育委员会,加强人口发展战略研究,推动人口与计划生育工作的综合协调。

除国务院机构改革外,还在原有税费改革的基础上,启动了以县、乡(镇)体制改革为重点的地方政府组织改革。这轮地方行政组织改革,突破了传统的改革思路,将财权与事权、行政体制与财政体制结合,巩固了以往行政改革的成果,也为公共行政组织的深化改革扫清了道路。

6. 2008 年的国务院机构改革。改革的目标是按照精简、统一、效能的原则和决策权、执行权、监督权既相互制约又相互协调的要求,着力优化组织结构,规范机构设置,完善运行机制,为全面建设小康社会提供组织保障。改革的要点包括:(1) 加强和改善宏观调控,促进科学发展。(2) 着眼于保障和改善民生,加强社会管理和公共服务。(3) 按照探索职能有机统一的大部门体制要求,对一些职能相近的部门进行整合,实行综合设置,理顺部门职责关系。

可见,这次机构改革不再是把裁减人员、裁减机构作为主要目标,而是把政府的管理能力和其应有的责任联系起来,强调政府公共行政体系的服务职能。与以往的改革相比,这次改革具有体制性的进步。

7. 2013 年的国务院机构改革。这次国务院机构改革,重点围绕转变职能和理顺职责关系,稳步推进大部门制改革,实行铁路政企分开,整合、加强卫生和计划生育、食品药品、新闻出版和广播电影电视、海洋、能源管理机构。具体内容包括:(1) 实行铁路政企分开。将铁道部拟订铁路发展规划和政策的行政职责划入交通运输部。组建国家铁路局,由交通运输部管理。不再保留铁道部。(2) 组建国家卫生和计划生育委员会。将卫生部的职责、国家人口和计划生育委员会的计划生育管理和服务职责整合,组建国家卫生和计划生育委员会,不再保留卫生部、国家人口和计划生育委员会。(3) 组建国家食品药品监督管理总局。(4) 组建国家新闻出版广电总局。(5) 重新组建国家海洋局。为推进海上统一执法,提高执法效能,将现国家海洋局及中国海监、公安部边防海警、农业部中国渔政、海关总署海上缉私警察的队伍和职责整合,重新组建国家海洋局,由国土资源部管理。(6) 重新组建国家能源局。为统筹推进能源发展和改革,加强能源监督管理,将现国家能源局、国家电力监管委员会的职责整合,重新组建国家能源局,由国家发展和改革委员会管理。不再保留国家电力监管委员会。

通过这次改革,国务院正部级机构减少 4 个,其中组成部门减少 2 个,副部级机构增减相抵数量不变。

8. 2018 年的国务院机构改革。2018 年 3 月 4 日,中共中央公布了中共十九届三中全会通过的《中共中央关于深化党和国家机构改革的决定》(下称《决定》),为此次政府机构改革定调。这是改革开放 40 年以来的第 8 次机构改革。此前的 7 次改革主要涉及政府机构和行政体制,几乎专指政府系统的机构改革。此次机构改革不仅是政府系统,同样还包括执政党、人大、政协、司法、群团、社会组织、事业单位、跨军地以及中央和地方各层级机构,充分体现了顶层设计、统筹谋划、系统推进的特征。

本次党和国家机构改革涉及的中央和国家机关部门、直属单位超过 80 个,改革调整幅度之大,触及利益之深,为改革开放 40 年来之最。根据机构改革方案,国务院设置组成部门 26 个,组建自然资源部、生态环境部、农业农村部,取消了海洋局和国家测绘地理信息局;取消了卫计委和医改办,组建国家卫生健康委员会;组建退役军人事务部;组建应急管理部,取消安监总局;组建文化和旅游部,取消文化部和旅游局;重新组建科学技术部、司法部,取消了国务院法制办公室;监察部并入新组建的国家监委,不再保留监察部、国家预防腐败局;优化水利部、审计署职责。

三、中国行政组织改革的主要经验

1. 坚持以适应社会主义市场经济体制为改革的目标,把转变政府职能作为机构改革的关键。改革开放以来,我国行政组织在理顺与其他组织的职能关系上,总的方面是正确的。在理顺行政组织与人大、与党的职能关系上,与事业单位、群团组织的职能关系上,适应了社会主义政治民主化、法治化的要求;在理顺行政组织内部纵横关系上,适应了行政组织管理科学化、法治化的要求。当然,理顺这些关系还只是刚刚开始,它仍然是行政组织今后继续改革的关注点。行政机构改革,提出了以转变职能为中心,抓住了当前我国政府机构的根本问题。过去我国政府的经济管理机构是传统计划经济体制的产物,它是建立在适应计划经济要求的无所不包的职能基础之上的。要使政府机构适应社会主义市场经济体制的要求,就必须将无所不包的计划职能转为有所为、有所不为的适应市场经济的职能。只有以此为核心,才能重塑政府机构。同时,社会主义市场经济体制的建立和完善是一个长期的过程,行政管理体制改革也要逐步推进、不断深化,任何一次改革都必须适应形势的发展,是前次改革的逻辑推进，也是下次改革的基础，但必须坚持以适应社会主义市场经济体制为改革的目标。

2. 坚持精简、统一、效能的原则，把精兵简政和优化政府组织结构作为机构改革的重要任务。改革开放以来，我们历次改革一直遵循精简、统一、效能原则，极力打造廉洁高效的政府。把机构的精简与转变政府职能结合起来，并以优化政府结构、提高政府效能为出发点，从而保证了我们的行政组织改革能不断取得阶段性成果。

3. 坚持渐进的、稳妥的改革方针，坚持统一领导，分级负责，分步实施，从实际出发，因地制宜地进行改革。行政组织改革是一项十分复杂的系统工程，涉及各种利益关系和权力格局的调整。在我国，由于处于转轨时期，各种关系还处于调整之中，在行政组织与其他权力主体的关系还有待理清的情况下，行政组织改革的复杂性、艰巨性更是突出。因此，我国历次行政改革之所以能在每个阶段取得一定效果，是与行政组织改革采取了积极稳妥的方针分不开的。每次改革都注意审时度势，把握时机，坚定不移地迈出改革步伐，又充分考虑各方面可承受的程度，审慎地推进改革。同时，由于我国幅员辽阔，各地情况各异，为保证行政改革的顺利进行，在坚持中央改革的方针指导下，也积极鼓励并支持各地方政府从实际出发，因地制宜地开展行政改革与行政创新，推进并丰富我国行政改革的理论与实践。

4. 坚持机构改革与干部人事制度改革相结合，制定配套的政策措施，妥善安排分流人员，优化干部队伍结构。行政组织改革如果不注重职能转变，而仅仅停留在机构与人员数量的增减上，仍会陷于“精简—膨胀”的怪圈。只有统筹推动政府职能转变、行政架构优化和行政运作协调等，改革才能取得成效。

复习思考题

1. 当代美国行政组织改革的主要内容是什么？
2. 当代英国行政组织改革的主要内容是什么？
3. 当代日本行政组织改革的主要内容是什么？
4. 当代中国行政组织改革的主要背景和内容是什么？有哪些基本的经验？

参考文献

1. 韦伯.经济与社会(上、下卷)[M].林荣远,译.北京:商务印书馆,2006.

2. 布劳,梅耶.现代社会中的科层制[M].马戎,等,译.上海:学林出版社,2001.

3. 雷恩.管理思想的演变[M].李柱流,等,译.北京:中国社会科学出版社,1997.

4. 科斯.企业、市场和法律[M].上海:三联书店,1990.

5. 戈德史密斯,埃格斯.网络化治理:公共部门的新形态[M].孙迎春,译.北京:北京大学出版社,2008.

6. 沃特金斯,马席克.21世纪学习型组织——企业领导的管理艺术[M].沈德汉,张声雄,译.上海:上海世界图书出版公司,2000.

7. 经济学家情报社,等.未来组织设计[M].王小波,等,译.北京:新华出版社,2000.

8. 斯科特.组织理论[M].黄洋,等,译.北京:华夏出版社,2002.

9. 唐斯.官僚制内幕[M].北京:中国人民大学出版社,2006.

10. 德鲁克.动荡年代的管理[M].北京:工人出版社,1989.

11. 圣吉.第五项修炼:学习型组织的艺术与实务(第二版)[M].郭进隆,译.上海:上海三联书店,1998.

12. 奥斯本,普拉斯特立克.摒弃官僚制:政府再造的五项战略[M].谭功荣,等,译.北京:中国人民大学出版社,2002.

13. 普瑞斯,戈德曼,内格尔.建立灵捷的业务关系——以合作求竞争[M].武康平,译.沈阳:辽宁教育出版社,1998.

14. 林登.无缝隙政府:公共部门再造指南[M].汪大海,吴群芳,译.北京:中国人民大学出版社,2002.

15. 登哈特.公共组织理论[M].扶松茂,等,译.北京:中国人民大学出版社,2003.

16. 哈默,钱皮.公司再造——企业管理革命的宣言[M].王珊珊,等,译.上海:上海译文出版社,1998.

17. 巴纳德.经理人员的职能[M].王永贵,译.北京:机械工业出版社,2007.

18. 马斯洛.动机与人格[M].许金声,等,译.北京:中国人民大学出版社,2007.

19. 蔡立辉.电子政务:信息时代的政府再造[M].北京:中国社会科学出版社,2006.

20. 陈振明.评西方的“新公共管理”范式[J].中国社会科学,2000(6):73-82,207.

21. 霍姆斯.电子政务[M].詹俊峰,译.北京:机械工业出版社,2003.

22. 范柏乃,朱华.我国地方政府绩效评价体系的构建和实际测度[J].政治学研究,2005(1):86-97.

23. 何健.帕森斯社会时间的理论维度[J].社会学研究,2015(2).

24. 金江军,潘懋.电子政务导论[M].北京:北京大学出版社,2003.

25. 金竹青.政府流程再造:现代公共服务路径创新[M].北京:国家行政学院出版社,2008.

26. 蓝志勇.行政官僚与现代社会[M].广州:中山大学出版社,2003.

27. 练宏.弱排名激励的社会学分析——以环保部门为例[J].中国社会科学,2016(1).

28. 练宏.注意力竞争——基于参与观察与多案例的组织学分析[J].社会学研究,2016(4).

29. 林润辉.网络组织与企业高成长[M].天津:南开大学出版社,2003.

30. 彭和平,等.国外公共行政理论精选[M].北京:中共中央党校出版社,1997.

31. 荣敬本,等.从压力型体制向民主合作体制的转变:县乡两级政治体制改革[M].北京:中央编译出版社,1998.

32. 尚虎平.我国地方政府绩效评估悖论:高绩效下的政治安全隐患[J].管理世界,2008(4):69-79.

33. 孙国强.网络型组织治理机制论[M].北京:中国科学技术出版社,2005.

34. 孙万军.电子政务[M].北京:高等教育出版社,2004.

35. 涂子沛.大数据:正在到来的数据革命,以及它如何改变政府、商业与我们的生活[M].桂林:广西师范大学出版社,2014.

36. 汪玉凯.电子政务基础知识读本[M].北京:电子工业出版社,2002.

37. 王宁.压力化生存——“时间荒”解析[J].山东社会科学,2013(9).

38. 王强,陈易难.学习型政府——政府管理创新读本[M].北京:中国人民大学出版社,2003.

39. 王汉生,王一鸽.目标管理责任制:农村基层政权的实践逻辑[J].社会学研究,2009(2):61-92,244.

40. 王雨磊.数字下乡:农村精准扶贫中的技术治理[J].社会学研究,2016(6):119-142,244.

41. 王玉荣.流程管理[M].北京:机械工业出版社,2004.

42. 吴爱明.公务员电子政务教程[M].北京:中国人事出版社,2003.

43. 吴建南,章磊,李贵宁.地方政府绩效指标设计框架及其核心指标体系构建[J].管理评论,2009(11):121-128.

44. 杨其静,郑楠.地方领导晋升竞争是标尺赛、锦标赛还是资格赛[J].世界经济, 2013(12).

45. 叶航,汪丁丁,贾拥民.科学与实证——一个基于“神经元经济学”的综述[J].经济研究,2007(1).

46. 郁义鸿.组织修炼[M].上海:上海译文出版社,1998.

47. 张清浦.政府地理信息系统[M].北京:科学出版社,2003.

48. 郑方辉,尚虎平.中国法治政府建设进程中的政府绩效评价[J].中国社会科学,2016(1):117-139,206.

49. 郑作彧.时间结构的改变与当代时间政治的问题:一个时间社会学的分析[J].台湾

社会学刊,2010(44).

50. 周碧华.公共部门激励扭曲问题研究[J].公共行政评论,2015(2).

51. 周德孚.学习型组织[M].上海:上海财经大学出版社,1998.

52. 周黎安.转型中的地方政府:官员激励与治理[M].上海:格致出版社,2008.

53. 周黎安.中国地方官员的晋升锦标赛模式研究[J].经济研究,2007(7).

54. 周雪光,练宏.中国政府的治理模式:一个"控制权"理论[J].社会学研究,2012(5):69-93,243.

55. 周雪光.组织社会学十讲[M].北京:社会科学文献出版社,2003.

56. AKERLOF G A.Procrastination and Obedience[J].American Economic Review,1991,81(2):1-19.

57. ANDREWS S Q.Inconsistencies in Air Quality Metrics:"Blue Sky" Days and PM10 concentrations in Beijing[J].Environmental Research Letters,2008, 3(3).

58. ARGYRIS C. Interpersonal Compertence and Organizational Effectiveness [M]. Homewood, I11.:Doesey Press, 1962.

59. BAKER G,HOLMSTROM B.Internal Labor Markets: Too Many Theories, Too Few Facts[J].American Economic Review, 1995,85(2):255-259.

60. BAKER G, GIBBONS R, MURPHY K. Bringing the Market Inside the Firm[J]. American Economic Review, 2001, 91(2):212-218.

61. BECKER G S,MULLIGAN C B.The Endogenous Determination of Time Preference[J]. Quarterly Journal of Economics, 1997, 112(3):729-758.

62. BECKER G S. A Theory of Allocation of Time[J]. The Economic Journal, 1965, 75:493-517.

63. BELLÉ N, CANTARELLI P.What Causes Unethical Behavior? A Meta - Analysis to Set an Agenda for Public Administration Research[J].Public Administration Review, 2017, 77(3): 327-339.

64. BERNSTEIN D J. Comments on Perrin's "Effective Use and Misuse of Performance Measurement"[J].The American Journal of Evaluation, 1999, 20(1): 85-93.

65. BEVAN G, HAMBLIN R.Hitting and Missing Targets by Ambulance Services for Emergency Calls: Effects of Different Systems of Performance Measurement within the UK[J].Journal of the Royal Statistical Society: Series A (Statistics in Society), 2009, 172(1): 161-190.

66. BLACK D J. Production of Crime Rates[J]. American Sociological Review, 1970, 35(4): 733-748.

67. BLAU P M.The Dynamics of Bureaucracy: A Study of Interpersonal Relations in Two Government Agencies (Rev.Ed.)[M].Chicago: University of Chicago Press, 1963.

68. BLAU P M.The Dynamics of Bureaucracy: A Study of Interpersonal Relations in Two Government Agencies[M].Chicago: University of Chicago Press, 1955.

69. BLOOM N,PROPPER C,SEILER S,REENEN V J.The Impact of Competition on Management Quality: Evidence from Public Hospitals[J].The Review of Economic Studies,2015, 82(2): 457-489.

70. BOHN ROGER.Stop Fighting Fires[J].Harvard Business Review, 2000, 78(4):82-91.

71. BOHTE J, MEIER K J.Goal Displacement: Assessing the Motivation for Organizational Cheating[J].Public Administration Review, 2000, 60(2): 173-182.

72. BOTHNER M S, KANG J, STUART T E.Competitive Crowding and Risk Taking in a Tournament: Evidence from NASCAR Racing[J]. Administration Science Quarterly, 2007, 52(2):208-247.

73. BOUCKAERT G, BALK W.Public Productivity Measurement: Diseases and Cures[J]. Public Productivity & Management Review, 1991, 15(2): 229-235.

74. BOUQUET C, BIRKINSHAW J.Weight Versus Voice: How Foreign Subsidiaries Gain Attention From Corporate Headquarters[J]. Academic Management Journal, 2008, 51(3): 577-601.

75. BROMBAL D.Accuracy of Environmental Monitoring in China: Exploring the Influence of Institutional, Political and Ideological Factors[J].Sustainability, 2017, 9(3): 324.

76. BROOKS W T, MULLINS T W.High Impact Time Management[M].NJ: Prentice-Hall, 1989.

77. BRUNSSON N. The Organization of Hypocrisy: Talk, Decisions And Actions In Organizations[M].Adler N, Trans.Chichester: Wiley, 1989.

78. BHAMBHRI C P.Bureaucracy and Politics in India[M].Delhi: Vikas Publications, 1971.

79. CAI H B, CHEN Y Y, GONG Q.Polluting the Neighbor: Unintended Consequences of China's Pollution Reduction Mandates[J].Journal of Environmental Economics and Management, 2016, 76: 86-104.

80. CAI Y S.Between State and Peasant: Local Cadres and Statistical Reporting in Rural China[J].The China Quarterly, 2000, 163: 783-805.

81. CAMPBELL D T.Assessing the Impact of Planned Social Change[J].Evaluation and program planning, 1979, 2(1): 67-90.

82. CARLEY K, GASSER L. Computational Organization Theory[M].//Weiss, Gerhard.(ed.) Multiagent Systems: a Modern Approach to Distributed Artificial Intelligence.Cambridge: MIT Press, 1999.

83. CHAN H S, GAO J. Death Versus GDP! Decoding the Fatality Indicators on Work Safety Regulation in Post-Deng China[J].The China Quarterly, 2012, 210: 355-377.

84. CHEN X, NORDHAUS W D.Using Luminosity Data as a Proxy for Economic Statistics[J].Proceedings of the National Academy of Sciences, 2011, 108(21): 8589-8594.

85. CHEN Y Y, JIN G Z, KUMAR N, SHI G.Gaming in Air Pollution Data: Lessons from China[J].BE Journal of Economic Analysis and Policy, 2012, 13(3):1-43.

86. CHRISTENSEN T, LAEGREID P, RONESS P G, RØVIK K A.Organization Theory and the Public Sector: Instrument, Culture and Myth[M].Routledge, 2007.

87. CHRISTOPHER HOOD.A Public Management for All Seasons[J].London: Public Administration, 1991, 69:3-19.

88. COHEN S, TAYLOR L.Psychological Survival: the Experience of Long Term Imprisonment[M].Harmondsworth: Penguin, 1972.

89. CORNER P D, KINICKI A J, KEATS B W.Integrating Organizational and Individual Information Processing Perspectives on Choice[J].Organization Science, 1994, 5(3):294-308.

90. COSER L A.COSER R L.Time Perspective and Social Structure[J].Modern Sociology. New York: Harcourt, Brace & World, 1963(12):191-202.

91. COURTY P, MARSCHKE G. Measuring Government Performance: Lessons from a Federal Job-Training Program[J].The American Economic Review, 1997, 87(2): 383-388.

92. COVEY STEPHEN R.The Seven Habits of Highly Effective People[M].New York: Simon and Schuster, 1989.

93. COVEY STEPHEN R, MERRILL ROGER, MERRILL REBECCA R.First Things First [M].New York: Simon & Schuster, 1994.

94. COVIELLO DECIO, ICHINO ANDREA, PERSICO NICOLA.Time Allocation and Task Juggling[J].American Economic Review, 2014, 104(2):609-623.

95. CYERT R M, MARCH J G. A Behavioral Theory of the Firm [M]. Cambridge: Blackwell, 1963.

96. GARVIN DAVID A. Building a Learning Organization[J]. Harvard Business Review, 1993 (August):57-68.

97. DRANOVE DAVID, KESSLER DANIEL, MCCLELLAN MARK, SATTERTHWAITE MARK.Is More Information Better? The Effects of "Report Cards" on Health Care Providers[J]. Journal of Political Economy, 2003, 111(3): 555-588.

98. JULNES PATRIA DE LANCER.Performance Measurement: An Effective Tool for Government Accountability? The Debate Goes On[J].Evaluation, 2006, 12(2): 219-235.

99. DEWATRIPONT MATHIAS, JEWITT IAN, TIROLE JEAN.The Economics of Career Concerns, Part II: Application to Missions & Accountability of Government Agencies[J].Review of Economic Studies, 1999, 66(1):199-217.

100. DIMAGGIO P J, POWELL W W.The Iron Cage Revisited: Institutional Isomorphism and Collective Rationality in Organizational Fields[J].American Sociological Review, 1983, 48 (2): 147-160.

101. DORAN T, FULLWOOD C, REEVES D, GRAVELLE H, ROLAND M.Exclusion of Patients from Pay-for-Performance Targets by English Physicians[J].New England Journal of Medicine, 2008, 359(3): 274-284.

102. DOWNS ANTHONY.Up and Down with Ecology-the Issue-Attention Cycle[J].Public Interest, 1972(28):38-50.

103. DUBIN ROBERT, SPRAY S LEE.Executive Behavior and Interaction[J].Industrial Relations, 1964, 3(2):99-108.

104. DURKHEIM EMILE.The Elementary Forms of Religious Life[M].New York: Free Press, 1947.

105. DUTTON JANE E.Strategic Agenda Building in Organizations[M]// Shapira Z(ed.).

Organizational Decision Making.Cambridge: Cambridge University Press, 1997.

106. EIJKENAAR F, EMMERT M, SCHEPPACH M, SCHÖFFSKI O.Effects of Pay for Performance in Health Care: A Systematic Review of Systematic Reviews[J].Health Policy, 2013, 110(2-3): 115-130.

107. ESPELAND W N, VANNEBO B I. Accountability, Quantification, and law[J].Annual Review of Law and Social Science, 2007(3): 21-43.

108. ESPELAND WENDY N, SAUDER M.Rankings and Reactivity: How Public Measures Recreate Social Worlds[J].American Journal of Sociology, 2007, 113(1): 1-40.

109. ETERNO J A, SILVERMAN E B.The Crime Numbers Game: Management by Manipulation[M].CRC Press, 2012.

110. ETERNO J A, BARROW C S, SILVERMAN E B.Forcible Stops: Police and Citizens Speak Out[J].Public Administration Review, 2017, 77(2): 181-192.

111. ETERNO J A, VERMA A, SILVERMAN E B. Police Manipulations of Crime Reporting: Insiders' Revelations[J].Justice Quarterly, 2016, 33(5): 811-835.

112. FISMAN R, WANG Y.The Distortionary Effects of Incentives in Government: Evidence from China's "Death Ceiling" Program [J].American Economic Journal: Applied Economics, 2017, 9(2): 202-218.

113. FRYER R G.Teacher Incentives and Student Achievement: Evidence from New York City Public Schools[J].Journal of Labor Economics, 2013, 31(2): 373-407.

114. GAO J.Pernicious Manipulation of Performance Measures in China's Cadre Evaluation System[J].The China Quarterly, 2015, 223: 618-637.

115. GAVETTI G, LEVINTHAL D.Looking Forward and Looking Backward: Cognitive and Experiential Search[J].Administration Science Quarterly, 2000, 45(1):113-137.

116. GERRISH E.The Impact of Performance Management on Performance in Public Organizations: A Meta-Analysis[J].Public Administration Review, 2016, 76(1): 48-66.

117. GONZALEZ - OCANTOS E, DE JONGE C K, MELENDEZ C, OSORIO J, NICKERSON D W.Vote Buying and Social Desirability Bias: Experimental Evidence from Nicaragua[J].American Journal of Political Science, 2012, 56(1): 202-217.

118. GOVE W R, HUGHES M, GEERKEN M.Are Uniform Crime Reports a Valid Indicator of the Index Crimes? An Affirmative Answer With Minor Qualifications[J].Criminology, 1985, 23(3): 451-502.

119. GRAVELLE H, SUTTON M, MA A.Doctor Behaviour under a Pay for Performance Contract: Treating, Cheating and Case Finding? [J].The Economic Journal, 2010, 120(542): 129-156.

120. GREVE H R.A Behavioral Theory of Firm Growth: Sequential Attention to Size and Performance Goals[J].Academic Management Journal, 2008, 51(3):476-494.

121. GRIESSMAN B.EUGENE.Time Tactics of Very Successful People[M].New York: McGraw-Hill, 1994.

122. GRIZZLE G A. Performance Measurement and Dysfunction: The Dark Side of Quantif-

ying Work[J].Public Performance & Management Review, 2002, 25(4): 363-369.

123. HANSEN MORTEN T, HAAS MARTINE R.Competing for Attention in Knowledge Markets: Electronic Document Dissemination in a Management Consulting Company [J]. Administrative Science Quarterly, 2001, 46(1):1-28.

124. HASSARD JOHN.The Sociology of Time[M].London: Macmillan,1990.

125. HEINRICH C J.Do Government Bureaucrats Make Effective Use of Performance Management Information? [J].Journal of Public Administration Research and Theory, 1999,9(3): 363-394.

126. HEINRICH C J.False or Fitting Recognition? The Use ofHigh Performance Bonuses in Motivating Organizational Achievements[J].Journal of Policy Analysis and Management, 2007, 26(2): 281-304.

127. HENDERSON J V, STOREYGARD A, WEIL D N.Measuring Economic Growth from Outer Space[J].The American Economic Review, 2012, 102(2): 994-1028.

128. HOFFMAN ANDREW J, OCASIO WILLIAM.Not All Events Are Attended Equally: Toward a Middle-Range Theory of Industry Attention to External Events [J]. Organization Science,2001,12(4):393-521.

129. HOLBROOK A L, KROSNICK J A.Social Desirability Bias in Voter Turnout Reports: Tests Using The Item Count Technique[J].Public Opinion Quarterly, 2010, 74(1): 37-67.

130. HOLMSTROM BENGT, MILGROM PAUL.Multitask Principal-Agent Analyses: Incentive Contracts, Asset Ownership, and Job Design[J].Journal of Law, Economics and Organization, 1991(7):24-52.

131. HOLZ C A.The Quality of China's GDP Statistics[J].China Economic Review, 2014, 30: 309-338.

132. HOOD C.Gaming in Targetworld: The Targets Approach to Managing British Public Services[J].Public Administration Review, 2006, 66(4): 515-521.

133. HOOD C.Public Service Management by Numbers: Why Does It Vary? Where Has It Come From? What Are the Gaps and the Puzzles? [J].Public Money & Management, 2007, 27(2): 95-102.

134. HOOD C.Public Management by Numbers as a Performance-Enhancing Drug: Two Hypotheses[J].Public Administration Review, 2012, 72(S1): 85-92.

135. HOON C.Meta-Synthesis of Qualitative Case Studies: An Approach to Theory Building [J].Organizational Research Methods, 2013, 16(4): 522-556.

136. JACOB B A. Accountability, Incentives and Behavior: the Impact of High-Stakes Testing in the Chicago Public Schools [J]. Journal of Public Economics, 2005, 89(5-6): 761-796.

137. JACOB B A., LEVITT S D.Rotten Apples: An Investigation of the Prevalence and Predictors of Teacher Cheating[J].The Quarterly Journal of Economics, 2003, 118(3): 843-877.

138. FESLER JAMES W, KETTL DONALD F.The Politics of the Administrative Process [M].New Jersey: Chatham House Publishers, Inc., 1996.

139. JOHNSTON JAMES C, MCCANN ROBERT S, REMINGTON ROGER W.Chronometric Evidence for Two Types of Attention[J].Psychological Science, 1995, 6(6):365-369.

140. JONES JOHN W.High Speed Management: Time Based Strategies for Managers and Organizations[M].San Francisco: Jossey-Bass, 1993.

141. KAHNEMAN DANIEL.Attention and Effort[M].New Jersey: Englewood Cliffs, 1973.

142. KALGIN A.Implementation of Performance Management in Regional Government in Russia: Evidence of Data Manipulation [J]. Public Management Review, 2016, 18(1): 110-138.

143. KELMAN S, FRIEDMAN J N.Performance Improvement and Performance Dysfunction: An Empirical Examination of Distortionary Impacts of the Emergency Room Wait-Time Target in the English National Health Service[J].Journal of Public Administration Research and Theory, 2009, 19(4): 917-946.

144. KETTL DONALD F.The Global Revolution in Public Management: Driving Themes, Missing Links[J].Journal of Policy Analysis and Management, 1997, 16(3): 446-462.

145. KIDDER TRACY.The Soul of a New Machine[M].New York: Avon, 1981.

146. KING B G.A Political Mediation Model of Corporate Response to Social Movement Activism[J].Administration Science Quarterly, 2008, 53(3):395-421.

147. KISH-GEPHART J J, HARRISON D A, Treviño L K.Bad Apples, Bad Cases, and Bad Barrels: Meta-Analytic Evidence about Sources of Unethical Decisions at Work[J].Journal of Applied Psychology, 2010, 95(1): 1-31.

148. LAEGREID P, NEBY SIMON.Gaming, Accountability and Trust: DRGs and Activity-Based Funding in Norway[J].Financial Accountability & Management, 2016, 32(1): 57-79.

149. LAZEAR EDWARD.Personnel Economics[M].Cambridge: MIT Press, 1996.

150. LEE C K, ZHANG Y H.The Power of Instability: Unraveling the Microfoundations of Bargained Authoritarianism in China [J]. American Journal of Sociology, 2013, 118(6): 1475-1508.

151. LEWIS J DAVID, WEIGERT ANDREW J.The Structures and Meanings of Social Time [J].Social Forces, 1981,60(2):432-462.

152. LI H B, ZHOU L A.Political Turnover and Economic Performance:the Incentive Role of Personnel Control in China[J].Journal of Public Economics, 2005, 89(9-10): 1743-1762.

153. LI J Y.The Paradox of Performance Regimes: Strategic Responses to Target Regimes in Chinese Local Government[J].Public Administration, 2015, 93(4): 1152-1167.

154. LI J H, HURLEY J, DECICCA P, BUCKLEY G.Physician Response to Pay-For-Performance: Evidence from a Natural Experiment[J].Health Economics, 2014, 23(8): 962-978.

155. LIGHT P C.The Tides of Reform: Making Government Work, 1945-1995[M].Yale University Press, 1998.

156. LOUNSBURY M.A Tale of Two Cities: Competing Logics and Practice Variation in the Professionalizing of Mutual Funds[J].Academic Management Journal, 2007, 50(2):289-307.

157. MANI ANANDI, MULLAINATHAN SENDHIL, SHAFIR ELDAR, ZHAO JIAYING.

Poverty Impedes Cognitive Function[J].Science, 2013, 341:976-980.

158. MARCH J G,SIMON H A.Organizations[M].New York: John Wiley and Sons, 1958.

159. MARCH J G, OLSEN JOHAN P.Ambiguity and Choice in Organizations[M].Universitetsforlaget, 1976.

160. MARCH J G, SHAPIRA Z.Managerial Perspectives on Risk and Risk Taking[M].Management Science, 1987, 33(11):1404-1418.

161. MARCH J G.Decisions and Organizations[M].New York: Blackwell, 1988.

162. MARCH J G.The Business Firm as a Political Coalition[J].Journal of Politics, 1962, 24(4):662-678.

163. MARK GLORIA, GUDITH DANIELA, KLOCKE ULRICH 2008. The Cost of Interrupted Work: More Speed and Stress: Proceedings of the SIGCHI Conference on Human Factors in Computing Systems, April 6, 2008[C].Florence, Italy.

164. MASON S, WEBER E J, COSTER J, FREEMAN J, LOCKER T.Time Patients Spend in the Emergency Department: England's 4-Hour Rule—A Case of Hitting the Target but Missing the Point? [J].Annals of Emergency Medicine, 2012, 59(5): 341-349.

165. McCRARY J.Manipulation of the Running Variable in the Regression Discontinuity Design: A Density Test[J].Journal of Econometrics, 2008, 142(2): 698-714.

166. MEYER J W, ROWAN B.Institutionalized Organizations: Formal Structure as Myth and Ceremony[J].American Journal of Sociology, 1977, 83(2): 340-363.

167. MICHALSKI T, STOLTZ G.Do Countries Falsify Economic Data Strategically? Some Evidence That They Might[J].The Review of Economics and Statistics, 2012, 95(2): 591-616.

168. MILGROM PAUL, ROBERT JOHN.Economics, Organization and Management[M].Englewood Cliffs: Prentice Hall, 1992.

169. MINTZBERG HENRY.The Nature of Managerial Work[M].New York: Harper and Row, 1973.

170. MODELL S.Performance Measurement Myths in the Public Sector: A Research Note [J].Financial Accountability & Management, 2004, 20(1): 39-55.

171. MOODY FRED.I Sing the Body Electronic: A Year with Microsoft on the Multimedia Frontier[M].New York: Viking, 1990.

172. MULLAINATHAN SENDHIL, SHAFIR ELDAR. Scarcity: Why Having too Little Means So Much[M].New York: Times Books, 2013.

173. MURALIDHARAN K, SUNDARARAMAN V.Teacher Performance Pay: Experimental Evidence from India[J].Journal of Political Economy, 2011, 119(1): 39-77.

174. NG KWAI HANG, HE XIN.The Institutional and Cultural Logics of Legal Commensuration: Blood Money and Negotiated Justice in China[J].American Journal of Sociology, 2017, 122(4): 1104-1143.

175. NIGRINI M.Benford's Law: Applications for Forensic Accounting, Auditing, and Fraud Detection[M].John Wiley & Sons, 2012.

176. NORMAN DONALd A, Shallice T. Attention to Action [M]. Oxford: Basil

Blackwell, 2000.

177. OCASIO WILLIAM.Towards an Attention-Based View of the Firm[J].Strategic Management Journal, 1997,18(1):187-206.

178. OCASIO WILLIAM.Attention to Attention[J].Organization Science, 2011, 22(5): 1121-1367.

179. OSBORNE D, GAEBLER T.Reinventing Government: How the Entrepreneurial Spirit is Transforming the Public Sector[M].New York: Plume, 1993.

180. PATRICK R.Performance Management, Gaming and Police Practice:A Study of Changing Police Behaviour in England and Wales during the Era of New Public Management[M].University of Birmingham, 2009.

181. PERLOW LESLIE A.The Time Famine: Toward a Sociology of Work Time[J].Administrative Science Quarterly, 1999,44(1):57-81.

182. PERRIN B.Effective Use and Misuse of Performance Measurement[J].The American Journal of Evaluation, 1998, 19(3): 367-379.

183. PERRIN B.Performance Measurement: Does the Reality Match the Rhetoric? A Rejoinder to Bernstein and Winston[J].The American Journal of Evaluation, 1999, 20(1): 101-111.

184. PERRYMAN J.Inspection and the Fabrication of Professional and Performative Processes.Journal of Education Policy, 2009, 24(5): 611-631.

185. POLLITT C.The Logics of Performance Management[J].Evaluation, 2013, 19(4): 346-363.

186. POSNER M I. Cognitive Neuroscience of Attention [M]. New York: Guilford Press, 2004.

187. POSNER M I, ROTHBART M K.Research on Attention Networks as a Model for the Integration of Psychological Science[J].Annual Review of Psychology, 2007, 58:1-23.

188. POWER M.The Audit Society: Rituals of Verification[M].Oxford: Oxford University Press, 1997.

189. PRICE J E.A Test of the Accuracy of Crime Statistics[J].Social Problems, 1966, 14(2): 214-221.

190. PROPPER C, SUTTON M, WHITNALL C, WINDMEIJER F.Incentives and Targets in Hospital Care: Evidence from a Natural Experiment[J].Journal of Public Economics, 2010, 94(3-4): 318-335.

191. RADIN B A.What Can We Expect from Performance Measurement Activities? [J]. Journal of Policy Analysis and Management, 2009, 28(3): 505-512.

192. RADNER ROY, ROTHSCHILD MICHAEL.On the Allocation of Effort[J].Journal of Economic Theory, 1975, 10(3):358-376.

193. RADNOR Z.Muddled, Massaging, Manoeuvring or Manipulated? A Typology of Organisational Gaming[J].International Journal of Productivity and Performance Management, 2008, 57(4): 316-328.

194. RAWSKI T G.What is Happening to China's GDP Statistics? [J].China Economic Re-

view, 2001, 12(4): 347-354.

195. REBACK R. Teaching to the Rating: School Accountability and the Distribution of Student Achievement[J].Journal of Public Economics, 2008, 92(5-6): 1394-1415.

196. REPENNING NELSON.Understanding Fire Fighting in New Product Development[J]. Journal of Product Innovation Management, 2001(18):285-300.

197. GOLEMBIEWSKI ROBERT T. Men, Management and Morality [M]. New York: McGraw-Hill, 1967.

198. ROETHLISBER FRITZ, DICKSON WILLIAM.Management and the Worker[M].Cambridge, Mass:Harvard University Press, 1940.

199. ROSENFELD B, IMAI K, SHAPIRO J N.An Empirical Validation Study of Popular Survey Methodologies for Sensitive Questions[J].American Journal of Political Science, 2016, 60 (3): 783-802.

200. ROUSSEAU D M, MANNING J, DENYER D.Evidence in Management and Organizational Science: Assembling the Field's Full Weight of Scientific Knowledge Through Syntheses [J].The Academy of Management Annals, 2008, 2(1): 475-515.

201. ROY D F.Banana Time: Job Satisfaction & Informal Interaction[J].Human Organization, 1960(18):158-168.

202. LINDEN RUSSELL M.Working across Boundaries: Making Collaboration Work in Government and Nonprofit Organizations[M].San Francisco: Jossey-Bass, 2002.

203. SAUDER M, ESPELAND W N.The Discipline of Rankings: Tight Coupling and Organizational Change[J].American Sociological Review, 2009, 74(1): 63-82.

204. SCHOR JULIET.The Overworked American: The Unexpected Decline of Leisure[M]. New York: Basic Books, 1992.

205. SCHWEITZER M E, ORDÓÑEZ L, DOUMA B.Goal Setting as a Motivator of Unethical Behavior[J].The Academy of Management Journal, 2004, 47(3): 422-432.

206. SEIDMAN D, COUZENS M. Getting the Crime Rate Down: Political Pressure and Crime Reporting[J].Law & Society Review, 1974, 8(3): 457-494.

207. SERRATO J C S, WANG X Y, ZHANG S.The Limits of Meritocracy: Screening Bureaucrats under Imperfect Verifiability[R].National Bureau of Economic Research, 2016.

208. SESHADRI SRIDHAR, SHAPIRA ZUR.Managerial Allocation of Time and Effort: The Effects of Interruptions[J].Management Science, 2001, 47(5):647-662.

209. SHAH ANUJ K, MULLAINATHAN SENDHIL, SHAFIR ELDAR.Some Consequences of Having Too Little[J].Science, 2012, 338:682-685.

210. SHAMSEER L, MOHER D, CLARKE M, et al. Preferred Reporting Items for Systematic Review and Meta - Analysis Protocols (PRISMA - P) 2015: Elaboration and Explanation[J].BMJ, 2015, 349.

211. SHIN S H. Dysfunctional Consequences of the Korean Performance Budgeting System and Their Policy Implications[D].Birmingham:University of Birmingham, 2013.

212. SIMON HERBERT A.Administrative Behavior[M].New York: The Free Press, 1947.

213. SKOGAN W G.The Validity of Official Crime Statistics: An Empirical Investigation[J]. Social Science Quarterly, 1974:25-38.

214. SMITH P.On the Unintended Consequences of Publishing Performance Data in the Public Sector[J].International Journal of Public Administration, 1995, 18(2): 277-310.

215. SOROKIN PITIRIM A, MERTON ROBERT K.Social Time: A Methodological & Functional Analysis[J].American Journal of Sociology, 1937, 42(5):615-629.

216. STOERK T.Statistical Corruption in Beijing's Air Quality Data Has Likely Ended in 2012[J].Atmospheric Environment, 2016, 127: 365-371.

217. SULLIVAN B N.Competition and Beyond: Problems and Attention Allocation in Organizational Rule Making Processes[J].Organization Science, 2010, 21(2):311-591.

218. THOMPSON E P.Time, Work-Discipline, and Industrial Capitalism[J].Past & Present, 1967(38):56-97.

219. TOWNLEY B.The Institutional Logic of Performance Appraisal [J]. Organization Studies, 1997, 18(2): 261-285.

220. TSAI L L.Understanding the Falsification of Village Income Statistics[J].The China Quarterly, 2008, 196: 805-826.

221. TUMMERS L L G, BEKKERS V, VINK E, MUSHENO M.Coping during Public Service Delivery: A Conceptualization and Systematic Review of the Literature[J].Journal of Public Administration Research and Theory, 2015, 25(4): 1099-1126.

222. LAVY VICTOR.Evaluating the Effect of Teachers' Group Performance Incentives on Pupil Achievement[J].Journal of Political Economy, 2002, 110(6): 1286-1317.

223. WALDMAN MICHAEL. Theory and Evidence in Internal Labor Markets [M]// GIBBONS ROBERT, JOHN ROBERTS.The Handbook of Organizational Economics.Princeton: Princeton University Press, 2012.

224. WALLACE J L.Juking the Stats? Authoritarian Information Problems in China[J]. British Journal of Political Science, 2016, 46(1): 11-29.

225. WEICK KARL. Educational Organizations as Loosely Coupled Systems [J]. Administrative Science Quarterly, 1976, 21(1):1-19.

226. WHOLEY J S, HATRY H P.The Case for Performance Monitoring[J].Public Administration Review, 1992, 52(6): 604-610.

227. WILLIAMSON OLIVER E.The Economic Institution of Capitalism[M].New York: Free Press, 1985.

228. WILLIS J J, MASTROFSKI S D, WEISBURD D.Making Sense of COMPSTAT: A Theory-Based Analysis of Organizational Change in Three Police Departments[J].Law & Society Review, 2007, 41(1): 147-188.

229. WILSON JAMES Q.Bureaucracy: What Government Agencies Do, and Why They Do It [M].New York: Basic Books, 1989.

230. WINSTON J A.Performance Indicators—Promises Unmet: A Response to Perrin[J]. The American Journal of Evaluation, 1999, 20(1): 95-99.

231. XU J H. Legitimization Imperative: The Production of Crime Statistics in Guangzhou, China[J].The British Journal of Criminology, 2018, 58(1): 155-176.

232. YU J S, ENGLEMAN R M, VAN DE VEN ANDREW H.The Integration Journey: An Attention-based View of the Merger and Acquisition Integration Process[J].Organization Study, 2005, 26(10):1501-1528.

233. ZACHARY G PASCAL. Showstopper! The Breakneck Race to Create Windows NT and the Next Generation at Microsoft[M].New York: Free Press, 1994.

234. ZERUBAVEL EVIATAR. Private Time and Public Time: The Temporal Structure of Social Accessibility and Professional Commitments[J].Social Forces, 1979, 58(1):38-58.

235. ZHENG S Q, KAHN M E, SUN W Z, LUO D L. Incentives for China's Urban Mayors to Mitigate Pollution Externalities: The Roleof the Central Government and Public Environmentalism[J].Regional Science and Urban Economics, 2014, 47: 61-71.

236. ZIMRING F E.The City That Became Safe: New York's Lessons for Urban Crime and Its Control[M].Oxford University Press, 2011.

后 记

经全国高等教育自学考试指导委员会同意，由公共管理类专业委员会负责高等教育自学考试行政管理学专业教材的审定工作。

《行政组织理论》(2019年版)自学考试教材由中山大学倪星教授担任主编，武汉大学高娟担任副主编。各章节具体分工如下：中山大学倪星(第1、2、9章)，华东理工大学曾莉(第3、4章)，华南师范大学余琴(第5、11、12章)，海南大学付景涛(第6、7、8章)，中山大学黄小霞(第10章)，武汉大学高娟(第13章)。

参加本教材审稿会议并提出宝贵意见的有：华中科技大学徐晓林教授、南京大学孙亚忠教授、武汉大学陈世香教授。

对于编审人员付出的辛勤劳动，在此一并表示感谢。

全国高等教育自学考试指导委员会

公共管理类专业委员会

2019年7月